高职高专物流类专业系列教材

国际货运代理

第 2 版

主　编　范泽剑
副主编　王文静
参　编　王格梅

机械工业出版社

本书按照基础知识、海运、空运、陆路运输、多式联运五个模块进行架构，海陆空及多式联运部分均分为基础知识、单证及流程、法律及案例几个部分，更加便于读者理解，同时按照实际操作的流程，加入了实际工作中的内容，以缩短学习和实操的距离，读者既可以全面掌握也可以根据工作和学习的内容取舍。

本书由六部分组成：①国际货运代理基础知识，这是理解后续各部分内容的一个基础。②国际海上货运代理，这部分详细介绍了海运货代的整个操作过程和事故的处理，并对典型海运案例进行了分析，帮助读者了解一些典型案例的处理及预防。③国际航空货运代理，这部分介绍了空运货运代理的操作流程，同样列出典型案例进行分析。④国际陆路货运代理，这部分描述了公路和铁路货运代理的一些操作，它主要作为空运和海运的一个补充，一般不单独作为国际货代的运输方式。⑤国际多式联运货运代理的相关操作知识，作为一种现代运输先进的组织方式，多式联运在世界范围内发展十分迅速，特别是我国政府提出的"一带一路"倡议将对多式联运带来更多的需求。⑥国际货运代理操作指南，这部分介绍了国际货运代理实际工作中的操作规范和程序。

本书既适用于高职高专在校学生，能够帮助他们系统掌握货运代理的操作知识和操作流程；也可供新入职的货运代理从业人员学习使用；对于入职已久的从业人员，案例和事故的处理等内容可以帮助其提高从事货运代理专业的素质。

图书在版编目（CIP）数据

国际货运代理／范泽剑主编. —2 版. —北京：机械工业出版社，2018.2（2025.4 重印）
高职高专物流类专业系列教材
ISBN 978－7－111－59097－2

Ⅰ.①国⋯ Ⅱ.①范⋯ Ⅲ.①国际货运-货运代理-高等职业教育-教材 Ⅳ.①F511.41

中国版本图书馆 CIP 数据核字（2018）第 021339 号

机械工业出版社（北京市百万庄大街 22 号 邮政编码 100037）
策划编辑：孔文梅　　责任编辑：孔文梅　董宇佳
责任校对：郑　婕　　封面设计：鞠　杨
责任印制：常天培
固安县铭成印刷有限公司印刷
2025 年 4 月第 2 版第 8 次印刷
184mm×260mm・19.75 印张・481 千字
标准书号：ISBN 978－7－111－59097－2
定价：49.00 元

电话服务　　　　　　　　　　　网络服务
客服电话：010-88361066　　　　机　工　官　网：www.cmpbook.com
　　　　　010-88379833　　　　机　工　官　博：weibo.com/cmp1952
　　　　　010-68326294　　　　金　书　网：www.golden-book.com
封底无防伪标均为盗版　　　　机工教育服务网：www.cmpedu.com

前 言
Preface

"国际货运代理"是教育部物流管理专业的十门核心课程教学资源库之一。本人作为课程教学资源库的建设者,负责课程资源库建设的整体架构及建设工作,本着"以整合高等职业教育与社会职业培训两大技能型人才培养领域,建设完成一个集教学资源集成与共享、教改成果推广与利用、就业与人才信息采集与发布三大功能为一体,满足学生学习、教师教学需求,涵盖职业标准、技术标准、业务流程、作业规范等企业要素,并能随着时代进步和技术演进而平滑升级的,可持续发展的国家级物流管理专业集成服务系统"的要求,经过多年的建设,课程资源库已经建设完成并得到了良好的反响。本书在前一版的基础上再版,以便更好地为各类读者和社会服务。

本书编写的最终目的是让读者在更好地掌握理论知识的同时,也能使用本书指导实践工作。在本书应用的过程中,听取不同企业、院校及已经毕业学生的意见和建议,不断修改本书的体系架构,使之更合理、更贴近实践的应用。

本书最大的特点是实用性,无论是学生、教师还是从业人员,都能从本书中有所收益。我的学生中有通过自己的努力做货代,也有自己创业成立货代公司的。在现今大学生就业形势并不乐观的情况下,作为高职高专毕业生能取得这样的成绩也让我对自己的成果有了一些小小的欣慰。

此外,作为教育部2010年高等职业教育物流管理专业教学资源库建设项目"国际货运代理"课程的建设者,欢迎大家来我的博客 http://blog.sina.com.cn/fiata2009 进行交流。

本书由范泽剑负责全书的总体设计和统稿,王文静负责海运部分及实训资料的编写整理,王格梅负责案例及实训资料的整理编写工作,虽然我们力求严谨,但是教材编辑错误疏漏之处在所难免,殷切希望广大读者在使用过程中对本书的错误和欠妥之处提出批评和建议,以便我们不断改进。此外,在编写过程中参阅了一些网络资料,因为很难确认这些资料作者的真实身份,所以在此对这些作者谨表示诚挚的谢意!同时,也感谢机械工业出版社的孔文梅编辑为此书做出的工作。

为方便教学,本书配备电子课件等教学资源。凡选用本书作为教材的教师均可登录机械工业出版社教育服务网 www.cmpedu.com 获取,咨询电话:010-88379757。

编 者

目 录 Contents

前言

第一章　国际货运代理概述 /001
　　第一节　国际货运代理基础 /001
　　第二节　国际货运代理企业 /005
　　第三节　国际货运代理责任及其责任保险 /020
　　第四节　国际货物运输保险 /027
　　课后练习题 /038

第二章　国际海上货物运输 /039
　　第一节　国际海上货物运输概述 /039
　　第二节　海上货运船舶、集装箱及货物 /053
　　第三节　海运运价与运费 /067
　　课后练习题 /076

第三章　海运业务单证及流程 /077
　　第一节　海运单 /077
　　第二节　海运提单 /079
　　第三节　电子提单 /096
　　第四节　海运业务流程 /101
　　课后练习题 /130

第四章　海运事故处理及案例分析 /131
　　第一节　海运事故的确定及责任划分 /131
　　第二节　索赔 /136
　　第三节　海运案例分析 /139
　　课后练习题 /163

第五章　国际航空运输 /164
　　第一节　国际航空运输概述 /164
　　第二节　航空货运运价与运费 /176
　　课后练习题 /195

第六章　国际航空货物运输业务流程及单证 /196
　　第一节　航空货物进出口业务程序 /196
　　第二节　特种货物航空运输业务 /206
　　第三节　国际航空快递运输业务 /213
　　第四节　航空公司进出港操作 /218
　　第五节　国际航空货运文件 /222
　　课后练习题 /233

第七章　国际航空公约及案例分析 /234
　　第一节　国际航空公约及我国航空法 /234
　　第二节　航空货物运输合同 /236
　　第三节　华沙体制在航空货运中的应用 /239
　　第四节　不正常运输及索赔 /242
　　第五节　航空运输案例分析 /245
　　课后练习题 /250

第八章　国际陆路货物运输 /251
　　第一节　国际铁路联运业务 /251
　　第二节　国际公路联运业务 /263
　　课后练习题 /268

第九章　国际多式联运 /269
　　第一节　国际多式联运基础 /269
　　第二节　国际多式联运业务流程及单证 /276
　　第三节　国际多式联运方案设计 /284
　　第四节　国际多式联运法律责任划分 /287
　　第五节　国际多式联运案例分析 /295
　　课后练习题 /296

第十章　国际货运代理操作指南 /297
　　第一节　操作规范 /297
　　第二节　操作程序 /304

参考文献 /309

第一章 国际货运代理概述

▶▶ 知识目标 ◀◀

- 了解国际货代的定义与分类、性质与作用以及责任和权利;
- 了解国际货运代理企业的经营范围、业务内容、服务对象及行为规范;
- 了解国际货运代理企业的责任及责任险、经营风险及防范、投保责任险的方式、渠道,以及如何减少、防止责任风险;
- 了解保险的基本原则、各种运输方式下的保险条款;
- 理解海洋运输中保险可保障的风险、损失、费用;
- 掌握共同海损、我国海洋货物运输保险基本险的责任范围和保险期限。

第一节 国际货运代理基础

一、国际货运代理的定义与分类

（一）国际货运代理的定义

国际货运代理协会联合会对国际货运代理（International Freight Forwarding Agent，简称国际货代）的定义是："根据客户的指示，为客户的利益而揽取货物运输的人，其本人并非承运人。货代也可以依这些条件，从事与运送合同有关的活动，如储货也含寄存、报关、验收、收款等。"《中华人民共和国国际货运代理业管理规定实施细则》对其的定义是："国际货物运输代理企业可以作为进出口货物收货人、发货人的代理人，也可作为独立经营人从事国际货代业务。"在这种代理关系中涉及两个合同和三种关系人，如图1-1所示。

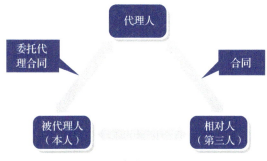

图1-1 两个合同三种关系人

代理制度使民事主体活动的范围得以扩大,权利效力得以延伸,可以大大降低交易成本预算。代理制度使民事主体不仅可以利用自己的能力和知识参加民事活动,而且可以通过利用他人的能力和知识使其自身活动能力得到极大的提高。

(二) 国际货运代理分类

国际货运代理按照代理业务的不同,一般分为四类,如图1-2所示。

(三) 大陆法系国家的代理制度和英美法系国家的代理制度

1. 代理制度介绍

大陆法系和英美法系的代理制度有所不同,具体如图1-3所示。

图1-2 国际货运代理分类

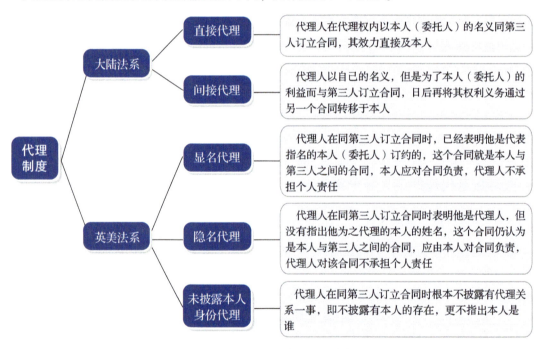

图1-3 国际货运代理制度分类

2. 大陆法系与英美法系代理制度的比较

(1) 英美法系中的显名代理、隐名代理两种形式类似于大陆法系中的直接代理,合同均认为是本人与第三人之间的合同,应由本人对合同承担责任,代理人不承担个人责任。

(2) 未披露本人身份的代理与大陆法系中的间接代理在形式上是相同的,但两者的法律后果却不相同。按照大陆法系的规定,间接代理关系中的本人不能直接在代理人与第三人订立的合同中对第三人主张权利,必须经过两项合同才能取得或主张合同权利;而英美法系中本人有介入权，可以直接对第三人主张权利。但第三人一经发现未披露的本人，也可以直接对本人起诉。这是大陆法系与英美法系的一个重要区别，也是英美代理制度的一个特点。

二、国际货运代理的性质和作用

（一）国际货运代理的性质

随着国际贸易、运输方式的发展，国际货运代理已渗透到国际贸易的每个领域，是国际贸易中不可缺少的重要组成部分。市场经济的迅速发展，使社会分工更加趋于明确，单一的贸易经营者或者单一的运输经营者都没有足够的力量亲自经营和处理每项具体业务，他们需要委托代理人为其办理一系列商务手续，从而实现各自的目的。国际货运代理的基本特点是受委托人委托或授权，代办各种国际贸易、运输所需要服务的业务，并收取一定报酬，或作为独立的经营人组织并完成货物运输、保管等业务，因而国际货运代理被认为是国际运输的组织者，也被誉为国际贸易的桥梁和国际货物运输的设计师。

（二）国际货运代理的作用

国际货运代理不仅可以促进国际贸易和国际运输事业发展，而且可以为国家创造外汇来源，对于本国国民经济发展和世界经济的全球化都有重要的推动作用。仅对委托人而言，至少可以发挥以下作用，如图1-4所示。

01	组织协调	组织运输活动、设计运输路线、选择运输方式和承运人（或货主），协调货主、承运人及其与仓储保管人、保险人、银行、港口、机场、车站、堆场经营人和海关、商检、卫检、动植检、进出口管制等有关部门的关系
02	专业服务	提供货物的承揽、交运、拼装、集运、接卸、交付服务 办理货物的保险、海关、商检、卫检、动植检、进出口管制等手续 代理委托人支付、收取运费，垫付税金和政府规费
03	沟通控制	保持货物运输关系人之间，以及货物运输关系人与其他有关企业、部门之间的有效沟通
04	咨询顾问	向委托人提出明确、具体的咨询意见，协助委托人设计、选择适当处理方案，避免、减少不必要的风险、周折和浪费
05	降低成本	可以选择货物的最佳运输路线、运输方式，最佳仓储保管人、装卸作业人和保险人，争取公平、合理的费率，甚至可以通过集运效应使所有相关各方受益，从而降低货物运输关系人的业务成本
06	资金融通	可以代替收、发货人支付有关费用、税金，提前与承运人、仓储保管人、装卸作业人结算有关费用，凭借自己的实力和信誉向承运人、仓储保管人、装卸作业人及银行、海关提供费用、税金担保或风险担保

图1-4 国际货运代理作用

三、国际货运代理的责任和权利

(一) 国际货运代理的责任

1. 基本责任

作为承运人完成货物运输并承担责任（由其签发货运单据，使用自己掌握的运输工具，或委托他人完成货物运输，并收取运费）；或作为承运人完成货物运输不直接承担责任（由他人签发货运单据，使用自己掌握的运输工具，或租用他人的运输工具，或委托他人完成货物运输，并不直接承担责任）。

根据与委托方订立的协议或合同规定，或根据委托方指示进行业务活动时，货代应以通常的责任完成此项委托，尤其是在授权范围之内。货代应如实汇报一切重要事项，在办理委托业务时向委托方提供的情况、资料必须真实，如有因货代隐瞒实情或提供资料不实而造成的损失，委托方有权向货运代理人追索并撤销代理合同或协议。货代负有保密义务，货运代理过程中所得到的资料不得向第三者泄漏，同时，也不得将代理权转让与他人。

2. 责任期限

从接收货物时开始至将货物交给收货人，或根据指示将货物置于收货人指定的地点为止，这段时间称为完成并已履行合同中规定的交货义务的责任期限。

3. 对合同的责任

国际货运代理人应对自己因没有执行合同所造成的货物损失负赔偿责任。

4. 对仓储的责任

货代在接受货物准备仓储时，应在收到货后向委托方签发收据或仓库证明，并在货物仓储期间履行其职责，根据货物的特性和包装，选择不同的存储方式。

5. 除外责任

由以下原因导致的货物损失，国际货运代理人免于承担责任：

(1) 由于委托方的疏忽或过失。
(2) 由于委托方或其他代理人在装卸、仓储或其他作业过程中的过失。
(3) 由于货物的自然特性或潜在缺陷。
(4) 由于货物的包装不牢固、标志不清。
(5) 由于货物送达地址不清、不完整、不准确。
(6) 由于对货物内容申述不清楚、不完整。
(7) 由于不可抗力、自然灾害、意外原因。

但如能证明货物的灭失或损害是由货运代理人过失或疏忽所致，则应对该货物的灭失、损害负赔偿责任。

（二）国际货运代理的权利

委托方应支付给货运代理人因货物的运送、保管、投保、报关、签证、办理单据等，以及为其提供其他服务而引起的一切费用，同时还应支付由于货运代理人不能控制的原因致使合同无法履行而产生的其他费用。如货物灭失或损坏属于保险人承保范围之内，货运代理人赔偿后，从货物所有人那里取得代位求偿权，从其他责任人那里得到补偿或偿还。当货运代理人对货物全部赔偿后，有关货物的所有权便转为货运代理人所有。

四、国际货运代理组织

1. 国际货运代理协会联合会

国际货运代理协会联合会（International Federation of Freight Forwarders Associations，FIATA，http://www.fiata.com/）是世界国际货运代理的行业组织，其会标如图1-5所示。该会于1926年5月31日在奥地利维也纳成立，总部设在瑞士苏黎世，其会员不仅限于货运代理企业，还包括海关、船舶代理、空运代理、仓储业和汽车运输业等，因为这些部门都是国际运输的一部分，其目的是保障和提高国际货运代理在全球的利益。该会是一个在世界范围内运输领域最大的非政府和非营利性组织，具有广泛的国际影响，其成员包括世界各国的国际货运代理行业。

图1-5 FIATA会标

2. 中国国际货运代理协会

中国国际货运代理协会（China International Freight Forwarders Association，CIFA，http://www.cifa.org.cn/）是国际货运代理行业的全国性中介组织，于2000年9月在北京成立，其会标如图1-6所示。CIFA自成立以来，为促进我国货代行业发展做了大量工作，在加强行业自律与协调管理、营造平等竞争的市场环境、提高我国货代整体水平等方面做出了开创性的贡献。

图1-6 CIFA会标

第二节 国际货运代理企业

一、国际货运代理企业的经营范围

根据《中华人民共和国国际货物运输代理业管理规定实施细则》第三十二条规定，国际货运代理企业的经营范围包括：

（1）揽货、订舱（含租船、包机、包舱）、托运、仓储、包装。

(2) 货物的监装、监卸、集装箱装拆箱、分拨、中转及相关的短途运输服务。
(3) 报关、报检、报验、保险。
(4) 缮制签发有关单证，交付运费，结算及交付杂费。
(5) 国际展品、私人物品及过境货物运输代理。
(6) 国际多式联运、集运（含集装箱拼箱）。
(7) 国际快递（不含私人信函）。
(8) 咨询及其他国际货运代理业务。

但是，这些并不是每个国际货运代理企业都具有的经营范围。中华人民共和国商务部（以下简称"商务部"）颁发的中华人民共和国国际货物运输代理企业批准证书通常将国际货运代理企业的经营范围界定为"承办海运、陆运、空运进出口货物的国际运输代理业务，包括：揽货、订舱、仓储、中转、集装箱拼装拆箱、结算运杂费、报关、报验、保险、相关的短途运输服务及运输咨询服务"。工商行政管理机关颁发的企业法人营业执照则通常将国际货运代理企业的经营范围简化为"承办海运、陆运、空运进出口货物的国际运输代理业务（未取得专项许可的项目除外）"。各个国际货运代理企业的具体业务经营范围，最终应以工商行政管理机关颁发的企业法人营业执照列明的经营范围为准。

二、国际货运代理的服务内容及服务对象

（一）国际货运代理的服务内容

国际货运代理主要服务内容包括：
(1) 代表发货人（出口商）选择运输路线、运输方式和适当的承运人；向选定的承运人提供揽货、订舱服务；提取货物并签发有关单证；研究信用证条款和所有政府规定；包装、储存、称重和量尺码、安排保险；货物抵达港口后办理报关及单证手续，并将货物交给承运人；做外汇交易、支付运费及其他费用；收取已签发的正本提单，并交付发货人；安排货物转运；通知收货人货物动态；记录货物灭失情况；协助收货人向有关责任方进行索赔。
(2) 代表收货人（进口商）报告货物动态；接收和审核所有与运输有关的单据；提货和付运费；安排报关和付税及其他费用；安排运输过程中的存仓；向收货人交付已结关的货物；协助收货人储存或分拨货物。
(3) 作为多式联运经营人，收取货物并签发多式联运提单，承担承运人的风险责任，对货主提供一揽子的运输服务。在发达国家，由于货运代理发挥运输组织者的作用巨大，故有不少货运代理主要从事国际多式联运业务；而在发展中国家，由于交通基础设施较差，有关法规不健全以及货运代理的素质普遍不高，国际货运代理在作为多式联运经营人方面发挥的作用较小。
(4) 其他服务，如根据客户的特殊需要进行监装、监卸、货物混装和集装箱拼装拆箱运输咨询服务等。
(5) 特种货物挂装运输服务及海外展览运输服务等。

（二）国际货运代理的服务对象

从国际货运代理人的基本性质来看，货代主要是接受委托方的委托，就有关货物运输、转

运、仓储、装卸等事宜，一方面与货物托运人订立运输合同，另一方面与运输部门签订合同。对货物托运人来说，货运代理是货物的承运人。相当部分的货运代理人掌握各种运输工具和储存货物的库场，在经营其业务时办理包括海、陆、空在内多种形式的货物运输。国际货代为不同的服务对象提供不同的服务，主要有：

1. 为发货人服务

货代代替发货人承担在不同货物运输中的任何一项手续：
（1）以最快最省的运输方式，安排合适的货物包装，选择货物的运输路线。
（2）向客户建议仓储与分拨的方式和地点。
（3）选择可靠、效率高的承运人，并负责缔结运输合同。
（4）安排货物的计重和计量。
（5）办理货物保险。
（6）货物的拼装。
（7）装运前或在目的地分拨货物之前把货物存仓。
（8）安排货物到港口的运输，办理海关和有关单证的手续，并把货物交给承运人。
（9）代表托运人/进口商承付运费、关税税收及其他费用。
（10）办理有关货物运输的任何外汇交易。
（11）从承运人那里取得各种已签署的提单，并将其交给发货人。
（12）通过与承运人和货运代理在国外的代理联系，监督货物运输进程，并使托运人知道货物去向。

2. 为海关服务

当货运代理作为海关代理办理有关进出口商品的海关手续时，货代不仅代表自己的客户，而且代表海关。事实上，在许多国家，货代得到了海关的许可，办理海关手续，并对海关负责，在法定的单证中申报货物确切的金额、数量、品名等，以使政府在这些方面不受损失。

3. 为承运人服务

货运代理受托运人委托及时向承运人订舱，议定对发货人、承运人都公平合理的费用，安排适当时间交货，以及以发货人的名义解决和承运人的运费账目等问题。

4. 为航空公司服务

货运代理在空运业务上，充当航空公司的代理，在国际航空运输协会以空运货物为目的而制定的规则上，被指定为国际航空运输协会的代理。货代利用航空公司的货运手段为货主服务，并由航空公司付给佣金。同时，货运代理可通过提供适于空运程度的服务方式，继续为发货人或收货人服务。

5. 为班轮公司服务

货运代理与班轮公司的关系，随业务的不同而不同，近几年来由货代提供的拼箱服务，即拼箱货的集运服务使货代与班轮公司及其他运输方式（如铁路运输）的承运人之间建立了较为密切的联系，然而一些国家却拒绝向货运代理支付佣金，所以他们在世界范围内争取对佣金的要求。

三、国际货运代理企业的业务内容

国际货运代理企业的业务内容按照服务对象可以分为：

（一）作为货主的代理人提供货运代理服务方面

1. 作为出口货物发货人的代理人

国际货物运输代理企业作为出口货物发货人的代理人，其业务内容通常可以分为以下具体项目：

（1）查询、提供车次、船期、航班、运价信息，以及出口货物的报关、报检、报验、装运港、中转港、目的港装卸、运输规定。

（2）根据发货人的货物运输要求，选择运输路线、运输方式和适当的承运人，安排货物运输、转运，争取优惠运价，确认运费及其他相关费用。

（3）接受、审核发货人提供的货物运输资料、单证，提醒发货人准备货物进出口地所属国家或地区要求的货物运输文件、单证。

（4）代为填制货物运输单据，以备办理通关、报检、报验等出口手续。

（5）向选定的承运人租赁运输工具，洽订车辆、舱位。

（6）安排货物从发货人处或发货人指定的其他处所到货物起运车站、港口或机场的短途运输，将货物交付承运人或其代理人。

（7）办理出运货物的包装、仓储、称重、计量、检测、标记、刷唛、进站、进港、进场手续。

（8）办理出运货物的装箱、拼箱、理货、监装事宜。

（9）办理货物的运输保险手续。

（10）办理货物的通关、报检、报验等手续，支付有关费用。

（11）查询、掌握货物装载情况及运输工具离开车站、港口、机场时间，及时向委托人报告货物出运信息。

（12）向承运人或其代理人领取运单、提单及其他收货凭证，及时交给发货人或按其指示处理。

（13）向承运人、承运人的代理人、其他有关各方以及各有关部门交付和结算运费、杂费、税金、政府规费等款项。

（14）联系承运人或其在货物起运地、目的地的代理人，掌握运输情况，监管运输过程，及时向发货人通报有关信息。

（15）记录货物的残损、短缺、灭失情况，收集有关证据，协助发货人向有关责任方、保险公司索赔。

（16）发货人委托办理的其他事项。

2. 作为进口货物收货人的代理人

国际货物运输代理企业作为进口货物收货人的代理人，其业务内容通常可以分为以下具体项目：

（1）保持与承运人或其在货物运输目的地代理人的联系，随时查询、及时掌握货物动态和运抵目的地的信息，并及时通报收货人。

（2）保持与收货人的联系，接受、审核其提供的运输单据，协助其准备提货文件，办妥相关手续，做好提货、接货准备。

（3）向承运人、承运人的代理人及其他有关各方支付运费、杂费。

（4）办理货物的报关、纳税、结关、报检、报验手续，代为支付有关税金和费用。

（5）办理货物的提取、接收、拆箱、监卸、查验手续。

（6）安排货物的短倒、仓储、转运、分拨事宜。

（7）安排货物从卸货地到收货人处或其指定处所的短途运输。

（8）向收货人或其指定的其他人交付货物及有关单据。

（9）记录货物的残损、短缺、灭失情况，收集有关证据，协助收货人向有关责任方、保险公司索赔。

（10）收货人委托的其他事项。

（二）作为承运人的代理人提供货运代理服务方面

1. 作为出口货物承运人的代理人

国际货物运输代理企业作为出口货物承运人的代理人，其业务内容通常可以分为以下具体项目：

（1）回复托运人关于陆运车辆班次、海运船舶船期、空运飞机航班、运价、运输条件等相关事宜的查询。

（2）承揽货物，组织货载，接受托运人的包车、租船、包机、订车、订舱要求，与之洽谈，预订车辆、船舶、飞机、舱位，签订运输合同。

（3）填制货物入仓、进站、进港、进场单据或集装箱、集装器放行单，安排货物入仓、进站、进港、进场或装箱。

（4）协助承运人或车站、码头、机场进行车辆、船舶、飞机配载，装车、装船、装机。

（5）审核车站、码头、场站汇总的货物清单，填制货物出口运单、提单等单证，并向海关申报集装箱、集装器、货物情况。

（6）向航次租船的船舶承租人签发滞期或速遣通知。

（7）向托运人签发运单、提单，收取运费、杂费。

（8）办理货物、集装箱的中转手续。

（9）汇总出口货物运输单据，审核有关费用、税收，办理支付、结算手续。

（10）向委托人转交货物运输文件、资料，报告出口货载、用箱、费用、税收情况。

（11）向货物的目的地车站、港口、机场承运人代理传送货物运输文件、资料，传递运输信息。

（12）承运人委托的其他事项。

2. 作为进口货物承运人的代理人

国际货物运输代理企业作为进口货物承运人的代理人，其业务内容通常可以分为以下具体项目：

(1) 取得、整理、审核进口货物运输单据。

(2) 向收货人或通知人传达货物到站、到港、运抵信息，通知其提货。

(3) 填写、填制进口货物运输单据，办理集装箱、集装器、货物进口申报手续。

(4) 通知并协助车站、港口、机场安排卸货作业。

(5) 安排集装箱的拆箱，货物的转运、查验、交接。

(6) 收取运费、杂费及其他相关费用，办理放货手续。

(7) 汇总进口货物运输单据，审核有关费用、税收，办理支付、结算手续。

(8) 承运人委托的其他事项。

(三) 作为独立经营人提供有关服务方面

1. 以缔约承运人、无船承运人、多式联运经营人身份提供服务

国际货物运输代理企业以缔约承运人、无船承运人、多式联运经营人身份提供货物运输服务，其业务内容通常可以分为以下具体项目：

(1) 在货物的起运地或其他地点与托运人或其代理人办理货物的交接手续，签发收货凭证、提单、运单。

(2) 确定运输方式、运输路线，与实际承运人、分包承运人签订货物运输合同。

(3) 安排货物运输，跟踪监管货物运输过程。

(4) 必要时，对装载货物的集装箱进行保险，对货物的运输投保承运人责任险。

(5) 通知在货物转运地的代理人，与分包承运人进行联系，申办货物的过境、换装、转运手续，办理相关事宜。

(6) 定期向发货人、收货人或其代理人通报货物位置、状况信息。

(7) 在货主提出要求时，安排货物的中途停运。

(8) 通知收货人或其代理人货物运抵目的地的时间，安排在货物目的地的代理人办理通知提货、交货手续。

(9) 向货主或其代理人收取、结算运费、杂费。

(10) 办理货物的索赔、理赔手续。

2. 以仓储保管人身份提供服务

国际货物运输代理企业以仓储保管人身份提供货物仓储服务，其业务内容通常可以分为以下具体项目：

(1) 清点货物数量，检查货物包装和标志，与货主或运输人员办理货物交接手续。

(2) 根据货主要求，代为检验货物品质。

(3) 根据验收结果，办理货物入库手续。

(4) 根据货物的性质、特点、保管要求将货物分区、分类保管，并按货位编号合理存放、堆码、苫垫。

(5) 编制保管账卡，定期或根据临时需要进行盘点，做好盘点记录。

(6) 妥善保管货物，及时保养、维护。

(7) 根据货主要求，整理货物原件包装，进行零星货物的组配、分装。

(8) 审核货主填制的提货单或调拨单等出库凭证，登入保管账卡。
(9) 配货、包装、刷唛，将货物集中到理货场所等待运输。
(10) 复核货物出库凭证，向货主或承运人交付货物，核销储存货量。

3. 以专业顾问身份提供服务

国际货物运输代理企业以专业顾问身份提供货物运输咨询服务，其业务内容通常可以分为以下具体项目：

(1) 向客户提供有关法律、法规、规章、惯例和运输信息。
(2) 就货物的运输路线、运输方式、运输方案提出意见和建议。
(3) 就货物的包装、装载形式、方式、方法提出意见和建议。
(4) 就货物的进出口通关、清关、商品检验、动植物检疫、卫生检验要求提供咨询意见。
(5) 就货物的运输单证和银行要求提出意见和建议。
(6) 就货物的运输保险险种、保险范围等提供咨询意见。
(7) 就货物的理赔、索赔提出意见和建议。
(8) 客户提出咨询的其他事项。

四、国际货运代理企业的行为规范

（一）国际货运代理业务行为规范

国际货运代理企业应当按照商务部颁发的国际货物运输代理企业批准证书（以下简称批准证书）和工商行政管理机关办理的营业执照列明的经营范围和经营地域从事经营活动，应当遵循安全、迅速、准确、节省、方便的经营方针，为进出口货物的收货人、发货人提供服务。

国际货运代理企业可以使用中国国际货运代理协会参照国际惯例制定的国际货运代理标准交易条款，也可以自行制定交易条款，但是必须经商务部批准后，才能使用。国际货运代理企业之间还可以相互委托办理全部或部分国际货运代理业务。

国际货运代理企业不得将规定范围内的注册资本挪作他用；不得出借、出租或转让批准证书和国际货物运输代理业务单证；不得直接转让或变相转让国际货运代理经营权；不得允许其他单位、个人以该国际货运代理企业或其营业部名义从事国际货运代理业务；不得与不具有国际货运代理业务经营权的单位订立任何协议而使之可以单独或与之共同经营国际货运代理业务，收取代理费、佣金或者获得其他利益；不得接受非法货运代理提供的货物，不得为非法货运代理代办订舱；不得以发布虚假广告、分享佣金、退返回扣或其他不正当竞争手段从事经营活动；禁止出借提单。

（二）无船承运业务行为规范

在中国境内经营无船承运业务，应当在中国境内依法设立企业，并以该企业法人名义向国务院交通主管部门办理提单登记，交纳保证金，取得无船承运业务经营资格登记证。未依照规定办理提单登记并交纳保证金的，不得经营无船承运业务。无船承运业务经营者使用两种或者两种以上提单的，各种提单均应登记。

无船承运业务经营者的登记提单发生变更的，应当于新的提单使用之日起15日前将新的提单样本格式向交通部备案。无船承运业务经营者申请提单登记时，提单抬头名称应当与申请人名称相一致。提单抬头名称与申请人名称不一致的，申请人应当提供说明该提单确实为申请人制作、使用的相关材料，并附送申请人对申请登记提单承担承运人责任的书面申明。

无船承运业务经营者应当依法在交通部指定的商业银行开设的无船承运业务经营者专门账户上交存保证金，保证金利息按照中国人民银行公布的相应存款利率计息。无船承运业务经营者被交通部依法取消经营资格、申请终止经营或者因其他原因终止经营的，可以向交通部申请退还保证金。

无船承运业务经营者的运价，应当按照规定的格式向国务院交通主管部门备案。无船承运业务经营者运价本上载明的运价为公布运价，自国务院交通主管部门受理备案之日起满30日生效。国际船舶运输经营者与货主、无船承运业务经营者约定的运价为协议运价，自国务院交通主管部门受理备案之时起满24h生效。无船承运业务经营者应当执行生效的备案运价。

在中国境内没有经营性分支机构的境外无船承运业务经营者，应当委托在当地具有无船承运业务经营资格的经营者代理签发提单业务。中国无船承运业务经营者在没有设立分支机构的地区从事无船承运业务，需要委托代理签发提单的，应当委托具有无船承运经营资格的代理人签发提单。无船承运业务经营者应当在交通部指定的媒体上公布其在中国境内签发提单代理人，并及时将公布代理事项的媒体名称向交通部备案。公布事项包括代理人名称、注册地、住所、联系方式。代理人发生变动的，应当于有关代理协议生效前7日内公布上述事项。

在中国委托代理人提供进出中国港口国际货物运输服务的外国无船承运业务经营者，应当在中国境内委托一个联络机构，负责代表该外国企业与中国政府有关部门就《中华人民共和国国际海运条例》（以下简称《国际海运条例》）及其实施细则规定的有关管理及法律事宜进行联络。联络机构可以是该外国企业在中国境内设立的外商投资企业或者常驻代表机构，也可以是其他中国企业法人或者在中国境内有固定住所的其他经济组织。委托的联络机构应当向交通部备案，并提交下列文件：①联络机构说明书，载明联络机构名称、住所、联系方式及联系人；②委托书副本或者复印件；③委托人与联络机构的协议副本；④联络机构的工商登记文件复印件。

联络机构为该外国企业在中国境内的外商投资企业或者常驻代表机构的，无须提供上述第②项、第③项文件。联络机构或者联络机构说明书所载明的事项发生改变的，应当自发生改变之日起15日内向交通部备案。

中国无船承运业务经营者及其分支机构在中国境内收取运费、代为收取运费以及其他相关费用，应当向付款人出具中国税务机关统一印制的专用发票。在中国境内注册，并依法取得交通部印发的无船承运业务经营资格登记证的企业，可以向税务机关申请办理领购、使用国际海运业运输专用发票事宜。申请领购国际海运业运输专用发票的企业，必须凭税务登记证件和交通部的批准文件（证书），并持省、自治区、直辖市交通主管部门出具的国际海运企业批准通知单，到当地主管税务机关办理领购国际海运业运输专用发票事宜。已经领购国际海运业运输专用发票的企业，不得再办理领购国际货物运输代理业专用发票。从事无船承运业务的国际货运代理企业在开具国际海运业运输专用发票时，必须在"费用明细"栏中分别列明运费（含多式联运全程运费）及其他服务收费项目。当费用同时用人民币和外币结算时，必须按单一币种分别填开发票。用外币结算费用时，除以外币金额填开发票外，还应在备注栏中，按当天的外汇牌价注明人民币的合计金额。当进行多票运输费用结算或按月（季）费用结算时，不便于全部列明的"船名/航次""到（离）港日期""运输起讫地点""提单号""费率"等栏目内容可以省略，但涉及费用内容的，不得省略。

经营无船承运业务，不得有下列行为：①以低于正常、合理水平的运价提供服务，妨碍公平竞争；②在会计账簿之外暗中给予托运人回扣，承揽货物；③滥用优势地位，以歧视性价格或者其他限制性条件给交易对方造成损害；④其他损害交易对方或者国际海上运输市场秩序的行为。

没有取得无船承运业务经营资格者，不得接受其他无船承运业务经营者委托，为其代理签发提单。任何单位和个人不得擅自使用无船承运业务经营者已经登记的提单。

（三）航空货物运输销售代理行为规范

民用航空运输销售代理人应当在获准的代理业务类别范围内，经营民用航空运输销售代理业务，在其营业地点公布各项营业收费标准，并将此标准报核发空运销售代理业经营批准证书的民航行政主管部门或者民航地区行政管理机构备案。

（四）航空快递业务行为规范

经中国民用航空总局批准，航空快递企业可以在机场设立航空快件专门接收站点，集中办理托运或者提取航空快件业务。但是，航空快件专门接收站点所需作业通道以及作业、海关监管和安检场所的安排和建设，应当按照规定的程序报请有关部门批准。进港、出港的航空快件，应当由航空快递企业通过该专门接收站点统一向航空承运人申请办理托运或者提取手续。

（五）多式联运业务行为规范

从事多式联运业务的企业使用的多式联运单据应当符合有关规定的要求，载明以下内容：①货物名称、种类、件数、重量、尺寸、外表状况、包装形式；②集装箱箱号、箱型、数量、封志号；③危险货物、冷冻货物等特种货物的特性、注意事项；④多式联运经营人名称和主要营业场所；⑤托运人名称；⑥多式联运单据表明的收货人；⑦接受货物的日期、地点；⑧交付货物的地点和约定的日期；⑨多式联运经营人或其授权人的签字及单据的签发日期、地点；⑩交接方式、运费的交付、约定的运达期限、货物中转地点；⑪在不违背我国有关法律法规的前提下，双方同意列入的其他事项。并且，多式联运单据应由多式联运经营人或其代理人报交通部、铁道部登记，在单据右上角注明许可证编号。

多式联运经营人在接收货物时，应由本人或其授权的人签发多式联运单据。多式联运经营人签发多式联运单据后，即表明多式联运经营人已收到货物，对货物承担多式联运责任，并按多式联运单据载明的交接方式，办理交接手续。多式联运经营人签发的多式联运单据，是多式联运经营人已经按照多式联运单据所载状况收到货物的初步证据。多式联运经营人有义务按多式联运单据中收货人的地址通知收货人货物已抵达目的地。如果在多式联运经营人责任期间内出现货物灭失、损坏或迟延交付的情况，多式联运经营人应当依法承担赔偿责任。

（六）代理报关业务行为规范

1. 普通货物的代理报关

代理报关企业应当按海关规定聘用报关员，并对报关员的报关行为承担法律责任。代理报关企业只能接受有权进出口货物企业的委托，并在所在关区口岸办理该企业承揽、承运货物的报关纳税等事宜。如有特殊情况，须经所在地上级海关商异地海关同意，报海关总署核准，才能在异地办理报关业务。代理报关企业应当按照海关对进出口企业财务账册及营业报表的要求建立账册和报关营业记录，真实、正确、完整地记录其受托办理报关纳税等事宜的所有活动。代理报关企业不得以任何形式出让其名义供他人办理进出口货物报关纳税等事宜。

2. 进出境快件的代理报关

进出境快件经营人应当在其所在地海关办公时间和专门监管场所内办理快件的报关和查验手续。如果需要在海关办公时间以外或专门监管场所以外进行，可以要求海关派员驻场监管，但应当事先取得海关同意，并向海关无偿提供必需的办公场所及必备的设施。

（七）代理出入境检验检疫报检业务行为规范

1. 普通货物的代理报检

代理报检单位应当经国家质量监督检验检疫总局注册登记，未经注册登记不得从事代理报检业务。代理报检单位在接受委托办理报检等相关事宜时，应当遵守有关出入境检验检疫法律法规规定，并对代理报检各项内容的真实性、合法性负责，承担相应的法律责任。代理报检单位接受收发货人的委托，办理报检事宜，还应当遵守法律法规对收发货人的各项规定。

2. 出入境快件的代理报检

经营出入境快件寄递业务的企业应当按照有关规定向出入境检验检疫机构办理报检手续，凭出入境检验检疫机构签发的通关单向海关办理报关。其中，入境快件到达海关监管区时，应及时向所在地出入境检验检疫机构办理报检手续。出境快件应在其运输工具离境4h前，向离境口岸出入境检验检疫机构办理报检手续。

经营出入境快件寄递业务的企业应当配合检验检疫工作，向检验检疫机构提供有关资料和必要的工作条件、工作用具等。必要时，还应当派出人员协助工作。

经营出入境快件寄递业务的企业不得承运国家有关法律法规规定禁止出入境的货物或物品，不得递运应当实施检验检疫而未经检验检疫，或者经检验检疫不合格的出入境快件。

（八）代理进出口商品报验行为规范

代理报验机构应当按照出入境检验检疫机构的要求选用报验员，并对报验员的报验行为承担法律责任。代理报验机构应当按照出入境检验检疫机构的要求，负责与委托人联系，协助出入境检验检疫机构落实检验时间，向出入境检验检疫机构提供必要的工作条件，确保出入境检验检疫、鉴定工作的顺利进行，积极配合出入境检验检疫机构对有关事宜的调查和处理，并按规定代委托人交纳检验费。

五、国际货运代理企业的民事法律地位

国际货运代理企业的民事法律地位是指国际货运代理企业在从事业务经营活动时与他人发生的民事法律关系中所处的地位。国际货运代理企业在因业务经营行为发生的民事法律关系中

所处的地位，决定了其在相应法律关系中享有的权利，承担的义务和责任的具体内容。国际货运代理企业的民事法律地位，本质上取决于其业务经营行为的方式、与客户之间的合同约定和有关法律法规的强制性规定。

（一）国际货运代理企业民事法律地位的确定

国际货运代理企业的民事法律地位与其经营的具体业务密切相关，深受适用于国际货运代理企业具体业务活动的法律影响。根据我国司法实践，人民法院在处理国际货运代理业务纠纷，确定国际货运代理企业的法律地位时，往往要考虑下列因素：

1. 业务活动使用的名义

我国法院依照《中华人民共和国民法通则》（以下简称《民法通则》）和《中华人民共和国合同法》（以下简称《合同法》）的有关规定确定国际货运代理企业的法律地位。为了避免承担当事人的义务和责任，建议国际货运代理企业以自己名义为委托人的利益行事时，向第三人表明自己仅仅作为代理人，适时披露委托人。

2. 具体的业务运作方式

国际货运代理企业根据客户要求办理业务的实际情况，分别采取以下几种不同的具体运作方式：

（1）以发货人的名义托运货物，直接交给承运人运输，取得承运人或其代理人签发的运输单据。

（2）以承运人的名义承揽货物，代理承运人签发运输单据或提供承运人签发的运输单据。

（3）以自己名义承揽货物，签发全程运输单据，通过自己的雇员、运输工具完成部分运输业务，其余部分分包给其他承运人完成。

（4）以自己名义承揽货物，向发货人签发运输单据，全部运输任务转委托其他承运人完成。

（5）以自己名义承揽货物，向发货人签发运输分单，集中发货人托运的货物，以自己的名义转交实际承运人运输。

在第（1）、（2）种情况下，一般认为国际货运代理企业分别是发货人、承运人的代理人。在第（3）、（4）、（5）种情况下，对于发货人来讲，国际货运代理企业是缔约承运人；对于其他承运人来讲，国际货运代理企业分别是发包人、委托人和托运人，分别根据适用于相应业务关系的法律法规享受当事人的权利，承担当事人的义务和责任。

3. 签发运输单据的方式

除非国际货运代理企业与委托人另有约定，一般情况下，以发货人或收货人代理人名义在运输单据上签字，或以承运人代理人名义签发运输单据的国际货运代理企业将分别被视为发货人、收货人或承运人的代理人，享有代理人的权利，承担代理人的义务和责任。而以道路运输经营人身份签发道路运单，以航空运输缔约承运人身份签发空运分单，以无船承运人身份签发海运提单和以多式联运经营人身份签发国际多式联运提单的国际货运代理企业，则被视为承运人（当事人），享有承运人的权利，承担承运人的义务和责任。

4. 收入的取得方式

通常，从委托人处取得代理费或佣金的国际货运代理企业被视为发货人或承运人的代理人，而从发货人或收货人支付的运费和实际承运人要求支付的运费差价中取得利润的国际货运代理企业则被视为缔约承运人（当事人）。

操作技巧

实践中，一些国际货运代理企业出于某种考虑，在与客户签订的合同中往往不明确区分代垫费用和代理费用或佣金，笼统地用包干费用加以概括，如果在合同其他条款中没有明确国际货运代理企业仅仅作为代理人从事有关业务活动，很可能被视为承运人（当事人），仅仅享受代理人的收益，却要承担承运人的义务和责任。因此，建议国际货运代理企业在与客户签订国际货物运输委托代理合同时，明确规定国际货运代理企业根据委托人要求从事的一切业务活动，均属代理行为，分别规定代垫费用和代理费用或佣金的支付问题。即使必须用包干费用方式概括规定，也要明确包干费用由代垫费用和代理费用或佣金构成，包干费用和代垫费用的差额全部作为国际货运代理企业的代理费用或佣金。

5. 合同约定的内容

国际货运代理企业与客户签订的有关合同、协议，是双方行使权利、履行义务、承担责任的依据，也是双方发生争议时，法院或仲裁机关确定双方法律地位的重要依据。一般来讲，在有关合同、协议规定国际货运代理企业接受客户委托，代为安排货物的运输、仓储事宜，仅对因自己的过错给客户造成的损失承担责任的情况下，国际货运代理企业将被视为代理人。在有关合同、协议规定国际货运代理企业接受客户委托，负责货物的运输、仓储，并对货物的损坏、灭失或迟延交付承担责任的情况下，国际货运代理企业将被视为当事人（承运人或仓储保管人）。

操作技巧

实践中，我国法院在当事人签订的合同名称与合同约定的权利、义务内容不一致的情况下，通常按照合同约定的权利、义务内容来确定合同的性质及当事人的法律地位。尽管国际货运代理企业与客户签订的有关合同、协议名称，甚至某些条款中含有"委托""代理"的字样，如果双方权利、义务的内容不够明确、具体，特别是有关国际货运代理企业提供的服务内容、责任范围的规定含糊不清，国际货运代理企业仍然难免承担当事人的责任。因此，国际货运代理企业在与客户签订业务合同、协议时，应当尽量做到名称与内容一致，详细规定双方权利、义务和责任，不要使用"代为运输货物""负责货物运输事宜""保证货物安全、准时运到目的地"等含糊的字眼，以免被判定承担当事人的责任。

6. 行业惯例和交易习惯

国际货运代理企业在业务经营过程中，常常根据货主的委托，以自己名义向承运人租船、订舱，或者以自己名义接受货主的订舱要求，确认货物出运的时间、运输航班、航次，当货主不能按照约定的时间、地点、数量提供拟出运的货物并支付运费，或者承运人不能按时运输货物，甚至甩货时，有些国家习惯上要求由国际货运代理企业先承担当事人的责任，赔偿对方当事人损失，然后再向责任方追偿。特别是在货主要求国际货运代理企业在合理时间内提供承运人的身份以及能够证明货主与承运人之间合同关系的单据，国际货运代理企业不能提供的情况下，国际货运代理企业往往被判定具有当事人的地位。在国际货运代理企业以承运人的代理人身份签发运输单据，而又不能提供承运人名称、地址或其与承运人之间委托代理关系的证据情况下，我国法院也有许多判决国际货运代理企业承担当事人责任的案例。

此外，法院在确定国际货运代理企业在具体案件中的法律地位时，往往还要考虑当地国际货运代理企业与客户的交易习惯，案件涉及的国际货运代理企业与对方当事人以往的交易习惯，并结合其他情况综合判定国际货运代理企业的法律地位。

总体来讲，国际货运代理企业在具体业务活动中的民事法律地位，取决于可适用的法律法规规定，取决于业务活动的具体事实，并结合当事人之间的合同、协议、往来文电、运输单据、收支凭证及其他有关情况，综合各种相关因素来确定。

（二）国际货运代理企业作为代理人的民事法律地位

国际货运代理企业作为代理人时，在与委托人之间形成的委托代理关系中的法律地位通常表现在以下几个方面：

1. 国际货运代理企业的权利

国际货运代理企业享有以下权利：①以委托人名义处理委托事务的权利；②在委托人授权范围内自主处理委托事务的权利；③要求委托人提交待运货物和相关运输单证、文件资料的权利；④要求委托人预付、偿还处理委托事务所需费用的权利；⑤要求委托人支付服务报酬的权利；⑥要求委托人承受代理行为后果的权利；⑦要求委托人赔偿损失的权利；⑧解除委托代理合同的权利。

2. 国际货运代理企业的义务

国际货运代理企业在国际货物运输委托代理关系中的义务，是指国际货运代理企业在代理过程中依法应当从事的行为或不应从事的行为，其具体内容亦因委托代理合同内容的不同而有所不同。一般来讲，国际货运代理企业负有以下义务：①按照委托人的指示处理委托事务的义务；②亲自处理委托人委托事务的义务；③按照诚实信用原则办理委托事务的义务；④向委托人报告委托事务处理情况的义务；⑤披露委托人、第三人的义务；⑥向委托人转交财产的义务；⑦继续处理委托事务的义务；⑧协助、保密义务。

3. 国际货运代理企业的民事法律责任

这里所称的国际货运代理企业民事法律责任，是指国际货运代理企业违反民事法律规范和委托代理合同规定的义务，依法应当承担的法律后果。根据《民法通则》《合同法》的有关规定，代理人有下列情形之一，须承担相应的法律责任：①因过错而给委托人造成损失的；②与第三人串通损害委托人利益的；③明知委托事项违法仍予代理的；④擅自将委托事项转委托他人代理的；⑤从事无权代理行为的。

（三）国际货运代理企业作为独立经营人的民事法律地位

国际货运代理企业作为独立经营人从事业务活动，应当根据《合同法》《中华人民共和国海商法》（以下简称《海商法》）、《中华人民共和国民用航空法》（以下简称《民用航空法》）、《国际海运条例》等法律法规有关运输合同、仓储合同、承揽合同等的规定以及《中华人民共和国国际货物运输代理业管理规定》（以下简称《国际货物运输代理业管理规定》）及其实施细则有关国际货运代理企业作为独立经营人的特殊规定，行使权利，履行义务，承担责任。

1．国际货运代理企业作为承运人

（1）国际货运代理企业作为承运人具有以下基本权利、义务和责任：

1）权利。国际货运代理企业作为承运人时，享有下列基本权利：核查货物、文件权；拒绝运输权；收取运费、杂费权；取得赔偿权；货物留置权；货物提存权。

2）义务。作为承运人的国际货运代理企业，应当履行下列基本义务：按时安全运送义务；运输路线注意义务；到货通知义务；保管货物义务。

3）责任。作为承运人的国际货运代理企业违反运输合同规定时，应当承担下列民事责任：迟延运输责任；货物赔偿责任；承运人间的连带责任。

（2）国际货运代理企业作为道路运输承运人具有以下具体权利、义务和责任：

1）权利。道路运输承运人的权利有：拒收不合格货物的权利；收取运费的权利；合同解除权；货物留置权；货物提存权等。

2）义务。根据《合同法》和1999年11月15日交通部发布的《汽车货物运输规则》有关规定，道路运输承运人应当履行以下具体义务：调配车辆义务；车辆适货义务；货物交接义务；填注运输文件义务；按照约定路线运输义务；按照约定时间运达货物义务；到货通知义务；妥当装卸义务；交付货物义务；其他义务。

3）责任。道路运输承运人违反有关法律法规和运输合同规定的义务，应当承担下列民事责任：迟延运输责任；错送或错交责任；违反特约事项责任；货物赔偿责任。

（3）国际货运代理企业作为海上运输缔约承运人具有以下具体权利、义务和责任：

1）权利。关于国际货运代理企业作为海上运输缔约承运人享有的权利，除了《合同法》的有关规定以外，还应注意《海商法》的一些特殊规定，具体包括：合同解除权；提单批注权；邻近安全港口卸货权；货物处置权；货物留置权。

2）义务。国际货运代理企业履行作为海上运输缔约承运人的义务时，除了应当遵循《合同法》有关承运人义务的规定以外，还应遵循《海商法》有关承运人义务的规定，特别需要注意履行以下义务：船舶适航义务；照管货物义务；不得绕航义务；签发提单义务。

3）责任。国际货运代理企业作为海上运输缔约承运人开展业务活动，除了需要按照《合同法》的有关规定承担承运人的责任以外，还应遵守《海商法》有关承运人责任的特殊规定，包括：迟延交付责任；货物赔偿责任；承运人间连带责任。

（4）国际货运代理企业作为航空运输缔约承运人具有以下具体权利、义务和责任：

1）权利。国际货运代理企业作为航空运输缔约承运人从事业务活动，除了可以根据《合同法》的有关规定行使承运人的一般权利以外，还可根据《民用航空法》和2000年4月21日中国民用航空总局颁布的《中国民用航空货物国际运输规则》的有关规定，行使以下权利：货物及相关文件检查权；要求填写运单权；优先安排运输权；变更、取消运输权；赔偿请求权；货物留置权。

2）义务。作为航空运输缔约承运人的国际货运代理企业应当履行下列义务：接受航空运单义务；收运货物义务；安全检查义务；照料特种货物义务；妥善保管货物义务；按时安全运送义务；监装、监卸义务；通知异常情况义务；通知到货义务；交付货物义务。

3）责任。国际货运代理企业作为航空运输缔约承运人从事业务活动，违反有关法律法规或合同约定，应当按照违反的情形，承担下列相应的法律责任：迟延运输责任；错误处理货物责任；货物赔偿责任。

（5）国际货运代理企业作为多式联运经营人具有以下具体权利、义务和责任：

国际货运代理企业作为多式联运经营人时，负责履行或组织履行多式联运合同，在多式联运货物的责任期间，即自接收货物时起至交付货物时止，对全程运输享有承运人的权利，承担承运人的义务和责任。下面介绍我国《合同法》《海商法》有关多式联运经营人权利、义务和责任的特殊规定。

1）与各区段承运人约定相互责任的权利。根据《合同法》第三百一十八条规定，多式联运经营人可以与参加多式联运的各区段承运人，就多式联运合同的各区段运输，另以合同约定相互之间的责任。但是，该约定不得影响多式联运经营人对全程运输承担的义务。

2）签发多式联运单据的义务。《合同法》第三百一十九条规定："多式联运经营人收到托运人交付的货物时，应当签发多式联运单据。"因此，多式联运经营人收到托运人交付的货物时，应当验收货物，签发多式联运单据，并在多式联运单据上表明货物交运时的状况。

3）赔偿损失的责任。依法赔偿运输过程中因货物毁损、灭失而给托运人、收货人造成的损失，是所有承运人都应承担的法律责任。

2. 国际货运代理企业作为仓储保管人

国际货运代理企业作为仓储保管人的具体权利、义务和责任如下：

（1）权利。国际货运代理企业作为仓储保管人时，享有以下权利：取得仓储费用权；仓储物的拒收权；仓储物的紧急处置权；仓储物的提存权；仓储物的留置权。

（2）义务。国际货运代理企业作为仓储保管人时，应当履行以下义务：验收仓储物的义务；填发仓单义务；同意检查、取样义务；异状通知义务。

（3）责任。国际货运代理企业作为仓储保管人时，违反有关法律法规和仓储合同规定，应当根据实际情况承担损害赔偿责任。

（四）国际货运代理企业作为混合经营人的法律地位

国际货运代理企业以混合经营人身份从事业务活动时，在不同的业务阶段、业务环节具有不同的身份，处于不同的法律地位，享有不同的权利，承担不同的义务和责任，应当结合其行为的性质、活动的身份等因素和业务实际情况，按照适用于国际货运代理企业相应行为的法律规范，综合判断其法律地位，确定其应当享受的权利、履行的义务、承担的责任。

第三节　国际货运代理责任及其责任保险

一、国际货运代理责任及分类

（一）责任

国际货运代理的责任是指国际货运代理作为代理人和当事人两种情况时的责任。

（二）责任分类

1. 以纯粹代理人身份出现时的责任划分

货代公司作为代理人，在货主和承运人之间发挥桥梁的作用，由货主和承运人直接签运输合同。货代公司收取的是佣金，承担的责任相对较小。当货物发生灭失或损坏的时候，货主可以直接向承运人索赔。

2. 以当事人身份出现时的责任划分

货代公司以自己的名义与第三人（承运人）签订合同，在安排储运时使用自己的仓库或者运输工具，安排运输、拼箱集运时收取差价，以上这三种情况，对于托运人来说，货运代理是承运人，应当承担承运人的责任。

3. 以无船承运人身份出现时的责任划分

当货运代理从事无船承运业务并签发自己的无船承运人提单时，便成了无船承运经营人，被看作法律上的承运人，兼有承运人和托运人的性质，承担承运人和托运人的责任。

4. 以多式联运经营人身份出现时的责任划分

当货运代理负责多式联运并签发提单时便成了多式联运经营人（Multimodal Transportation Operator，MTO），被看作是法律上的承运人。

（1）《联合国国际货物多式联运公约》规定了MTO对货物灭失或延迟交付的赔偿责任：①对于货物灭失或损坏的赔偿限额最多不超过每件或每运输单位920特别提款权（Special Drawing Rights，SDR），或每千克不得超过2.75SDR，以两者中较高者为准。但是国际多式联运如果根据合同不包括海上或内河运输，则MTO的赔偿限额按灭失或损坏货物毛重每千克不得超过8.33SDR计算。②对于货物的迟延交付，规定了90天的交货期限，MTO对迟延交货的赔偿限额为迟延交付货物的运费2.5倍，且不能超过合同的全程运费。

（2）我国《海商法》规定了MTO对货物灭失或延迟交付的赔偿责任：①对于货物灭失或损坏，每件或者每个其他运输单位666.67SDR，或按照灭失或损坏的货物毛重，每千克2SDR，以两者中较高的为准；②对于迟延交付，我国的《海商法》规定货物交付期限为60天，MTO迟延交付的赔偿限额为迟延交付货物的运费数额，但由于承运人的故意或者不作为而造成的迟延交付则不享受此限制。

5. 以"混合"身份出现时的责任划分

货运代理从事的业务范围较为广泛，除了作为货运代理代委托人报关、报检、安排运输外，还用自己的雇员，以自己的车辆、船舶、飞机、仓库及装卸工具等来提供服务，或陆运阶段为承运人，海运阶段为代理人。在这些复杂情况下，对于货运代理法律地位的确认不能简单化，而应视具体的情况具体分析。

6. 以合同条款为准的责任划分

在不同国家的标准交易条件中，往往详细订明了货运代理的责任。通常，这些标准交易条件被结合在收货证明或由货运代理签发给托运人的类似单证里。

二、货运代理业务经营风险及防范对策

国际多式联运业务的蓬勃兴起为货运代理开拓业务、发挥所长、增加利润提供了机会。结合货运代理行业的源起和发展，很多货运代理人的身份已经由单一的代理人、兼负代理人和经营人的双重身份正式发展为独立承担运输责任的当事人（或称承运人）。但是机遇与挑战并存，利润与风险同在，货运代理人不可避免地会遇到一系列风险，如何积极地采取有效对策避免和降低风险，值得关注。

1. 身份错置

对于货运代理人而言，不同的身份决定不同的法律地位，同时也决定不同的权利和义务，很多货运代理企业由于不清楚或不明确自己的身份，尤其是在货运代理人具有双重身份的时候，混淆托运人、代理人、独立经营人的概念，摆错自己的位置，从而行事不当，造成该行使的权利没有行使，不该承担的责任却要承担的被动局面。

对策 根据具体业务情况，分析自己的身份和法律地位，知道自己该干什么，不该干什么。

2. 未尽代理职责

货运代理人在作为代理身份时，一定要谨慎履行其担负的职责，这是对货运代理人最基本的要求。然而在实践中，货运代理企业往往疏于管理，马虎大意而未能尽到应尽的义务，因自身的过错而给托运人造成损失，实际上也是给自己造成了损失。这主要有以下几种情况：①选择承运人不当；②选择集装箱不当；③未能及时搜集、掌握相关信息并采取有效措施；④对特殊货物未尽特殊义务；⑤遗失单据；⑥单据填制错误。

对策 建立健全内部规章，制定标准业务流程，对可能出现因疏忽造成风险的业务环节进行科学、全面的分析，使业务环节程序化、制度化，并不断完善，同时加强检查力度，使疏忽大意产生的概率降到最低。

3. 超越代理权限

货运代理人作为代理人时，其代理行为应当在托运人的委托范围内，如果超越了委托范围，

擅自行事，则由货运代理人自行承担责任。在业务实践中，货运代理人处处为托运人着想，为了货物及时出运不惜超越代理权限代行托运人的权利，如签发各类保函、承诺支付运费、同意货装甲板、更改装运日期、将提单直接转交给收货人等。这些行为有的可能托运人一无所知，有的可能事先得到托运人的默许或口头同意，但一旦出现问题，托运人便会矢口否认，由于没有证据证明托运人的认可，所以货运代理人往往要为自己超越代理权限的行为承担责任。

对策 明确托运人的权利和责任，分清货运代理人与托运人权利和责任的界限，不要越俎代庖，替人受过。

4. 货主欺诈

很多货运代理人为了承揽生意，吸引货主，往往采取垫付运费及其他相关费用的方式，而这一点恰恰被个别货主钻了空子。个别货主可能在前几票业务中积极付费，表现出具有良好信誉的假象，以获取货运代理人的信任，却在随后的某一大票业务中由货运代理人垫付巨额费用后，人去楼空，而他们自身往往可能就是收货人，在贸易方式中无形减少了运输的成本。

货主为了逃避海关监管，可能会虚报、假报进出口货物的品名以及数量，当货运代理人（包括报关行）代其报关后，经海关查验申报品名、数量与实际不符时，货运代理人可能首当其冲遭受海关的调查和处罚。

在集装箱运输方式下，由于货物不便查验，货主可能会先申报高价值的货物，实际却出运低价值的货物，并与收货人串通（或者收货人就是该货主或其关联企业），伪造出具假发票、假信用证、假合同，当货物到达目的地，通过各种手段骗取无单放货后，发货人凭正本提单向货运代理人索要高于出运货物实际价值的赔偿。

对策 对货主实行资信等级考察制度，对不同等级的货主实行不同的对待策略，同时，提高警惕性，时刻注意保护自身的权益。

5. 随意出具保函

倒签、预借提单现象屡禁不止，凭保函签发清洁提单或无单放货的情况更是普遍，船公司为了规避自己的风险，一般在货主提出上述要求时要求货主出具保函，但经常由于货主远在异地或者货主的资信不能得到船公司的信任和认可，往往会要求货运代理人出具保函以保证承担由此引起的一切责任，或要求货运代理人在货主出具的保函上加盖公章，承担连带担保责任。货运代理人为向货主体现自己"优质"的服务质量，一般随意地按照船公司的要求出具了保函。货运代理人此时仅是货主的代理人，出具保函的行为是超越代理范围的自身行为，因此货运代理人所承担的责任风险也远远超越了其应当承担责任的范围。

对策 加强制度管理，对外出具的保函应当进行严格的审核，慎重出具，对于不应当或不必要以及可能损害货运代理人利益的保函坚决不出。

6. 法律适用问题

货运代理人在作为国际多式联运经营人时，由于货物运输可能同时采取几种运输方式，货物运输的路段也会涉及几个国家，每一种运输方式所适用的法律不同，其规定的责任区间、责任限额、责任大小都不尽相同，而不同国家的具体法律规定又是不同的，这样就有可能导致法律适用问题给货运代理人造成的风险损失。

由于各地的海关监管、免疫查验、出入境管理以及其他相关监管的法律法规的规定不同，而且货运代理企业又不能完全熟悉掌握，尤其是一些最新出台的法规，货运代理企业缺少信息追踪以及相关信息调研的部门，极有可能会触犯这些规定，从而招致处罚，轻则罚款，重则有可能被吊销其在当地的经营资格。

对策 加强对相关国家法律的研究和了解，明确自己的权利和责任。

7. 垫付运费风险

垫付运费是当前货运代理人承揽业务的主要手段之一，对一些资金相对紧张的出口企业颇有吸引力，但是在吸引客户的背后却蕴藏着极大的风险。

首先是垫付运费的合法性问题。尤其是作为代理人，在被代理人没有对支付运费做出明确授权时，自行代其垫付运费的行为是否应当受到法律保护尚存争议。

其次是托运人的资信问题。凡是被垫付运费所吸引的托运人，大部分都存在资金紧张的问题，一旦托运人的经济状况恶化，货运代理人垫付的费用可能无从追回。

对策 不予垫付运费，或者在与托运人的代理合同中明确垫付运费的授权。

8. 职员个人行为风险

企业的经营活动是通过其职员完成的，但并不是所有的职员都一定忠实可靠，他们的个人行为往往以公司职务行为为掩护，让货运代理企业无法辨别，误认其个人行为为公司行为，当个人攫取利益逃之夭夭后，又无从向其原本所在公司索赔，从而导致经济损失。

个别职员长期负责某公司某项具体工作，如领取提单、支票等，货运代理企业往往会放松对其的警惕，有些人在与其公司解除劳动关系后，仍然冒名领取提单，或骗取支票，事后由于该职员没有原公司的书面明确授权，货运代理企业往往自食苦果。还有个别职员在某公司从事订舱工作，其在做公司正常业务的同时又承揽私人的业务，"公务"和"私务"交杂在一起，货运代理企业很难区分，往往会造成不必要的麻烦。

对策 要求往来文件尽量加盖公司印章，对于个人的业务行为，要求其公司提供委托授权书，明确其行为是公司授权的职务行为。

9. 风险转移

货运代理人可以通过加强内部管理，规范操作流程，对客户实行信用管理，对合同方实行有效考核等一系列手段来规避经营风险。但是，企业的经营风险层出不穷，防不胜防，必要的防范手段只能是在一定程度上减少风险发生的概率，但不能完全避免它的发生，如何化解和转移风险是货运代理企业应当面对和思考，也是急需解决的问题。

对策 加强管理，购买保险。

> **操作技巧**
>
> 实践中，投保货运代理责任险是转移经营风险较为行之有效的途径，通过这种方式可以转化一些无法预料和无法规避的经营风险，减少重大或突发风险事件给企业带来的冲击和影响。我国的《国际货物运输代理业管理规定实施细则》规定货运代理企业在从事国际多式联运业务时要参加保险，这项制度说明了国家对货运代理企业投保责任险的重视。投保责任险可能会增加货运代理企业的营运成本，但为企业长期稳定的经营提供了保障，维护了货运代理企业和广大货主的利益。货运代理企业想要做大做强，如果不投保货运代理责任险，后果是难以想象的。投保责任险不仅是货运代理企业自我保护的手段，也是对自己信誉的承诺。
>
> 但是，并不是投保了货运代理责任险，就万事无忧了。保险公司也是以盈利为目的的，为了降低和减少其承担的赔付责任，保险公司会制定相应条款。因此，如果将防范和规避风险的全部希望都寄托在保险公司上，最终受害的将是货运代理企业自身。事实上，货运代理责任险只是企业在完善自身风险防范机制基础上的补充，是一种将无法预见的风险转移的权宜策略。货运代理企业既不能盲目地相信自己的能力，同时也不能完全寄希望于保险公司。货运代理企业的风险防范之路只能是以加强自身风险防范能力为主，投保货运代理责任险为辅，双管齐下，才能走得平安长久。

三、国际货运代理责任保险

1. 国际货运代理责任保险及产生

国际货运代理责任保险，通常是为了弥补国际货物运输方面所带来的风险。这种风险不仅来源于运输本身，而且来源于完成运输的许多环节，如运输合同、仓储合同、保险合同的签订，操作、报关、管货、向承运人索赔和保留索赔权的合理程序，签发单证、付款手续等。上述这些经营项目一般都是由国际货运代理来履行的。一个错误的指示、一个错误的地址，都会给国际货运代理带来非常严重的后果和巨大的经济损失，因此，国际货运代理有必要投保自己的责任险。另外，当国际货运代理以承运人身份出现时，不仅有权要求合理的责任限制，而且其经营风险造成的损失还可通过投保责任险而获得赔偿。

国际货运代理所承担的责任风险主要产生于以下三种情况：

（1）国际货运代理本身的过失。国际货运代理未能履行代理义务，或在使用自有运输工具进行运输出现事故的情况下，无权向任何人追索。

（2）分包人的过失。在"背对背"签约的情况下，责任的产生往往是由于分包人的过失或遗漏，而国际货运代理没有任何过错。此时，从理论上讲，国际货运代理有充分的追索权，但复杂的实际情况却使其无法全部甚至部分地从责任人处得到补偿，如海运（或陆运）承运人破产。

（3）保险责任不合理。在"不同情况的保险"责任下，单证不是"背对背"的，而是规定了不同的责任限制，从而使分包人责任小于国际货运代理或免责。

上述三种情况所涉及的风险，国际货运代理都可以通过投保责任险，从不同的渠道得到保险的赔偿。

2. 国际货运代理责任险的内容

国际货运代理投保责任险的内容，取决于因其过失或疏忽所导致的风险损失。

（1）错误与遗漏。例如，虽有指示但未能投保或投保类别有误；迟延报关或报关单内容填制有误；发货到错误的目的地；选择运输工具有误；选择承运人有误；再次出口未办理退还关税和其他税务的必要手续；保留向船方、港方、国内储运部门、承运单位及有关部门追偿权的遗漏；不顾保单有关说明而产生的遗漏；所交货物违反保单说明。

（2）仓库保管中的疏忽。在港口或外地中转库（包括货运代理自己拥有的仓库或租用、委托暂存其他单位的仓库、场地）监卸、监装和储存保管工作中代运的疏忽过失。

（3）货损货差责任不清。在与港口储运部门或收货单位各方接交货物时，数量短少、残损责任不清，最后由国际货运代理承担的责任。

（4）迟延或未授权发货。例如，部分货物未发运；港口提货不及时；未及时通知收货人提货；违反指示交货或未经授权发货；交货但未收取货款（以交货付款条件成交时）。

四、国际货运代理责任保险的方式、渠道及除外责任

国际货运代理投保责任险时，主要有以下几种方式供选择，即有限责任保险、完全法律责任保险、最高责任保险、集体保险制度。国际货运代理根据自己的情况，选择适合自己的方式进行投保。

（一）国际货运代理责任保险的方式

1. 国际货运代理的有限责任保险

国际货运代理仅按其本身规定的责任范围对其有限责任投保，国际货运代理的有限责任保险主要分三种类型。

（1）根据国际货运代理协会标准交易条件确定的国际货运代理责任范围，国际货运代理可选择只对其有限责任投保。

（2）国际货运代理也可接受保险公司的免赔额，这意味着免赔额部分的损失须由国际货运代理承担。保单中订立免赔额条款的目的是：一方面，使投保人在增强责任心、减少事故发生的同时，从中享受到缴纳较低保险费的好处；另一方面，保险人可避免处理大量的小额赔款案件，节省双方的保险理赔费用，这对双方均有益。免赔部分越大，保险费越低，但对投保人来说却存在下述风险，即对低于免赔额的索赔，均由国际货运代理支付，当其面对多起小额索赔时，就会承担总额非常大的损失，而很有可能根本无法从保险人处得到赔偿。

（3）国际货运代理还可通过缩小保险范围来降低其保险费，只要过去的理赔处理经验证明这是合理的。但意料之外的超出范围的大额索赔可能会使其蒙受巨大损失。

2. 国际货运代理的完全法律责任保险

国际货运代理按其所从事的业务范围、应承担的法律责任进行投保。根据国际货运代理协会标准交易条件确定的国际货运代理责任范围，国际货运代理可以选择有限责任投保，也可以选择完全责任投保。但有的国家法院对国际货运代理协会标准交易条件中有关责任的规定不予

认定，这种情况下，国际货运代理进行完全法律责任保险是十分必要的。

3. 国际货运代理的最高责任保险

在某些欧洲国家，一种被称为 SVS 和 AREX 的特种国际货运代理责任保险体制被广泛采用。在这种体制下，对于超过确定范围以外的责任，国际货运代理必须为客户提供"最高"保险，即向货物保险人支付一笔额外的保险费用。虽然这种体制对国际货运代理及客户都有利，但目前仅在欧洲流行。

4. 国际货运代理的集体保险制度

在某些国家，国际货运代理协会设立了集体保险制度，向其会员组织提供责任保险。这种集体保险制度既有利也有弊。其优点是使该协会能够代表其成员协商从而得到一个有利的保险费率；并使该协会避免要求其成员进行一个标准的、最小限度的保险，并依此标准进行规范的文档记录。这种制度的缺点是，一旦推行一个标准的保险费率，就等于高效率的国际货运代理对其低效率的同行进行补贴，从而影响其改进风险管理、索赔控制的积极性；同时使其成员失去协会的内部信息，而该信息可能为竞争者所利用。

（二）国际货运代理投保责任险主要渠道

国际货运代理主要通过四种渠道投保其责任险：①所有西方国家和某些东方国家的商业保险公司，可以办理国际货运代理责任险。②伦敦的劳埃德保险公司，通过辛迪加体制，使每个公司均承担一个分保险。虽然该公司相当专业，但市场仍分为海事与非海事，并且只能通过其保险经纪人获得保险。③互保协会也可以投保责任险。这是一个具有共同利益的运输经纪人为满足其特殊需要而组成的集体性机构。④通过保险经纪人（其自身并不能提供保险），可为国际货运代理选择可承保责任险的保险公司，并能代表国际货运代理与保险人进行谈判，还可提供损失预防、风险管理、索赔程度等方面的咨询，并根据国际货运代理协会标准交易条件来解决国际货运代理的经济、货运、保险及法律等问题。

（三）国际货运代理责任保险的除外责任

虽然国际货运代理的责任可以通过投保责任险将风险事先转移，但作为国际货运代理必须清楚地懂得，保单中往往都有除外条款，即在特定情况下保险公司不予承保，所以要特别注意阅读保单中的除外条款，并进行认真研究和考虑。

五、防止或减少国际货运代理的责任风险

投保责任险将风险事先进行转移，是防止或减少国际货运代理责任风险的最好办法之一。除此之外，货运代理还须采取其他的必要措施，以尽量避免损失的发生，降低其责任风险。

（一）预防性措施

采取一些预防性措施，可以有效降低风险。例如提高人员素质、规范单证使用、采用标准交易条件等。

（二）挽救性措施

挽救性措施包括：①拒绝索赔并通知客户向货物保险人索赔；②在协定期限内通知分包人或对他们采取行动；③在征得保险人同意后，只要可能，应与货主谈判，友好地进行和解等。

（三）补偿性措施

关于补偿性措施，可以从国际货运代理如何向保险人进行索赔，其中哪些损失会得到赔偿，哪些损失则无法从保险人处获得赔偿等方面来理解。

1. 承保范围内的责任，从保险公司得到赔偿

承保范围内责任的情况可概括为三点：①承保范围内的责任保险公司予以赔偿；②保险公司扣除了免赔额；③货物错运后，被保险人采取的补救措施一定要及时、合理，既不可不采取任何措施，使损失继续扩大，也不可采取不合理措施，使费用增加。

2. 货运代理过失，责任保险人给予赔偿

由于代理人的过失，在未收到无船承运人提单的情况下，就将海运提单交给了收货人。收货人提货后如果拒付运费和货款，则发货人为索赔货物价值会向无船承运人起诉。在这种情况下，作为无船承运人的货运代理可通知其责任保险人赔偿。

3. 货运代理错交货物，责任保险人予以赔偿

国际货运代理根据其投保的责任险条款，错交货物所引起的损失属责任险承保范围，因此，在扣除免赔额（如有）后可以从保险公司获得应有的赔偿。

4. 货物短少，属责任保险赔偿范围

货运代理应对货物运输的全程负责，也就是说，货运代理对自接受委托、从发货人手中接收货物起，直至如数交给收货人的全程负责。如在责任期间内发生货物短少，属于责任险范围。

5. 承保范围外的责任，得不到保险人的赔偿

保险公司承保的货运代理责任险承保货运代理在其正常业务范围内发生事故时所应承担的责任，而不承保货运代理从事非正常业务范围的工作所产生的责任。

第四节　国际货物运输保险

一、货物的性质及储运中的变化

（一）货物的性质

货物运输所涉及的种类较多，每一种货物均有自己的性质，了解货物的性质对交易所涉及的贸易合同、运输合同和保险合同的当事人而言，都很重要。货物性质的具体分类如图1-7所示。

图 1-7 货物的性质

（二）货物在储运中的质量变化

货物在储运过程中可能发生的质量变化包括物理变化和化学变化两种形式，具体内容如图 1-8 所示。

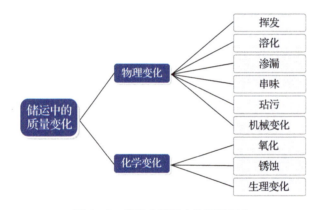

图 1-8 货物在储运中的质量变化

（三）货物残损短少的因素

（1）装卸作业过程中的因素。如野蛮装卸、使用装卸工具不当、钩损、破碎及受潮等。

（2）配载不当。承运人对货物未能进行合理的配载而造成的破损、破碎、串味和污染等。

（3）货舱条件不良。货舱储运条件不良也会导致货物的损失。

（4）货物包装不牢固及标志不清。选用的包装材料不当或标志不清等，导致货物的损坏。

（5）运送过程中的因素。各种意外或者人为的事故造成的损失。

（6）货物自身的特性。货物自身的物理、化学性质导致货物的损失，如自燃等。

二、海上货物运输风险的种类及损失

（一）海上货物运输风险的种类

国际贸易货物在海上运输、装卸和储存过程中，可能会遭到各种不同风险；而海上货物运

输保险人主要承保的风险有海上风险和外来风险,如图 1-9 所示。

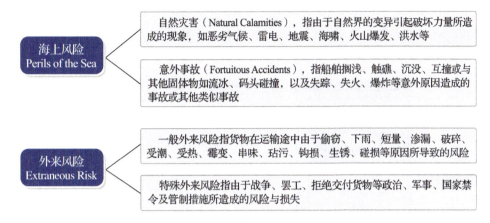

图 1-9 海运风险种类

(二) 海损

被保险货物因遭受海洋运输中的风险所导致的损失称为海损或海上损失。海损按损失程度的不同,可分为全部损失和部分损失。

1. 全部损失

全部损失（Total Loss）简称全损,指被保险货物在海洋运输中遭受的全部损失。从损失的性质看,全损又可分为实际全损和推定全损两种,如图 1-10 所示。

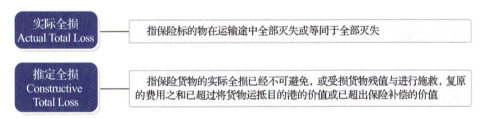

图 1-10 全损种类

2. 部分损失

部分损失指被保险货物的损失没有达到全部损失的程度。部分损失按其性质,可分为共同海损和单独海损,如图 1-11 所示。

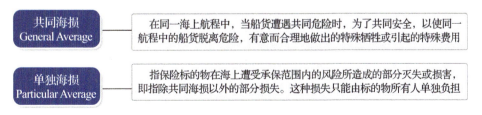

图 1-11 部分损失种类

(三) 海上费用

海上费用指海上货物运输遇险后,为了营救被保险货物所支出的费用,具体如图 1-12 所示。

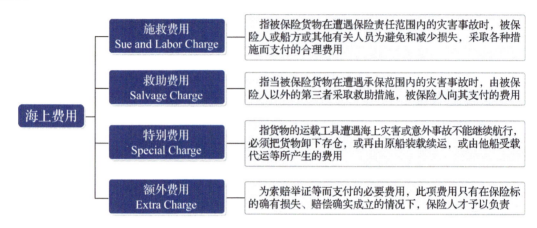

图 1-12　海上费用

三、海洋运输货物保险条款

(一) 海洋运输货物的基本险

基本险又称主险,按其承保责任范围的大小,分为平安险、水渍险和一切险三种。

1. 基本险的责任范围

(1) 平安险 (Free from Particular Average, FPA)。平安险的责任范围是:

1) 被保险货物在运输途中由于恶劣气候、雷电、海啸、地震、洪水等自然灾害造成整批货物的实际全损或推定全损。被保险货物用驳船运往或运离海轮时,每一驳船所装的货物可视作一个整批。

2) 由于运输工具遭受搁浅、触礁、沉没、互撞、与流冰或其他物体碰撞以及失火、爆炸等意外事故造成的货物全部或部分损失。

3) 在运输工具已经发生搁浅、触礁、沉没、焚毁意外事故的情况下,货物在此前后又在海上遭受恶劣气候、雷电、海啸等自然灾害所造成的部分损失。

4) 在装卸或转运时,由于一件或数件货物落海造成的全部或部分损失。

5) 被保险人对遭受承保责任内危险的货物采取抢救、防止或减少货损的措施而支付的合理费用,但以不超过该批被救货物的保险金额为限。

6) 运输工具遭遇海难后,在避难港由于卸货所引起的全部或部分损失,以及在中途港、避难港由于卸货、存仓及运送货物所产生的特别费用。

7) 共同海损的牺牲、分摊和救助费用。

8) 运输契约如订有"船舶互撞责任"条款,根据该条款规定应由货方偿还船方的损失。

(2) 水渍险 (With Particular Average, WA or WPA)。水渍险的责任范围是在平安险的责任

范围的基础上,再加上被保险货物由于恶劣气候、雷电、海啸、地震、洪水等自然灾害所造成的部分损失。

(3) 一切险(All Risks)。一切险的责任范围是在水渍险的责任范围基础上,再加上被保险货物在运输途中由于一般外来原因所造成的全部或部分损失。

2. 基本险的除外责任

除外责任指保险不予负责的损失或费用,一般都有属非意外的、非偶然性的或需特约承保的风险。为了明确保险人承保海运保险的责任范围,中国人民保险公司海洋运输货物保险条款中对海运基本险别的除外责任有下列五项:

(1) 被保险人的故意行为或过失所造成的损失。
(2) 属于发货人责任所引起的损失。
(3) 在保险责任开始前,被保险货物已存在的品质不良或数量短差所造成的损失。
(4) 被保险货物的自然损耗、本质缺陷、特性以及市价跌落、运输延迟所引起的损失或费用。
(5) 战争险和罢工险条款规定的责任范围及其除外责任。

空运、陆运、邮运保险的除外责任与海运基本险别的除外责任基本相同。

3. 基本险的责任起讫

按中国人民保险公司海洋运输货物保险条款的规定,基本险的责任起讫按"仓至仓"条款(Warehouse to Warehouse Clause,W/W Clause)办理,即保险责任自被保险货物运离保险单所载明的起运地仓库或储存处所开始,包括正常运输中的海上、陆上、内河和驳船运输在内,直至该项货物运抵保险单所载明的目的地收货人的最后仓库或储存处所或被保险人用作分配、分派或非正常运输的其他储存处所为止。被保险货物在最后到达卸载港卸离海轮后,保险责任以60天为限;如在此期限内被保险货物需转运至非保险单所载明的目的地,则该项货物的保险期限从开始转运时终止。

4. 被保险人的义务

被保险人应按照以下规定的应尽义务办理有关事项,如因其未履行规定的义务而影响保险人利益时,保险公司对有关损失有权拒绝赔偿。

(1) 当被保险货物运抵保险单所载明的目的港(地)以后,被保险人应及时提货,当发现被保险货物遭受任何损失,应即向保险单上所载明的检验、理赔代理人申请检验。如发现被保险货物整件短少或有明显残损痕迹应即向承运人、受托人或有关当局(海关、港务当局等)索取货损货差证明。如果货损货差是由于承运人、受托人或其他有关方面的责任所造成,应以书面形式向他们提出索赔,必要时还须取得延长时效的认证。

(2) 对遭受承保责任内危险的货物,被保险人和保险公司都可迅速采取合理的抢救措施,防止或减少货物的损失。被保险人采取此项措施,不应视为放弃委付的表示;保险公司采取此项措施,也不得视为接受委付的表示。

(3) 如遇航程变更或发现保险单所载明的货物、船名或航程有遗漏或错误时,被保险人应在获悉后立即通知保险人并在必要时加缴保险费,保险才继续有效。

(4) 在向保险人索赔时,必须提供下列单证:保险单正本、提单、发票、装箱单、磅码单、货损货差证明、检验报告及索赔清单。如涉及第三者责任，还须提供向责任方追偿的有关函电及其他必要单证或文件。

（5）在获悉有关运输契约中"船舶互撞责任"条款的实际责任后，应及时通知保险人。

除合同另有约定外，被保险人应当在合同订立后立即支付保险费；被保险人支付保险费前，保险人可以拒绝签发保险单证。被保险人违反合同约定的保证条款时，应当立即书面通知保险人。保险人收到通知后，可以解除合同，也可以要求修改承保条件、增加保险费。

一旦保险事故发生，被保险人应当立即通知保险人，并采取必要的合理措施，防止或者减少损失。被保险人收到保险人发出的有关采取防止或者减少损失的合理措施的特别通知时，应当按照保险人通知的要求处理。对于被保险人违反前款规定所造成的扩大的损失，保险人不负赔偿责任。

5．索赔期限

海洋运输货物保险索赔时效，从被保险货物在最后卸载港全部卸离海轮后起算，最多不超过两年。

（二）海洋运输货物的附加险

附加险是基本险的补充与扩大，承保的是由于外来原因所造成的损失。附加险包括一般附加险和特殊附加险两类。

1．一般附加险

一般附加险承保的是由一般外来风险所造成的全部或部分损失，见表1-1。

表1-1　海运一般附加险

险种	说明
偷窃、提货不着险 Theft, Pilferage and Non-Delivery, TPND	偷窃、提货不着险承保在保险有效期内，被保险货物由于偷窃行为及整件提货不着的损失
淡水雨淋险 Fresh Water and/or Rain Damage	淡水雨淋险承保被保险货物在运输途中，由于淡水、雨水以及冰雪融化所造成的损失
短量险 Risk of Shortage	短量险承保被保险货物在运输过程中，因外包装破裂或散装货物发生散失与实际重量短少的损失，但不包括正常运输途中的自然损耗
混杂、玷污险 Risk of Intermixture and Contamination	混杂、玷污险承保货物在运输过程中混进杂质或被玷污所造成的损失
渗漏险 Risk of Leakage	渗漏险承保流质、半流质及用液体储藏的货物在运输过程中因容器损坏而引起的渗漏或货物腐败所造成的损失
碰损、破碎险 Risk of Clash and Breakage	碰损、破碎险承保货物在运输过程中，因受震动、碰撞、挤压或者由于装卸野蛮、粗鲁所造成的碰损或破碎的损失

(续)

险种	说明
串味险 Risk of Odour	串味险承保货物在运输途中因受其他带异味货物的影响造成串味的损失
受潮受热险 Sweating and Heating	受潮受热险承保货物在运输途中因气温变化或因船上通风设备失灵，使船舱内水汽凝结所引起的货物受潮及由于温度增高使货物变质的损失
钩损险 Hook Damage	钩损险承保货物在装卸过程中因使用手钩、吊钩等工具钩坏包装所引起的损失
锈损险 Risk of Rust	锈损险承保金属及金属制品一类的货物，在运输过程中发生锈蚀造成的损失
包装破裂险 Breakage of Packing	包装破裂险承保货物在运输过程中，因包装破裂所造成的物资短少、商品玷污等损失以及为续运安全的需要修补包装、调换包装所支付的费用

2. 特殊附加险

特殊附加险承保的是由于军事、政治、国家政策法令以及行政措施等特殊外来原因所造成的全部或部分损失，如图 1-13 所示。

图 1-13 海运特殊附加险

四、航空运输货物保险条款

1. 责任范围

航空运输货物保险分为航空运输险和航空运输一切险两种。被保险货物遭受损失时，保险公司按保险单上订明承保险别的条款负赔偿责任。

（1）航空运输险（Air Transportation Risks）。航空运输险负责赔偿：

1）被保险货物在运输途中遭受雷电、火灾或爆炸，或由于飞机遭受恶劣气候或其他危难事故而被抛弃，或由于飞机遭受碰撞、倾覆、坠落或失踪意外事故所造成的全部或部分损失。

2）被保险人对遭受承保责任内危险的货物采取抢救、防止或减少货损的措施而支付的合理费用，但以不超过该批被救货物的保险金额为限。

（2）航空运输一切险（Air Transportation All Risks）。除包括上列航空运输险的责任外，航空运输一切险还负责赔偿被保险货物由于外来原因所致的全部或部分损失。

2. 除外责任

航空货物运输保险对下列损失。不负赔偿责任：

（1）被保险人的故意行为或过失所造成的损失。

（2）属于发货人责任所引起的损失。

（3）保险责任开始前，被保险货物已存在的品质不良或数量短差所造成的损失。

（4）被保险货物的自然损耗、本质缺陷、特性以及市价跌落、运输延迟所引起的损失或费用。

（5）航空运输货物航空运输货物战争险条款和货物运输罢工险条款规定的责任范围和除外责任。

3. 责任起讫

（1）航空运输货物保险负"仓至仓"责任，自被保险货物运离保险单所载明的起运地仓库或储存处所开始运输时生效，包括正常运输过程中的运输工具在内，直到该项货物运达保险单所载明目的地收货人的最后仓库或储存处所或被保险人用作分配、分派或非正常运输的其他储存处所为止。如未运抵上述仓库或储存处所，则以被保险货物在最后卸载地卸离飞机后满30天为止。如在上述30天内被保险的货物需转送到非保险单所载明的目的地，则以该项货物开始转运时终止。

（2）由于被保险人无法控制的运输延迟、绕道、被迫卸货、重行装载、转载或承运人运用运输契约赋予的权限所做的任何航行上的变更或终止运输契约，致使被保险货物运到非保险单所载目的地时，在被保险人及时将获知的情况通知保险人，并在必要时加缴保险费的情况下，航空运输货物保险仍继续有效，保险责任按下述规定终止：

1）被保险货物如在非保险单所载目的地出售，保险责任至交货时为止，但不论任何情况，均以被保险的货物在卸载地卸离飞机后满30天为止。

2）被保险货物在上述30天期限内继续运往保险单所载原目的地或其他目的地时，保险责任仍按上述第1）款的规定终止。

4. 被保险人的义务

被保险人应按照以下规定的应尽义务办理有关事项，当因未履行规定的义务而影响保险公司利益时，保险公司对有关损失有权拒绝赔偿。

（1）当被保险货物运抵保险单所载目的地以后，被保险人应及时提货；当发现被保险货物遭受任何损失时，应立即向保险单上所载明的检验、理赔代理人申请检验，如发现被保险货物整件短少或有明显残损痕迹，应立即向承运人、受托人或有关部门索取货损货差证明；如果货损货差是由于承运人、受托人或其他有关方面的责任所造成，应以书面形式向他们提出索赔。必要时还须取得延长时效的认证。

（2）对遭受承保责任内危险的货物，应迅速采取合理的抢救措施，防止或减少货物损失。

（3）在向保险人索赔时，必须提供下列单证：保险单正本、提单、发票、装箱单、磅码单、货损货差证明、检验报告及索赔清单。如涉及第三者责任，还须提供向责任方追偿的有关函电及其他必要单证或文件。

5. 索赔期限

航空运输货物保险的索赔时效，从被保险货物在最后卸载地卸离飞机后起计算，最多不超过两年。

五、陆上运输货物保险条款

1. 责任范围

陆上运输货物保险分为陆运险和陆运一切险两种。被保险货物遭受损失时，保险公司按保险单上订明承保险别的条款规定负赔偿责任。

（1）陆运险（Overland Transportation Risks）。陆运险负责赔偿：

1）被保险货物在运输途中遭受暴风、雷电、洪水、地震自然灾害或由于运输工具遭受碰撞、倾覆、出轨或在驳运过程中因驳运工具遭受搁浅、触礁、沉没、碰撞；或由于遭受隧道坍塌、崖崩或失火、爆炸意外事故所造成的全部或部分损失。

2）被保险人对遭受承保责任内危险的货物采取抢救、防止或减少货损的措施而支付的合理费用，但以不超过该批被救货物的保险金额为限。

（2）陆运一切险（Overland Transportation All Risks）。除包括上列陆运险的责任外，陆运一切险还负责被保险货物在运输途中由于外来原因所致的全部或部分损失。

2. 除外责任

陆上运输货物保险对下列损失不负赔偿责任：

（1）被保险人的故意行为或过失所造成的损失。

（2）属于发货人责任所引起的损失。

（3）在保险责任开始前，被保险货物已存在的品质不良或数量短差所造成的损失。

（4）被保险货物的自然损耗、本质缺陷、特性以及市价跌落、运输延迟所引起的损失或费用。

（5）保险公司陆上运输货物战争险条款和货物运输罢工险条款规定的责任范围和除外责任。

3. 责任起讫

本保险负"仓至仓"责任，自被保险货物运离保险单所载明的起运地仓库或储存处所开始运输时生效，包括正常运输过程中的陆上和与其有关的水上驳运在内，直至该项货物运达保险单所载目的地收货人的最后仓库或储存处所或被保险人用作分配、分派的其他储存处所为止；如未运抵上述仓库或储存处所，则以被保险货物运抵最后卸载的车站满60天为止。

4. 被保险人的义务

被保险人应按照以下规定的应尽义务办理有关事项，如因未履行规定的义务而影响保险公司利益时，保险公司对有关损失有权拒绝赔偿。

（1）当被保险货物运抵保险单所载目的地以后，被保险人应及时提货；当发现被保险货物遭受任何损失时，应立即向保险单上所载明的检验、理赔代理人申请检验。如发现被保险货物整件短少或有明显残损痕迹，应立即向承运人、受托人或有关部门索取货损货差证明；如果货损货差是由于承运人、受托人或其他有关方面的责任所造成，应以书面形式向他们提出索赔，必要时还需取得延长时效的认证。

（2）对遭受承保责任内危险的货物，应迅速采取合理的抢救措施，防止或减少货物损失。

（3）在向保险人索赔时，必须提供下列单证：保险单正本、提单、发票、装箱单、磅码单、货损货差证明、检验报告及索赔清单。如涉及第三者责任，还须提供向责任方追偿的有关函电及其他必要单证或文件。

5. 索赔期限

陆上运输货物保险的索赔时效，从被保险货物在最后目的地车站全部卸离车辆后计算，最多不超过两年。

六、邮政包裹运输保险条款

邮政包裹运输保险分为邮包险（Parcel Post Risks）和邮包一切险（Parcel Post All Risks）两种基本险别。

邮包保险的责任起讫期限是从邮包离开保险单所载起运地寄件人处所运往邮局开始，直至被保险邮包运达保险单所载明的目的地邮局，自邮局签发到货通知书当日午夜起算满15天终止；但在此期限内邮包一经递交至收件人的处所时，保险责任即告终止。此外还有邮包战争险、罢工险等附加险。

七、保险实务

（一）投保

1. 选择投保险别

在选择险别时，一般应考虑下列因素：货物的性质和特点、货物的包装、运输路线及港口条件。

2. 确定保险金额、交纳保险费

（1）保险金额的确定。保险金额（Insured Amount）指被保险人对保险标的的实际投保金额，是保险人承担赔偿责任的最高金额，也是保险人计算保险费的基础。

根据国际保险市场的习惯做法，保险金额一般都是按 CIF 价或 CIP 价发票金额再加一定的百分率，即"投保加成"。被保险人可以根据不同情况来确定投保加成的高低，但过高的加成率会使保险人产生误解，进而拒绝承保或大幅度增加保险费。

保险金额计算公式为

$$保险金额 = CIF（或 CIP）价格 \times 投保加成 \qquad (1-1)$$

（2）保险费的计算。其计算公式为

$$保险费 = 保险金额 \times 保险费率 \qquad (1-2)$$

（二）保险单据

根据内容详细程度的不同，保险单据可分为保险单、保险凭证和预约保险单三种。

1. 保险单

保险单（Insurance Policy）俗称"大保单"，使用最为广泛。其内容除在正面载明当事人的名称和地址、保险标的、运输工具、保险险别、保险期限、保险币别和金额、开立保险单的日期和地点、赔款偿付地点等内容以外，在背面还列有保险公司的责任范围以及保险公司与被保险人双方各自的权利、义务等方面的详细条款。

2. 保险凭证

保险凭证（Insurance Certificate）俗称"小保单"，是保险单的简化格式。保险凭证与保险单具有同等效力，凡是保险凭证上没有列明的，均以同类的保险单为准。为了便于双方履行合同，这种在保险单以外单独签发的保险凭证主要在以下几种情况下使用：

（1）在一张团体保险单项下，需要给每一个参加保险的人签发一张单独的凭证。

（2）在货物运输保险订有预约合同的条件下，需要对每一笔货运签发单独的凭证。

（3）对于机动车辆第三者责任险，一般实行强制保险。为了便于被保险人随身携带以供有关部门检查，保险人通常出具保险凭证。此外，我国还有一种联合保险凭证，主要用于保险公司同外贸公司合作时附印在外贸公司的发票上，仅注明承保险别和保险金额，其他项目均以发票所列为准。当外贸公司在填制发票时，保险凭证也随即办妥。这种简化凭证可以大大节省人力，目前我国港澳地区的贸易业务也已大量使用这种凭证。

3. 预约保险单

预约保险单（Open Policy）是一种长期性的保险单，保险人与投保人在保险单内事先约定，在一定时期内保险人统一承保约定的货物种类范围内的保险，一般不规定总保险金额。投保人于每次发运货物后，通知保险人有关货物名称、数量、包装、载货船舶、启运地、保险金额等，保险人则按约定自动承保。预约保险的保险费一般按事先约定的费率标准定期支付。

（三）保险索赔

被保险货物在保险期限内发生承保责任范围内的损失后，被保险人可向保险人提出索赔。

索赔时，被保险人应注意以下问题：

1. 索赔必备条件

（1）索赔人必须拥有可保利益。
（2）要求赔偿的损失，必须是承保责任范围内的风险所直接造成的。
（3）被保险人应采取一切必要措施防止损失扩大。

2. 索赔程序

（1）发出货损通知，申请联合检验。
（2）向第三责任方提出索赔。
（3）备妥索赔文件。
（4）在规定的索赔时效内提出索赔要求。中国人民保险公司海洋运输货物保险条款规定的索赔时效为从被保险货物在目的港全部卸离海船后起算不超过两年，逾期则丧失索赔权利。

课后练习题

1. 简述海上货物运输风险有哪些。
2. 对比平安险、水渍险和一切险在投保范围、除外责任和被保险人义务方面的区别。

扫一扫参加本章测试

第二章　国际海上货物运输

▶▶ 知识目标 ◀◀

- 了解国际海上货物运输的概念及特点；
- 了解国际海上货物运输的一些相关组织及船舶、港口、航线和货物的基本知识；
- 了解各租船方式的特点；
- 了解海上货物分类及适合的运输船舶；
- 掌握运价、运费的含义与关系；
- 了解影响班轮运价的主要因素，掌握运费的结构，熟悉各种计费标准的含义。

▶▶ 能力目标 ◀◀

- 能查找海运相关的信息；
- 能熟练运用船期表和运价本；
- 能根据实际情况计算海运相关费用。

第一节　国际海上货物运输概述

一、国际海运的特点

（一）水路货物运输方式的特点

水路运输是以船舶为主要运输工具、以港口或港站为运输基地、以水域（海洋、河、湖等）为运输活动范围的一种客货运输。水路运输分为海运和河运两类，海运又分为沿海海运、近洋海运和远洋海运；河运又分为利用天然河流的一般内河水运，使用人工开挖的运河水运，以及利用水面宽阔的湖泊与水库区水运。

从技术性能看，水路运输能力大，在长江干线，一支拖驳或顶推驳船队的载运能力已超过1万t，国外最大的顶推驳船队的载运能力达3万~4万t，世界上最大油船的运载能力已超过50万t；在运输条件良好的航道，水运船舶的通过能力几乎不受限制；水路运输通用性能也不错，可以运送各种货物，尤其是大件货物。

从经济技术指标上看，水陆运输只需利用江河湖海等自然水利资源，除必须投资购买、制造船舶和建设港口之外，沿海航道几乎不需投资，整治航道也仅仅只有铁路建设费用的 1/5～1/3，所以运输成本低，我国沿海运输成本只有铁路的 40%，美国沿海运输成本只有铁路运输的 1/8；我国的长江干线运输成本只有铁路运输的 84%，而美国密西西比河干流的运输成本只有铁路运输的 1/4～1/3。从劳动生产率上看，沿海运输劳动生产率是铁路运输的 6.4 倍，长江干线运输劳动生产率是铁路运输的 1.26 倍；此外，水陆运输平均运距分别是铁路运输的 2.3 倍，公路运输 59 倍，管道运输的 2.7 倍，民航运输的 68%，劳动生产力较高。

但是水路运输受自然气象条件因素影响大，由于季节、气候、水位等的影响，水运受制的程度大，因而一年中中断运输的时间较长，营运范围受到限制。此外，水路货运运送速度慢，准时性差，在途中的货物多，会增加货主的流动资金占有量，导致经营风险增加，搬运成本与装卸费用增高。所以水运主要以大批量货物、原料半成品等散货运输为主，即远距离、运量大、不要求快速抵达目的地的客、货运输，特别是集装箱运输。

（二）海上危险的特点

国际海运危险的特点表现在三个方面：
（1）遭遇海上危险的可能性大（来自自然灾害）。
（2）海上危险造成的损失巨大（来自意外事故）。
（3）为适应海上危险而建立的特殊制度。特殊制度有共同海损制度、海上保险制度、海上救助制度、承运人责任限制制度和船舶所有人责任限制制度，另外，目前还存在着反垄断有限豁免制度。

（三）国际性的特点

国际海上货物运输国际性特点主要表现在国际海运市场的影响、货运单证和适用法律法规的国际统一性等方面。

（1）船公司的业务经营对国际海运市场的依存性。国际海运市场中汇集有许多船舶经营人，竞争非常激烈，运力的供给与需求的平衡关系左右着运价和租金水平的变动，任何个别的船舶经营人都不能对市场的运价和租金水平的变化产生很大影响；相反，个别船舶经营人的经营活动都要适应国际海运市场的变化。

（2）主要货运单证的国际通用性。国际海上货物运输中使用的单证繁多，其作用各不相同，各个国家、港口或船公司所使用的货运单证并不完全一致。但是，国际海上货运船舶航行于不同国家的港口之间，作为划分各方责任和业务联系主要依据的货运单证，其名称、作用、记载内容和编制方法大多是大同小异，可以在国际上通用。

（3）适用法律法规的国际统一性。处理国际海上货物运输中发生的各种事故或争议时，管辖权的归属和法律适用的不同，直接导致处理的结果不同。所以，适用具有国际统一性的公约和法规对于促进国际海上货物运输的发展尤为重要。

二、国际海运组织

随着国际海上货物运输业的不断发展，各国政府和民间组织相继成立了一些政府间国际组织（Inter-governmental Organization, IGO）和非政府间国际组织（Non-governmental Organization,

NGO），海运企业间也成立了一些具有经营协作性质的组织。这些组织在保证海运安全、建立国际公约和提供海运服务等方面起着重要作用。

根据参与成员的性质，国际海运行业组织可分为政府间国际海运行业组织和非政府间国际海运行业组织。在国际海运业，除了政府间国际海运行业组织和国际海运行业协会外，还有一类具有经营协作性质的组织，可称之为国际航运协议组织。国际航运协议组织的主要形式包括班轮公会、协商协议组织、运营协议组织等。

国际航运协议组织具有自律性质，以实现经营上的合作为目的。这些组织不同于国际海运行业协会，因为其具有垄断性质，排除或减少了国际航运市场的竞争。由于各海运国家通过特别立法赋予这些组织反垄断豁免权，国际航运协议组织一直以来在国际海运业发挥着重要的作用。

（一）国际海事组织

国际海事组织（International Maritime Organization，IMO，http://www.imo.org/）是联合国负责海上航行安全和防止船舶造成海洋污染的一个专门机构，总部设在伦敦，是政府间的国际组织，有五个常设机构，包括海上安全委员会、海上环境保护委员会、法律委员会、便利委员会、技术委员会。该组织最早成立于1959年1月6日，原名为"政府间海事协商组织"，1982年5月改为现名，现有172个正式成员（截至2017年9月）。其常设机构是国际海事组织理事会。图2-1是国际海事组织的标志。

图2-1 国际海事组织

国际海事组织理事会共有40名成员，分为A、B、C三类。其中10个A类理事为航运大国，10个B类理事为海上贸易量最大的国家，20个C类理事为地区代表。理事会是该组织的重要决策机构。该组织每两年举行一次大会，改选理事会和主席，当选主席和理事国任期两年。组织宗旨为促进各国间的航运技术合作，鼓励各国在促进海上安全，提高船舶航行效率，防止和控制船舶对海洋污染方面采取统一的标准，处理有关的法律问题。

（二）波罗的海国际航运公会

波罗的海国际航运公会（Baltic and International Maritime Council，BIMCO，http://www.bimco.org/）成立于1905年，总部设在丹麦哥本哈根。BIMCO向本组织成员提供全世界港口和海运条件方面的免费情报服务、免费咨询服务、专题讲座及短期培训。成立的宗旨是联合船东和航运机构，在适当的时候采取一致行为促进航运业的发展，把不同的意见和违反工作惯例的情况通知本组织成员。BIMCO在1927年时只有20个成员国，占当时商船队总吨位的14%。截至2016年12月，BIMCO已拥有来自约130个国家和地区的2 200多个会员，其中BIMCO的船东会员共拥有1.5万多艘船舶。BIMCO吸收的人员和组织包括：船东、船舶买卖代理人、船东和船舶买卖协会、船舶代理商和承租商、延期停泊和防卫协会及航运联合会。图2-2是BIMCO的标志。

BIMCO的服务范围包括预防和解决争端，例如，在现实中，许多本不必要的争端源于错误地使用一些单证，或单证本身不健全、不准确。如果使用BIMCO的标准单证就可以防

图2-2 波罗的海国际航运公会

止争端的发生。BIMCO 经常发表一些文章,免费给它的成员一些信息。当它的成员由于某些原因出差错时,BIMCO 可以通过它在海运业的地位来保护它的成员。此外,作为 BIMCO 的成员,能免费从其信息库得到港口和航运市场的信息。BIMCO 已建立了 24h 服务制,提供港口情况、冰冻情况、运费率、航运市场报告、燃料价格、BIMCO 修改过的某些条款。

(三)国际海事委员会

国际海事委员会(Comite Maritime International, CMI, http://www.comitemaritime.org/)是促进海商法统一的非政府间国际组织,1897 年创立于比利时的安特卫普。它的宗旨是通过各种适当的方式和活动促进国际海商法、海事惯例和实践做法的统一,促进各国海商法协会的成立,并与其他具有相同宗旨的国际性协会或组织进行合作,具体包括:①促进海商法的实施,使国际海事安全发展;②建立海事仲裁委员会,研究处理成员国家间的争端问题;③制定海商法案。国际海事委员会创立以来,草拟了多个国际海事公约,并被国际社会接纳、生效,著名的有《约克-安特卫普规则》《国际海上避碰规则》《船舶碰撞中民事管辖权方面若干规定的国际公约》和《关于修订统一提单若干法律规则的国际公约的议定书》(简称《维斯比规则》)等。

图 2-3 国际海事委员会

(四)班轮公会与联营体

除了政府间国际组织和非政府间国际组织之外,还有一类可以称为国际海运企业间组织的具有经营协作性质的国际组织,主要包括班轮公会、协商协议、联营体、战略联盟等形式。其中班轮公会和联营体是最具代表性的。

1. 班轮公会

班轮公会(Freight Conference)是指国际海上货物运输中两个或两个以上经营班轮运输的船公司,在某一特定航线或某一特定区域各航线上,为减少或避免竞争,维护彼此利益,通过在运价及其他经营活动方面达成协议而建立的具有某种垄断经营性质的国际航运企业组织,又称运价协会、水脚公会。目前全世界已有 360 多个班轮公会,遍布各主要班轮航线,主要由海运发达国家的航运公司控制。

班轮公会的任务是规定共同遵守的最低运价;通过对船舶发航次数、船舶吨位和挂靠港口的限制,控制会员公司之间的竞争;采用折扣、回扣、延期回扣和合同优惠等办法给货主一定优惠,以控制货源,排挤会外航运公司和垄断航线上的班轮业务。

海运发达国家通过班轮公会垄断航运业务的做法,严重阻碍了发展中国家航运业的发展。在第三世界国家的争取下,1974 年联合国贸易和发展会议全权代表会议上通过了《班轮公会行动守则公约》,规定了货载分配原则、入会条件和公会提高运价的期限。《班轮公会行动守则公约》的制定和实施便利了国际海上货运有秩序发展,促进了班轮运输更有效地为国际贸易服务,有利于发展中国家发展自己的商船队,限制了发达国家对班轮航运的垄断。

2. 联营体

国际班轮运输市场上以班轮公会为主要组织形式的旧体制已越来越难以适应市场新的需要。

20世纪70年代，一些船公司开始组织或加入联营行列，出现了公会内部成员公司组成的非独立法人的联营体。联营体（Consortium or Consortia）是两个或两个以上主要通过集装箱方式提供国际班轮货物运输服务的船公司之间的协议，该协议可以是关于一条或数条航线的协议，协议的目的是在提供海运服务时共同经营、相互协作、提高服务质量，主要方式是利用除固定价格以外的技术、经营、商业安排等使各自的经营合理化。

1995年，随着欧亚航线几个主要联营体的期满解散，各大班轮公司迅速进入新一轮的组合，并将这种联营行动从欧亚航线推广到亚洲/北美航线、欧洲/北美航线，航运联营体由此进入一个新的阶段——战略联盟。战略联盟的目的是在一些公司之间建立起基于全球范围内的合作协议，不统一运价，而是通过舱位互租、共同派船、码头经营、内陆运输、集装箱互换、船舶共有、信息系统共同开发、设备共享等各种方式致力于集装箱合理运作的技术、经营或商业协定。

到2002年年底，经过不断地调整和发展，世界上的大型航运企业开始集约为"四联盟两公司"的体制：

（1）伟大联盟（GA）：日本邮船（NYK）、赫伯罗特货柜航运（HPL）、东方海外货柜航运（OOCL）、马来西亚国际船运（MISC）、铁行渣华（Royal P&O Nedlloyd）。

（2）新世界联盟（TNWA）：美国总统轮船（APL）、现代商船（HMM）、商船三井（MOL）。

（3）CKYH联盟：中远集装箱运输（COSCO）、川崎汽船（K-LINE）、阳明海运（YML）、韩进海运（HANJIN）。

（4）联合联盟（UA）：韩进海运（HANJIN）、德国胜利航运（SENATOR）、阿拉伯联合航运（UASC）。

（5）马士基航运（MAERSK）：欧/美线自有船经营、非洲线与地中海航运合作。

（6）长荣海运（EVERGREEN）：独立配船意愿强烈。

三、定期船运输

定期船运输也称班轮运输（Liner Shipping），指班轮公司将船舶按事先制订的船期表（Liner Schedule），在特定航线的各挂靠港口之间，经常为非特定的众多货主提供规则的、反复的货物运输服务，并按运价本或协议运价的规定计收运费的一种营运方式。班轮运输可分为杂货班轮运输与集装箱班轮运输。

（一）班轮公司与相关代理人

班轮运输中通常会涉及班轮承运人、船舶代理人、无船（公共）承运人、海上货运代理人、托运人等有关货物运输的关系人。

1. 班轮承运人

班轮承运人（Liner Company），这里指班轮公司，是运用自己拥有或经营的船舶，提供国际港口之间班轮运输服务，并依据法律规定设立的船舶运输企业。班轮公司应拥有自己的船期表、运价本、提单或其他运输单据。根据各国的管理规定，班轮公司通常应有船舶直接挂靠该国的港口。班轮公司有时也被称为远洋公共承运人（Ocean Common Carrier），世界上常见的各大船公司如表2-1所示。

表 2 – 1 世界各大船公司

船公司名称	公司徽标	公司网站
马士基（MAERSK）	MAERSK	http://www.maersk.com/
地中海航运公司（MSC）	msc	http://www.msc.com/chn/
法国达飞海运集团（CMA-CGM）	CMA CGM	http://www.cma-cgm.com/
长荣海运股份有限公司（EVERGREEN）	EVERGREEN MARINE CORP.	http://www.evergreen-marine.com/
赫伯罗特货柜航运公司（HPL）	Hapag-Lloyd	http://www.hapag-lloyd.com/
美国总统轮船公司（APL）	APL Moving Business Forward	http://www.apl.com/
中国远洋海运集团有限公司（COSCO）	COSCO SHIPPING	http://www.cosco.com/
日本邮船公司（NYK）	NYK LINE NIPPON YUSEN KAISHA	http://www.nykline.com/
商船三井公司（MOL）	MOL 商船三井	http://www.mol.co.jp/
东方海外公司（OOCL）	OOCL We take it personally	http://www.oocl.com/
现代商船公司（HMM）	HMM	http://www.hmm.21.com/
太平船务公司（PIL）	PIL Delivering on our promises	https://www.pilship.com/
万海航运股份有限公司（WANHAI）	WAN HAI LINES LTD. WE CARRY, WE CARE	http://www.wanhai.com/

2. 船舶代理人

船舶代理人（Shipping Agent）简称船代，这里指船舶代理公司，是接受船舶所有人、船舶经营人或者船舶承租人的委托，为船舶所有人、船舶经营人或者船舶承租人的船舶及其所载货物或集装箱提供办理船舶进出港口手续、安排港口作业、接受订舱、代签提单、代收运费等服务，并依据法律规定设立的船舶运输辅助性企业。由于国际船舶代理行业具有一定的独特性，所以各国在国际船舶代理行业大多制定有比较特别的规定。

中国最大的国际船舶代理公司是成立于 1953 年的中国外轮代理公司。20 世纪 80 年代末，中外运船务代理公司成立，成为第二家从事国际船舶代理业务的国际船舶代理公司。在我国对外开放的港口都有许多国际船舶代理公司。实践中，国际货运代理人经常会与船舶代理人有业务联系。

3. 无船承运人

无船承运人［Non-Vessel Operating（Common）Carrier，NVOCC］，也称无船公共承运人，这里指经营无船承运业务的公司，是以承运人身份接受托运人的货载，签发自己的提单或者其他运输单证，向托运人收取运费，通过班轮运输公司完成国际海上货物运输，承担承运人责任，并依据法律规定设立的提供国际海上货物运输服务的企业。

根据《国际海运条例》的规定，在中国境内经营无船承运业务，应当在中国境内依法设立企业法人；经营无船承运业务，应当办理提单登记，并交纳保证金；无船承运人应有自己的运价本。

无船承运人可以与班轮公司订立协议运价，国外称为服务合同（Service Contract，S/C），以从中获得利益。但是，无船承运人不能从班轮公司那里获得佣金。国际货运代理企业在满足了承运人条件后，可以成为无船承运人。

4. 海上货运代理人

国际海上货运代理人（Ocean Freight Forwarder），也称远洋货运代理人，这里指国际海运代理公司，是接受货主的委托，代表货主的利益，为货主办理有关国际海上货物运输相关事宜，依据法律规定设立的提供国际海上货物运输代理服务的企业。海运代理人可以向委托人收取代理服务报酬，即佣金。

5. 托运人

托运人（Shipper），这里指货主企业，在运输合同中指本人或者委托他人以本人名义或托他人为本人与承运人订立海上货物运输合同的人；本人或者委托他人以本人名义或者委托他人为本人将货物交给与海上货物运输合同有关的承运人的人。

托运人可以与承运人订立协议运价，从而获得比较优惠的运价。但是，托运人不可以向承运人收取"佣金"，如果承运人给托运人"佣金"，则将被视为给托运人"回扣"。

（二）班轮船期表

班轮船期表（Liner Schedule）的主要内容有：航线、船名、航次编号，始发港、中途港、终点港的港名，到港时间、离港时间，以及其他有关的注意事项。表2-2是一个班轮船期表实例。

表2-2　长荣海运2017年2~4月中国—欧洲船期表

		KAOHSIUNG	SHANGHAI	NINGBO	SHANGHAI	TAIPEI	YANTIAN	COLOMBO	TANJUNG PELEPAS	SUEZ CANAL	ROTTERDAM	FELIXSTOWE	HAMBURG
THALASSA ELPIDA 0920-016W	ARR DEP	02/25 02/27	02/28 03/01	03/02 03/03	--- ---	03/04 03/05	03/06 03/06	--- ---	03/10 03/11	03/21 03/22	03/30 04/01	04/02 04/04	04/05 04/07
THALASSA TYHI 0921-014W	ARR DEP	03/04 03/06	03/07 03/08	03/09 03/10	--- ---	03/11 03/12	03/13 03/13	--- ---	03/17 03/18	03/28 03/29	04/06 04/08	04/09 04/11	04/12 04/14
THALASSA DOXA 0922-014W	ARR DEP	03/11 03/12	03/14 03/15	03/16 03/17	--- ---	03/18 03/20	03/20 03/20	--- ---	03/24 03/25	04/04 04/05	04/13 04/15	04/16 04/18	04/19 04/21
THALASSA NIKI 0923-015W	ARR DEP	03/18 03/19	03/21 03/23	03/23 03/24	--- ---	03/25 03/26	03/27 03/27	--- ---	03/31 04/01	04/11 04/12	04/20 04/22	04/23 04/25	04/26 04/28
THALASSA AXIA 0924-013W	ARR DEP	03/25 03/26	03/28 03/30	03/30 03/31	--- ---	04/01 04/02	04/03 04/04	--- ---	04/07 04/08	04/18 04/19	04/27 04/29	04/30 05/02	05/03 05/05
THALASSA MANA 0925-015W	ARR DEP	04/01 04/01	--- ---	04/03 04/04	04/04 04/06	04/07 04/08	04/09 04/10	04/16 04/17	--- ---	04/24 04/25	05/03 05/06	05/06 05/08	05/09 05/11
THALASSA PISTIS 0926-017W	ARR DEP	04/08 04/08	--- ---	04/10 04/11	04/11 04/13	04/14 04/15	04/16 04/17	04/23 04/24	--- ---	05/01 05/02	05/10 05/13	05/13 05/15	05/16 05/18
THALASSA HELLAS 0927-019W	ARR DEP	04/14 04/15	--- ---	04/17 04/18	04/18 04/20	04/21 04/22	04/23 04/24	04/30 05/01	--- ---	05/08 05/09	05/17 05/20	05/20 05/22	05/23 05/25
TRITON 0928-006W	ARR DEP	04/22 04/22	--- ---	04/24 04/25	04/25 04/27	04/28 04/30	04/30 05/01	05/07 05/08	--- ---	05/15 05/16	05/24 05/27	05/27 05/29	05/30 06/01
THALASSA PATRIS 0929-018W	ARR DEP	04/29 04/29	--- ---	05/01 05/02	05/02 05/04	05/05 05/06	05/07 05/08	05/14 05/15	--- ---	05/22 05/23	05/31 06/03	06/03 06/05	06/06 06/08

(三) 港口与航线

世界上的主要贸易港口共有 2 500 多个，其中：分布在太平洋沿岸的港口约占世界港口的 1/6；大西洋沿岸的港口约占 3/4；印度洋沿岸的港口约占 1/10。我国濒临大海，海域面积约 338 万 km^2，沿海有许多终年不冻的天然良港，为我国海上运输事业的发展提供了优越的条件，主要包括上海港、天津港、深圳港、宁波港、大连港、青岛港和香港等。世界上主要的海港和航线如图 2-4 所示。

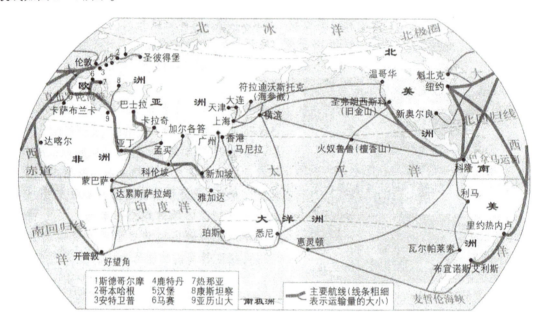

图 2-4 世界主要海港和航线示意图

船舶在两个或多个港口之间从事货物运输的路线称为航线。世界上规模最大的三条主要集装箱航线是：远东—北美航线，远东—欧洲、地中海航线和北美—欧洲、地中海航线。

（1）远东—北美航线。远东—北美航线也称为跨太平洋航线，该航线实际上可以分为两条航线，一条是远东—北美西岸航线，另一条是远东—北美东岸航线。远东—北美西岸航线主要由远东—加利福尼亚航线和远东—西雅图、温哥华航线组成，其涉及的港口主要有亚洲地区韩国的釜山，中国的上海、香港、高雄，日本的东京、神户、横滨等港口，以及北美西岸的美国长滩、洛杉矶、西雅图、塔科马和加拿大温哥华等港口。远东—北美东岸的纽约航线涉及的北美东岸港口主要有美东地区的纽约/新泽西港、查尔斯顿港和新奥尔良港。

（2）远东—欧洲、地中海航线。远东—欧洲、地中海航线也称为欧地线，该航线涉及欧洲地区的港口主要有：荷兰的鹿特丹港，德国的汉堡港、不来梅港，比利时的安特卫普港和英国的费利克斯托港；涉及地中海地区的港口主要有西班牙的阿尔赫西拉斯港和意大利的焦亚陶罗港。

（3）北美—欧洲、地中海航线。北美—欧洲、地中海航线，也称跨大西洋航线，该航线实际包括三条航线：北美东岸、海湾—欧洲航线，北美东岸、海湾—地中海航线和北美西岸—欧洲、地中海航线。

(四) 运价本

运价本（Tariff）也称费率本或运价表，是船公司承运货物向托运人收取运费的费率表汇总。运价本主要由条款规定、商品分类和费率三部分组成。按运价制定形式不同，运价本可以分为等级费率本和列名费率本。表 2-3 为运价本中的某一航线费率表。

表 2-3 运价本

运价类型	起始港	目的港	20'GP（美元）	40'GP（美元）	40'HQ（美元）	船期（天）	船公司	发布时间
整箱	XIAMEN 厦门 中国 亚洲	CAPE TOWN 开普敦 南非 非洲	730	1 330	1 430	24	MISC	2017-1-4
整箱	XIAMEN 厦门 中国 亚洲	DURBAN 德班 南非 非洲	730	1 330	1 430	24	MISC	2017-1-4
整箱	XIAMEN 厦门 中国 亚洲	ADELAIDE 阿德莱德 澳大利亚 澳新	630	1 130	1 230	26	MISC	2017-1-4
整箱	XIAMEN 厦门 中国 亚洲	MELBOURNE 墨尔本 澳大利亚 澳新	630	1 130	1 230	23	MISC	2017-1-4
整箱	XIAMEN 厦门 中国 亚洲	FREEMANTLE 弗里曼特尔 澳大利亚 澳新	630	1 130	1 230	19	MISC	2017-1-4
整箱	XIAMEN 厦门 中国 亚洲	SYDNEY 悉尼 澳大利亚 澳新	480	930	1 030	16	MISC	2017-1-4
整箱	XIAMEN 厦门 中国 亚洲	BRISBANE 布里斯班 澳大利亚 澳新	480	930	1 030	14	MISC	2017-1-4
整箱	XIAMEN 厦门 中国 亚洲	VALENCIA 巴伦西亚 西班牙 欧洲	480	880	980	26	MISC	2017-1-4
整箱	XIAMEN 厦门 中国 亚洲	BARCELONA 巴塞罗那 西班牙 欧洲	480	880	980	25	MISC	2017-1-4
整箱	XIAMEN 厦门 中国 亚洲	FOS 福斯 法国 欧洲	480	880	980	23	MISC	2017-1-4
整箱	XIAMEN 厦门 中国 亚洲	GENOA 热那亚 意大利 地中海	480	880	980	21	MISC	2017-1-4
整箱	XIAMEN 厦门 中国 亚洲	DAMIETTA 达米埃塔 埃及 地中海	480	880	980	17	MISC	2017-1-4
整箱	XIAMEN 厦门 中国 亚洲	SOUTHAMPTON 南安普敦 英国 欧洲	480	880	980	26	MISC	2017-1-4
整箱	XIAMEN 厦门 中国 亚洲	HAMBURG 汉堡 德国 欧洲	480	880	980	24	MISC	2017-1-4
整箱	XIAMEN 厦门 中国 亚洲	ROTTERDAM 鹿特丹 荷兰 欧洲	480	880	980	22	MISC	2017-1-4

四、不定期船运输

不定期船运输（Tramp Shipping）又称租船运输（Carriage of Goods by Chartering），指没有预定的船期表、航线、港口，船舶按租船人和船东双方签订的租船合同规定的条款完成运输任务。航运业主要的租船运输经营方式有航次租船、定期租船、光船租船和航次期租。

（一）基本概念

1. 承租人和船东

承租人（Charterer）是拥有货物、需要租用船舶的一方，又称为租船人，有时也称为租家。船东（Ship Owner）是船舶的经营人，可以用自有船舶，也可以用租来的船舶进行经营，是出租人。

2. 租约

承租双方所签订的租船合同也称为租约（Charter Party，C/P）。承租双方在谈判时所参照的范本在租船实务中被称为标准租船合同范本（Standard Charter Party Form）。租船合同范本根据租船货运营运方式不同可分为航次租船合同范本、定期租船合同范本和光船租船合同范本。

国际航运市场中采用的比较有影响的航次租船合同范本主要有：统一杂货租船合同（简称GENCON），北美谷物航次租船合同（简称NORGRAIN）。我国航次租船实务中大多使用金康合同范本。

常用的定期租船合同范本有：纽约土产交易所定期租船合同（简称NYPE），波尔的姆统一定期租船合同（简称BALTIME），中国租船公司定期租船合同（简称SINOTIME1980）。NYPE是目前使用最为广泛的定期租船标准合同。SINOTIME1980是专门用于中国租船公司从国外期租船使用的定期租船合同标准格式。

目前，国际租船实务中的光船租船合同范本只有一种，即波罗的海国际航运公会制订的标准光船租船合同（简称BARECON）。

3. 租船市场

狭义的租船市场（Chartering Market）是指需求船舶的承租人和提供船舶的出租人协商洽谈租船业务、订立租船合同的主要场所。广义的租船市场指需求船舶的承租人和提供船运力的出租人的交易关系，交易的对象是作为租赁对象的船舶的运力。

世界上主要的租船市场有英国的伦敦租船市场（波罗的海的海商航运交易所）、美国的纽约租船市场、北欧的租船市场和亚洲的租船市场。

4. 租船经纪人

航运市场中存在着大批专门从事船舶的租赁、订舱、买卖、保险等中介业务的航运经纪人，其中专门从事租船订舱等经纪业务的经纪人称为租船经纪人（Ship Broker）。

（二）航次租船

航次租船（Voyage Charter）又称为定程租船，是以航程为基础的租船方式。在这种租船方式下,船方必须按租船合同规定的航程完成货物运输服务,并负责船舶的经营管理以及船舶在航行中的一切开支费用,租船人按约定支付运费。航次租船的合同中规定装卸期限或装卸率,并计算滞期和速遣费。航次租船又可以分为单程租船、往返租船、连续航次租船、航次期租船和包运合同租船。

1. 单程租船

单程租船(Single Voyage Charter)也称为单航次租船,即所租船舶只装运一个航次,航程终了时租船合同即告终止。运费按租船市场行情由双方议定,其计算方法一般是按运费率乘以装货或卸货数量或按照整船包干运费计算。

2. 往返租船

往返租船(Round Trip Charter)也称为来回航次租船,即租船合同规定在完成一个航次任务后接着再装运一个回程货载,有时按来回货物不同分别计算运费。

3. 连续单航次或连续往返航次租船

连续单航次或连续往返航次租船(Consecutive Single Trip Charter or Continuous Return Voyage Charter)是指同一船舶在同方向、同航线上,连续完成规定的两个或两个以上的单航次或往返航次的一种租船方式。在货运量较大,一个航次运不完的时候,可以采用这样的租船方式,这种情况下,平均航次船舶租金要比单航次租金低。

4. 包运租船

包运租船(Contract of Affreightment,COA)又称为运量合同,是指船舶所有人以一定的运力,在确定的港口之间,按事先约定的时间、航次周期,每航次以较均等的运量,完成全部货运量的租船方式。航程次数不做具体规定,合同针对待运的货物。这种租船方式可以减轻租船压力,对船东来说,营运上比较灵活,可以用自有船舶来承运,也可以再租用其他船舶来完成规定的货运任务;可以用一条船多次往返运输,也可以用几条船同时运输。包运合同运输的货物通常是大宗低价值散货。

包运租船区别于其他租船方式的特点有:①包运租船合同中不确定船舶的船名及国籍,仅规定船舶的船级、船龄和船舶的技术规范等,船舶所有人只需比照这些要求,提供能够完成合同规定每航次货运量的运力即可,这对船舶所有人在调度和安排船舶方面是十分灵活、方便的;②租期的长短取决于货物的总量及船舶航次周期所需的时间;③船舶所承运的货物主要是运量特别大的干散货或液体散装货物,承租人往往是业务量大且实力强的综合性工矿企业、贸易机构、生产加工集团或大石油公司;④船舶航次中所产生的时间延误的风险损失由船舶所有人承担,而对于船舶在港装、卸货物期间所产生的延误,则通过合同中订有的"延滞条款"的规定来处理,通常是由承租人承担船舶在港的时间损失;⑤运费按船舶实际装运货物的数量及商定的费率计收,通常按航次结算。从上述特点可见,包运租船在很大程度上具有"连续航次租船"的基本特点。

(三) 定期租船

定期租船(Time Charter)是指船舶出租人向承租人提供约定的、由出租人配备船员的船舶,由承租人在约定的期间内按照约定的用途使用,并支付租金的租船方式。

定期租船的最大特点是承租人负责船舶的经营管理，出租人只负责船舶的维护、修整。定期租船合同的内容由双方当事人约定。定期租船合同不受国际条约的调整，但据此签发的提单却受《海牙规则》的调整。由于出租人是按期收取租金，故定期租船不存在航次租船（定程租船）中的滞期费、速遣费、绕航等问题。

1. 出租人的主要权利与义务

出租人有交船、维修船舶、通知船舶转让的义务。出租人在定期租船合同下的主要权利与承租人的义务相对应，包括收取租金、到期收回船舶等。

2. 承租人的主要权利与义务

承租人有支付租金、还船、按照约定使用船舶的义务和指挥船长、转租和获得救助报酬的权利。

3. 定期租船合同的特征

根据定期租船合同的定义，可以看出定期租船合同具有以下特征：

（1）出租人提供配备船员的船舶。这一点是其与光船租赁的主要区别，正由于出租人负责配备船员，因此也就必须负责船员的工资、给养、船舶的维修保养、物料以及船舶的保险等费用，并享有船舶所有权和管理权。而承租人则负责燃料、淡水、港口使用、货物装卸等费用，并享有船舶调动权和经营权。

（2）按约定租期支付租金。在定期租船合同下，租金是根据租期和船舶状况来确定的，因此这与提单运输、航次租船合同不同。

（3）按约定用途使用船舶。虽然定期租船合同和航次租船合同都有约定运载的货物，但前者通常只约定一个大的货物种类而不详细列明，而后者则约定具体的货物种类。

（四）光船租船

光船租船（Bareboat Charter），又称船壳租船、净船期租船。这种租船不具有承揽运输性质，它只相当于一种财产租赁。光船租船是指船舶所有人将船舶出租给承租人使用一定期限，但船舶所有人提供的是空船，承租人要自己任命船长、配备船员，负责船员的给养和船舶经营管理所需的一切费用，也就是说，船舶所有人在租期内除了收取租金外，不再承担任何责任和费用。因此，一些不愿经营船舶运输业务，或者缺乏经营管理船舶经验的船舶所有人也可将自己的船舶以光船租船的方式出租，虽然这样的利润不高，但船舶所有人可以取得固定的租金收入。

光船租船的特点是：①船舶所有人只提供一艘空船，全部船员由承租人配备并听从承租人的指挥，承租人负责船舶的经营及营运工作，并承担在租期内的时间损失，即承租人不能"停租"；②除船舶的资本费用外，承租人承担船舶的全部的固定费用及变动费用；③租金按船舶的装载能力、租期及商定的租金率计算；④光船租船是通过船舶所有人与承租人订立光船租船合同，由船舶所有人将船舶的占有权和使用权转移给承租人，船舶所有人仍然保留船舶的所有权，因此，光船租船合同是财产租赁合同而不是海上运输合同。

（五）航次期租

航次期租（Time Charter on Trip Basis，TCT）也称为期租航次租船，是介于定期租船（Time

Charter）与航次租船（Voyage Charter）之间的一种混合的或是变形的形式，船舶的租赁采用航次租船方式，但租金以航次所需的时间（天）为计算标准。这种租船方式不计滞期、速遣费用，船方不负责货物运输的经营管理。目前，此种租船形式应用渐趋广泛，尤其是在散杂货的不定期运输方面，它结合了定期租船和航次租船的特点，从而形成其独具特色的租船方式。其基本概念可从以下两方面理解：一方面租期的计算以船舶所完成的本航次任务为基础，类似于航次租船，一般是从船舶抵达第一装港的引水锚地时起租，直至该船于最后一个卸货港卸完货后，并由引航员引至引水锚地，引航员离船为止。具体交还船时间及地点，可由当事双方在租约中订明。如某船签了TCT合同去俄罗斯远东港口装货，由于该船上一航次最后是在中国北方港口卸空，故一般在船东与租船人协商之后，双方往往会同意在船舶经过韩国釜山锚地时交船。同样，还船条款也可这样签订。另一方面，尽管租期的计算类似于航次租船，但是船东收到的不是航次租船中的运费，而是类似于期租方式中的租金，一般为15天预付一期租金，但在较短的TCT中，往往为10天一期，以便于租船人融资。

TCT往往是在租船人确切掌握某一载货物时首先想到的租船方式。它既可以避免期租过程中的缺少长期、固定货源等风险，又可以保护商业机密，由于装、卸港代理均由租船人指派，故船东基本上无法了解该货详细情况，而且在船舶装载能力许可的条件下，可以尽可能地多装货，以获取更大的利润。当然，船舶在TCT期间，在锚地等泊及在港装卸作业时间以及其他各种风险，都由租船人承担。因此，一般来说，TCT的租金总是略高于定期租船的租金水平。

对于船东来说，采用TCT的租船方式，最大的益处是减少风险，且在采用TCT方式时，租船人的信誉及可靠程度是相当重要的。实践中曾出现过这样的情况，有些租船人在支付了首期租金后，就把收到的运费席卷而去，而此时船东不得不履约，因为船东不得对抗无辜的提单持有人。由此可以看出，TCT方式有利有弊，租船人或船东均需谨慎把握。TCT租约的具体条款是值得深入探讨的租期条款，因为唯有该条款既区别于航次租船又不同于定期租船。

（六）各运输方式对比

1. 班轮运输与租船运输基本特征比较

（1）班轮运输的特点。

1）班轮运输具有固定航线、固定港口、固定船期和相对固定的运价，因此，"四固定"是班轮运输最基本的特点。

2）承运人与货主之间在货物装船之前通常不签订具有详细条款的运输合同，而是在承运人装船后或接受货物后签发载有详细条款的提单并作为双方货物纠纷的依据。

3）班轮运输可以为多个货主服务，特别适应小批量零星件杂货的海上运输，其运输速度快，能及时、迅速地将货物发送和运达目的港，且货运质量较高。

4）在实践中，班轮运输货物交付的地点一般为：杂货班轮运输中承运人在装货港指定码头仓库接受货物、卸货港指定码头仓库交付货物；集装箱班轮运输中承运人在装货港的码头堆场或货运站接受货物、卸货港的堆场或货运站交付货物。

5）在班轮运输中，船舶的一切正常营运支出均由船方负担（如装船、卸船和理舱的作业费用等）。

6）在班轮运输中，承运人与货主之间不规定装卸时间，也不计算滞期费和速遣费。

(2) 租船运输的特点。

1) 租船运输没有相对于班轮运输的"四固定",船期表、航线、港口等都要根据租约而定。

2) 租船运输的舱位租赁一般以提供整船或部分舱位为主,主要根据租约来定。

3) 租船运输中承租人与出租人的权利与义务、船舶营运中的风险及有关费用分担责任都租约的规定为依据。

4) 租船运输中的提单一般不是独立的文件,它要受租约的约束,对于承租人和出租人而言,仅相当于货物收据。

5) 租船运输中船舶港口使用费、装卸费及船期延误按租约规定由承租人和出租人进行分担、划分及计算。

6) 租船运输适用于大宗散货运输,货物的特点是批量大、附加值低、包装相对简单。因此,租船运输的运价(或租金率)相对班轮运输而言较低。

班轮运输与租船运输的比较见表 2-4。

表 2-4 班轮运输与租船运输的比较

营运方式 项目	班轮运输	租船运输
基本特点	固定航线、港口、船期、运价	不固定
货种	批量小、价值高的件杂货	批量大、价值低的散货
市场竞争	班轮公司较少,为寡头垄断市场	船东与承租人较多,为自由竞争市场
货主	一次航次货主较多	一次航次货主为特定的个别货主
运价	较高	较低
装卸费分担	承运人负责	方式较多,要根据营运方式而定
滞期费、速遣费	不计算	航次期租计算,定期船租不计算
单证	主要有提单(B/L)、海运单(SWB)	主要是租约(C/P)、提单(B/L)

2. 租船运输中各租船方式费用与控制权对比

航次期租、航次租船、定期租船、光船租船合同下船东与租船人承担费用与控制权划分的对比见表 2-5。

表 2-5 各种租船方式费用控制权对比

营运方式 项目	航次租船	定期租船	光船租船	航次期租
船东负责费用	所有	固定费用	无	固定费用
租船人负责费用	无	可变费用	全部	可变费用
滞期费、速遣费、绕航费	有	无	无	无
对船舶的控制权	船东	承租人	承租人	船东

第二节 海上货运船舶、集装箱及货物

一、海上货运船舶

海上货运船舶可分为干货船和液货船。

(一) 干货船

干货船可分为件杂货船、集装箱船、滚装船、冷藏船、多用途船和干散货船。国际货运代理实践中经常涉及的是集装箱船。

1. 件杂货船

件杂货船（General Cargo Vessel）也称普通杂货船、杂货船，主要用于运输各种包装和裸装的普通货物。国际海上货运中，杂货船的吨位一般是 5 000~20 000t。

2. 滚装船

滚装船（Roll on/Roll off Ship；Ro/Ro Ship）是将装有集装箱或其他件杂货的半挂车或装有货物的带轮托盘作为货运单元，由牵引车或叉车直接在岸船之间进行装卸作业形式的船舶。其主要特点是将船舶装卸作业由垂直方向改为水平方向。滚装船的吨位大多是 3 000~26 000t。

3. 冷藏船

冷藏船（Refrigerated Ship）是将货物处于冷藏状态下进行载运的专用船舶。冷藏船上有制冷装置，制冷温度一般为 -25~-15℃。冷藏船的吨位较小，通常为数百至几千 t。

4. 多用途船

多用途船（Multi-purpose Ship）是指具有多种装运功能的船舶。多用途船可以载运件杂货物，也可载运集装箱货物及重大件货物。

5. 干散货船

干散货船（Dry Bulk Carrier）是运输粉末状、颗粒状、块状等无包装大宗货物的船舶。按所载运货物的不同，又可分为运煤船（Coal Carrier）、散粮船（Bulk Grain Carrier）、矿石船（Ore Carrier）以及其他专用散装船。

6. 集装箱船

集装箱船（Container Ship）是指吊装式全集装箱船，也称集装箱专用船。全集装箱船（Full Container Ship）是一种专用于装载集装箱以便在海上运输时能安全、有效地大量运输集装箱而建造的专用船舶。

> **知识链接**
>
> 集装箱船根据载箱量可分为第一代（载箱量为700~1 000TEU）、第二代（载箱量为1 000~2 000TEU）、第三代（载箱量为2 000~3 000TEU）、第四代（载箱量为3 000~4 000TEU）、第五代（载箱量为4 000TEU以上）。随着8 000TEU集装箱船的下水使用，有人将之称为第六代集装箱船舶。
>
> 集装箱船根据船宽尺度能否通过巴拿马运河还可分为巴拿马型船（船宽≤32.2m）、巴拿马极限型船（船宽为32.2m）、超巴拿马型船（船宽≥32.2m），也有人将超巴拿马型船中载箱量在6 000TEU以上的船舶称为特超巴拿马型船。

（二）液货船

液货船是指载运散装液态货物的船舶，主要有油船（Tanker）、液化气船（Liquefied Gas Carrier）和液体化学品船（Liquid Chemical Tanker）。其中液化气船又可分为液化天然气船（Liquefied Natural Gas Carrier, LNG Carrier）和液化石油气船（Liquefied Petroleum Gas Carrier, LPG Carrier）。

1. 油船

从广义上讲油船（Tanker）是指散装运输各种油类的船。除了运输石油外，它还装运石油的成品油、各种动植物油、液态的天然气和石油气等。但是，通常所称的油船，多数指运输原油的船；而装运成品油的船，称为成品油船。油轮的载重量越大，运输成本越低。由于石油货源充足，装卸速度快，并且可以通过铺设在海上的石油管道来装卸，所以大型原油船可以不用靠码头，而只需要利用浮筒来进行装卸作业。因为没有对码头水深的要求，所以油船可以建造得很大。近海油船的总载重量为30 000t左右，近洋油船的总载重量为60 000t左右，远洋大油轮的总载重量为20万t左右，超级油轮的总载重量为30万t以上，最大的油轮已达到56万t。以前油船都是单甲板、单底结构，因为货舱范围内破损后，货油浮在水面上，舱内不至于大量进水，故油船除了在机舱区域内设置双层底以外，货油舱区域一般不设置双层底。为了防止和减少油轮发生海损事故造成的污染，国际海事组织已经要求大型油轮必须设置双层底或双层船壳。新造的大型油轮均是双壳结构，大大减少了大型油轮的油污事故。

2. 液化气船

装运液态的天然气和石油气的船，称为液化气体船（Liquefied Gas Carrier）。按石油液化的方法，液化石油气船可分为压力式、半冷冻半压力式和冷冻式三种。压力式液化石油气船是将几个压力贮藏罐装在船上。冷冻液化的石油气体积比加压液化的体积小2%~6%，具有运输上的优越性，货舱冷冻的温度约为零下50℃。液化石油气船不能运载液化天然气，而液化天然气船则可运载液化石油气，故液化石油气船不如液化天然气船发展快，一般容量在10万m^3以下。由于天然气液化温度低（在一个大气压下为零下164℃），普遍碳素钢易发脆，只能用镍或铝合金制造货舱。液化天然气船货舱可以是罐式，置于船内，或为膜式，以镍（铝）合金钢膜衬于货舱内壁，这种船采用双壳结构。膜式货舱的容积较罐式货舱得到充分利用，且结构重量也较轻。液化气船因结构与设备都比较复杂，因此造价也较昂贵。

3. 液体化学品船

液体化学品船（Liquid Chemical Tanker）是指载运各种液体化学品如醚、苯、醇、酸等的专用液货船。液体化学品大多具有剧毒、易燃、易挥发和腐蚀性强等特点，因而液体化学品船对防火、防爆、防毒和防腐蚀等有很高的要求。液体化学品船因载运货物的品种多，所以货舱分隔多、货泵多。国际上将这类船按货种分为三类：①用于运输危险性较大的货物，要求有双层底和双重舷侧，翼舱宽度不小于船宽的 1/5，以确保液体化学品在船舶发生碰撞或搁浅时不致泄出；②用于运输危险性较低的货物，要求有双层底和双重舷侧，但翼舱宽度可以小一些；③用于运输危险性更低的货物，其构造特点与一般油船相似。对于腐蚀性强的酸类液体货物，货舱内壁和管系多采用不锈钢或敷以橡胶等耐腐蚀材料。

二、海运集装箱

（一）集装箱的定义与分类

集装箱（Container）是指海、陆、空不同运输方式进行联运时用以装运货物的一种容器。国际标准化组织（ISO）对集装箱的定义如下：集装箱是一种运输设备；具有足够的强度，可长期反复使用；为便于商品运送而专门设计的，在一种或多种运输方式下运输时，无须中途换装；具有快速装卸和搬运的装置，特别是从一种运输方式转移到另一种运输方式时；设计时注意到便于货物装满或卸空；内容积为 $1m^3$ 或 $1m^3$ 以上。

集装箱按箱内所装货物一般分为：

1. 通用干货集装箱

通用干货集装箱（Dry Cargo Container）也称为杂货集装箱，用来运输无须控制温度的件杂货，其使用范围极广。这种集装箱通常为封闭式，在一端或侧面设有箱门。这种集装箱通常用来装运文化用品、化工用品、电子机械、工艺品、医药、日用品、纺织品及仪器零件等。这是平时最常用的集装箱，不受温度变化影响的各类固体散货、颗粒或粉末状的货物都可以由这种集装箱装运。

2. 保温集装箱

保温集装箱（Keep Constant Temperature Container）用于运输需要冷藏或保温的货物。所有箱壁都是采用热导率低的隔热材料制成的，可分为以下三种：

（1）冷藏集装箱（Reefer Container）。它是以运输冷冻食品为主，能保持所定温度的保温集装箱，是专为运输如鱼、肉、新鲜水果、蔬菜等食品而特殊设计的。目前国际上采用的冷藏集装箱基本上分两种：①集装箱内带有冷冻机的机械式冷藏集装箱；②集装箱内没有冷冻机而只有隔热结构，即在集装箱端壁上设有进气孔和出气孔，箱子装在舱中，由船舶的冷冻装置供应冷气，称为离合式冷藏集装箱（又称外置式或夹箍式冷藏集装箱）。

（2）隔热集装箱（Insulated Container）。它是为载运水果、蔬菜等货物，防止温度上升过大，以保持货物鲜度而具有充分隔热结构的集装箱。通常用干冰作制冷剂，保温时间为72h左右。

（3）通风集装箱（Ventilated Container）。它是为装运水果、蔬菜等不需要冷冻而具有呼吸作用的货物，在端壁和侧壁上设有通风孔的集装箱。如将通风口关闭，同样可以作为杂货集装箱使用。

3. 罐式集装箱

罐式集装箱（Tank Container）是指专用于装运酒类、油类（如动植物油）、液体食品以及化学品等液体货物的集装箱，它还可以装运其他液体的危险货物。这种集装箱有单罐和多罐数种，罐体四角由支柱、撑杆构成整体框架。装货时货物由罐顶部装货孔进入；卸货时，则由排货孔流出或从顶部装货孔吸出。

4. 台架式集装箱

台架式集装箱（Platform Based Container）是指没有箱顶和侧壁，甚至连端壁也去掉而只有底板和四个角柱的集装箱。这种集装箱可以从前后、左右及上方进行装卸作业，适合装载长大件和重货件，如重型机械、钢材、钢管、木材、钢锭等。台架式的集装箱没有水密性，怕水湿的货物不能装运，或用帆布遮盖装运。

5. 平台集装箱

平台集装箱（Platform Container）是指在台架式集装箱上再简化而只保留底板的一种特殊结构集装箱。平台的长度与宽度与国际标准集装箱的箱底尺寸相同，可使用与其他集装箱相同的紧固件和起吊装置。这种集装箱的采用打破了此前一直认为集装箱必须具有一定容积的概念。

6. 敞顶集装箱

敞顶集装箱（Open Top Container）是指一种没有刚性箱顶的集装箱，但有由可折叠式或可折式顶梁支撑的帆布、塑料布或涂塑布制成的顶篷，其他构件与通用集装箱类似。这种集装箱适于装载大型货物和重货，如钢铁、木材，特别是像玻璃板等易碎的重货，利用吊车从顶部吊入箱内不易损坏，而且也便于在箱内固定。

7. 汽车集装箱

汽车集装箱（Car Container）是指一种运输小型轿车用的专用集装箱，其结构特点是无侧壁，仅设有框架和箱底，这种集装箱分为单层和双层两种。因为小轿车的高度为1.35~1.45m，如装在8ft①的标准集装箱内，其容积要浪费2/5以上，因而出现了双层集装箱。这种双层集装箱的高度有两种：一种为10.5ft，一种为8.5ft高的2倍，因此，汽车集装箱一般不是国际标准集装箱。由于集装箱在运输途中常受各种力的作用和环境的影响，因此集装箱的制造材料要有足够的刚度和强度，应尽量采用质量轻、强度高、耐用、维修保养费用低的材料，并且材料既要价格低廉，又要便于取得。

---

① 1 ft = 0.304 8m

8. 动物集装箱

动物集装箱（Pen Containeror Live Stock Container）是一种装运鸡、鸭、鹅等活家禽和牛、马、羊、猪等活家畜用的集装箱。为了遮蔽太阳，箱顶采用胶合板遮盖，侧面和端面都有用金属网制成的窗，使其有良好的通风。侧壁下方设有清扫口和排水口，并配有上下移动的拉门，可把垃圾清扫出去。还装有喂食口。动物集装箱在船上一般应装置在甲板上，因为甲板上空气流通，便于清扫和照顾。

9. 服装集装箱

服装集装箱（Garment Container）的特点是，在箱内上侧梁上装有许多根横杆，每根横杆上垂下若干条皮带扣、尼龙带扣或绳索，成衣利用衣架上的钩，直接挂在带扣或绳索上。这种服装装载法属于无包装运输，不仅节约了包装材料和包装费用，而且减少了人工劳动，提高了服装的运输质量。

此外，集装箱按其主体材料可分为：钢制集装箱、铝制集装箱、不锈钢制集装箱、玻璃钢制集装箱。

（二）集装箱的标志及常用技术规范

1. 标志

为了便于海关及其他相关方面对在国际流通的集装箱进行监督和管理，每一个集装箱均须在适当和明显的部位涂刷以下永久性标志：

（1）箱主代码。箱主代码表示集装箱所有人的代号，箱主代号用四个拉丁字母表示，前三位由箱主自己规定，第四个字母规定用U（U为国际标准中海运集装箱的代号）。如"COSU"表示此集装箱为中国远洋海运集团所有。国际流通中使用的集装箱箱主代码应向国际集装箱局（Bureau International des Containers et du Transport Intermodal，BIC）登记，登记时不得与登记在先的箱主重复。

（2）序号和核对数字。序号和核对数字是集装箱和箱号，用六位阿拉伯数字表示，如数字不足六位时，在数字前补"0"以补足六位。

（3）国名代码。国名代码用三个大写英文字母表示，用以说明集装箱的登记国，如"RCX"即表示登记国为中华人民共和国。

（4）规格尺寸和箱型代码。规格尺寸用两位阿拉伯数字表示，用以说明集装箱的尺寸情况，如"20"即为20ft长、8ft高的集装箱。箱型代码用两位阿拉伯数字表示，用以说明集装箱的类型，如"30"即为冷冻集装箱。

（5）最大总重和箱重。最大总重用"Max Gross ××（kg）"表示集装箱的自重与最大载货量之和，它是一个常数，任何类型的集装箱装载货物后，都不能超过这一重量。箱重用"Tare ××（kg）"表示，指集装箱的空箱质量。

2. 常用技术规范

各类集装箱常用技术规范见表2-6。

表 2-6 各类集装箱常用技术规范
××CONTAINER TECHNICAL DATA

尺寸（长、宽、高）单位：mm　　　容积单位：m³　　　载重量单位：kg

（The dimensions are in millimeters. Capacity in CBM. Payload in KG.）

（1）箱体内部尺寸（Internal Dimensions）。

	干货箱（Dry）			冷藏箱（Reefer）			开顶箱（Open Top）			框架箱（Flat Rack）		
	长(L)	宽(W)	高(H)	长(L)	宽(W)	高(H)	长(L)	宽(W)	高(H)	长(L)	宽(W)	高(H)
20'	5 890	2 350	2 390	5 435	2 286	2 245	5 900	2 330	2 337	5 628	2 178	2 159
40'	12 029	2 350	2 390	11 552	2 266	2 200	12 025	2 330	2 337	11 762	2 178	1 986
HC	12 029	2 352	2 698	11 558	2 286	2 505	/	/	/	/	/	/

（2）箱体内容积及载重量（Capacity and Payload）。

	干货箱（Dry）		冷藏箱（Reefer）		开顶箱（Open Top）		框架箱（Flat Rack）	
	容积(Cu)	载重量(P)	容积(Cu)	载重量(P)	容积(Cu)	载重量(P)	容积(Cu)	载重量(P)
20'	33.1	21 740	27.5	21 135	32.6	21 740	/	27 800
40'	67.7	26 630	58.7	26 580	56.8	26 410	/	40 250
HC	76.3	26 600	66.1	26 380	/	/	/	/

（3）各类箱箱号首位数字含义（Meaning of the First Digit of Container Serial Number）。

	干货箱（Dry）					冷藏箱（Reefer）				开顶箱（Open Top）	框架箱（Flat Rack）
20'	0	3	2	6	8	22	23	25	26	52	92
40'	1		4		7	20	21	24	27	54	94
HC	96					29				/	/

（4）箱门开度尺寸（Door Opening Dimensions）。

干货箱（Dry）					
20'		40'		HC	
宽（W）	高（H）	宽（W）	高（H）	宽（W）	高（H）
2 340	2 280	2 340	2 280	2 340	2 585

（三）集装箱交接方式

1. 按货运数量的交接方式划分

（1）整箱货（Full Container Load，FCL）。整箱货是指由发货人负责装箱、计数、积载并加铅封的货运方式。凡一批货物达到一个或一个以上集装箱内容积的75%及以上或集装箱负荷重量的95%及以上，即可作为整箱货。整箱货的拆箱，一般由收货人办理，但也可以委托承运人在货运站拆箱。但承运人不负责箱内的货损、货差，除非货方举证确属承运人责任事故的损害，承运人才负责赔偿。承运人对整箱货，以箱为交接单位。只要集装箱外表与收箱时相似且铅封完整,承运人就完成了承运责任。整箱货运提单上,要加上"委托人装箱、计数并加铅封"的条款。

国际公约或各国海商法没有整箱货交接的特别规定,而承运人通常根据提单正面和背面的印刷条款以及提单正面的附加条款(如 Said to contain;S. T. C. Shipper's load and count and seal;S. L&C&S 等"不知条款"),承担在箱体完好和封志完整的状况下接受并在相同的状况下交付整箱货的责任。在海上货运实践中,班轮公司主要从事整箱货的货运业务。

(2) 拼箱货(Less Than Container Load,LCL)。不足整箱货的容积或重量的货载,即需要两批或两批以上货物同装一箱的货载称为拼箱货。这种货物运载方式下通常是由承运人分别揽货并将货物在集装箱货运站或内陆站集中,而后将两票或两票以上的货物拼装在一个集装箱内,同样要在目的地的集装箱货运站或内陆站拆箱并分别交货。对于这种货物,承运人要负担装箱与拆箱作业,装拆箱费用仍向货方收取。承运人对拼箱货的责任,基本上与传统杂货运输相同。

货运代理人可以从事拼箱货的货运业务,但此时其身份也发生了变化。货运代理人参与拼箱货的货运业务,提供了为小批量货物快速和高效率的运输服务,解决了集装箱班轮运输大量替代传统杂货班轮运输后批量货物的运输等问题。

(3) 整箱货与拼箱货比较。整箱货(FCL)与拼箱货(LCL)可以用表 2-7 进行比较。

表 2-7 整箱货(FCL)与拼箱货(LCL)的比较

项目	整箱货(FCL)	拼箱货(LCL)
货主数量	一个货主	多个货主
装箱人	货主	货运站、集拼经营人、NVOCC
制装箱单加封	货主	货运站、集拼经营人、NVOCC
货物交接责任	只看箱子外表状况良好、关封良好即可交接	须看货物的实际情况(如件数、外观、包装等)
提单上的不同	加注不知条款,如: ①SLAC(货主装箱、计数) ②SLACS(货主装箱、计数并加封) ③SBS(据货主称) ④STC(据称箱内包括)	SLAC、SLACS、SBS、STC 等不知条款无效
流转程序	①发货人;②装货港码头堆场;③海上运输;④卸货港码头堆场;⑤收货人	①发货人;②发货地车站、码头货运站;③装货港码头堆场;④海上运输;⑤卸货港码头堆场;⑥收货地车站、码头货运站;⑦收货人

2. 按货物交接地点划分

货物运输中的交接地点是指根据运输合同,承运人与货方交接货物、划分责任风险和费用的地点。集装箱运输中货物的交接地点有门(双方约定的地点)、集装箱堆场、船边或吊钩或集装箱货运站。

1) 门（Door）。门指收发货人的工厂、仓库或双方约定收、交集装箱的地点。在多式联运中经常使用。

2) 集装箱堆场（Container Yard，CY）。集装箱堆场（简称场）是交接和保管空箱（Empty Container）和重箱（Loaded Container）的场所，也是集装箱换装运输工具的场所。

3) 船边或吊钩（Ship's Rail or Hook/Tackle）。船边或吊钩（简称钩）是指装货港或卸货港装卸船边或码头集装箱装卸吊具，并以此为界区分运输装卸费用的责任界限。

4) 集装箱货运站（Container Freight Station，CFS）。集装箱货运站（简称站），是拼箱货交接和保管的场所，也是拼箱货装箱和拆箱的场所。集装箱堆场和集装箱货运站也可以同处于一处。

门、场、钩主要是整箱货（FCL）的交接场所，站则主要是拼箱货（LCL）的交接场所。

根据集装箱货物的交接地点不同，理论上可以通过排列组合的方法得到集装箱货物的交接方式为16种，集装箱交接方式如图2-5所示。这里仅介绍通常大家认识到的9种情况，其他情况可以根据以下内容推导。

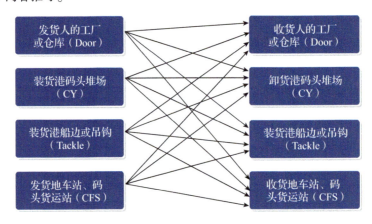

图2-5 集装箱交接方式

（1）门到门（Door to Door）。门到门交接方式指运输经营人由发货人的工厂或仓库接受货物，负责将货物运至收货人的工厂或仓库交付。在这种交付方式下，货物的交接形态都是整箱交接。

（2）门到场（Door to CY）。门到场交接方式指运输经营人在发货人的工厂或仓库接受货物，并负责将货物运至卸货港码头堆场或其内陆堆场，并在堆场向收货人交付。在这种交接方式下，货物也都是整箱交接。

（3）门到站（Door to CFS）。门到站交接方式指运输经营人在发货人的工厂或仓库接受货物，并负责将货物运至卸货港码头的集装箱货运站或其在内陆地区的货运站，经拆箱后向各收货人交付。在这种交接方式下，运输经营人一般是以整箱形态接受货物，以拼箱形态交付货物。

（4）场到门（CY to Door）。场到门交接方式指运输经营人在码头堆场或其内陆堆场接受发货人的货物（整箱货），并负责把货物运至收货人的工厂或仓库向收货人交付（整箱货）。

（5）场到场（CY to CY）。场到场交接方式指运输经营人在装货港的码头堆场或其内陆堆场接受货物（整箱货），并负责运至卸货码头堆场或其内陆堆场，在堆场向收货人交付。

（6）场到站（CY to CFS）。场到站交接方式指运输经营人在装货港的码头堆场或其内陆堆场接受货物（整箱），负责运至卸货港码头集装箱货运站或其在内陆地区的集装箱货运站，一般经拆箱后向收货人交付。

（7）站到门（CFS to Door）。站到门交接方式指运输经营人在装货港码头的集装箱货运站及其内陆的集装箱货运站接受货物（经拼箱后），负责运至收货人的工厂或仓库交付。在这种交接方式下，运输经营人一般是以拼箱形态接受货物，以整箱形态交付货物。

（8）站到场（CFS to CY）。站到场的交接方式指运输经营人在装货港码头或其内陆的集装箱货运站接受货物（经拼箱后），负责运至卸货港码头或其内陆地区的货场交付。在这种方式下货物的交接形态一般也是以拼箱形态接受货物，以整箱形态交付货物。

（9）站到站（CFS to CFS）。站到站的交接方式指运输经营人在装货码头或内陆地区的集装箱货运站接受货物（经拼箱后），负责运至卸货港码头或其内陆地区的集装箱货运站，（经拆箱后）向收货人交付。在这种方式下，货物的交接方式一般都是拼箱形态交接。

3. 将载货数量、交接地点结合起来

若将载货数量和交接地点两种划分方式结合起来，则集装箱交接方式可归纳为表2-8。

表 2-8 集装箱交接方式

出口	进口	交接货方式
FCL	FCL	D-D，CY-CY，D-CY，CY-D
FCL	LCL	D-CFS，CY-CFS
LCL	LCL	CFS-CFS
LCL	FCL	CFS-D

以上各种交接方式是集装箱运输中集装箱货物理论上所存在的一些交接方式。了解集装箱货物的交接方式，有利于解决在集装箱运输中承运人与货方之间就有关货物交接责任、费用分担等的划分问题。

目前在船边交接的情况已很少发生，而在货主的工厂或仓库交接又涉及多式联运。所以，有的书中则称有场到场、场到站、站到场和站到站四种交接方式，这也与实践结合得并不密切。例如，实践中，如果承运人在集装箱堆场接受整箱货，此时是在箱体完好和封志完整的状况下接受，当承运人在集装箱货运站交付拼箱货时，则须在箱内货物外表状况明显良好的情况下交付，因此 CY-CFS 明显使承运人的责任加重，所以已基本不存在。

实践中，海运集装箱货物交接的主要方式为：

（1）CY-CY。班轮公司通常承运整箱货，并在集装箱堆场交接，CY-CY 是班轮公司通常采用的交接方式。

（2）CFS-CFS。集拼经营人则承运拼箱货，并在集装箱货运站与货方交接货物。CFS-CFS 是集拼经营人承运拼箱货时通常采用的交接方式。

（四）集装箱货物装载方式

1. 集装箱的检查

利用集装箱装载货物，首先应根据所运输货物的种类、包装和其运输要求选择符合条件的集装箱；其次，在货物装箱前必须严格检查集装箱。通常对集装箱的检查包括进行外部检查、内部检查、箱门检查、清洁检查、附属件检查。

（1）外部检查。外部检查是指察看箱子的六面，外部是否有损伤、变形、破口等异样情况，如有异常应对需修理部位进行标记。

（2）内部检查。内部检查是指察看箱子内侧的六面，内侧是否漏水、漏光，有无污点、水迹等。

（3）箱门检查。箱门检查是指检查门的四周是否水密，门锁是否完整，箱门是否能270°开启。

（4）清洁检查。清洁检查是指察看箱内是否有残留物、污染、锈蚀、异味、水湿，如不符合要求应予以清扫，甚至更换。

（5）附属件的检查。附属件的检查是指对货物加固环节的部件进行检查。

2. 集装箱装箱注意事项

集装箱装箱工作看似简单，但如果装载不合理、不正确就会造成货损、设备损坏，甚至是人身伤亡。因此，集装箱装箱应遵循一些原则，装箱注意事项如下所述：

货物装箱很重要，箱型随货要知道，装前检查证书校，混装一箱货区分；
上轻下重不能忘，重量均衡防故障，堆码层数要限量，上下左右有空隙；
隔板隔垫防碰撞，垫料清洁货损少，箱门附近易损伤，关前措施一定要；
堆装系固要做好，积载合理能防损，特殊货用特殊箱，箱子超重不允许；
危险货物更重要，要求不符不能装，不能外突门封好，不相容的不混装；
包装合格才能装，包件必须固定牢，液气货物要批条，操作循规安全保；
以上几条要记牢，人员设备免损伤，货运质量有保障，省钱省时麻烦少。

（五）集装箱租赁

1. 租赁方式

（1）期租。集装箱的期租分为长期租赁和短期租赁两种方式。长期租赁一般指有一段较长的租用期限，而短期租赁则根据所需要的使用期限来租用集装箱，时间比较短。

长期租赁又可分为金融租赁与按实际使用期租赁两种方式。前者指租箱人在使用期届满后买下所租用的箱子，后者指租箱人在使用期届满后将箱子退还给集装箱出租公司。

长期租赁对租箱人和出租公司都有好处，对出租公司来说，在出租期间有较稳定的租金收入；对租箱人来说，只要按时支付租金，箱子如同自己的一样；而且，长期租赁的租金比较低。同长期租赁相比，短期租赁较灵活，租箱人可根据自己需要的时间、地点来确定租用期限，但其租金比较高。

（2）程租。集装箱的程租包括单程租赁和来回程租赁两种方式。

1）单程租赁。单程租赁多用于同一条航线上来回程货源不平衡的情况，即从起运港至目的港单程使用集装箱。例如，某船公司经营 A 港至 B 港的集装箱货物运输业务，A 港至 B 港的货运量较大，使用的集装箱较多，而 B 港至 A 港的货物运输所使用的集装箱较少，即来回程货运量不平衡，而该公司从 B 港至其他地区又没有集装箱运输业务，营运结果必然导致在 B 港空箱积压。在这种情况下,该公司可租用 A 港至 B 港的单程集装箱,这样既可节省空箱在 B 港的保管费,又可节约将空箱从 B 港运回 A 港的运费等。

在采用单程集装箱租赁时应注意,租箱人除支付租金外,有时还要支付提箱费和还箱费。如果集装箱使用人从租赁市场行情好的地方租用至行情差的地方,租箱人则须支付提箱费、还箱费;反之,则不支付或仅少量支付这部分费用。

2)来回程租赁。来回程租赁通常用于来回程有较平衡货运量的航线。该种租赁方式的租期不受限制,在租赁期间,租箱人有较大的自由使用权,不局限于一个单纯的来回程。但是这种租赁方式对还箱地点有严格的限制。

(3)灵活租赁。集装箱的灵活租赁方式在费用上类似于长期租赁,在使用上与短期租赁相似,可灵活使用。这种租赁方式的租期通常为一年。在大量租用箱子时,租金有回扣,其租金近乎长期租赁一样便宜。在集装箱货运量大、经营航线较多且来回程货运量不平衡的情况下,采用这种租赁方式能比较容易适应变化,是一种很有价值的租赁方式。

灵活租赁合同中,一般都会订明有关租箱人每月提箱、还箱数量及地点,租金按集装箱使用天数计算,以及有关租箱人使用出租公司设备的规定等。

在集装箱租赁业务中,租箱人除根据自己的需要选择集装箱出租公司外,还应注意到:

1)出租公司的业务范围、管理水平和信誉。

2)对目的地还箱数量的限制规定。

3)对租箱费率的调研、比较。

4)对提箱费、还箱费的规定。

5)对所租用箱子的检查。

6)有关合同责任条款和租金支付规定等。

因此,作为租箱人,在进行租箱业务时,工作应细致、周到,充分了解并掌握各租赁公司的特点,尽可能利用各公司的长处,与多家租赁公司签订灵活租赁合同。

2. 租箱合同的条款

集装箱租赁合同是规定租箱人与租箱公司双方权利、义务与费用的协议和合同文本。租箱人在签署合同之前一般要与租箱公司(或其代理人)商定租箱方式,数量,租金,交、还箱期,地点,租、退箱费用,损害修理责任及保险等事宜。租箱合同的主要条款一般有以下四个方面的内容。

(1)交箱条款。租箱合同中的交箱条款主要是制约租箱公司的条款,指租箱公司应在合同规定的时间和地点将符合合同条件的集装箱交给租箱人。其内容主要有:

1)交箱期。交箱期指租箱公司将箱子交给租箱人的时间。为了给双方都提供一些方便,交箱期通常规定一个期限,一般为 7~30 天。

2)交箱量。为了适应市场上箱、货供求关系的变化,合同中对交箱量有两种规定方法,一种是规定的交箱数量(或最低交箱量);另一种是实际的交箱量(可高于或低于前者)。

3)交箱时箱子状况。租箱公司交给租箱人的箱子应符合有关国际公约与标准的规定,同时租箱人还箱时应保证箱子保持和接近原来的状况。为了保证这一点,双方在提箱时箱子的状况是通过双方签署的设备交接单来体现的。在具体操作中,规定租箱人雇用的司机和箱子所在堆场的箱管员、门卫可作为双方代表签署设备交接单。

（2）还箱条款。租箱合同中的还箱条款主要是制约租箱人的条款，指租箱人应在租用期满后，按合同规定的时间、地点将状况良好的箱子还给租箱公司。其主要内容为：

1）还箱时间。还箱时间指规定的还箱日期。如超期还箱，合同一般通过对超期天数加收租金的方式解决；如果可能提前还箱，则要求事先订立提前终止条款，订有该条款时，租箱人可提前还箱；如未订立此条款，即使是提前还箱，租箱人仍需补交提前日数的追加租金。

2）还箱地点。租箱人应按合同规定或租箱公司另用书面形式确认的具体地点还箱。在订立合同时，租箱人应尽量使还箱地点与箱子最终使用地点一致或接近，这样可以减少空箱的运输费用。

3）还箱时箱子状况。租箱人在还箱时应保证箱子外表状态良好，即保证箱子保持提箱时双方签订的设备交接单上说明的状况。该条款一般规定如果还箱时外表有损坏，租箱人应承担修理责任与费用。

租箱合同中一般还规定还箱期满若干天（例如30天）后，租箱人仍未还箱，租箱公司将作为箱子全损处理。租箱人应按合同规定的金额支付赔偿金，而在租箱公司未收到赔偿金前，租箱人仍需按实际天数支付租金。

（3）损害修理责任条款。租箱人还箱时，应按设备交接单上记载的状况还箱，如有损坏，则应负责将箱子修理好后还箱，或承担修理费用。

（4）租金及费用支付条款。租箱人应按时支付合同中规定承担的各种费用及租金，这是自由使用集装箱和具有某些权利和减少责任的前提。如果租箱人不按时支付费用和租金，则构成违约，租箱公司有权采取适当的行动直至收回集装箱。

三、海运货物

凡是经由运输部门承运的一切原料、材料、工农业产品、商品以及其他产品或物品都称为货物（Cargo or Goods）。海运货物特指经由海上运输部门承运的货物。

（一）海运货物分类

1. 按照装运的形态分类

货物按装运的形态分为件杂货和散装货，件杂货物分为包装货物（Packed Cargo）、裸装货物（Unpacked Cargo）和成组化货物（Unitized Cargo）。其中的包装货物又可按照包装形式加以分类。随着件杂货的集装箱化，成组化货物中的集装箱货物已经与其他件杂货并列成为单独的一类货物——集装箱货物（Containerized Cargo）。散装货物则又分为干质散装货（Solid Bulk Cargo）和液体散装货（Liquid Bulk Cargo）。通常，件杂货按计件形式装运和交接货物，散装货按计量形式装运和交接货物。

2. 按照货物的性质分类

货物按照货物的性质分为普通货物和特殊货物，其中普通货物分为清洁货物、液体货物、粗劣货物；特殊货物分为危险货物、冷藏货物、贵重货物、活的动植物、长大笨重货物。清洁货物指清洁、干燥的货物，不能被玷污、损坏的货物；液体货物指装于桶、瓶、坛等容器内的流质或半流质货物；粗劣货物指具有油污、水湿、扬尘和散发异味的货物；危险货物指具有易燃、易爆、毒害、腐蚀和放射性等性质的货物；冷藏货物指在常温下易腐烂变质和其他需按某种低温条件运输的货物；贵重货物指价值昂贵的货物；活的动植物指具有正常的生命活动，在运输中需要特别照顾的动物和植物；长大、笨重货物指单件货物体积过大或过长、重量超过一定界限的货物，按照港口规定和运价本规定，通常将单件重量为5t以上的货物称为重件货物，将长度超过9m的货物视为长大件货物。货物的分类见表2-9。

表2-9 货物的分类

分类依据	货物大类	货物小类	举例
根据装运形态	件杂货（General Cargo）	包装货物（Packed Cargo）	服装、日用品
		裸装货物（Unpacked/Non-packed Cargo）	小五金
		集装箱货物（Containerized Cargo）	
	散装货（Bulk Cargo）	干质散装货（Solid bulk Cargo）	谷物、木材、矿石
		液体散装货（Liquid Bulk Cargo）	石油、液体化学品
根据货物性质	普通货物（General Cargo）	清洁货物（Clean Cargo）	纺织品、糖果、工艺品
		液体货物（Liquid Cargo）	饮料、酒类、油类
		粗劣货物（Rough Cargo）	烟叶、大蒜、颜料
	特殊货物（Special Cargo）	危险货物（Dangerous Cargo）	鞭炮、油漆
		冷藏货物（Reefer Cargo）	水果、肉类、冰激凌
		贵重货物（Valuable Cargo）	黄金、货币、精密仪器
		活的动植物（Livestock and Plants）	活的鸡鸭、小树苗
		长大、笨重货物（Bulky and Lengthy Cargo, Heavy Cargo）	重型机械、大型钢材

（二）货物的计量和积载因数

1. 货物的计量

货物的体积和重量都直接影响船舶的载重利用，还关系到仓储、装卸和交接。准确的计量对运输的质量保证有重要的作用。货物的丈量是指对货物的外形尺寸进行度量，计算货物体积的过程；货物的衡重则指衡量货物重量的过程。

2. 货物的积载因数

货物积载因数（Stowed Factor，S.F）是指每吨货物在正常堆装时实际所占的容积（包括货件之间正常空隙及必要的衬隔和铺垫所占的空间），单位为立方米/吨（m^3/t），S.F的大小说明货物的轻重程度，对衡量舱容或箱容有重要的作用，S.F越大表示货物越轻。轻泡货（S.F较大）用量尺体积进行计量，货物的量尺体积指货物外形最大处长、宽、高的乘积；重货（S.F较小）用货物的重量进行计量。表2-10为一些货物的S.F示例。

表 2-10 货物积载因数表（示例）

货物英文名称	货物中文名称	积载因数	包装
ACETONE	丙酮	1.4	DRUM
ACORN KERNEL MEAL	橡子仁粉	1.56	BAG
ACORN KERNELS	橡子仁	1.67	BAG
ACORN KERNELS	橡子仁	1.49	BULK
AIR RIFLES	气枪	3.1	CASE

（三）货物的性质

货物的性质包括货物的化学性质、物理性质、生物性质和机械性质。

1. 货物的化学性质

货物化学性质是指物质在化学变化中表现出来的性质，即所属物质类别的化学通性，如酸性、碱性、可燃性、氧化性、还原性、热稳定性及一些其他特性。

2. 货物的物理性质

货物的物理性质是指货物受外界温度和湿度的影响而发生物理变化的性质，如颜色、气味、味道以及是否易升华、挥发等，可以利用人们的耳、鼻、舌、身等感官感知；还有些性质如熔点、沸点、硬度、导电性、导热性、延展性等，可以利用仪器测知；还有些性质，可以通过实验室获得数据、计算得知，如溶解性、密度等。

3. 货物的生物性质和机械性质

货物的生物性质是指有机体具有的生命活动、分解营养成分的性质。货物的机械性质是指货物在受到外力作用时，具有抵抗变形或破坏能力的性质。

（四）危险货物

1. 危险货物分类

联合国经济及社会理事会危险货物运输专家委员会《关于危险货物运输的建议书》（橙皮书）和国际海事组织指定的《国际海运危险货物规则》（International Maritime Dangerous Goods Code，IMDG Code）（以下简称《国际危规》）将危险品分为爆炸品、气体、易燃液体、易燃固体、易燃物质和遇水放出易燃气体的物质、氧化剂、有毒物质和有感染的物质、放射性物质、腐蚀性物质9个大类和24个小类，并用以区分危险货物的主要危害程度。

2. 危险货物的运输包装

危险货物运输包装的要求分为一般要求和特殊要求，具体包括：包装的材料、容器和货物直接接触时不发生化学反应和其他作用；包装要有一定的强度；包装及容器封口应适应货物的性质（如气密封口、液密封口、牢固封口）；包装要有适当的衬垫材料；包装要有一定的温度、湿度、压力的变化；包装的重量、体积、外形应便于运输和装卸堆码。

3. 危险货物的标志

危险货物按要求须在外表标注简短文字和符号，内容包括：危险货物的名称、学名、联合国规定的危险货物编号、海洋污染物标记、标牌、图案，这些文字和符号主要起警示、指导的作用。

第三节　海运运价与运费

一、运价与运费

1. 运价

运价（Freight Rate）是承运单位货物而付出的运输劳动的价格。运价就是运输产品价值的货币表现，表现为运输单位产品的价格。海上运输价格，简称为海运运价。运价只有销售价格一种形式，没有其他价格形式。

2. 运费

运费（Freight）是承运人根据运输契约完成货物运输后从托运人处收取的报酬，或者说是由货主（托运人或收货人）因承运人运输货物，而向其支付的货币对价。

运价与运费的关系是：运费等于运价与运量之积。即

$$F = R \times Q \tag{2-1}$$

式中，F 表示运费；R 表示运价；Q 表示运量。

3. 运价本

运价本（Tariff）主要由条款规定、商品分类和费率三部分组成。根据运价制定形式的不同，运价本可以分为等级费率本和列名费率本。

（1）等级费率本。等级费率本的运价是按商品等级来确定的，这种运价是按照货物负担运费能力进行定价的。首先，根据货物价格将货物分为若干等级，在每一商品后都注明商品等级，商品分类部分按其英文字母顺序排列，在商品等级基础上再根据不同航线或港口确定不同等级货物的运价。

（2）列名费率本。列名费率本，也称单项费率本，其中的运价是根据商品名称来确定的，这种方式是对各种不同货物在不同航线上逐一确定运价。在这种运价表中，每一个商品都有其相应的运价，但运价本使用不方便，查阅量大。

4. 运价指数

国际航运市场采用运价指数来反映运价水平和动态，运价指数就是运价变动的相对数。作为航运市场"晴雨表"的运价指数，在现代航运市场中应用非常广泛，国际上常用的运价指数是波罗的海交易所发布的运价指数。

二、班轮运价原理

（一）班轮运价的主要特点

1. 班轮运输的运价水平较高

班轮运输的船舶性能较好、船龄较低、船速较高，而且不管舱位是否满载都要按照船期表定期开航，这样就增加了营运费用，使得班轮运输的单位成本较高，只有运价较高才能取得合理利润。

2. 货物对运费的负担能力较强

班轮运输一般以制成品或半成品为主，通常为高附加值货物，所以货物对运费的负担能力较强。

3. 班轮运价在时间上相对稳定

班轮运输服务的客户一般不是特定的客户，而是众多货主。因此，班轮运输的班期、航线、挂靠港口、运价等均是以货物的普遍运输需求为依据制定的，运价在一定时期内通常会保持相对稳定。

4. 班轮运价是一种垄断价格

很长一段时期内，班轮运输都是由班轮公会所控制。班轮公会通常都有统一运价。然而目前，班轮公会的实力已大大被削弱。

5. 班轮运价的制定结合采用运输成本定价和负担能力定价的原则

班轮运输不但要考虑运输成本，还要考虑货物的运价承受能力，如只按照成本或负担能力单独定价都有失合理，所以，在运输成本基础上，再按货物的不同价值来确定不同的运价。

实践中，班轮运价还有其他几种情况。按运价的制定者划分，可以有班轮公会运价、班轮公司运价、双边运价和货方运价等；按运价制定形式划分，有单项费率运价、等级运价和航线运价等。

（二）影响班轮运价的主要因素

1. 运输成本

一般认为航次成本应包括船舶的资本成本、航次营运成本（也称固定成本）和航次变动成本（也称变动成本）。资本成本是购买船舶的实际成本，是船舶最基本的成本，包括贷款、利息和税金等；营运成本是为保持船舶适航状态所需的经常性维持费用，如船员工资、船舶保险费、培训费、船舶维持费、物料费、润滑油费、检修费、管理费等；变动成本是船舶从事特定航次的运输时所发生的费用，包括燃料费、港口使用费、靠泊费、引水费、装卸费、运河通行费等。

2. 航运市场的结构与竞争

不同的市场结构对运价产生的影响不同。班轮运输曾是寡头垄断市场，市场运价长期由班轮公会所垄断。但目前这种市场已走向消亡，在自由竞争的市场环境中，运价成为各个大航运公司竞争的焦点。

3. 货物

货物的运价负担能力、货物的性质与特点、运输要求、装卸要求等都会影响船舶的配载，也会发生各种额外的费用，船舶的亏舱与额外费用都会反映到运价之中。

4. 航线及港口

不同航线距离、气象条件、安全性、航行条件以及港口条件都会影响到运价。

5. 运输合同条款

运输合同中规定的运输条件，如运费支付方式、费用承担责任、承运人责任区间等都会影响到运价的高低。

（三）班轮运费的结构

班轮运费包括基本运费和附加运费两部分。

1. 基本运费

基本运费（Basic Freight）指对运输每批货物所应收取的最基本的运费，是整个运费的主要构成部分，它是根据基本运价（Basic Freight Rate）和计费吨计算得出的。

基本运价有多种形式，如普通货物运价、个别商品运价、等级运价、协议运价、集装箱运价等。而根据货物特性等所确定的特别运价有：军工物资运价、高价货运价、冷藏运价、危险品运价、甲板货运价、小包裹运价等。

2. 附加运费

附加运费（Surcharge or Additional）则是根据货物种类或不同的服务内容，视不同情况而加收的运费，可以说是由于在特殊情况下或者临时发生某些事情的情况下而加收的费用。附加运费可以按每一运费吨（或计费单位）加收，也可按照基本运费（或其他规定）的一定比例计收。

附加运费的种类主要有：

（1）燃油附加费（Bunker Adjustment Factor，BAF；or Bunker Surcharge，BS）。
（2）货币贬值附加费（Currency Adjustment Factor，CAF）。
（3）港口附加费（Port Additional）。
（4）港口拥挤附加费（Port Congestion Surcharge）。
（5）转船附加费（Transshipment Additional）。
（6）超长附加费（Long Length Additional）。一般长度超过9m的件杂货可能增收这项费用。
（7）超重附加费（Heavy Lift Additional）。通常承运人规定货物重量超过5t时须增收这项费用。如果单件货物既超重又超长，则应分别计算两种附加费，再按其中较高者收取附加费。
（8）直航附加费（Direct Additional）。
（9）选港附加费（Optional Surcharge）。
（10）洗舱附加费（Cozening Fee）。
（11）变更卸货港附加费（Alteration of Discharging Port Additional）。
（12）绕航附加费（Deviation Surcharge）。

(13) 旺季附加费（Peak Season Surcharge）。

(14) 超额责任附加费（Additional for Excess of Liability）。这项费用是托运人要求承运人承担超过提单上规定的赔偿责任限额时承运人增收的附加费。这项费用按商品FOB价格的一定百分比计收（从价费），因此托运人托运时应提供货物的FOB价格。

在集装箱班轮运输中，还有一些有关运输费用的概念，主要有：整体费率上调（General Rate Increase，GRI）、目的地交货费（Destination Delivery Change，DDC）、空箱调运费（Equipment Reposition Charge，ERC）、码头作业费（Terminal Handling Charge，THC）、原产地接货费（Original Receiving Charge，ORC）等。

（四）班轮计费标准

班轮运费的计费标准（Freight Basis）也称计算标准，指计算运费时使用的计算单位。在班轮运费的计收中，涉及的基本概念有运费吨、起码运费等。

1. 运费吨

运费吨是计算运费的一种特定的计费单位，一般表示为FT（Freight Ton）或W/M（Weight/Measurement）。通常取货物的重量和体积中相对值较大者为计费标准，以便对船舶载重量和舱容的利用给予合理的费用支付。其中，重量为货物的毛重，体积为货物外形最大处长、宽、高的乘积，而不是理论实际计算出来的体积（如圆柱体不能以圆柱体的公式来计算，而是根据该圆柱体对应的长方体计算体积）。一般来说，重货以重量为计费标准，轻泡货以体积为计费标准。

2. 起码运费

起码运费（Minimum Rate/Minimum Freight）也称起码提单，指以一份提单为单位最少收取的运费。起码运费是承运人在承运小批量货物时，为了维护自身利益而用以补偿最基本的装卸、整理、运输等操作过程的成本支出。不同承运人使用不同的起码运费标准，件杂货和拼箱货一般以1FT（运费吨）为起码运费标准，最高不超过5FT；有的以提单为单位收取起码运费，按提单为标准收取起码运费后不再加收其他附加费。

知识链接

在运价表中，计算单位为运费吨，运费吨可以是重量吨或尺码吨。目前各国都趋向采用国际单位制，以t（吨）和m^3（立方米）为计费单位。但英国和某些欧洲国家的航运界仍用UK ton（长吨或英吨）和ft^3（立方英尺）为计费单位。

1UK ton = 2 240.15lb = 1.016 6t

$1m^3$ = 35.714 7ft^3

1MT = 40ft^3

我国的法定计量单位采用"米制（公制）"。在运费计算中，分别以"吨（Metric Ton）""立方米（Cubic Meter）"为重量和体积的单位。以1t或$1m^3$为1FT。

因此，在计算运费时首先要对计量单位进行换算。

3. 计费标准常用符号

承运人制订的运价表中都具体规定了各种不同商品的计算运费标准，航运界通用的符号有：
(1) "W (Weight)" 表示该种货物应按其毛重计算运费。
(2) "M (Measurement)" 表示该种货物应按其尺码或体积计算运费。
(3) "W/M" 表示该货物应分别按其毛重和体积计算运费，并选择其中运费较高者。
(4) "Ad. Val. (Ad Valorem)" 表示该种货物应按其 FOB 价格的定比例计算运费。由于这种运价是根据货物的价格确定的，所以又称为从价运费。
(5) "Ad. Val. Or W/M" 表示该种货物应分别按其 FOB 价格的定比例和毛重、体积计算运费，并选择其中费用较高者。
(6) "W/M plus Ad. Val." 表示该种货物应分别按其毛重和体积计算运费，并选其中运费较高者外，还要加收按货物 FOB 价格的定比例计算的运费。

此外，某些特定的商品按实体个数或件数计算运费，如活牲畜按"每头 (Per Head)"、车辆按"每辆 (Per Unit)"计收；低价商品的运输有时也按承运人与托运人双方临时议定的费率 (Open Rate) 计收运费；集装箱运输中的整箱货一般按每一个集装箱计算运费，即包箱费率。

三、班轮运费计算

(一) 杂货班轮运费的计算

杂货班轮运费是由基本运费和各项附加运费组成的，其计算公式为

$$F = F_b + \sum S \tag{2-2}$$

式中，F 表示运费总额；F_b 表示基本运费额；S 表示附加费。

1. 在没有任何附加费情况下的运费计算

$$F = f \times Q \tag{2-3}$$

式中，f 表示基本运价；Q 表示运费吨。

【例 2-1】上海某公司向日本出口鸡肉 23t，共需装 1 200 箱，每箱毛重 20kg，每箱体积为 20cm×20cm×25cm。原对日本报价每箱 FOB20 美元，日商回电要求改报 CFR 神户。该货物对应的上海到神户航线的运价为 100 美元/FT，计费标准为 W/M，问应如何计算该批货物的运费？

解析：首先我们应该熟悉 CFR 与 FOB 之间的关系，CFR 等于 FOB 加上运费。从该题中可知该货物从上海到神户的运价、计费标准，并且没有附加费。W/M 为取重量与体积数值较大者。因此我们需要对两者进行比较。

(1) 该批货物的毛重为：$(20 \times 1\,200 \times 10^{-3})$t = 24t = 24FT。
(2) 该批货物的体积为：$(20 \times 20 \times 25 \times 10^{-6} \times 1\,200)$m³ = 12m³ = 12FT。
(3) 货物的体积数值大于毛重，因此运费吨 Q 为 24FT。
(4) 该批货物的运费为：$F = f \times Q = (100 \times 24)$USD = 2 400USD。

如果题目中还要求出 CFR 价格，则为：$[20 + (2\,400/1\,200)]$USD = 22USD。

2. 在有附加费，而且各项附加费按基本运费百分比收取的情况下

$$F = f \times Q(1 + S_1 + S_2 + \cdots + S_n) \tag{2-4}$$

式中，S_1，S_2，$\cdots$，S_n 为各项附加费的百分比。

【例 2-2】 上海某公司向日本出口鸡肉 23t，共需装 1 200 箱，每箱毛重 20kg，每箱体积为 20cm×20cm×25cm。该货物对应的上海到神户航线的运价为 100 美元/FT，计费标准为 W/M，另加收燃油附加费 10%、港口附加费 10%，问应如何计算该批货物的运费？

解析：从该题中可知该货物从上海到神户的运价、计费标准，有燃油附加费与港口附加费，且附加费均按基本费率的百分比。W/M 为取重量与体积数值较大者。因此我们需要对两者进行比较。

（1）该批货物的毛重为：$(20 \times 1\,200 \times 10^{-3})\text{t} = 24\text{t} = 24\text{FT}$。
（2）该批货物的体积为：$(20 \times 20 \times 25 \times 10^{-6} \times 1\,200)\text{ m}^3 = 12\text{m}^3 = 12\text{FT}$。
（3）货物的体积数值大于毛重，因此运费吨 Q 为 24FT。
（4）该批货物的运费为：$F = f \times Q(1 + S_1 + S_2) = [100 \times 24 \times (1 + 10\% + 10\%)]\text{USD} = 2\,880\text{USD}$。

3. 在有附加费，而且各项附加费按绝对数收取的情况下

$$F = (f + S_1 + S_2 + \cdots + S_n) \times Q \tag{2-5}$$

式中，S_1，S_2，$\cdots$，S_n 为各项附加费。

【例 2-3】 上海某公司向日本出口鸡肉 23t，共需装 1 200 箱，每箱毛重 20kg，每箱体积为 20cm×20cm×25cm。该货物对应的上海到神户航线的运价为 100 美元/FT，计费标准为 W/M，另加收燃油附加费 10 美元/FT、港口附加费 12 美元/FT，问应如何计算该批货物的运费？

解析：从该题中可知该货物从上海到神户的运价、计费标准，有燃油附加费与港口附加费，且附加费均按绝对数收取。W/M 为取重量与体积数值较大者，因此我们需要对两者进行比较。

（1）该批货物的毛重为：$(20 \times 1\,200 \times 10^{-3})\text{t} = 24\text{t} = 24\text{FT}$。
（2）该批货物的体积为：$(20 \times 20 \times 25 \times 10^{-6} \times 1\,200)\text{m}^3 = 12\text{m}^3 = 12\text{FT}$。
（3）货物的体积数值大于毛重，因此运费吨 Q 为 24FT。
（4）该批货物的运费为：$F = (f + S_1 + S_2) \times Q = [(100 + 10 + 12) \times 24]\text{USD} = 2\,928\text{USD}$。

4. 从价运费计算中的货物价格换算

从价运费是按货物 FOB 价格的一定比例计算的。但是，某些贸易合同可能是以 CIF 或 CFR 价格成交的，所以，要将 CIF 或 CFR 价格换算为 FOB 价格，之后，再计算从价运费。按照一般的贸易习惯，CFR 价格是 CIF 价格 99% 的比例，通过以下关系求得其 FOB 价格。

$$P_{\text{CFR}} = 0.99 P_{\text{CIF}} \tag{2-6}$$

$$FR = (\text{Ad. Val.}) P_{\text{FOB}} \tag{2-7}$$

$$P_{\text{CFR}} = P_{\text{FOB}} + FR = P_{\text{FOB}} + (\text{Ad. Val.}) P_{\text{FOB}} = (1 + \text{Ad. Val.}) P_{\text{FOB}} \tag{2-8}$$

$$P_{\text{FOB}} = P_{\text{CFR}}/(1 + \text{Ad. Val.}) = 0.99 P_{\text{CIF}}/(1 + \text{Ad. Val.}) \tag{2-9}$$

式中，FR 表示运费；P_{FOB} 表示 FOB 价格；P_{CFR} 表示 CFR 价格；P_{CIF} 表示 CIF 价格。

应当注意的是，虽然在实际中通常是按以上计算公式进行计算，但在货币贬值附加费以百分比的计算形式出现时，理论上在其他附加费中还应包括货币贬值的因素，即货币贬值附加费的计算不但要按基本运费的一定百分比，还要按其他附加费的一定百分比计收。如果燃油附加费增收 10%，货币贬值附加费增收 10%，由于存在货币贬值附加费，所以两项附加费合起来并不是增收 20%，而是增收 21%。实践中，有时为了计算方便，人们才将两项附加费相加计算。

5. 运费计算的基本步骤

（1）根据装货单留底联或托运单查明所运货物的装货港和目的港所属的航线。
（2）了解货物名称、特性、包装状态，是否为超重或超长货件、冷藏货物。
（3）从货物分级表中查出货物所属等级，确定应采用的计算标准。
（4）查找所属航线等级费率表，确定该航线该等级货物的基本费率。
（5）查出各项应收附加费的计费办法及费率。
（6）列式进行具体计算。

（二）集装箱班轮运费的计算

1. 集装箱运输中运费的结构

集装箱班轮运输中运费的计算原则与杂货班轮运输中运费的计算原则相似，但也有其自身的特点。随着集装箱班轮运输发展的需求，有些租船运输中的装卸费用条款也被引入集装箱班轮运输中，如航次租船中的 FI（Free In）或 FO（Free Out）的装卸条件被引入集装箱班轮运输中。在这里，FI 的含义与航次租船中的 FI 条件相同，即承运人不负责装船费用；FO 的含义与航次租船中的 FO 条件相同，即承运人不负责卸船费用。

2. 计算方法

集装箱班轮运输中基本运费的计算方法有以下两种：

（1）采用与计算普通杂货班轮运输基本运费相同的方法，对具体的航线按货物的等级和不同的计费标准来计算基本运费。

（2）对具体航线按货物等级及箱型、尺寸的包箱费率（Box Rate）来计算基本运费。包箱费率指对单位集装箱计收的运费率，包箱费率也称为"均一费率（Freight All Kinds，FAK）"。采用包箱费率计算集装箱基本运费时，只需用包箱费率乘以箱数即可。常见的包箱费率有以下三种表现形式：

1）FAK 包箱费率（Freight for All Kinds）。FAK 包箱费率，即对每一集装箱不细分箱内货类，不计货量（在重要限额之内）统一收取的运价。

2）FCS 包箱费率（Freight for Class）。FCS 包箱费率，即按不同货物等级制定的包箱费率，集装箱普通货物的等级划分与杂货运输分法一样，分为 1~20 级，但是集装箱货物的费率级差远远小于杂货费率级差，一般低级的集装箱收费高于传统运输，高价货集装箱低于传统运输，同一等级的货物，重货集装箱运价高于体积货运价。可见，船公司鼓励人们把高价货和体积货装箱运输。在这种费率下，拼箱货运费计算与传统运输一样，根据货物名称查得等级和计算标准，再确定相应的费率，将其乘以运费吨，即得运费。

3）FCB 包箱费率（Freight for Class 或 Basis）。FCB 包箱费率是按不同货物等级或货类以及计算标准制定的费率。

集装箱班轮运输中，拼箱货的海运运费计算与普通杂货班轮运输货物的计算方法相似。整箱货的运费计算虽然有"最低运费"和"最高运费"的原则，但实践中并不常用。

最低运费是在货物由托运人自行整箱装箱，CY 交货的情况下，且又采用拼箱货运费的计算方法时，一箱货物的运费应按集装箱的最低运费吨计算运费。如果箱内货物没有达到规定的最低装箱标准,亦即箱内所装货物没有达到规定的最低运费吨时,按最低运费吨计收运费。

最高运费指在集装箱运输中,为鼓励托运人采用整箱装运货物,并能最大限度地利用集装箱内部容积,规定当实际装入集装箱内的容积吨超过规定的最高运费吨时,仍然按最高运费吨为限计收运费。值得注意的是,最高运费仅适用于以容积吨作为计费单位的货物,而不适用于按重量吨计算运费的货物。

集装箱班轮运输中的附加费也与杂货班轮运输中的情况相似。但是,实践中有时会将基本运费和附加费合并在一起,以包干费的形式计收运费,此时的运价称为包干费率,又称"全包价(All In Rate,AIR)"。

集装箱班轮运输中的滞期费指在集装箱货物运输中,货主未在规定的免费堆存时间内前往指定的集装箱堆场或集装箱货运站提取货物或交换集装箱,而由承运人向货主收取的费用,实践中也称其为滞箱费或超期堆存费,滞期费按天计算。

四、租船运费计算

1. 运费的计算方式

在航次租船合同中,经常使用的计算运费的方法有两种。

(1) 规定一个运费费率,即每单位货物××美元,例如,每吨 10 美元(10USD per Metric Ton)。如果有两个以上的装货港或卸货港,则按港口分列费率,或者规定一个"一港装一港卸"的基本费率,然后订明每增加一个装货港或卸货港则再加一个附加费率,用运费费率乘以货物数量计算出运费。货物数量的计算标准有两个,一个是按装入量(Intaken Quantity)计算,另一个是按卸出量(Delivered Quantity)计算。多数情况下,装入量比卸出量大,这种情况一方面是货物运输途中的自然损耗所致,另一方面是有些散装货残存舱底不易卸出所致;但有些货物的卸出量可能比装入量大,如磷灰石和木材等。因此当合同采用此种方式计算运费时,必须明确按哪种标准计算货物数量,以避免争议。

(2) 规定整船包价运费(Lump-sum Freight),即合同中不规定运费费率,而仅规定一整额运费,不论实际装货数量多少,租船人都得按包价运费照付。当合同中采用这种方式计算运费时,通常都要求船东在合同中对船舶载货重量和载货容积做出保证,如果船舶的实际载货重量和载货容积少于船东保证数量,则租船人有权按照比例扣减运费作为补偿。

2. 装卸费用

在航次租船合同中,对货物装卸费用(Loading/Discharging Costs)的划分,一般有下列几种规定方法:

(1) 班轮条款(Liner Terms, or Gross Terms)。班轮条款指由船东负担货物的装卸费用。

(2) 船东不负担装卸费用(Free In and Out, FIO)。船东不负担装卸费用指由租船人负担货物的装卸费用。为了明确理舱、平舱费用的承担,在 FIO 后面加上"Stowed and Trimmed (FIOST)"表示理舱、平舱费用亦由租船人承担。在运送大件货物的情况下,在 FIOST 的后面加上"Lashed and Dunnage"表示船东不负担捆扎及垫舱费用。

(3) 船东不负担装货费用(Free In, FI)。有时更明确地表达为船东不负担装货费用,但负担卸货费用(Free In, Liner Out)。

（4）船东不负担卸货费用（Free Out，FO）。有时更明确地表达为船东负担装货费用，但不负担卸货费用（Liner In，Free Out）。

3. 滞期费和速遣费

（1）滞期费（Demurrage）。滞期费指非由于船东的原因，租船人未能在合同规定的装卸时间之内完成装卸作业，对因此产生的船期延误，按合同规定向船东支付的款项。滞期费是一种比较特殊的民事责任形式，船东请求滞期费不以其提供附加的或特殊的劳务为前提，也不以船东遭受实际损失为前提，而以合同中的约定为准。

通常滞期费按船舶滞期时间乘以合同规定的滞期费率计算。滞期时间等于实用装卸时间与合同规定的装卸时间之差。滞期时间的具体计算主要有两种方法：① "滞期时间连续计算（Demurrage Runs Continuously）" 或 "一旦滞期，始终滞期（Once on Demurrage, Always on Demurrage）"，即超过合同规定装卸时间后的装卸时间，该扣除的星期日、节假日及坏天气因素不再扣除，而是按自然日均作滞期时间计算；② "按同样的日（Per Like Day）" 计算，即滞期时间与装卸时间一样计算，该扣除的时间同样扣除。

（2）速遣费（Despatch）。在合同规定的装卸时间届满之前，租船人提前完成货物装卸作业，使船舶可以提前离港并使船东节省在港费用和获得船期利益，船东按合同规定向租船人支付一定金额作为奖励。

速遣费按船舶速遣时间乘以合同规定的速遣费率计算。速遣时间等于合同规定的装卸时间与实际使用的装卸时间之差。速遣时间的计算也有两种方法：① "按节省的（全部）工作时间计算速遣费 [Despatch on (all) Working Time Saved-WTS]" 或 "按节省的（全部）装卸时间计算速遣费 [Despatch on (all) Laytime Saved-ATS]"，意即合同规定的装卸时间内含有的节假日、星期日全部扣除，不作为速遣时间；② "按节省的全部时间计算速遣费（Despatch on all Time Saved）"，意即节省的装卸时间内含有的星期日、节假日也作为速遣时间计算。

装、卸港口的滞期时间或速遣时间是合并计算还是分别计算对滞期费、速遣费的数额也有很大影响。一般来说，合并计算对租船人较为有利，分别计算对船东较为有利。滞期费的支付方式一般也在租船合同中明确加以规定，有的订为按日支付（Payable Day by Day），有的订为装卸作业全部结束后一并计算、支付。有的航次租船合同中还规定了允许船舶滞期的时间，如果租船人在此时间内仍未完成货物的装卸作业，则此后的时间租船人应向船东赔付延期损失（Damage for Detention）。

五、运费的支付

1. 预付运费

预付运费（Prepaid Freight）指在签发提单前即须支付全部运费。一般采用 CIF 或 CFR 价格条件时，在承运人签发提单前由卖方在装货港支付运费以便于交易双方尽早结汇。在预付运费的情况下，运费应该按照货物装船时的重量或尺码计算。预付运费对货主而言要承担运费损失的风险，大多班轮公司在提单和合同条款中，不但规定运费预付，而且还记明即使本船或货物在整个运输过程中沉没或灭失，承运人仍要全额收取运费，任何情况下都不退还。为避免风险，货主通常将已付运费追加到货物的货价中，一并向保险公司投保货物运输险。

2. 到付运费

到付运费（Freight to Collect）指货物运到目的港后，在交付货物前付清运费。对于到付运费的情况，承运人要承担一定的风险，如果货物灭失再追收运费会很困难。为避免风险，承运人除了可将应收的到付运费作为可保利益向保险公司投保外，通常还可以在提单条款或合同条款中附加类似"收货人拒付运费或其他费用时，应由托运人支付"的条款。另外，在提单条款和合同条款中还应规定承运人有留置权。

3. 计费的币种

计费的币种指费率表中用以表示费率的货币种类。计费时使用货物装船地通用的货币最为方便。计费币种的汇率变动直接影响船公司运费收入。因此，在提单条款和合同条款中不但要记明运费支付的时间和地点，而且还要规定应该按哪一天的汇率计算运费。通常规定，在运费预付时按签发提单当日的汇率计算；在运费到付时按船舶抵港当日的汇率计算。

课后练习题

1. 简述水路货物运输方式的特点。
2. 简述定期船运输与不定期船运输的主要区别。
3. 科学研究用的精密仪器往往容易破碎，需要防震动、防破损等特别防护，这些物品是否是危险品？
4. 含酒精30%以上的水溶液，即应作为易燃液体。那么，食用酒包装小，60°的白酒，旅客少量携带（托运）是否可以？是否需要作为危险货物运输？
5. 某公司出口一批商品共1 000箱，该商品总重量为1 200t，总体积1 100m³，计费标准为W/M，每运费吨基本运费率为100USD，港口附加费10%，求该批商品的运费。

扫一扫参加本章测试

第三章 海运业务单证及流程

▶▶ 知识目标 ◀◀

- 了解杂货班轮、集装箱整拼箱、租船的业务流程;
- 掌握杂货班轮、集装箱整拼箱、租船的业务流程所需要的相关单证;
- 了解提单的定义和种类;
- 了解提单的条款、使用和更改;
- 了解提单相关的法律法规。

▶▶ 能力目标 ◀◀

- 能够处理整箱货物的进出口;
- 能够处理拼箱货物出口;
- 能够处理海运危险品货物业务;
- 能够办理租船业务;
- 能够填制提单、海运单。

第一节　海运单

一、海运单概述

1. 海运单的定义

海运单(Sea Waybill,SWB),又称海上运送单或海上货运单,是"承运人向托运人或其代理人表明货物已收妥待装的单据,是一种不可转让的单据,即不需要在目的港出示该单据作为收货条件,不需待单据寄到,船主或其代理人可凭收货人收到的货到通知或其身份证明而向其交货"。

2. 海运单的作用

海运单是证明海上货物运输合同和货物已经由承运人接管或装船,以及承运人保证将货物交给指定收货人的一种不可转让的单证。海运单具有以下两个重要作用:①它是承运人收到货物,或者货物已经装船后,签发给托运人的一份货物收据;②它是承运人与托运人之间订立海上货物运输合同的证明。但是,海运单不是一张转让流通的单据,不是货物的"物权凭证"。

3. 海运单的优缺点

海运单的优缺点见表3-1。

表3-1 海运单的优缺点

优点	缺点
(1)海运单仅涉及托运人、承运人、收货人三方,程序简单,操作方便,有利于货物的转移	(1)进口方作为收货人,但其不是运输契约的订约人,与承运人无契约关系,如果出口方发货收款后,向承运人书面提出变更收货人,则原收货人无诉讼权。《国际海事委员会海运单统一规则》(以下简称《海运单统一规则》)第三条规定:"托运人订立运输合同,不仅代表自己,同时也代表收货人,并且向承运人保证他有此权限。"同时,第六条规定:"托运人具有将支配权转让收货人的选择权,但应在承运人收取货物之前行使,这一选择权的行使,应在海运单或类似的文件上注明。"此规定既明确了收货人与承运人之间也具有法律契约关系,也终止了托运人在原收货人提货前变更收货人的权利
(2)海运单是一种安全凭证,它不具有转让流通性,可避免单据遗失和伪造提单所产生的后果	
(3)使用海运单提货便捷、及时、节省费用,收货人提货时无须出示海运单正本,这既解决了近途海运货到而提单未到的常见问题(货等单),又避免了延期提货所产生的滞期费、仓储费	(2)对出口托运人来说,海运单据项下的货物往往是货到而单未到,进口方已先行提货,如果进口收货人借故拒付、拖付货款,出口方就会有货、款两失的风险。为避免此类情况,可以考虑以银行作为收货人,使货权掌握在银行手中,直到进口方付清货款
(4)海运单不是物权凭证,扩大海运单的使用,还可以为EDI电子提单提供实践的依据和可能	

二、海运单的流转及使用

在使用海运单而不使用提单时,海运单仍是根据双方一致同意的条件来签发的。通常海运单只签发一份正本海运单。海运单流转程序如图3-1,用途如图3-2所示。

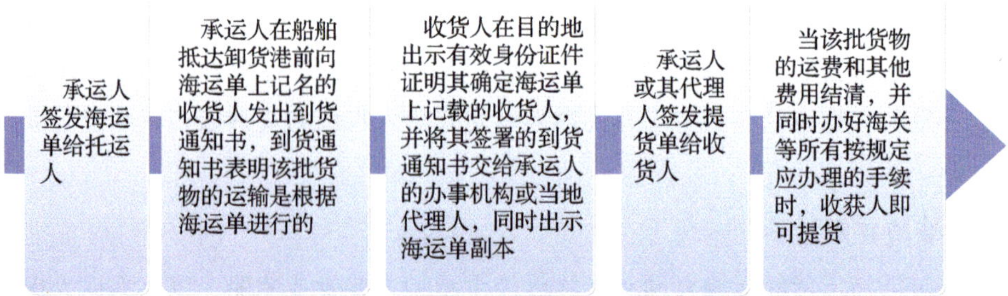

承运人签发海运单给托运人 → 承运人在船舶抵达卸货港前向海运单上记名的收货人发出到货通知书,到货通知书表明该批货物的运输是根据海运单进行的 → 收货人在目的地出示有效身份证件证明其确定海运单上记载的收货人,并将其签署的到货通知书交给承运人的办事机构或当地代理人,同时出示海运单副本 → 承运人或其代理人签发提货单给收货人 → 当该批货物的运费和其他费用结清,并同时办好海关等所有按规定应办理的手续时,收获人即可提货

图3-1 海运单流转程序

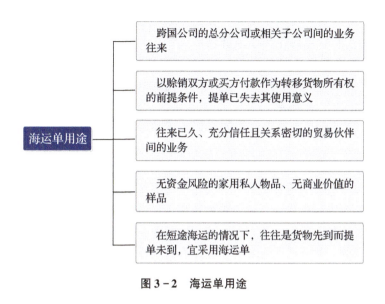

图 3-2 海运单用途

第二节 海运提单

一、海运提单概述

（一）海运提单的定义与作用

海运提单（Ocean Bill of Lading, Ocean B/L）简称提单（Bill of Lading, B/L），是货物的承运人或其代理人收到货物后，签发给托运人的一种证件。提单说明了货物运输有关当事人，如承运人、托运人和收货人之间的权利与义务。《海牙规则》《海牙-维斯比规则》都没有给提单下定义。而《汉堡规则》鉴于提单在国际贸易和运输中所起的作用概括成提单的定义，我国《海商法》借鉴了这个定义，该法第七十一条规定："提单，是指用以证明海上货物运输合同和货物已经由承运人接收或者装船，以及承运人保证据以交付货物的单证。提单中载明的向记名人交付货物，或者按照指示人的指示交付货物，或者向提单持有人交付货物的条款，构成承运人据以交付货物的保证。"它概括了提单的本质属性，即证明承运人接管货物或货物已装船，证明海上货物运输合同和承运人据以交付货物。

提单的合法持有人就是货物的主人，说明了货物运输有关当事人，如承运人、托运人和收货人之间的权利与义务。它在国际班轮运输中既是一份非常重要的业务单据，又是一份非常重要的法律文件。提单是国际海上货运中具有特色的运输单据。

（二）提单的功能

根据法律的规定，提单具有三项主要的功能。

（1）提单是海上货物运输合同的证明（Evidence of the Contract of Carriage），是承运人

与托运人处理双方在运输中权利和义务问题的主要依据。另外，提单还可作为收取运费的证明，以及在运输过程中起到凭其办理货物的装卸、发运和交付等方面的作用。班轮货物运输合同的成立，先由托运人持托运单或订舱委托书（单）到船公司或其代理人（船代）处订舱，可称为"要约"。如果承运人可以满足托运人的要求，接受订舱，确定船名、航次、提单号，并在装货单上签章，可称为"承诺"，即认为海上货物运输合同成立。承、托双方就是根据此约定来安排货物运输的，如果发生争议，当然也应以这种约定作为解决争议的依据。

提单是在货物装船后取得的，或者说提单是在合同履行过程中取得的。托运单或订舱委托书（单）没有规定承、托双方之间的权利和义务，而提单背面的条款却规定了，而且法律上承认提单背面的条款是解决班轮货物运输争议的依据。但按严格的法律概念来说，提单并不完全具备经济合同应具备的基本条件，约束承托双方的提单条款不是双方意思表示一致的产物，而是承运人单方面拟定的，甚至提单签发后，托运人根本没有查看这些条款而直接前往银行办理结汇。实践中，更有甚者，从事国际贸易业务多年却不了解提单究竟有哪些条款，做了哪些规定。所以，承运人签发提单，只是海上货物运输合同已经订立的证明，如果承、托双方除提单外并无其他协议或合同，那么提单就是订有提单上条款的合同的证明。如果托运人与承运人订有运输合同，承、托双方的权利和义务应以合同为依据；但收货人或提单持有人与承运人之间的权利和义务却按提单条款规定办理，此时提单就是收货人与承运人之间的运输合同。我国《海商法》第七十八条规定："承运人同收货人、提单持有人之间的权利、义务关系，依据提单规定确定。"

（2）提单是证明货物已由承运人接管或已装船的货物收据（Evidence of Receipt for the Goods）。一般说来，货物装船后才由承运人或其代理人签发提单，表明货物已由承运人接收或者装船。但是在实际业务中，货物装船是根据负有监督装货责任的船上大副签发的大副收据，而海上集装箱运输是由港站签发的场站收据正本，作为承运人接管货物或货物装船的收据。提单是根据大副收据或场站收据而签发的，记载了大副收据或场站收据的内容，所以提单也具有承运人接收货物或货物装船收据的作用。虽然大副收据或场站收据是承运人收到货物的原始收据，但它们仅作为船务单证或称为运输单证；而托运人最终所要取得的不是船务单证，而是能够用于结汇、收货人凭以提取货物和商业流通的提单。因此，提单既属船务（或运输）单证，又属商务（业）单证。提单作为货物收据，不仅证明收到货物的名称、种类、数量、标志、外表状况，而且证明收到货物的时间。由于国际贸易中经常将货物装船象征卖方将货物交付给买方，于是签发已装船提单的时间就意味着卖方的交货时间。实际操作中，托运人取得已装船提单，即可到银行结汇而获得货款。因此，用提单来证明货物的装船时间是非常必要的。

（3）提单是承运人保证凭以交付货物的物权凭证（Document of Title）。根据提单的定义，承运人要按提单的规定凭提单交货；提单持有人，不论是谁，只要他能递交提单，承运人保证凭以交付货物，而不会过问其提单的来源，甚至不会追究其如何合法持有提单。所以，提单的持有人就是物权的所有人，充分体现出提单是一张物权凭证，除法律有规定外，提单可以转让和抵押。

为了加速商品流转和便利资金筹措的需要，国际贸易中出现了"单证买卖"。单证持有人只要将代表一定财产或资产的单证转让给他人，就意味着该财产或资产所有权的转移，让与人便可及时获得价款,以加速资金周转。提单既然是物权凭证,为适应上述的需要,除不可转让的提单外,经背书即可买卖转让,这在国际贸易中起了很重要的作用。

但是提单的转让是受到一定条件限制的:①提单的转让必须是在承运人完成目的港交付货物前才有效,如果承运人凭一份提单正本交付了货物,其余的几份也就失去了效力,则提单不能再行转让;②提单持有人必须在货物运抵目的港的一定时间内,与承运人洽办提货手续;③由于货物过期不提,即视为无主,承运人可对不能交付的货物行使处分权,从而限制了提单作为物权凭证的效力。

提单除上述的功能外,在业务联系、费用结算、对外索赔等方面也有着重要的作用。

(三) 提单与海运单的比较

提单与海运单的区别见表 3-2。

表 3-2 提单与海运单的区别

项目	提单 (B/L)	海运单 (SWB)
性质与作用	① 海上运输合同的证明 ② 货物收据 ③ 物权凭证	① 海上运输合同的证明 ② 货物收据
可否买卖、抵押	可以	不可以
收货人栏	可以是:不记名、记名、指示	记名的
可否转让	① 不记名提单:无须背书即可转让 ② 指示提单:经过背书可以转让 ③ 记名提单:不能转让	不能转让
提货方式	看单提货,并且凭正本提单提货	看人提货,无须海运单正本,收货人只需证明身份即可提货
格式	全式提单和简式提单	简式单证,背面不列详细货运条款,但载有一条可援用海运提单背面内容的条款
正本签发份数	无明确规定,习惯上一式三份	一般只签发一份正本

(四) 提单的种类

国际海上货运中所使用的提单种类越来越多,通常使用的提单为全式提单 (Long Form B/L)。提单的种类主要有以下几种情况。

1. 基本种类

(1) 以货物是否已装船为标准。

1) 已装船提单 (On Board B/L; Shipped B/L)。已装船提单是在货物装船之后,由承运人或其代理人向托运人签发的表明货物已经装船的提单。该提单必须注明装运船名和货物实际装船完毕的日期。在杂货班轮运输中,收货单 (大副收据) 换取的就是已装船提单。

2）收货待运提单（Received for Shipment B/L）。该提单简称待装提单或待运提单，指承运人虽已收到货物但尚未装船，应托运人要求向其签发的提单。在跟单信用证的支付方式下，银行一般不接受这种提单。当货物装船后，承运人在待运提单上加注装运船名和装船日期，即可将待运提单转为已装船提单。在集装箱班轮运输中，场站收据正本联（大副收据联）换取的提单为待运提单。

（2）以提单收货人一栏的记载为标准。

1）记名提单（Straight B/L）。记名提单指在"收货人"一栏内具体填上指定的收货人名称的提单，记名提单只能由指定的收货人提取货物。记名提单不能转让。

2）不记名提单（Open B/L；Blank B/L；Bearer B/L）。不记名提单指在"收货人"一栏内记明向提单持有人交付货物（To the bearer；To the holder）或在提单"收货人"一栏内不填写任何内容的提单。不记名提单无须背书即可转让。也就是说，不记名提单由出让人将提单交付给受让人即可转让，谁持有提单谁就有权提货。

3）指示提单（Order B/L）。指示提单指在"收货人"一栏内只填写"凭指示"或"凭某人指示"字样的提单。指示提单经出让人记名背书或空白背书即可转让给受让人。

（3）以对货物外表状况有无批注为标准。

1）清洁提单（Clean B/L）。清洁提单指没有任何有关货物残损、包装不良或其他有碍于结汇的批注的提单。提单正面都印有"外表状况明显良好"的词句，若承运人或其代理人在签发提单时没有加附任何相反批注，则表明承运人确认货物装船时外表状况良好，承运人必须在目的港将接受装船时外表状况良好的货物交付给收货人。在正常情况下，向银行办理结汇时都应提交清洁提单。

2）不清洁提单（Unclean B/L；Foul B/L）。不清洁提单指加注有货物及包装状况不良或存在缺陷（如水湿、油渍、污损、锈蚀）等批注的提单。承运人通过批注声明货物接受时的不良状况，当在目的港交付货物时的不良状况是在这些批注范围内的，承运人可以减轻或免除自己的赔偿责任。在正常情况下，银行将拒绝用不清洁提单办理结汇。

区分清洁提单与不清洁提单的关键不是有没有批注，而是有没有有关货物或包装不良的批注。提单中的一些批注，如运输条款批注（例如 CY-CY）、不知条款（例如 STC）等不影响提单的清洁性。

（4）以不同的运输方式为标准。

1）直达提单（Direct B/L）。直达提单指由承运人签发的，货物从装货港装船后中途不经过转船而直接运抵卸货港的提单。

2）转船提单（Transshipment B/L；Through B/L）。转船提单指在装货港的船舶不直接驶往目的港，而要在中途港换装其他船舶运抵目的港，由承运人为这种货物运输而签发的提单。转船提单实际上是海—海联运方式下签发的提单。

3）多式联运提单（Combined B/L；Inter-modal B/L；Multimodal Transport B/L）。多式联运提单指货物由海路、内河、铁路、公路和航空等两种以上不同运输方式共同完成全程运输时所签发的提单，这种提单主要用于集装箱运输。多式联运提单一般由承担海运区段运输的船公司签发。

（5）以提单使用的效力为标准。

1）正本提单（Original B/L）。正本提单指在法律和商业上都公认有效的提单。正本提单上有时注明有"Original"字样，提单上有承运人、船长或代理人签字盖章并注明了签发提单的日期。正本提单一般签发一式两份或一式三份，凭其中任何一份提货后，其余各份作废，因此一般买方或银行要求卖方提供全部正本提单，即全套提单。

2）副本提单（Non Negotiable B/L）。副本提单指仅作为工作上参考之用的提单。副本提单上一般注明"Copy"或"Non Negotiable"字样，提单上没有承运人、船长或代理人的签字盖章。副本提单没有法律效力。

（6）以提单的签发人为标准。

1）班轮公司所签发的提单——班轮提单（Liner B/L；Ocean B/L）。班轮提单指在班轮运输中，由班轮公司或其代理人所签发的提单。在集装箱运输中，班轮公司通常为整箱货签发提单。

2）无船承运人所签发的提单——仓至仓提单（NVOCC B/L；House B/L）。仓至仓提单指由无船承运人或其代理人所签发的提单。在集装箱班轮运输中，无船承运人通常为拼箱货签发提单。当然，无船承运人也可以为整箱货签发提单。

2. 特殊种类

（1）以签发提单时间为标准。在正常情况下，提单的签发时间为货物装船完毕的时间。但有些提单可能不符合法律规定或者对货运业务有一定影响，如预借提单、倒签提单、顺签提单、过期提单。

1）预借提单（Advanced B/L）。预借提单指由于根据信用证规定的装运期或交单期已到，而货物尚未装船或货物尚未装船完毕时，应托运人要求由承运人或其代理人签发的已装船提单。也就是托运人为能够及时结汇而从承运人借用的已装船提单。这种做法掩盖了提单签发时的实际情况。许多国家法律的规定和判例表明，在签发预借提单的情况下，一旦货物发生损坏，承运人不但要负责赔偿，而且还会丧失享受责任限制和援用免责条款的权利。

2）倒签提单（Anti-date B/L）。倒签提单指在货物装船完毕后，应托运人的要求，由承运人或其代理人签发的早于货物实际装船完毕日期的提单，即实际装船完毕日期晚于提单的签发日期。

3）顺签提单（Post-date B/L）。顺签提单指在货物装船完毕后，承运人或其代理人应托运人要求签发的晚于货物实际装船完毕日期的提单。也就是说实际装船完毕的日期早于提单的签发日期。

倒签提单、顺签提单同预借提单的性质一样，这些做法均掩盖了提单签发时的实际情况。许多国家法律的规定和判例表明，一旦货物发生损坏，承运人不但要负责赔偿，而且要丧失享受责任限制和援用免责条款的权利。

4）过期提单（Stale B/L）。过期提单指出口商取得提单后未能及时到银行议付的提单。在信用证支付方式下，每个信用证都规定了信用证有效期与装运期限，有的信用证还规定了交单期限。出口商必须在规定的交单期内到银行办理结汇；如果信用证没有规定交单期限，则要求出口商在货物装船日期起21天内到银行交单议付，但无论如何也不能晚于信用证的有效期，超过这一期限银行将不予受理。

（2）其他特殊提单。

1）舱面货提单（On Deck B/L）。舱面货提单指货物积载于船舶露天甲板，并在提单上记载"on deck"字样的提单。

2）并提单（Omnibus B/L）。并提单指应托运人要求，承运人将同一船舶装运的相同港口、相同货主的两票或两票以上货物合并而签发的一套提单，即将不同装货单上的货物合起来签发相同提单号的一套提单。这样做托运人可以节省运费。

3）分提单（Separate B/L）。分提单指应托运人要求，承运人将属于同一装货单下的货物分开，并分别签发的多套提单，即将相同装货单号下的货物分开签发不同提单号的提单。

4）交换提单（Switch B/L）。交换提单指在直达运输条件下，应托运人的要求，承运人同意在约定的中途港凭起运港签发的提单换发以该中途港为起运港的提单。

5）交接提单（Memo B/L）。交接提单指由于货物转船或联运等原因，在不同承运人之间签发的不可转让、不是物权凭证的单证。交接提单只具有货物收据和备忘录的作用。

二、提单的内容与条款

全式提单是相对于简式提单而言的，是指提单除正面印就的提单格式所记载的事项，背面列有关于承运人与托运人及收货人之间权利、义务等详细条款的提单。由于条款繁多，所以又称"繁式提单"。在海运的实际业务中大量使用的大都是这种全式提单。全式提单有正面的印刷条款和背面的印刷条款。在提单的正面通常会有确认条款、不知条款、承诺条款、签署条款；提单背面的印刷条款主要有首要条款、定义条款、承运人责任条款、承运人责任限制条款、承运人赔偿责任限制条款、特定货物条款等。

（一）正面的内容

通常海运提单正面都记载了有关货物和货物运输的事项。这些事项有的是有关海运提单的国内立法或国际公约规定，作为运输合同必须记载的事项，如果漏记或错记，则可能影响提单的证明效力；有的则属于为了满足运输业务需要而由承运人自行决定，或经承运人与托运人协议，认定应该在提单正面记载的事项。前者称为必要记载事项，后者称为任意记载事项。提单正面的内容包括下列各项（如图3-3所示）：

1. 提单编号

提单编号（B/L No.）一般列在提单右上角，以便于工作联系和查核。发货人向收货人发送装船通知（Shipment Advice）时，也要列明船名和提单编号。

2. 托运人

托运人（Shipper）一栏填写托运人的名称、地址，必要时也可填写代码。托运人一般为信用证中的受益人（出口商）。

3. 收货人

收货人（Consignee）一栏填写收货人的名称、地址，必要时可填写电话、传真或代码。如要求记名提单，此栏可填上具体收货人的名称；如属指示提单，则填为"To order"或"To order of ×××"。

图3-3 海运提单正面

4. 通知方

通知方（Notify Party）一栏填写船公司在货物到达目的港时发送到货通知的收件人，有时为进口商。在信用证项下的提单，如信用证上对提单通知方有具体规定，则必须严格按照信用证要求填写。如果是记名提单或收货人指示提单，且收货人又有详细地址的，则此栏可不填写。如果是空白指示提单或托运人指示提单，则此栏必须填写通知方的名称与详细地址，否则船方无法与收货人联系，收货人也不能及时报关提货。通知方一般为预定的收货人或收货人的代理人。

5. 船名

船名（Name of Vessel）一栏填写装运货物的船名及航次。若是已装船提单，必须填写船名；如是待运提单，待货物实际装船完毕后记载船名。

6. 接货地

接货地（Place of Receipt）一栏在多式联运方式下填写，表明承运人接收到货物的地点，其运输条款可以是：门—门、门—场、门—站。

7. 装货港

装货港（Port of Loading）一栏应填写实际装船港口的具体名称。

8. 卸货港

卸货港（Port of Discharge）一栏应填写实际卸下货物的港口的具体名称。如属转船，第一程提单上的卸货港填转船港，收货人填二程船公司；第二程提单上的装货港填上述的转船港，卸货港填最后的目的港，如由第一程船公司签发联运提单（Through B/L），则卸货港即可填写最后目的港，并在提单上列明第一和第二船名。如经某港转运，要显示"via ××"字样。填写此栏要注意同名港口问题，如属选择港提单，要在此栏中注明。

9. 交货地

交货地（Place of Delivery）一栏在多式联运方式下填写，表明承运人交付货物的地点，其运输条款可以是：门—门、场—门、站—门。

10. 货名

在信用证支付条件下，货名（Description of Goods）必须与信用证上规定的货名一致。

11. 件数和包装种类

件数和包装种类（Number and Kind of Package）一栏按箱子的实际包装情况填写。如果在集装箱整箱货运输下，此栏通常填写集装箱的数量、型号（如"1×20ft DC"）；如果是在拼箱货运输下，此栏应填写货物件数（如"10 Cases Machinery"）。

12. 唛头

唛头（Shipping Marks）一栏，信用证上有规定的，必须按其规定填写；否则可按发票上的唛头填写。

13. 毛重、尺码

毛重、尺码（Gross Weight；Measurement）一栏，信用证上有规定的，必须按规定填写；否则一般以千克（kg）为单位列出货物的毛重，以立方米（m³）为单位列出货物的体积。

14. 运费与费用

运费与费用（Freight and Charges）一栏一般填写预付（Freight Prepaid）或到付（Freight Collect）。如为 CIF 或 CFR 出口，一般均填写"运费预付"字样，不可漏填，否则收货人会因为运费未清问题而延迟提货或提不到货；如为 FOB 出口，则填写"运费到付"字样，除非收货人委托发货人垫付运费。

15. 温度指示

温度指示（Temperature Control Instructions）一栏填写冷藏箱运输时所要求的温度，应尽量避免标明具体温度。

16. 提单的签发地点、日期和份数

提单签发的地点（Place of Issue）一栏原则上填写装货地点，一般是按装货港或货物集中地填写。提单的签发日期（Date of Issue）一栏应该填写提单上所列货物实际装船完毕的日期，也应该与收货单上大副所签发的日期是一致的。如果是在跟单信用证项下结汇，提单上所签发的日期必须与信用证或合同上所要求的最后装船期一致或先于装船期。如果卖方估计货物无法在信用证规定的期限内装船，应尽早通知买方，要求修改信用证，而不应该利用"倒签提单""预借提单"等欺诈行为取得货款。提单份数（Number of Original B/L）一般按信用证要求出具，如填写"Full Set of"，一般理解为正本提单一式三份，每份都有同等效力，收货人凭其中一份提取货物后，其他各份自动失效。副本提单的份数可视托运人的需要而定。

17. 承运人或船长，或由其授权的人签字或盖章

提单必须由承运人或船长，或由其授权的人签发，并且明确表明签发人的身份。一般表示方法有"Carrier""Caption"或"As Agent for the Carrier：×××"等。提单必须经过签署手续后才能生效。

（二）正面的条款

提单正面条款是指以印刷的形式，将以承运人免责和托运人做出的承诺为内容的契约文句，列记于提单的正面。提单正面常见的条款如下：

1. 确认条款

如："Shipped in board the vessel named above in apparent good order and condition（unless otherwise indicated）the goods or packages specified herein and to be discharged at the above mentioned port of discharge or as near thereto as the vessel may safely get and be always afloat."上列外表状况良好的货物或包装（除另有说明者外）已装在上述指名船只，并应在上列卸货港或该船能安全到达并保持浮泊的附近地点卸货。

2. 不知条款

如："The weight, measure, marks, numbers, quality, contents and value, being particulars furnished by the Shipper, are not checked by the Carrier on loading." 重量、尺码、标志、号数、品质、内容和价值是托运人所提供的，承运人在装船时并未核对。

3. 承诺条款

如："The Shipper, Consignee and the Holder of this Bill of Lading hereby expressly accept and agree to all printed, written or stamped provisions, exceptions and conditions of this Bill of Lading, including those on the back hereof." 托运人、收货人和本提单持有人兹明白表示接受并同意本提单包括其背面所载一切印刷、书写或打印的规定、免责事项条件。

4. 签署条款

如："In witness whereof, the Carrier or his Agents has signed Bills of Lading all of this tenor and date, one of which being accomplished, the others to stand void. Shippers are requested to note particularly the exceptions and conditions of this Bill of Lading with reference to the validity of the insurance upon their goods." 为证明以上各项，承运人或其代理人已签署各份内容和日期一样的正本提单，其中一份如果已完成提货手续，其余各份均告失效。要求发货人特别注意本提单中关于该货保险效力的免责事项和条件。

（三）背面的条款

提单的背面印有各种条款，一般分为两类：①强制性条款，其内容不能违背有关国家的海商法规、国际公约或港口惯例的规定，违反或不符合这些规定的条款是无效的；②任意性条款，即上述法规、公约和惯例没有明确规定，允许承运人自行拟订的条款。所有这些条款都是表明承运人与托运人以及其他关系人之间承运货物的权利、义务、责任与免责的条款，是解决他们之间争议的依据。各船公司的提单背面条款繁简不一，有些竟达三四十条，但内容大同小异，现将主要条款内容介绍如下：

1. 定义条款

各船公司的提单中，一般都订有定义条款（Definition Clause），对作为运输合同当事人一方的"货方（Merchant）"的含义和范围做出规定，将货方定义为包括托运人、受货人、收货人、提单持有人和货物所有人。

2. 首要条款

首要条款（Paramount Clause）说明提单所适用的法律依据，即如果发生纠纷时，应按哪一国家的法律和法庭裁决。这一条款一般印刷在提单条款的上方，通常列为第一条。

3. 承运人责任条款

承运人责任条款（Carrier's Responsibility Clause）说明签发本海运提单的承运人对货物运输应承担的责任和义务。由于海运提单的首要条款都规定了提单所适用的法规，而不论有关提单的国际公约或各国的海商法都规定了承运人的责任，凡是列有首要条款或类似首要条款的海运提单都不再以明示条款将承运人的责任列记于提单条款中。如果首要条款规定《海牙规则》适用于本提单，那么，《海牙规则》所规定的承运人责任，也就是签发本提单的承运人对货物运输应承担的责任和义务。

4. 承运人责任期间条款

各船公司的提单条款中都列有承运人对货物运输承担责任的开始和终止时间的条款，即承运人期间责任条款（Carrier's Period of Responsibility Clause）。根据《海牙规则》，承运人从装船开始到卸船为止的期间对货物负责，即通常所称的"钩至钩（Tackle to Tackle）"责任，具体指货物从挂上船上吊机的吊钩开始到卸货时从吊钩卸下为止。但这种规定与普通班轮运输现行的"仓库收货、集中装船"和"集中卸货、仓库交付"的货物交接做法不相适应，一些船公司为了争揽货载，也常将责任期间向两端延伸，并将延伸了的责任期间列记于提单条款之中。因此，针对这种情况以及集装箱运输出现之后的实际情况，《汉堡规则》将承运人的责任期间扩大至"包括在装货港、在运输途中以及在卸货港、货物在承运人掌管下的全部时间"。这与《海牙规则》比较起来，无疑延长了承运人的责任期间，加重了承运人的责任。

5. 免责条款

由于提单的首要条款规定了提单所适用的法规，而有关提单的国际公约或各国的海商法都规定了承运人的免责事项，所以不论提单条款中是否列有免责条款（Exception Clause）的规定，承运人都能按照提单适用的法规享受免责权利。譬如《海牙规则》有17项免责事项，包括地震、海啸、雷击等天灾，战争、武装冲突和海盗袭击，检疫或司法扣押、罢工停工、触礁搁浅、在海上救助或者企图救助人命或者财产，因托运人过失如包装不良、货物的自然特性或者固有缺陷如容积或重量的"正常损耗"等。

6. 索赔条款

索赔条款（Claim Clause）包括损失赔偿责任限制（Limit of Liability），即指已明确承运人对货物的灭失和损坏负有赔偿责任应支付赔偿金时，承运人对每件或每单位货物支付的最高赔偿金额；索赔通知（Notice of Claim），亦称为货物灭失或损害通知（Notice of Loss Damage）；诉讼时效（Time Bar），即指对索赔案件提起诉讼的最终期限。

7. 包装与唛头（标志）条款

包装与唛头（标志）条款（Packing and Mark Clause）要求在起运之前，托运人对货物加以妥善包装，货物唛头必须确定明显，并将目的港清楚地标明在货物外表，并且在交货时仍要保持清楚。

8. 运费条款

运费条款（Freight Clause）规定，预付运费应在起运时连同其他费用一并支付，如装运易腐货物、低值货物、动植物、舱面货等，其运费和其他费用必须在起运时全部付清；到付费用在目的港连同其他费用一起支付。另外，承运人有权对货物的数量、重量、体积和内容等进行查对，如发现实际情况与提单所列情况不符，而且所付运费低于应付运费，承运人有权收取罚金，由此而引起的一切费用和损失应由托运人负担。

9. 留置权条款

留置权条款（Lien Clause）规定如果货方未交付运费、空仓费、滞期费、共同海损分摊的费用及其他一切与货物有关的费用，承运人有权扣押或出售货物以抵付欠款，如仍不足以抵付全部欠款，承运人仍有权向货方索取差额。

10. 转运或转船条款

转运或转船条款（Transshipment Clause）说明，如果需要，承运人有权将货物转船或改用其他运输方式间接运至目的地。由此引起的费用由承运人负担，但风险由货方负担。承运人的责任只限于其本身经营船舶所完成的运输。

11. 卸货和交货条款

卸货和交货条款（Discharging and Delivery Clause）说明船舶抵达卸货港后，收货人应及时提货，否则承运人有权将货物卸到岸上或卸在其他适当场所，一切费用和风险应由货方承担。

12. 动植物和舱面条款

根据《海牙规则》，动植物和舱面货条款（Animals, Plants and On Deck Cargo Clause）说明，动植物不包括在"货物"的范围之内，因此承运人对这些货物的灭失或损坏不负赔偿责任。但是承运人只对运输合同载明并且实际装运在舱面（甲板上）的"舱面货"享有免责权利。

13. 危险品条款

危险品条款（Dangerous Cargo Clause）说明危险品的装运必须由托运人在装船时声明，如不声明可表明，承运人有权将该货卸下、抛弃或消灭而不予赔偿。

除了以上介绍的提单正、背面的内容外，需要时承运人还可以在提单上加注一些内容，也就是批注。

三、海运提单的使用

（一）提单的签发

1. 提单的当事人与关系人

提单的当事人是承运人、托运人。在实际业务中，提单所涉及的主要关系人有收货人、提单持有人等。其中，承运人通常是与托运人签订运输合同、承担运输任务的航运公司；托运人是与承运人签订运输合同、送交所运货物的人；收货人是有权提货的人，常常是买方。

2. 提单的签发人与签署

提单必须经过签署手续后才能生效。有权签发提单的人包括承运人本人、载货船船长或经承运人授权的代理人。代理人签发提单时必须经承运人特别授权，否则代理人无权代签提单。

承运人（ABC）本人签发提单显示：ABC AS CARRIER。

代理人（XYZ）代签提单显示：XYZ AS AGENT FOR ABC AS CARRIER。

载货船船长（OPQ）签发提单显示：CAPTION OPQ AS MASTER。

提单签署的方法除了传统的手签方法外，只要没有特殊的规定，如信用证不规定必须手签提单，则可以采用印摹、打孔、盖章，以及符合或不违反提单签发地所在国家法律的其他机械或电子的方法。

3. 提单的份数和签发日期

提单有正本提单和副本提单之分。通常所说的提单都指正本提单。副本提单只用于日常业务，不具有法律效力。正本提单应标注"Original"字样，标注"Copy"字样的是副本提单。

当需要表示全套提单中每一份是其中第几份时（如全套提单一式三份），有少数国家会用"Original""Duplicate""Triplicate"来分别表示第一联、第二联和第三联。大部分国家使用"First Original""Second Original""Third Original"字样，或"1st Original""2nd Original""3rd Original"表示第一联、第二联和第三联。

提单上记载的提单的签发日期是提单上所列货物装船完毕的日期。集装箱班轮运输中，为了使承运人签发提单更为方便，实践中大多以船舶开航之日（Sailing Date）作为提单签发日期。但是，应该注意的是，开航之日并不一定是装船完毕日期（On Board Date）。

（二）提单的更改与补发

1. 提单的更改

由于实际货物装载情况与提单记载不符，或者因信用证要求的条件发生变化，或者其他原因，而由托运人提出更正提单内容的要求时，通常情况下，承运人都会同意托运人更正提单内容的合理要求，重新填制提单。但因更改提单内容而引起的损失和费用，则由提出更正要求的托运人承担。货运代理人应注意，提单的更正要尽可能赶在载货船开航前办理，以减少因此而产生的手续和费用。

2. 提单的补发

如果提单签发后遗失，托运人提出补发提单，承运人会根据不同情况进行处理。一般要求提供担保或者保证金，并依照一定的法定程序将原提单声明作废。

（三）提单的背书

提单是物权凭证，不论是何种提单，在提单转让、凭提单提货或换取提货凭证时，收货人都应在提单的背面签字、盖章。

关于提单的转让规定是：记名提单不得转让，不记名提单无须背书即可转让，指示提单须经背书或空白背书才可转让。通常所说的背书，是指指示提单在提单所有人需要进行转让时必须完成的，在提单背面明确或不确定受让人，并签名的手续。根据明确受让人与否，背书可分为记名背书（完全背书）、指示背书和不记名背书（空白背书）。

1. 记名背书

记名背书也称完全背书，是指背书人在提单背面写明被背书人（受让人）的名称，如"To

deliver to×××",并由背书人(出让人)签名的背书形式。经过记名背书的指示提单将成为记名提单性质的指示提单,不能继续背书转让。

2. 指示背书

指示背书是指背书人(出让人)在提单背面写明"凭×××指示"字样,如"To deliver to the order of×××",同时由背书人签名的背书形式。经过指示背书的指示提单还可以继续进行背书转让,但背书必须连续。

3. 不记名背书

不记名背书也称空白背书,是指背书人(出让人)在提单背面由自己签名,但不记载任何被背书人(受让人)的背书形式。经过不记名背书的指示提单将成为不记名提单性质的指示提单。

(四)提单的回收

根据国际公约和各国法律的规定,承运人在交付货物时必须收回提单,并在提单上做"作废"的批注。提单的回收和注销表明承运人已经完成运输合同,提单项下的债权债务因而得以解除,但并不代表提单可能代表的物权终止,因为回收和注销的提单可能是全套提单中未经授权转让的其中一份。

有些国家对记名提单并无注销要求,签发不可流通提单的承运人因将货物交给记名收货人而解脱责任。收货人无须出示和交还提单,就可以提取货物。但必须注意的是,根据我国的相关法律,在我国境内,即使是记名提单,收货人也应向承运人交还提单。

四、海运提单法规

关于国际海上货物运输合同的国际公约有《海牙规则》《海牙-维斯比规则》和《汉堡规则》。我国则有《海商法》。

(一)《海牙规则》

《海牙规则》(Hague Rules)的全称是《统一提单若干法律规则的国际公约》,于1931年6月2日起生效。我国未加入该公约,但多数远洋运输公司的提单条款是参照该公约规定的。《海牙规则》的特点是较多地维护了承运人的利益,在风险划分上很不平衡,因而引起了作为主要货主国的第三世界国家的不满,纷纷要求修改《海牙规则》,建立航运新秩序。

《海牙规则》共16条,规定了承运人最低的责任和义务,承运人应享有的免责范围和承运人对货物灭失或损坏的赔偿限额。依照公约规定,承运人的责任是:在开航前和开航时恪尽职责,使船舶适于航行,适当地配备船员,装备船舶和供应船舶,使货舱、冷藏舱和该船其他装载货物的部分能适宜和安全地收受、运输和保存货物;适当和谨慎地装载、搬运、配载、运输、保管、照料和卸载所运货物。公约规定了承运人负责的期间是自货物装上船时起,至卸下船时止,即所谓"钩至钩",通称海牙期间。

> **知识链接**
>
> 《海牙规则》对承运人规定了17项广泛的免责事由，其中重要的有：承运人对船长、船员、引水员或承运人的受雇人，在航行或管理船舶中的行为、疏忽或不履行义务免责；火灾免责；承运人对海上或其他通航水域的灾难、危险和意外事故、天灾、战争、罢工等免责；对救助或企图救助海上人命或财产的行为免责；对由于货物的固有缺点、性质或缺陷引起的体积和重量的亏损或任何其他灭失或损坏，对包装不良、标志不清或不当，对虽恪尽职责亦不能发现的潜在缺点免责。承运人对每件货物灭失或损坏的最高赔偿限额为100英镑。当事人之间的运输合同，只能高于而不能低于公约所定的赔偿责任和赔偿限额；承运人可以放弃公约所规定的他的权利和豁免，或增加他所应承担的责任和义务。《海牙规则》对于合同争议的管辖未做规定，对于诉讼的时效规定为，从货物交付之日或应交付之日起一年。《海牙规则》实行后由于英镑贬值和不再以黄金计值，根据1950年《英国海商法协会协议》（通常称为《黄金条款协议》），英国船东和英国保险商商定，将最高赔偿限额改为200英镑。

（二）《海牙–维斯比规则》

《海牙-维斯比规则》（Hague-Visby Rules）也称《维斯比规则》，全称为《关于修订统一提单若干法律规则的国际公约的议定书》，于1968年在布鲁塞尔通过，并于1977年6月23日起生效。该规则主要针对《海牙规则》中明显不合理或不明确的条款做局部的修订和补充。英国、法国、丹麦、挪威、新加坡、瑞典等20多个国家和地区参加了这一公约。《海牙–维斯比规则》对《海牙规则》主要的修改是：

（1）该规则规定承运人最高赔偿限额的双重标准，即将最高赔偿限额提高到每件或每单位货物1万金法郎或按灭失或损坏货物的毛重每千克30金法郎计算，以金额较高者为准。该规则还规定，如经证实损失是由承运人有意造成而做出的或明知可能产生损失而仍不顾后果做出的行为或不行为，承运人丧失其赔偿责任限额的利益。

（2）增加了一项集装箱条款，规定如果集装箱内装有许多件或许多单位的货物，提单又是分开计数的，则应按提单所载件数或单位数计算；反之，整个集装箱就算作一件或一个单位。

（3）《海牙–维斯比规则》规定，《海牙规则》规定的抗辩和责任限额对因违反合同提起的诉讼和侵权行为提起的诉讼同样适用，避免承运人就同一行为按侵权行为提起诉讼以逃避责任限额的规定。

（4）承运人的受雇人或代理人（但不是独立的缔约人）享有同承运人一样的抗辩和责任限额，并可由于上述承运人的同样原因而丧失其赔偿责任限额的利益，以统一法律口径，避免就同一行为对不同人起诉而得到不同效果。

（三）《汉堡规则》

《汉堡规则》（Hamburg Rules）的全称为《1978年联合国海上货物运输公约》。《汉堡规则》

可以说是在第三世界国家的反复斗争下,经过各国代表多次磋商,并在某些方面做出妥协后通过的。

《汉堡规则》除了保留《海牙-维斯比规则》的修订内容外,还在很多方面做出了根本性的变革,如推行完全过失责任制、承运人的责任期间、关于赔偿责任限额等。《汉堡规则》于1992年11月起生效。但因签字国为埃及、尼日利亚等非主要航运货运国,并且由于这些变革对承运人的利益有较大影响,实际上大多数海运大国均未加入该规则,因此《汉堡规则》对国际海运业影响不是很大。

(四)《海牙规则》《海牙-维斯比规则》《汉堡规则》之间的区别

从《海牙规则》到《汉堡规则》,有关提单的国际公约在内容上发生了质的变化,对当事各方利益的保护更加合理,也适应了不断发展的航运技术的要求。总体来讲,这三个国际公约实质上的区别主要在以下几个方面:

1. 承运人的责任基础不同

由于在当时的历史背景下,船东的强大势力和航运技术条件的限制决定了《海牙规则》对承运人的要求不会十分严格,因此《海牙规则》对承运人责任基础采用了"不完全过失原则"。《海牙-维斯比规则》对这点没做任何修订,《汉堡规则》则将其改为了"推定的完全过失原则"。

"过失原则"是指有过失即负责,无过失即不负责,一般国家的民法多采用这一原则为基础。《海牙规则》总的规定也是要求承运人对自己的过失承担责任,但同时又规定承运人对"船长、船员、引航员或承运人的雇佣人员在驾驶或管理船舶上的行为、疏忽或不履行契约"可以要求免责(这也是《海牙规则》遭非议最多的条款),也就是说,即使有过失也无须负责,因此,《海牙规则》被认为采用的是"不完全过失原则"。比起"过失原则",这种责任制度虽然对承运人网开一面,但在当时的历史条件下还是有着明显进步意义的。

《汉堡规则》的立场则严格得多,它不仅以是否存在过失来决定承运人是否负责,而且规定举证责任也要由承运人承担,即其第五条规定的"除非承运人证明他本人,及其受雇人或代理人为避免该事故发生及其后果已采取了一切所能合理要求的措施,否则承运人应对其掌管期间内发生的货物灭失或损坏或延迟交货所造成的损失负赔偿责任。"这样承运人的责任大大加重了。

2. 承运人的最高责任赔偿限额不同

首先,从《海牙规则》到《汉堡规则》依次提高了对每单位货物的最高赔偿金额。《海牙规则》规定,船东或承运人对货物或与货物有关的灭失或损坏的赔偿金额不超过每件或每单位200英镑或相当于200英镑的等值货币。《海牙-维斯比规则》将最高赔偿金额提高为每件或每单位10 000金法郎或按灭失或受损货物毛重计算,每千克30金法郎,以两者中较高金额为准。同时明确一个金法郎是一个含有66.5mg黄金,纯度为90.0%的货币单位。《汉堡规则》再次将承运人的最高赔偿责任增加至每件或每货运单位835个特别提款权(Special Drawing Rights,SDR或称记账单位)或2.5SDR/kg,两者以金额高的为准。

其次，对灭失或损害货物的计量方法越来越合理。《海牙规则》是以每件或每单位来计量货物。随着托盘、集装箱等成组化运输方式的发展，这种计量方式的弊端逐渐显现。因而，《海牙－维斯比规则》和《海牙规则》都规定，如果以集装箱或托盘或类似集装运输工具运送货物，当提单内载明运输工具内货物的包数或件数时，以集装箱或托盘所载货物的每一小件为单位，逐件赔偿；当提单内未载明货物具体件数时，则以一个集装箱或一个托盘作为一件货物进行赔偿。

3. 对货物的定义不同

《海牙规则》对货物定义的范围较窄，将活动物、甲板货都排除在外。《汉堡规则》扩大了货物的定义，不仅把活动物、甲板货列入货物范畴，而且包括了集装箱和托盘等包装运输工具，且规定"凡货物拼装在集装箱、托盘或类似运输器具内，或者货物是包装的，而这种运输器具或包装是由托运人提供的，则'货物'包括它们在内"。

4. 公约适用范围不同

《海牙规则》只适用于缔约国所签发的提单。这样，如果当事各方没有事先约定，那么对同一航运公司所经营的同一航线上来往不同的货物，可能会出现有的适用《海牙规则》，有的不能适用《海牙规则》的现象。《汉堡规则》则避免了这一缺憾，它不仅规定公约适用于两个不同缔约国间的所有海上运输合同，而且规定只要被告所在地、提单签发地、装货港、卸货港、运输合同指定地点五个地点之中任何一个在缔约国的都可以适用《汉堡规则》。

5. 承运人的责任期间不同

《海牙规则》规定承运人的责任期间是"自货物装上船舶开始至卸离船舶为止的一段时间"，也称之为"钩至钩"。《汉堡规则》则将责任期间扩大为承运人或其代理人从托运人或托运人的代理人手中接管货物时起，至承运人将货物交付收货人或收货人的代理人时止，包括装货港、运输途中、卸货港、集装箱堆场或集装箱货运站在内的承运人掌管的全部期间，简称为"港到港"。

6. 诉讼时效不同

《海牙规则》的诉讼时效为一年。一年后"在任何情况下承运人和船舶都被解除其对灭失或损害的一切责任"。一年时间对远洋运输的当事人，特别是对要经过复杂索赔、理赔程序，而后向承运人追偿的保险人来讲，无疑过短。《海牙－维斯比规则》规定诉讼时效经当事各方同意可以延长，并且在"一年期满之后，只要是在受诉讼法院的法律准许期间之内，便可向第三方提起索赔诉讼"，但时间必须在三个月以内。这样部分缓解了时效时间过短在实践中造成的困难。《汉堡规则》一方面直接将诉讼时效延长至两年，另一方面仍旧保留了《海牙－维斯比规则》90天追偿诉讼时效的规定。

7. 对承运人延迟交货责任的规定不同

由于历史条件的限制，《海牙－维斯比规则》对延迟交货未做任何规定。《汉堡规则》则在第二条规定："如果货物未能在明确议定的时间内，或虽无此项议定，但未能在考虑到实际情况对一个勤勉的承运人所能合理要求的时间内,在海上运输合同所规定的卸货港交货,即为延迟交付",承运人要对延迟交付承担赔偿责任。赔偿范围包括行市损失、利息损失、停工和停产损失。赔偿金额最多为延迟交付货物所应支付运费的 2.5 倍,且不应超过合同运费的总额。

除以上各条外,《汉堡规则》还在海上运输合同的定义、举证责任等多方面有别于《海牙-维斯比规则》,加大了承运人的责任范围。

(五)《中华人民共和国海商法》

《中华人民共和国海商法》(Maritime Code of the People's Republic of China),简称《海商法》,于 1993 年 7 月 1 日起施行。《海商法》是我国调整海商法律关系最重要的法律规范。《海商法》中有关海上货物运输合同的规定,基本是以《海牙规则》和《海牙-维斯比规则》为基础的,适当吸收了《汉堡规则》的某些内容。就海上运输合同而言,《海商法》是调整我国关于对外海上货物运输合同的法律规范,是特别法。《中华人民共和国合同法》(以下简称《合同法》)是调整我国港口之间海上货物运输合同、国际海上货物运输合同的法律规范,是普通法。对国际海上货物运输合同中的问题在《海商法》中有规定的,应依照《海商法》的规定处理,在《海商法》中没有规定的,则使用《合同法》的相关规定。《中华人民共和国海事诉讼特别程序法》(以下简称《海事诉讼特别程序法》)是调整海事诉讼程序的法律规范。

(1)《海商法》的适用范围为调整海上运输关系和船舶关系。海上运输是指海上货物运输和海上旅客运输,包括海江之间、江海之间的直达运输。但海上货物运输合同的规定,不适用于中华人民共和国港口之间的海上货物运输。船舶是指海船和其他海上移动式装置,但是用于军事、政府公务的船舶和 20t 以下的小型船艇除外。船舶包括船舶属具。

(2)《海商法》详细规定了海上货物运输合同、海上旅客运输合同、船舶租用合同、海上拖航合同、海上保险合同的成立,以及双方当事人的权利义务,违约责任等。

(3)《海商法》实行海事赔偿责任限制原则,即船舶所有人、救助人,可依法规定限制赔偿责任。该法还规定:"中华人民共和国缔结或者参加的国际条约同本法有不同规定的,适用国际条约的规定;但是,中华人民共和国声明保留的条款除外。中华人民共和国法律和中华人民共和国缔结或者参加的国际条约没有规定的,可以适用国际惯例。"

第三节 电子提单

一、电子提单概述

1. 电子提单的定义

提单电子化与电子提单的差距恰可以用美国著名海商法专家 A. N. Yiannopoulos 在评价电子

提单时所说的一句话来概述:"它(指电子提单)可能并不仅仅指提单形式的演变,更意味着一种新提单的产生。"

在 2008 年 12 月 11 日联合国大会通过的《联合国全程或部分海上国际货物运输合同公约》(以下简称《鹿特丹规则》)中使用了"电子运输记录"一词而非"电子提单"一词,其定义为:"电子运输记录"是指承运人在运输合同下以电子通信方式发出的一条或者数条电文中的信息,包括作为附件与电子运输记录有着逻辑联系,或者在承运人签发电子运输记录的同时或者之后以其他方式与之链接,从而成为电子运输记录一部分的信息,该信息:①证明承运人或者履约方收到了运输合同下的货物;②证明或者包含一项运输合同。

本书则采取这样的表述:电子提单是一种利用电子数据交换(Electronic Data Interchange,EDI)系统对海运途中的货物支配权进行转让的程序。我们之所以将这种特定的程序称为电子提单,是因为该程序具有以下三个特点:

(1)卖方、发货人、银行、买方和收货人均以承运人(或船舶)为中心,通过专有计算机密码通告运输途中货物支配权的转移时间和对象。

(2)在完成货物的运输过程中,通常情况下不出现任何书面文件。

(3)收货人提货时,只需要出示有效证件证明身份,由船舶代理验明即可。

2. 电子提单的优点

传统的书面提单是一张提货凭证,因此对货物权利的转移是通过提单持有人的背书而实现的。而电子提单转移是利用 EDI 系统根据特定密码使用计算机进行的,因此它具有许多传统提单无法比拟的优点:

(1)可快速、准确地实现货物支配权的转移。EDI 系统是一种高度现代化的通信方式,可以利用计算机操纵、监督运输活动,达到快速、准确地实现货物支配权的转移。

(2)可方便海运单的使用。电子提单是在海运单得到使用后产生的,二者在对待收货人的态度上是一致的。因此,电子提单的出现必将方便海运单的使用。当海上运输航程较短时,可避免传统提单因为邮寄而可能出现的船到但提单尚未寄到的情况。

(3)可防冒领和避免误交。由于整个过程的高度保密性,电子提单能够大大减少提单欺诈案件的发生。承运人可以控制和监视提单内容,以防止托运人涂改提单,欺骗收货人与银行;托运人、银行、甚至收货人可以监视承运人行踪,可以避免船舶失踪;承运人对收货人能够控制,只有当某收货人付款之后,银行才通告货物支配权的转移。承运人可准确地将货交给付款人,可防冒领,避免误交。

3. 电子提单的使用程序

《鹿特丹规则》规定承运人和托运人约定使用电子提单的必须满足一定的程序才能有效,即电子提单中必须载明其适用的各种程序,且该程序规定必须易于查明。可转让电子运输记录的使用程序如下:

(1)向预期持有人签发和转让可转让电子运输记录的方法。

(2)可转让电子运输记录保持完整性的保证。

(3)持有人能够证明其持有人身份的方式。

(4)已向持有人交付货物的确认方式,或者可转让电子运输记录已失去效力的确认方式。

> **知识链接**
>
> **电子提单相关规则**
>
> 1. 《国际海事委员会电子提单规则》
>
> 1990年6月29日,国际海事委员会在巴黎召开的第三十四届大会上通过了《国际海事委员会电子提单规则》(Committee Maritime International Rules for Electronic Bills of Lading)(以下简称《电子提单规则》)。为了适应信息时代电子资料交换系统的广泛应用,联合国设计制定了《联合国贸易数据元目录》(UNTDED)、《联合国行政、商业、运输电子数据交换规则》(UN/EDIFACT)和《以电子传递方式进行贸易数据交换所应遵循的统一规则》(UNCID),《国际海事委员会电子提单规则》是在此基础上制定的。
>
> 2. 《电子提单规则》
>
> 《电子提单规则》共11条,主要内容有:适用范围、定义、程序规则、收货单据的形式和内容、运送合同的术语与条件、密码、发送、接受纸面单证的选择、电子数据等同书面、数据电文的鉴定等。《电子提单规则》对电子密码的运用,使作为物权凭证的电子提单的转让成为可能。按照该规则第四、七、八条规定,在采用电子提单时,发货人和承运人必须事先约定,他们将用电子方式进行通信,并将使用电子提单而不使用书面提单,这是使用该规则的前提条件。当事人通过对电子提单密码的转让来代替传统提单的背书转让,以达到同样的目的。其具体过程是:承运人在接收到发货人的货物之后,应该按照发货人说明的电子地址给予发货人已接收到货物的电子通知(其中包括同意日后传输的密码),发货人必须向承运人确认已收到该通知,根据该电子信息,发货人便成为持有人。
>
> 《电子提单规则》在处理电子数据与书面的关系时,采用了"功能等同(Functional Equivalent)"原则。根据《电子提单规则》第十一条规定,承运人和发货人以及此后所有采取本程序的当事方均同意载于计算机数据贮藏中,可用人类语言在屏幕上显示或由计算机打印的业经传输和确认的电子数据将满足任何国内法或本地法。习惯或实践规定运输合同必须经签署并以书面形式加以证明的要求。经采纳上述规定,所有当事方将被认为业已同意不再提出非书面形式的抗辩。

二、电子提单的法律地位

由于电子提单是可以替代"纸面提单"的,它必须达到一定的条件,如能够转让货物/财产、能够转让运输合约、能起到文件证明的作用、能供大家任意使用、防止或减少欺诈、加快处理单证等。满足了这些条件,电子提单才具有生命力。

就技术方面而言,随着电子签名等措施的产生,电子提单与纸面单据同样具有可转让性,但是电子提单的存在或实施还需要法律基础。

电子提单的存在或实施主要有两个基础,其一是当事人之间的合同约定,其二是立法。电子提单的法律性质与这两个基础紧密相关。

（1）电子提单是合同法意义上的具有传统提单功能的电子文件。由于目前只有极少数国家通过立法承认电子提单的法律效力，因而实践中电子提单的实施主要是依靠当事人彼此之间的合同约定。这种合同约定通常情况下应该是电子数据交换协议。当事人在合同中约定以 EDI 代替传统纸面提单，并就 EDI 实现传统提单的三项功能——货物收据、运输合同证明以及权利凭证做出规定。同时 EDI 协议还将就 EDI 在满足相关法律要求方面的法律问题，如法律关于书面形式的要求、手书签名的要求、原件的要求以及 EDI 证据的可采性等做出规定，以为当事人之间使用电子提单铺平道路。

以合同机制实施电子提单的主要有 1983 年的 SeaDocs 项目、1990 年的《电子提单规则》和 1999 年的 Bolero 电子提单机制。其中《电子提单规则》本身就是一个 EDI 协议，只是其内容主要涉及 EDI 作为电子提单在转移货物控制权方面的法律问题，并没有包含一个普通的 EDI 协议通常所处理的全部内容。Bolero 电子提单机制使用的是一个被称作"Bolero 规则手册"的多边协议。

对于根据以上三个实施项目而创设的电子提单，目前除个别国家外，尚没有被承认为海商法意义上的海运单据，更不是海商法意义上的提单和代表货物的权利凭证，它们只具有合同法上的意义和效力。由于这种"电子提单"不是真正意义上的提单，因而其在实现传统提单的三项功能方面一般只能采用功能等同原则，试图以电子方式达到传统纸面提单的相应效果。

（2）电子提单是一般电子商务法意义上的具有传统提单功能的电子文件。联合国国际贸易法委员会的《电子商务示范法》（UNCITRAL）于 1996 年出台之后，其第二部分，即有关特殊领域（货物运输）的电子商务法规定，仅有加拿大采用。加拿大统一法委员会于 1999 年通过了一部示范法，即《统一电子商务法》，该法随后为加拿大绝大部分的省和地方采纳为法律。这意味着电子提单在加拿大已获得法律上的承认。但是，加拿大仅是在电子商务法上承认电子提单，换句话说，加拿大法意义上的电子提单并不是海商法意义上的提单或其他海运单据。之所以这么认为，是因为作为加拿大各省立法蓝本的《统一电子商务法》与《电子商务示范法》一样，也是以功能等同原则为基础，就以电子方式实施与货物或货物运输合同有关的行为以及以电子文件实施书面文件的功能做了规定。加拿大各省电子商务立法的意义，不在于承认电子提单或电子文件是海商法意义上的提单或其他海运单据，而在于为欲以 EDI 代替书面提单的当事人提供一个保证电子数据交换协议效力的法律基础。

（3）电子提单是海商法意义上的提单。在澳大利亚，无论是联邦层面的海商立法，还是州层面的海商立法，均对电子通信技术的使用做了规定，尤其是州层面的立法，对电子海运单据的规定更为明确。其立法的特点是，扩大现有立法的适用范围，使其涵盖电子形式的海运单据以及以电子形式实施的海运单据的传输，尤其是对现有适用于纸面单据的一些术语如"交付""背书""占有"和"签名"等的含义做扩大解释，以使其包含以电子形式实施的相关行为。根据这种扩大解释的做法，在澳大利亚法下，电子提单在法律性质上就是提单，它是一种特殊的提单，是电子形式的提单。

（4）电子提单是一种新型的海运单据和代表货物的权利凭证。电子提单是一种新型的海运单据和代表货物的权利凭证，是在 2008 年 12 月 11 日纽约举行的联合国大会上正式通过的《联合国全程或部分海上国际货物运输合同公约》（简称《鹿特丹规则》）中提出的。

该规则在第八章将海运文件分为两大类，即运输单证和电子运输记录，该规则规定了"可转让电子运输记录"。这不仅意味着电子提单的法律效力获得充分承认，同时其还将成为一种新型的海运单据，而且作为"可转让电子运输记录"，其还将是一种新的代表货物的权利凭证。

电子提单应是提单彻底电子化或无纸化的最终产物，由于所使用的媒介不同，其基本法律原理与传统提单的法律原理已有不同，即使电子提单与传统提单一样，也被承认为代表货物的权利凭证，二者在对流通性的实现上也是不一样的。对传统提单，其所代表的权利与其媒介即纸张是合并在一起的，对于提单的新持有人而言，取得了纸张也就意味着取得了权利。电子提单则不同，由于其所使用的媒介不是有形的，因而其所代表的权利与其使用的媒介不可能合并在一起，换句话说，仅凭其使用的媒介并不能彰显其代表的权利，而必须有一个相对独立于其流通过程的第三者对该流通过程进行记录和证明。

成为新型的海运单据和代表货物的权利凭证将是电子提单的发展方向。但就目前而言，电子提单的这种法律地位还远远没有得到确立。

三、电子提单的运用

假设卖方与买方签订了一个CIF买卖合同。买方通过开证行开给卖方信用证，并根据银行通知按合同规定完成付款。在目的港，买方向承运人请求交货，承运人履行交货义务。根据EDI系统，上述合同的履行过程为：

（1）卖方向承运人订舱，承运人确认。确认时应包括双方都同意的条款。

（2）卖方提供货物的详细说明，承运人确认是否承运该批货物。卖方同时向承运人指明银行。

从这两步来看，EDI系统将订舱的确认与承运货物的确认分别对待，这有别于传统书面提单一次进行的做法。因为EDI系统是"电来电去"地洽商，而签发书面提单的过程是通过面对面的交涉完成的。看起来程序复杂了，其实不然，因为电子提单更快捷一些。此外，卖方同时向承运人指明的银行包括议付行、通知行、开证行，这样，承运人对货物支配权的正常转移在以后就能做到心中有数。

（3）卖方将货物交给承运人，承运人向卖方发送一个收到该批货物，但同时可做某些保留的通知。此时，在法律上仍由卖方控制着这批货物。在通知上，承运人给卖方一个密码，卖方在此后与承运人的信息往来中可用此密码，以保证信息的鉴定和完整。

这里所指的"保留"是诸如"货物的品质、数量是由卖方提供的，承运人对具体情况不明"之类的保留。如实际品质、数量与所提供的不符，应由卖方承担后果。另外，"密码（Private Code）"可以是一组数码，也可以是一组字母。

（4）承运人将货物装船后通知卖方，同时通知银行。

（5）卖方凭信用证即可取得货款，货物支配权由卖方转移到银行。卖方通知承运人货物权利的转移，承运人即销毁与卖方之间通信的密码，并向银行确认。银行则从承运人那里得到一个新的密码。此时，卖方的责任在法律上并未终止，因为他提供的有关货物数据的正确性在整个运输过程中对所有有关方都必须负责。

（6）卖方告知银行买主身份。

（7）买方支付货款并获得货物支配权后，银行则通知承运人货物权利的转移。承运人即销毁与银行之间的密码，向买方确认其控制着货物，并给买方一个新的密码。

一般情况下，谁持有密码，谁就具有货物的支配权。但密码与支配权是完全不同的概念，货物的支配权不是根据密码的转移而转移的，密码不能转移。它具有独立、专有和不可转移三个特点。独立指它应与众不同；专有即应视之为专利；而不可转移意指其保密性。货物支配权的转移是以密码鉴定的通知来实施的。

（8）船舶抵达目的港后，承运人通知买方。买方有义务指定一个收货人，否则在法律上买方即被视为收货人。（"在法律上"是指根据 EDI 系统在实践中总结出的一般惯例或章程，或以《电子提单规则》为法律依据。）

（9）收货人实际接收货物后通知承运人，买方对货物的支配权终止（买方有时自己就是收货人）。此时，承运人销毁与买方之间的密码。

第四节　海运业务流程

一、杂货班轮货运

班轮运输是指在特定的航线上，按照公布的船期表进行规则的、反复的航行和运输的船舶营运方式。由于班轮运输以非特定的众多货主为服务对象，承运他们需要运输的货物，所以，从事班轮运输经营的船公司要在船舶就航的航线两端及其挂靠港口和腹地的货物集中地设立机构，从事揽集货载等业务；又由于班轮船舶所承运货物的批量小、货主多、挂靠港口多、装卸频繁、出现货损和货差的情况比较复杂，为使货物在装卸、运输的过程中能顺利进行和防止货损、减少差错，遂逐步形成了一套与这种运输方式相适应的货运程序。

（一）货运安排

货运安排包括揽货、订舱和确定航次货运任务，班轮运输的货运程序是从揽货和订舱开始的。

1. 揽货

揽货（Canvassion）又称为揽载，指从事班轮运输经营的船公司为使自己所经营的班轮运输船舶能在载重和舱容上得到充分利用，力争做到满舱满载，以期获得最好的经营效益，而从货主那里争取货源的行为。为了揽集货载，班轮公司通常的做法是在所经营班轮航线的各挂靠港口及货源腹地通过自己的营业机构或船舶代理人与货主建立业务关系；此外还通过报纸、杂志刊登船期表，如我国的《中国远洋航务公告》《中国航务周刊》等都定期刊登班轮船期表，以邀请货主前来托运货物，办理订舱手续，或通过与货主、无船承运人或货运代理人等签订货物运输服务合同（Service Contract）或揽货协议来争取货源。

2. 订舱

订舱（Booking）是托运人（包括其代理人）向班轮公司（即承运人，包括其代理人）申请货物运输，承运人对这种申请给予承诺的行为。托运人申请货物运输可视为"要约"，即托运人希望和承运人订立运输合同的意思表示。根据法律规定，合同订立采取要约—承诺方式，因此，承运人一旦对托运人货物运输申请给予承诺，则货物运输合同订立。

国际贸易中，由谁订舱往往会和采用的贸易条件相关。按照通常的国际惯例，如采用 CIF、CFR 价格成交，由卖方订舱；如采用 FOB 价格成交，则由买方订舱。这样可以避免风险，提高贸易服务的质量。

3. 确定航次货运任务

确定航次货运任务就是综合考虑各票货物的性质、包装和重量及尺码等因素，确定某一船舶在某一航次所装货物的种类和数量。因为各种不同种类的货物对运输和保管的要求不同，各国港口的法律规章也不尽相同，货代应充分掌握这些方面的要求，避免不必要的麻烦。

（二）装船与卸船

1. 装船

装船指托运人应将其托运的货物送至码头承运船舶的船边并进行交接，然后将货物装到船上。如果船舶是在锚地或浮筒作业，托运人还应负责使用自己的或租用的驳船将货物驳运至船边办理交接后将货物装到船上，亦称直接装船。对一些特殊的货物，如危险品、冷冻货、鲜活货、贵重货多采用船舶直接装船，而在班轮运输中，为了提高装船效率，减少船舶在港停泊时间，不致延误船期，通常都采用集中装船的方式。集中装船指由船公司在各装货港指定装船代理人，在各装货港的指定地点（通常为码头仓库）接受托运人送来的货物，办理交接手续后，将货物集中并按货物的卸货次序进行适当的分类后再进行装船。对于集装箱班轮运输，大多采用 CY - CY（场到场）交接方式，由班轮公司负责装船，其他货物运输则采用仓库收货、集中装船的形式。

2. 卸船

卸船指将船舶所承运的货物在卸货港从船上卸下，并在船边交给收货人或代其收货的人并办理货物的交接手续。船公司在卸货港的代理人根据船舶发来的到港电报，一方面编制有关单证，联系安排泊位和准备办理船舶进口手续，约定装卸公司，等待船舶进港后卸货；另一方面还要把船舶预定到港的时间通知收货人，以便收货人及时做好接受货物的准备工作。在班轮运输中，为了使分属于众多收货人的各种不同货物能在船舶有限的停泊时间内迅速卸完，通常都采用集中卸货的办法，即由船公司指定的装卸公司作为卸货代理人总揽卸货以及向收货人交付货物的工作。对于集装箱班轮运输采用 CY - CY（场到场）交接方式，由班轮公司负责卸船，其他货物运输则采用集中卸船、仓库交货的方式。

卸货时，船方和装卸公司应根据载货清单和其他有关单证认真卸货，避免发生差错。然而由于众多原因难免不发生将本应在其他港口卸下的货物卸在本港，或本应在本港卸下的货物遗漏未卸的情况，通常将前者称为溢卸，后者称为短卸，溢卸和短卸统称为误卸。关于因误卸而引起的货物延迟损失或货物的损坏转让问题，一般在提单条款中都有规定，通常规定因误卸发生的补送、退运的费用由船公司负担，但对因此而造成的延迟交付或货物的损坏，船公司不负赔偿责任。如果误卸是因标志不清、不全或错误，以及因货主的过失造成的，则所有补送、退运、卸货和保管的费用都由货主负担，船公司不负任何责任。

（三）提取货物

提取货物指实际业务中船公司凭提单将货物交付给收货人的行为。具体过程是收货人将提单交给船公司在卸货港的代理人，经代理人审核无误后，签发提货单交给收货人，收货人再凭提货单前往码头仓库提取货物并与卸货代理人办理交接手续。交付货物的方式有仓库交付货物、船边交付货物、货主选择卸货港交付货物、变更卸货港交付货物、凭保证书交付货物等。①货主选择卸货港交付货物指货物在装船时货主尚未确定具体的卸货港，待船舶开航后再由货主选定对自己最方便或最有利的卸货港，并在这个港口卸货和交付货物；②变更卸货港交付货物指在提单上所记载的卸货港以外的其他港口卸货和交付货物；③凭保证书交付货物指收货人无法以交出提单来换取提货单提取货物，按照一般的航运惯例，常由收货人开具保证书，以保证书交换提货单，再持提货单提取货物。

在班轮运输中，通常是收货人先取得提货单，办理进口手续后，再凭提货单到堆场、仓库提取货物。而收货人只有在符合法律规定及航运惯例的前提条件下，方能取得提货单。在使用提单的情况下收货人必须把提单交回承运人，并且该提单必须经适当正确的背书（Duly Endorsed），否则船公司没有交付货物的义务，但通常只需要交回一份正本提单即可，除非发生提货有争议、变更卸货港和"电放"的情况。

1. 无单放货

在已经签发提单的情况下，收货人要取得提货的权利，必须以交出提单为前提条件。然而，有时由于提单邮寄延误，或者作为押汇跟单票据的提单未到达进口地银行，或者虽然提单已到达进口地银行，而因为汇票兑现期限的关系，在货物已运抵卸货港的情况下，收货人还无法取得提单，也就无法凭提单来换取提货单提货。此时，按照一般的航运习惯，收货人可以开具由信誉较高的银行签署的保证书，以保证书交换提货单后提货。船公司同意凭保证书交付货物是为了能尽快地交货，而且除有意欺诈外，船公司可以根据保证书将因凭保证书交付货物而发生损失的风险转嫁给收货人或保证银行。

2. 电放

"电放"指在装货港货物装船后，承运人签发提单，托运人再将全套提单交回承运人，并指定收货人，承运人以电讯方式授权其在卸货港的代理人，在收货人不出具提单的情况下，交付货物。由于与传统的做法不同，因此托运人和收货人都要出具保函，但收货人不需要履行解除担保的责任。同时，承运人不能交错货，托运人（卖方）应能收到货款，而收货人（买方）应能提到货物，这是"电放"中各方应注意的问题。

在使用海运单的情况下，收货人无须出具海运单，承运人只要将货物交给海运单上所列的收货人，就被视为已经做到了谨慎处理。通常收货人在取得提货单提货之前，应出具海运单副本及自己确实是海运单注明的收货人的证明材料。

海运单与提单相比，也具有承运人收到货物的收据和运输合同成立的证明作用，但它不是物权凭证，不得转让。因此，实践中应注意的问题主要有：①对一票货物，使用海运单则不再使用提单等单证；②海运单必须记明收货人；③海运单通常签发一份正本；④收货人提货时不需出具正本海运单，而只要证明其是海运单中的收货人；⑤在收货人向承运人请求提货之前，只要符合要求，托运人有权改变收货人的名称。

（四）杂货班轮货运单证及其流转程序

1. 杂货班轮货运单证

（1）装货联单。在杂货班轮运输的情况下，托运人可以以口头形式预订舱位，而船公司对这种预约表示承诺，则运输合同关系即告建立，这种口头形式的合同也符合法律的规定。但是，国际航界的通常做法则是由托运人向船公司提交详细记载有关货物情况及运输要求等内容的装货联单。

我国各个港口使用的装货联单的组成不尽相同，但主要都是由以下各联所组成的：托运单（Booking Note，B/N）及其留底联（Counterfoil）、装货单（Shipping Order，S/O）、收货单（Mate's Receipt，M/R）等。

1）托运单（B/N）。托运单也称订舱单、订舱申请书，指托运人或其代理根据买卖合同和信用证的有关内容向船公司或其代理申请订舱、配载的书面凭证。船公司或其代理对该单进行审核无误并接受承运后，予以编号并签发装货单，填写承运船名并加盖印章，以示订舱确认。

2）装货单（S/O）。装货单亦称下货纸，是托运人或其代理填制并转交船公司或其代理，经船公司或其代理审核并签章后，据以要求船长将货物装船承运的凭证，它是船公司或其代理签署而形成的一份出口货运的承诺书面文件。装货单是托运人办理货物出口报关手续的必备单据之一，经海关查验并在该单上加盖海关放行章后，作为船公司或其代理接收货物、安排货物装船与出运的依据，因此，装货单又称为"关单"。

3）收货单（M/R）。收货单指某一票货物装上船后，由船上大副（Chief Mate）签署给托运人的作为证明船方已经收到该票货物并已装上船的凭证。所以，收货单又称为"大副收据"或"大副收单"。托运人取得了经大副签署的收货单后，即可凭以向船公司或其代理人换取已装船提单。大副签署收货单有以下作用：①证明货物已经装上船；②承运人已经收到货物，并开始负责；③托运人凭收货单换取提单；④大副在签署收货单时，会认真检查装船货物的外表状况、货物标志、货物数量等情况，如果货物外表状况不良、标志不清，或货物有水渍、油渍或污渍等状况，数量短缺，货物损坏时，大副就会将这些情况记载在收货单上。这种在收货单上记载有关货物外表状况不良或有缺陷的情况称为"批注（Remark）"，习惯上称为"大副批注"。有大副批注的收货单称为"不清洁收货单（Foul Receipt）"，无大副批注的收货单则为"清洁收货单（Clean Receipt）"。凭清洁收货单换取清洁提单，而凭不清洁收货单换取的则是不清洁提单，因此，收货单是记载货物交接状况最早的证明。

由收货单签发的提单为已装船提单。装货联单的流转程序为：①托运人填写装货联单（共三联）向船公司申请订舱；②船公司经审核无误后接受申请，在装货单（第二联）上予以编号并加盖印章，进行订舱确认；③托运人持装货单及其他报关单证向海关申请报关；④海关经查验无误、征税后在装货单上加盖海关放行章,对货物进行放行;⑤托运人凭加盖放行章的装货单要求货物装船;⑥当每一票货物全部装上船后,现场理货员即核对理货计数单的数字,在装货单上签注实装数量、船舶位置、装船日期并签名,再由理货长审查并签名,证明该票货物如数装船无误,然后随同收货单(第三联)一起交船上大副,大副审核属实后在收货单上签字,留下装货单,将收货单交给理货长并由其转交托运人;⑦托运人取得收货单后,即可凭以要求船公司签发提单(B/L)。具体的流转程序如图3-4所示。

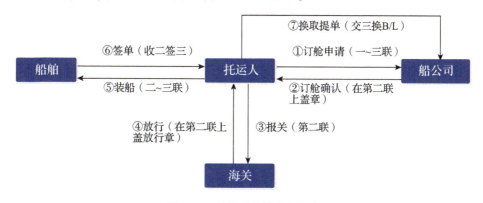

图3-4 装货联单的流转程序

(2) 海运提单(Ocean Bill of Lading, Ocean B/L)。海运提单简称为提单(Bill of Lading, B/L),指用以证明海上货物运输合同和货物已经由承运人接受或者装船,以及承运人保证据以交付货物的单证。提单是海上货物运输合同的证明(Evidence of the Contract of Carriage),是证明货物已由承运人接管或已装船的货物收据(Evidence of Receipt for the Goods),是承运人保证凭以交付货物的物权凭证(Document of Title)。

(3) 装货清单(Loading List, L/L)。装货清单是根据装货联单中的托运单留底联,将全船待运货物按目的港和货物性质分类,依航次靠港顺序排列的装货单的汇总单。装货清单是大副编制积载计划的主要依据,也是供现场理货人员进行理货、港口安排驳运、进出库场以及掌握托运人备货及货物集中情况等的业务单据。当有增加或者取消货载的情况发生时,船方(通常是船舶代理人) 会及时编制"加载清单(Additional Cargo List)"或"取消清单(Cancelled Cargo List)",并及时分送各有关方。

(4) 载货清单(Manifest, M/F)。载货清单也称"舱单",是在货物装船完毕后,根据大副收据或提单编制的一份按卸货港顺序逐票列明全船实际载运货物的汇总清单。载货清单是国际航运实践中一份非常重要的通用单证,它是船舶办理报关手续时必备的单据;它是海关对进出口船舶所载货物进出国境进行监督管理的单证,如果船载货物在载货清单上没有列明,海关有权依据《中华人民共和国海关法》(以下简称《海关法》)的规定进行处理;它又是港方及理货机构安排卸货的单证之一。在我国,载货清单还是出口企业在办理货物出口后,申请退税,海关据以办理出口退税手续的单证之一。因此,在船舶装货完毕离港前,船方应由船长签认若干份载货清单,并留下数份随船同行,以备中途挂港或到达卸货港时办理进口报关手续时使用。另外,进口货物的收货人在办理货物进口报关手续时,载货清单也是海关办理验放手续的单证之一。

如果在载货清单上增加运费项目,则可制成载货运费清单(Freight Manifest, F/M)。

装货清单与载货清单的区别见表3-3。

表 3-3 装货清单与载货清单的区别

项目	装货清单（L/L）	载货清单（M/F）
汇总依据	托运单（B/N）留底联	大副收据/收货单（M/R）、提单（B/L）
汇总信息	对待装船货物的汇总	对已装船货物的汇总
制作时间	装船前	装船后
作用	①为积载计划提供依据 ②是理货等业务的单据	①是整艘船舶出口报关的必备单据（装货单是每票货物报关的必备单据） ②是出口退税单据之一 ③是卸货港安排卸货的单据 ④是卸货港海关放行的凭据

（5）货物积载图。出口货物在货物装船前，必须就货物装船顺序、货物在船上的装载位置等情况做出一个详细的计划，以指导有关方面安排泊位、货物出舱、下驳、搬运等工作。这个计划是以一个图表的形式来表示，即用图表的形式表示货物在船舱内的装载情况，使每一票货物都能被形象具体地表示出其在船舱内的位置，该图表就是通常所称的货物积载图（Stowage Plan）。在货物装船以前，大副根据装货清单上记载的货物资料制订货物积载计划。但是，在实际装船过程中，往往会因为各种客观原因，使装货工作无法完全按计划进行。当每一票货物装船后，应重新标出货物在舱内的实际装载位置，最后绘制成一份"货物积载图"。

（6）危险货物清单（Dangerous Cargo List）。危险货物清单是专门列出船舶所载运全部危险货物的明细表。其记载的内容除装货清单、载货清单所应记载的内容外，特别增加了危险货物的性能和装船位置两项。凡船舶载运危险货物都必须另行单独编制危险货物清单。船舶装运危险货物时，船方应向有关部门（我国海事局）申请派员监督装卸。在装货港装船完毕后由监装部门签发"危险货物安全装载证书"，这也是船舶载运危险货物时必备的单证之一。

在装货港，除以上单据外还会使用其他一些单证，如重大件清单（Heavy and Lengthy Cargo List）、剩余舱位报告（Space Report）、积载检验报告（Stowage Survey Report）等。

（7）提货单（Delivery Order，D/O）。提货单亦称"小提单"，是由船舶公司或代理签发给提单持有人或其他指定收货人的要求在规定时间和规定地点提取指定货物的单证。它既是收货人向仓库或场站提取货物的凭证，也是船公司或其代理对仓库或场站交货的通知。提货单的内容包括船名、货名、件数、数量、包装式样、提单号、收货人名称等。

提货单与提单完全不同，它只不过是船公司指令码头仓库或装卸公司向收货人交付货物的凭证，不具备流通或其他作用。因此，提货单上一般记有"禁止流通（Non-negotiable）"字样。

（8）过驳清单（Boat Note）。过驳清单是采用驳船作业时，根据卸货时的理货单证编制的作为证明货物交接和表明所交货物实际情况的单证。其内容包括：驳船名、货名、标志、号码、包装、件数、卸货港、卸货日期、舱口号等。过驳清单须由收货人、卸货公司、驳船经营人等收取货物的一方与船方共同签字确认。

（9）货物溢短单（Overlanded & Shortlanded Cargo List）。货物溢短单指一票货物所卸下的数量与载货清单（M/F）上所记载的数字不符，发生溢卸或短卸的证明单据。它是由理货员编制，并且必须经过船方和有关方（收货人或仓库）共同签字确认。

（10）货物残损单（Broken & Damaged Cargo List）。货物残损单指卸货完毕后，理货员根据卸货过程中发现的货物破损、水湿、水渍、渗漏、霉烂、生锈、弯曲变形等异常情况记录编制的证明货物残损情况的单据。它必须经船方签字确认。

过驳清单、货物溢短单、货物残损单是收货人向船公司提出损害赔偿要求的证明材料，也是船公司处理收货人索赔要求的原始资料和依据。货主在获取这三种单据时，应检查船方的签字。以上所述的十种单证中，前六种为在装货港编制使用的货运单证，后四种为在卸货港编制使用的单证。

杂货班轮货运主要单证汇总见表3-4。

表3-4 杂货班轮货运主要单证汇总

港口	单证		签发人或编制人	制作时间与制作依据	作用
装货港	装货联单	托运单（B/N）	托运人或其代理	托运货物之前；合同与信用证	申请订舱配载的书面凭证
		装货单（S/O）/关单/下货纸	托运人或其代理填制，船公司盖章确认	装船之前；B/N 和船舶配载情况	船公司或其代理确认订舱、出口货运的承诺；要求船长将货物装船承运的凭证；出口报关手续的必备单据
		收货单（M/R）/大副收据	船上大副签署给托运人	装船后；收货的实际情况	证明货物已经装船；证明承运人已经收到货物，并开始负责；托运人凭以换取提单的单证；签发已装船的清洁提单或不清洁提单的依据
	海运提单（B/L）		船公司或船代	装船完毕后；M/R	海上货物运输合同的证明；货物已由承运人接管或已装船的货物收据；是承运人保证凭以交付货物的物权凭证
	装货清单（L/L）		船公司或船代	装船前；B/N 留底联	为积载计划提供依据；是理货等业务的单据
	载货清单（M/F）		船公司或船代	装船后；M/R 或 B/L	是整艘船舶出口报关的必备单据（装货单是每票货物报关的必备单据）；是出口退税单据之一；是卸货港安排卸货的单据；是卸货港海关放行的凭据
	货物积载图		船上大副编制	船到港前绘制草图，装船后修改制出最终积载图；L/L	形象具体地表示每一票货物在船舱内的位置与装载情况；指导有关方面安排泊位、货物出舱、下驳、搬运等工作
	危险货物清单		船公司或船代	装船前	可详细列出船舶载运危险货物的情况；船舶载运危险货物时必备的单证之一

（续）

港口	单证	签发人或编制人	制作时间与制作依据	作用
卸货港	提货单（D/O）	船公司或船代	到货后；B/L	收货人向仓库或场站提取货物的凭证；船公司或其代理对仓库或场站交货的通知
卸货港	过驳清单 货物溢短单 货物残损单	理货人员编制，船方签字确认	卸船后；理货单证	收货人向船公司提出损害赔偿要求的证明材料；船公司处理收货人索赔要求的原始资料和依据

2. 杂货班轮货运单证的流转程序

杂货班轮货运及主要货运单证流转程序如图3-5所示。

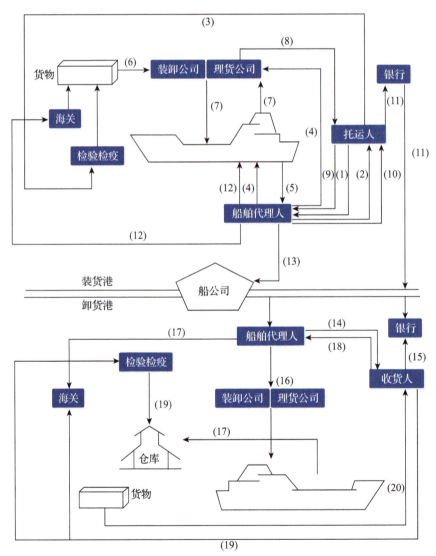

图3-5 杂货班轮货运单证流转程序图

（1）托运人在装货港向船公司或船舶代理人（简称船代）提出货物装运申请，递交托运单（B/N），填写装货联单。

（2）船公司同意承运后，其代理人指定船名，核对装货单（S/O）与托运单（B/N）上的内容无误后，将托运单留底联留下，签发装货单（S/O）给托运人，要求托运人将货物及时送至指定的码头仓库。

（3）托运人持装货单（S/O）及有关单证向海关办理货物出口报关、验货放行手续，海关在装货单（S/O）上加盖放行图章后，货物准予装船出口。

（4）装货港的船舶代理人根据留底联编制装货清单（L/L）送船舶及理货公司、装卸公司。

（5）大副根据装货清单（L/L）编制货物积载计划（Stowage Plan）交代理人分送理货公司、装卸公司等按计划装船。

（6）托运人将经过检验检疫、海关放行的货物送至指定的码头仓库准备装船。

（7）货物装船后，理货长将装货单（S/O）转交大副，大副核实无误后留下装货单（S/O）并签发收货单（M/R）。

（8）理货长将大副签发的收货单（M/R）转交给托运人。

（9）托运人持收货单（M/R）到装货港的船舶代理人处付清运费（预付运费情况下），换取正本已装船提单（B/L）。

（10）装货港的船舶代理人审核无误后，留下收货单（M/R），签发已装船提单（B/L）给托运人。

（11）托运人持已装船提单（B/L）及有关单证到议付银行办理结汇（在信用证支付方式下），取得货款，议付银行将已装船提单（B/L）及有关单证邮寄开证银行。

（12）货物装船完毕后，装货港的船舶代理人编制出口载货清单（M/F）送船长签字后向海关办理船舶出口手续，并将载货清单（M/F）交船随带，船舶起航。

（13）装货港的船舶代理人根据已装船提单（B/L）副本或收货单（M/R）编制出口载货运费清单（F/M）连同已装船提单（B/L）副本或收货单（M/R）送交船公司结算代收运费，并将卸货港所需单证寄给卸货港的船舶代理人。

（14）卸货港的船舶代理人接到船舶抵港电报后，通知收货人船舶到港日期，做好提货准备。

（15）收货人到开证银行付清货款取回已装船提单（B/L）（在信用证支付方式下）。

（16）卸货港的船舶代理人根据装货港的船舶代理人寄来的货运单证，编进口载货清单（M/F）及有关船舶进口报关和卸货所需的单证，约定装卸公司、理货公司，联系安排泊位，做好接船及卸货准备工作。

（17）船舶抵港后，卸货港的船舶代理人随即办理船舶进口手续，船舶靠泊后即开始卸货。

（18）收货人持正本已装船提单（B/L）向卸货港的船舶代理人处办理提货手续，付清应付的费用后，换取代理人签发的提货单（D/O）。

（19）收货人办理货物进口手续，支付进口关税。

（20）收货人持提货单（D/O）到码头仓库或船边提取货物。

二、整箱集装箱班轮货运

（一）集装箱整箱货进口货运代理业务流程

1. FOB 条件下的业务流程

FOB 条件下整箱货进口货运代理业务流程如图 3-6 所示。

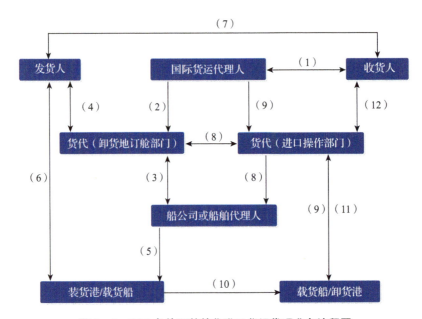

图 3-6　FOB 条件下整箱货进口货运代理业务流程图

（1）收货人与货代建立货运代理关系。
（2）货代办理卸货地订舱（Home Booking）业务前要落实货单齐备。
（3）货代填制货物清单后，向船公司办理订舱手续，船公司进行订舱确认。
（4）货代通知发货人及装货港代理人。
（5）船公司安排载货船舶抵装货港。
（6）发货人将货物交给船公司，货物装船后发货人取得有关运输单证。
（7）发货人与收货人之间办理交易手续及单证。
（8）货代需掌握船舶动态，收集、保管好有关单证。
（9）货代及时办理进口货物的单证及相关手续。
（10）船舶抵卸货港卸货，货物入库、进场。
（11）办理货物进口报关等手续后凭提货单到现场提货（特殊情况下可在船边提货）。
（12）货代将货物交接给收货人，并办理空箱回运到空箱堆场等事宜。

2. CFR、CIF 条件下的业务流程

CFR、CIF 条件下整箱货进口货运代理业务流程如图 3-7 所示。

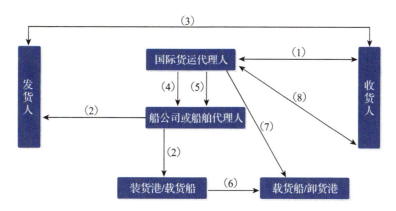

图 3-7 CFR、CIF 条件下整箱货进口货运代理业务流程图

（1）收货人与货代建立货运代理关系。
（2）船公司装船，装船后签发提单给发货人。
（3）发货人向收货人发出装船通知（尤其在 CFR 条件下，收货人需要据其办理保险）。
（4）货代需掌握船舶动态，收集、保管好有关单证。
（5）货代及时办理进口货物的单证及相关手续。
（6）船舶抵卸货港卸货，货物入库、进场。
（7）办理货物进口报关等手续后凭提货单到现场提货（特殊情况下可在船边提货）。
（8）货代将货物交接给收货人，并办理空箱回运到空箱堆场等事宜。

▶▶ 海运实训 1：整箱货物进口业务 ◀◀

【实训目标】
通过让学生模拟操作办理国际货代海运整箱进口业务，达到以下目的：
（1）使学生了解办理国际货代海运整箱进口业务的基本流程、步骤。
（2）使学生了解业务办理涉及的各参与方及有关收费项目。
（3）使学生能够填制海运整箱进口业务的相关单证。
（4）使学生能够完成国际货代海运整箱进口业务流程。

【背景介绍】
2017 年 3 月，广州美丽人外贸有限公司（单位代码：440195××××）经理何丹准备进口一个整柜（40'GP）塑料板，货价 CIF59 000 美元（1 美元 = 6.67 元人民币），该货物从韩国釜山运到中国广州。欲委托广州羊城国际货运代理有限公司（单位代码：440195××××）办理海运进口等一揽子手续。

【角色说明】
学生 A：广州羊城国际货运代理有限公司（Guangzhou Yangcheng International Freight Forwarding Co., Ltd.）业务经理李丽。
学生 B：广州美丽人外贸有限公司（Guangzhou Beauty People Foreign Trade Co., Ltd.）经理何丹。
学生 C：船代经理张志豪。

【实训步骤】
考核一：让学生描述正确的海运整箱进口业务流程及注意事项，分数值 10 分。
场景一：2017 年 3 月 15 日上午 9 时，广州美丽人外贸有限公司经理何丹打电话给广州羊城国际货运代理有限公司业务经理李丽询问办理一个 40'GP 整柜塑料板的整套进口手续的费用。李丽发给何丹一份报价单,何丹同意按照所列价格办理进口手续。同时李丽查询本批塑料板商品编码为 3920300000,稍后报价给何丹,达成协议后何丹将全套清关单据发给李丽。

考核二:(1)货代应收费用总额计算,分数值 10 分。
(2)海关关税、附加税计算,分数值各占 5 分,共 10 分。
(3)列举清关单据,分数值 10 分。

场景二:之后李丽打电话给船代经理张志豪,得知 2017 年 3 月 17 日船舶到达黄埔港,第二天可以换单,3 月 18 日李丽在船代处缴费换单。

场景三:稍后李丽到南沙海关大厅进行申报,海关官员审核申报资料无误并无异议后在报关底单和提货单上分别加盖放行章退回给李丽。

考核三:(1)报关单填制,分数值 20 分。
(2)注意事项:①货物是否需要报检及其他的进口许可证,分数值 5 分;②每个环节的签收,分数值 5 分。

场景四:李丽持相关单据来到船代处,提取货物并运送给客户,并与客户结算清了所有的费用,之后将空箱运回,与船代办结手续。

考核四:(1)提取货物所需的手续及单证,分数值 15 分。
(2)集装箱提取及回运所需的手续及单证,分数值 15 分。

(二)集装箱整箱货出口货运代理业务流程

集装箱整箱货出口货运代理业务流程如图 3-8 所示。

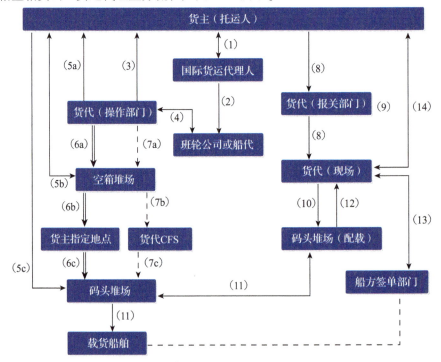

图 3-8 集装箱整箱货出口货运代理业务流程图

(1) 货主与货代建立货运代理关系。

(2) 货代填写托运单证,及时订舱。

(3) 订舱后,货代将有关订舱信息通知货主或将"配舱回单"转交货主。

(4) 货代向班轮公司或船代申请用箱,取得设备交接单(EIR)后,就可以凭以到空箱堆场提取所需的集装箱。随后的工作是提取空箱、装箱并制作集装箱装箱单(CLP)、交装有货物的重箱,该项工作有三种操作方式(分别用单线、双线、虚线表示),在实践中只选其中一种操作方式。其中每种方式均有三步详细步骤,分别用(5a)、(5b)、(5c),(6a)、(6b)、(6c),(7a)、(7b)、(7c)表示。

(5a)、(5b)、(5c) 货主"自拉自送"时,先从货代处取得 EIR,然后提空箱,装箱后制作 CLP,并按要求及时将重箱送码头堆场,即集中到港区等待装船。

(6a)、(6b)、(6c) 货代提空箱至货主指定地点装箱,制作 CLP,然后将重箱"集港"。

(7a)、(7b)、(7c) 货主将货物送到货代集装箱货运站(CFS),货代提空箱,并在 CFS 装箱,制作 CLP,然后"集港"。

(8) 货主委托货代代理报关、报检,办妥有关手续后将单证交货代现场。

(9) 货主也可自行报关,并将单证交货代现场。

(10) 货代现场将办妥手续后的单证交码头堆场配载。

(11) 配载部门制订装船计划,经船公司确认后实施装船作业。

(12) 实践中,在货物装船后货代可以取得场站收据(D/R)正本。

(13) 货代可凭 D/R 正本到船方签单部门换取 B/L 或其他单据。

(14) 货代将 B/L 等单据交货主。

▶▶ 海运实训 2:整箱货物出口业务 ◀◀

【实训目标】

通过让学生模拟操作办理国际货代海运整箱出口业务,达到以下目的:

(1) 使学生掌握办理国际货代海运整箱出口业务的基本流程、步骤。

(2) 使学生了解业务办理涉及的各参与方及有关收费项目。

(3) 使学生能够填制海运整箱出口的相关单证。

(4) 使学生能够完成国际货代海运整箱出口业务流程。

【背景介绍】

2017 年 6 月,广州美丽人外贸有限公司(单位代码:440195×××)经理陈静准备出口一批冰柜(Chest Freezer),货价 FOB37 200 美元(1 美元 =6.67 元人民币),总毛重 85 900kg,目的地伊拉克乌姆盖茨尔。欲委托广州羊城国际货运代理有限公司(单位代码:440195×××)办理海运出口拖车报关等一揽子手续。

【角色说明】

A:广州羊城国际货运代理有限公司(Guangzhou Yangcheng International Freight Forwarding Co.,Ltd.)业务经理戴俊。

B：广州美丽人外贸有限公司（Guangzhou Beauty People Foreign Trade Co., Ltd.）经理陈静。

C：阳明船舶有限公司（Yang Ming Marine Transport Corp.）经理李诚。

【实训步骤】

考核一：让学生描述正确的海运整箱出口业务流程及注意事项，分数值 10 分。

场景一：2017 年 6 月 8 日上午 9 时，广州美丽人外贸有限公司（以下简称美丽人公司）经理陈静打电话给广州羊城国际货运代理有限公司（以下简称羊城货代公司）业务经理戴俊询问办理 10 个 40ft 高柜多功能面包烤炉出口到乌姆盖茨尔的整套出口手续的费用，同时约定使用阳明船舶有限公司或长荣海运的船舶。戴俊发给陈静一份报价单，陈静同意按照所列价格办理出口手续，并约好 6 月 15 日装船。

考核二：(1) 货代应收费用总额计算，分数值 10 分。

(2) 出口委托手续办理，分数值 10 分。

场景二：之后戴俊打电话给阳明船舶有限公司（以下简称阳明船公司）经理李诚订舱并确认，6 月 14 日订舱确认并从李诚处取得 S/O，戴俊将 S/O 发给陈静盖章确认并给回后，约定于 15 日早上 9 时前往美丽人公司仓库装货。

场景三：15 日上午装货完毕并将 10 个高柜用拖车拉到黄埔港码头，戴俊收到陈静的整套报关资料，并根据重柜纸和报关资料内容发送配船资料给阳明船公司的驳船操作部门，请驳船操作部门安排驳船将 10 个高柜由广州转运去我国香港。

场景四：羊城货代公司的报关员根据全部报关资料填写报关单，之后向海关发送电子数据，数据通过后，将全套纸质申报资料整理好向黄埔港海关递交，海关审核申报内容无异议后在报关底单、出口核销单上加盖放行章，报关员将盖有放行章的其中一联报关单交给船公司码头相关部门，取得船公司签发的收讫函，而后将收讫函发给戴俊。

考核三：(1) 订舱确认并办理装运前手续，分数值 10 分。

(2) 报关单填制，分数值 20 分。

(3) 注意事项：①货物是否需要报检及其他的出口许可证，分数值 5 分；②每个环节的签收，分数值 5 分。

场景五：随后戴俊将账单明细发给陈静，陈静确认无误后支付了款项，戴俊收到款项后由船公司处取得正本提单并快递给了陈静，稍晚后将其他单证一并快递到美丽人公司。

考核四：(1) 正本提单办理手续及注意事项，分数值 15 分。

(2) 列举其他出口单证，分数值 15 分。

（三）集装箱整箱进出口货运主要单证

货主委托货代办理运输的单证可分为基本单证和特殊单证。基本单证是指通常每批货物都须具备的单证，有出口货运代理委托书、进出口货物报关单、外汇核销单、商业发票以及包括装箱单、重量单（磅码单）、规格单在内的包装单据等。

特殊单证是指在基本单证外，根据国家规定，按不同商品、不同业务性质、不同出口地区需要向有关主管机关及海关交验的单证，如出口许可证、配额许可证、商检证、动植物检疫证、卫生证书、危险货物申请书、包装性能检验结果单、品质证书、原产地证书等。

1. 出口货运代理委托书

出口货运代理委托书（Entrusting Order for Export Goods）又称为委托书，它是委托方（被代理人或出口企业）向被委托方（货运代理人）提出的一种"要约"，被委托方一经书面确认即意味着双方之间契约行为的成立。委托书详列托运的各项资料、委托办理事项以及工作要求，它是货运代理人的工作依据。委托书的主要内容有委托单位名称与编号、托运货物内容、装运事项、提单记载事项、货物交运日期及交运方式、货物备妥日期、集装箱运输有关事项。

2. 场站收据

我国从1990年开始进行集装箱多式联运工业性试验，简称"集装箱工试"。该项工业性试验虽已结束，但其中的三大单证原理一直使用至今。三大单证是：出口时使用的"场站收据（Dock Receipt，D/R）"联单、进口时使用的"交货记录"联单和进出口时都需要使用的"设备交接单"联单。现代海上班轮运输以集装箱运输为主，为简化手续，规定以场站收据作为集装箱货物的托运单。

场站收据经承运人或其代理人签收，即表明承运人已收到货物，责任随之开始，发货人即可凭已签收的场站收据换取提单。现行集装箱货物出口中使用的场站收据由发货人或其代理人填制，并根据业务需要送交相关部门，以取得货物舱位、出口放行、获准装船等。

下面以在上海口岸进行"集装箱工试"的场站收据联单为例，介绍其各联的设计和用途：

第一联：货主留底联（早先托运单由货主填制后将此联留存，故列第一联）。

第二联：船代留底联（此联盖有货主的公章或订舱章，船代据以填制载货清单，船公司据以编制预配图）。

第三联：运费通知1（船代在此联上批注运价，作为船代结算部门办理运费结算的参考依据）。

第四联：运费通知2（此联作为货代向发货人办理运费结算的参考依据）。

第五联：装货单（此联又称场站收据副本或关单，船代在此联上盖订舱章，表示确认接受发货人的订舱申请；海关凭此联接收出口报关申报，经查验合格后在此联盖海关放行章）。

第五联（附页）：缴纳出口货物港务申请书（此联是港区核算应收港务费用的单据）。

第六联（浅红色）：场站收据副本大副联（此联为理货单据，表示大副已代表船方接收了单据上的货物，一般由理货公司签署后将此联留存）。

第七联（黄色）：场站收据正本（此联又称收货单或大副收据，在货物装船后由大副签字和批注，表示所列货物已经装船；装船结束后，船代凭此联签发已装船提单）。

第八联：货代留底联（此联由货运代理公司留存以备查询、编制货物流向单）。

第九联：配舱回单1（配舱后交还发货人，发货人凭此联填制提单；如果由货运代理统一填制提单，则由货代留存此联）。

第十联：配舱回单2（根据此联回单批注修改提单）。

如果由货运代理统一填制提单，则第九联、第十联不需退还发货人。一式十联的场站收据联单的流转程序如图 3-9 所示。

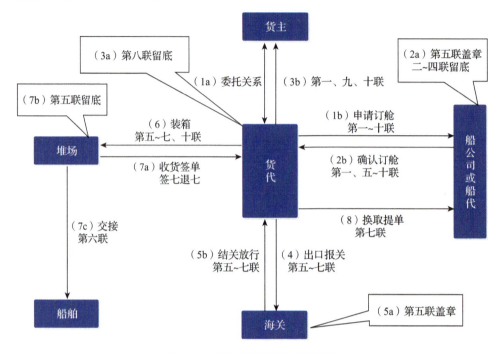

图 3-9 场站收据联单的流转程序

（1a）、（1b）货主委托货运代理人代办托运手续，货运代理接受托运人的委托后填制一式十联的场站收据，送船公司或船代申请订舱。

（2a）、（2b）船公司或船代经审核确认接受订舱申请，在第五联（装货单联）加盖确认订舱章，确定船名航次，给每票货物一个提单号，并将提单号填入各联相应栏目，然后留下二~四联，其余的第一、五~十联退还托运人或货代；如果由货代填制单证，则不需退还托运人。

（3a）、（3b）货代留下第八联（货代留底联）用于编制货物流向单及作为留底以备查询，将第一联（货主留底联）交由货主留存以备查询，并将第九联（配舱回单1）、第十联（配舱回单2）退给托运人作为填制提单和其他货运单证的依据。

（4）货代将第五~七联（已盖章的装货单联、缴纳出口货物港务申请书联、场站收据副本大副联、场站收据正本联）随同报关单和其他出口报关用的单证向海关办理货物出口报关手续。

（5a）、（5b）海关接受报关申报后，经过查验合格、征收关税后对申报货物进行放行，在第五联（装货单联）上加盖海关放行章，并将五~七联退还给货代。

（6）货代将退回的第五~七、十联随同集装箱或待装货物送装箱地点（货主指定地方、CY 或 CFS）装箱。

（7a）、（7b）、（7c）CY 或 CFS 查验集装箱或货物后，先查验第五联的海关放行章，再检查进场货物的内容、箱数、货物总件数是否与单证相符。若无异常情况则在第七联（场站收据正本联）上加批实收箱数并签字，加盖场站收据签证章，在第十联（配舱回单 2）上签章；如实际收到的集装箱货物与单证不符，则需在第五联、第十联上做出批注，并将其退还货代或货主，而货代或货主则须根据批注修改已填制的提单等单证。场站留下第五、六联：第五联（装货单联）归档保存以备查询；第五联附页用来向托运人或货代结算费用；第六联（场站收据副本大副联）连同配载图应及时转交理货部门，由理货员在装船完毕后交船上大副留底。第七联（场站收据正本联）应退回托运人或货代。

（8）托运人或货代拿到第七联（场站收据正本联），并凭此要求船代签发正本提单（装船前可签发收货待运提单，装船后可签发已装船提单）。但在实际业务中，托运人或货代并不取回第七联，而是在集装箱装船4h内，由船代在港区和现场人员与港区场站签证组交接将其带回，船代据此签发已装船提单。

3. 危险品清单

危险品清单（Dangerous Cargo List）是集装箱货物内装危险货物的汇总清单。危险货物的托运人在托运危险货物时，必须根据有关危险货物运输和保管的法规事先向船公司或其代理人提交危险品清单。托运人在将危险品货物运至 CY 或 CFS 时，必须提交危险品清单，由堆场管理人员汇总交船方。此外，所有危险品货物都必须粘贴规定的危险品标志，内装危险货物的集装箱也必须按规定粘贴特制的危险品标志。

4. 冷藏集装箱清单

冷藏集装箱清单（List of Reefer Container）是装载冷冻货物或冷藏货物的冷藏集装箱的汇总清单。托运人在托运冷冻或冷藏货物时，都应要求承运人在运输和保管过程中，将冷藏集装箱的箱内温度控制在一定的范围内，并且要求承运人在运输和保管货物方面承担高于普通货物的责任。托运人向承运人和集装箱堆场提供的冷藏集装箱清单上，必须逐箱填明货物的名称和指定的温度范围等各项内容，并交集装箱堆场由堆场业务人员汇总后转交船方。

5. 集装箱预配清单

集装箱预配清单是船公司为集装箱管理需要而设计的一种单据，对于该清单格式及内容，各船公司的规定大致相同，一般有提单号、船名、航次、货名、件数、毛重、尺码、目的港、集装箱类型、尺寸和数量、装箱地点等。货运代理人在订舱时一批一单，或数批分行列载于一单，按订舱单内容填制后随同订舱单据送船公司或其代理人；船公司配载后将该清单发给空箱堆存点，据以核发设备交接单及待领的空箱。该单据并非各个港口都使用。

6. 集装箱发放通知单

集装箱发放通知单（Container Release Order）又称空箱提交单（Equipment Dispatch Order），是船公司或其代理指示集装箱堆场将空集装箱及其他设备提交给本单证持有人的书面凭证。船公司或其代理根据订舱清单向发货人（FCL）或集装箱货运站（LCL）签发发放通知单，并通知集装箱堆场。在货主或集装箱货运站向集装箱堆场领取集装箱时需出示该单证，而集装箱堆场只向持有本单证的人发放空箱。该单证一式三联，由船公司或其代理签发，除自留一联备查外，发货人或集装箱货运站和集装箱堆场各持一联。

7. 集装箱设备交接单

集装箱设备交接单（Equipment Interchange Receipt，EIR）简称设备交接单（Equipment Receipt，E/R），是集装箱所有人或其代理人签发的用以进行集装箱及其他设备的发放、收受等移交手续并证明移交时箱体状况的书面凭据。在集装箱出口过程中，用箱人、运箱人先到集装箱所有人指示的堆场提取空箱，装箱后再将装有货物的重箱交到装货港码头堆场；在集装箱进口过程中，用箱人、运箱人先到卸货港码头堆场提取装有货物的重箱，卸箱、拆箱后再将空箱交换到指定的堆场。该单证兼有发放集装箱的凭证功能，所以它既是一种交接凭证，又是一种发放凭证。

集装箱设备交接单分进场设备交接单（IN）和出场设备交接单（OUT），每种交接单一式三联，分别为船公司或其代理联、码头或堆场联、用箱人或运箱人联。设备交接单的流转程序如图 3‑10 所示。

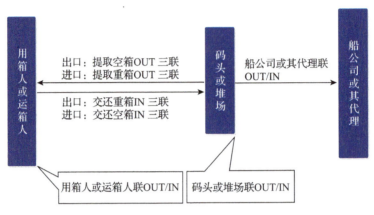

图 3‑10 设备交接单的流转程序

（1）船公司填制 EIR 交用箱人或运箱人。

（2）在集装箱出口业务中，用箱人或运箱人到码头堆场提取空箱时出示 EIR（OUT 联），由经办人员对照 EIR，检查集装箱外表状况后，双方签字，码头或堆场留下码头或堆场联、船公司或其代理联，将用箱人或运箱人联退还给用箱人或运箱人，码头或堆场将留下的船公司或其代理联交还给船公司；当用箱人装箱后交还重箱给码头或堆场时出示 EIR（IN 联），由经办人员对照 EIR 检查箱体后，双方签字，码头或堆场留下码头或堆场联、船公司或其代理联，将用箱人或运箱人联退还给用箱人或运箱人，码头或堆场将留下的船公司或其代理联交还给船公司。

（3）在集装箱进口业务中，用箱人或运箱人到码头堆场提取重箱时出示 EIR（OUT 联），由经办人员对照 EIR，检查集装箱外表状况后，双方签字，码头或堆场留下码头或堆场联、船公司或其代理联，将用箱人或运箱人联退还给用箱人或运箱人，码头或堆场将留下的船公司或其代理联交还给船公司；当用箱人拆箱后交还空箱给码头或堆场时出示 EIR（IN 联），由经办人员对照 EIR 检查箱体后，双方签字，码头或堆场留下码头或堆场联、船公司或其代理联，将用箱人或运箱人联退还给用箱人或运箱人，码头或堆场将留下的船公司或其代理联交还给船公司。

8. 集装箱装箱单

集装箱装箱单（Container Load Plan，CLP）是详细记载集装箱内货物名称、数量等内容的单据。每个载货集装箱都要制作这样的单据，它是根据已装进集装箱内的货物制作的。不论是由发货人自己装箱（FCL），还是由集装箱货运站负责装箱（LCL），负责装箱的人都要制作装箱单。集装箱装箱单是详细记载每一个集装箱内所装货物详细情况的唯一单据，所以在以集装箱为单位进行运输时，集装箱装箱单是一张极为重要的单据。集装箱装箱单的主要作用有：①作为发货人、集装箱货运站与集装箱码头堆场之间货物的交接单证；②作为向船公司通知集装箱内所装货物的明细表；③单据上所记载的货物与集装箱的总重量是计算船舶吃水差、稳性的基本数据；④在卸货地点是办理集装箱保税运输的单据之一；⑤当发生货损时，是处理索赔事故的原始单据之一；⑥是卸货港集装箱货运站安排拆箱、理货的单据之一。

各港口使用的装箱单大同小异，上海港使用的集装箱装箱单一式五联，由码头联、船代联、承运人联各一联以及发货人/装箱人联两联组成。装箱单的流转程序如下：

（1）装箱人将货物装箱，填制实际装箱单一式五联，并在装箱单上签字。

（2）五联装箱单随同货物一起交付给拖车司机，指示司机将集装箱送至集装箱堆场，在司机接箱时应要求司机在装箱单上签字并注明拖车号。

（3）集装箱送至堆场后，司机应要求堆场收箱人员签字并写明收箱日期，以作为集装箱已进港的凭证。

（4）堆场收箱人在五联单上签章后，留下码头联、船代联和承运人联（码头联用以编制装船计划，船代联和承运人联分送给船代和承运人用以填制积载计划和处理货运事故），并将发货人/装箱人联退还给发货人或货运站。发货人或货运站除留一份发货人/装箱人联备查外，将另一份送交发货人，以便发货人通知收货人或卸箱港的集装箱货运站，供拆箱时使用。

9."交货记录"联单

在集装箱班轮运输中普遍采用"交货记录"联单代替杂货班轮运输中的"提货单"。"交货记录"联单的性质实际上与"提货单"一样，仅仅是在其组成和流转程序方面有所不同。

"交货记录"标准格式一套共五联，包括到货通知书、提货单、费用账单（蓝色）、费用账单（红色）、交货记录。"交货记录"联单的流转程序如下：

（1）船舶代理人在收到进口货物单证资料后，通常会向收货人或其代理人发出到货通知书。

（2）收货人或其代理人在收到"到货通知"后，凭正本提单（背书）向船舶代理人换取提货单、场站、港区的费用账单联和交货记录联共四联。提货单经船代盖章方始有效。

（3）收货人或其代理人持提货单在海关规定的期限内备妥报关资料，向海关申报。海关验放后在提货单的规定栏目内盖放行章。收货人或其代理人还要办理其他有关手续的，也应办妥手续，取得有关单位盖章放行。

（4）收货人及其代理人凭已盖章放行的提货单及场站、港区的费用账单联和交货记录联向场站或港区的营业所办理申请提货作业计划；港区或场站营业所核对"提货单"是否有效及有关放行章后，将提货单和场站、港区的费用账单联留下，作为放货、结算费用凭证及收费收据。在第五联"交货记录"联上盖章，以示确认手续完备，受理作业申请，安排提货作业计划，并同意放货。

（5）收货人或其代理人凭港区或场站已盖章的交货记录联到港区仓库或场站仓库、堆场提取货物，提货完毕后，提货人应在规定的栏目内签名，以示确认提取货物无误。交货记录上所列货物数量全部提完后，场站或港区应收回交货记录联。

（6）场站或港区凭收回的交货记录联核算有关费用，填制场站、港区的费用账单一式两联，结算费用。将第三联（蓝色）"费用账单"联留存场站、港区制单部门，第四联（红色）"费用账单"联作为向收货人收取费用的凭证。

（7）港区或场站将第二联"提货单"联及第四联"费用账单"联、第五联"交货记录"联留存归档备查。

10. 卸货报告或拆箱报告

卸货报告或拆箱报告（Outturn Report or Unstuffy Report）是集装箱堆场或货运站在交付货物后，将交货记录中记载的批注，按不载货的船名分船编制的表明交货状态的批注汇总清单。在集装箱堆场和货运站完成了整箱货或拼箱货的交付后，须及时汇集交货记录上所做的批注，填制卸货报告或拆箱报告送交船公司。卸货报告是船公司理赔的重要依据。

11. 待提箱报告或待提货报告

待提箱报告或待提货报告（Report of Un-delivery Container or Report of Un-delivery Cargo）是由集装箱堆场或货运站编制并送交船公司的，表明经过一段时间尚未疏运的、仍滞留在堆场或货运站的重箱或货物的书面报告。据此，船公司可向收货人发出催提货的通知，以利于疏港和加速集装箱的周转。

以上的单证中，前八种用于集装箱出口业务中，后三种与设备交接单用于集装箱进口业务，设备交接单是进出口都使用的一种重要单证。

三、集装箱拼箱货运代理业务流程

集装箱运输的货物分为整箱货与拼箱货。有条件的货代公司作为无船承运人也能承办拼箱业务。集拼（Consolidation，Consol）指接受客户尺码或重量达不到整箱要求的小批量货物，把不同收货人、同一卸货港的货物集中起来，拼凑成一个20ft或40ft整箱的做法。

货代承办集拼业务必须具备以下条件：①具有集装箱货运站（CFS）、装箱设施和装箱能力；②与国外卸货港有拆箱分运能力的航运或货运企业建有代理关系；③经政府部门批准有权从事集拼业务并有权签发自己的House B/L。

（一）拼箱业务流程

集拼业务操作复杂，在拼箱时要区别货种，根据货物的性质合理组合，待拼成一个20ft或40ft箱时即可向船公司或其代理人订舱。

集拼的每票货物都要填制一套托运单（场站收据），并附于一套汇总的托运单（场站收据）上，例如，有四票货物拼成一个集装箱，这四票货物必须按其货名、数量、包装、重量、尺码等各自填制托运单（场站收据），另外填制一套总的托运单（场站收据），货名可填为"集拼货物"，数量是总的件数，重量、尺码都是四票货物的汇总数，目的港是统一的，关单（提单）号也是统一编号，而四票分单的关单（提单）号则在这个统一编号之尾缀以A、B、C、D区分。货物出运后船公司或其代理人按总单签一份海运提单（Ocean B/L），托运人是货代公司，收货人是货代公司的卸货港代理人。货代公司根据海运提单，按四票货物的托运单（场站收据）内容签发四份仓至仓提单（House B/L），House B/L编号按海运提单号，尾部分别缀以A、B、C、D，其内容则与各托运单（场站收据）相一致，分发给各托运单位银行据以办理结汇。

另外，货代公司须将船公司或其代理人签发给他的海运提单正本连同自签的各House B/L副本快邮其卸货港代理人，代理人在船到时向船方提供海运提单正本，提取该集装箱到自己的货运站（CFS）拆箱，通知House B/L中各个收货人持正本House B/L前来提货。图3-11为拼箱业务流程示意图。

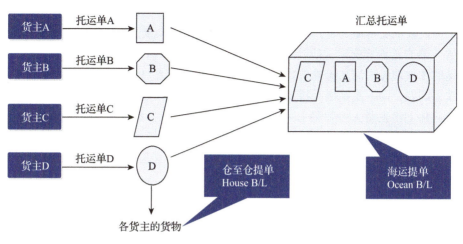

图 3-11 拼箱业务流程图

（1）A、B、C、D 不同货主（发货人）将不足一个集装箱的货物（LCL）交集拼经营人。

（2）集拼经营人将拼箱货拼装成整箱货后，向班轮公司办理整箱货物运输。

（3）整箱货装船后，班轮公司签发提单（Ocean B/L）或其他单据（如海运单）给集拼经营人。

（4）集拼经营人在货物装船后也签发自己的提单（House B/L）给每一个货主（发货人）。

（5）集拼经营人将货物装船及船舶预计抵达卸货港等信息告知其卸货港的机构（代理），同时，将班轮公司 B/L 及 House B/L 的复印件等单据交卸货港代理人，以便向班轮公司提货和向收货人交付货物。

（6）货主之间办理包括 House B/L 在内有关单证的交接。

（7）集拼经营人在卸货港的代理人凭班轮公司的提单等提取整箱货。

（8）A、B、C、D 不同货主（收货人）凭 House B/L 等在 CFS 提取拼箱货。

海运提单（Ocean B/L）与仓至仓提单（House B/L）的区别见表 3-5。

表 3-5 海运提单（Ocean B/L）与仓至仓提单（House B/L）的区别

项目	海运提单（Ocean B/L）	仓至仓提单（House B/L）
发货人	出口地的无船承运人（NVOCC）	真正的发货人
收货人	NVOCC 进口地的代理人	真正的收货人
承运人	班轮公司	NVOCC
流转方式	通过快递邮寄	通过银行
运输条款	CY-CY	CFS-CFS
可否用来银行结汇	不可以	可以
可否用来向船公司提货	可以	不可以

（二）拼箱托运时的注意事项

（1）拼箱货一般不能接受指定某具体船公司。船公司只接受整箱货物的订舱，而不直接接受拼箱货的订舱，只有通过货运代理（个别实力雄厚的船公司通过其物流公司）将拼箱货拼整后才能向船公司订舱，几乎所有的拼箱货都是通过货代公司"集中办托，集中分拨"来实现运输的。一般的货运代理由于货源的局限性，只能集中向几家船公司订舱，很少能满足指定船公司的需求，因此在成交拼箱货时，一般不接受指定船公司，以免在办理托运时无法满足要求。

（2）在与客户洽谈成交时，应特别注意相关运输条款，以免对方的信用证（L/C）开出后在办理托运时才发现无法满足运输条款。实际操作中时常遇到 L/C 规定拼箱货运输不接受货运代理的提单，因船公司不直接接受拼箱货的订舱，船公司的海运提单是出给货代的，而由货代再签发 House B/L 给发货人；如果 L/C 规定不接受货代 B/L，那么实际运输办理时就无选择空间，就会造成 L/C 的不符。又如，在办理运输时，发现一份托单注明："Goods must be shipped in container on LCL basis and Bill of Lading to evidence the same and to show that all LCL. Handling charges, THC and delivery order charges at the port of discharges are prepaid."从上面这段 L/C 的原文可以看出，收货人将本应由他承担的费用全部转嫁到了发货人身上，这是贸易洽谈时发货人与客户并未就运输条款详细磋商所致。

（3）拼箱货的运费吨力求做到准确。拼箱货交货前，应要求工厂尽可能准确地测量货物的重量和尺码；送货到货代指定的仓库存放时，仓库一般会重新测量，并会以重新测量的尺码及重量为收费标准。如遇工厂更改包装，应要求工厂及时通知，否则等到货送到货代仓库时，通过货代将信息反馈回来，往往时间已经很紧，再更改报关单据，很容易耽误报关，或产生加急报关费和冲港费等。

（4）有些港口因拼箱货源不足、成本偏高等原因，专做拼箱的货代公司对货量较少的货物采取最低收费标准，如最低起算为 2FT（运费吨）；即不足 2FT，一律按 2FT 计价收费。因此，对货量较小、港口较偏的货物在成交时要多考虑一些这样的因素，以免日后被动。

（5）对于一些航线及港口较偏僻，并且客户提出要交货到内陆点的拼箱货物，成交签约前最好先咨询，确认有船公司及货代公司可以承接办理这些偏僻港口、内陆点交货的业务，并确认相关费用后再签约。

（6）各地海关对敏感性和受商标产权保护的商品将重点查验。对于涉及知识产权的货物，应提前填妥"知识产权申报表"，无论有无品牌，也无论是本公司或工厂注册的商标，还是客户定牌，都应事前准备妥相关的注册商标资料或客户的授权书；对于货物品种繁多，一票托单中有多种不同类型的商品，制单时应详尽罗列各种货名及货号，不要笼统用一个大类商品编码代替，否则当海关查验时若发现单据与实际货物不符，很可能不予放行。

▶▶ 海运实训 3：拼箱货物出口业务 ◀◀

【实训目标】

通过让学生模拟操作办理国际货代海运拼箱出口业务，达到以下目的：

（1）使学生掌握办理国际货代海运拼箱出口业务的基本流程、步骤。
（2）使学生了解业务办理涉及的各参与方及有关收费项目。
（3）使学生能够填制海运拼箱出口的相关单证。
（4）使学生能够完成国际货代海运拼箱出口业务流程。

【背景介绍】

2017 年 5 月 20 日和 22 日广州羊城国际货运代理有限公司（单位代码：440195××××）经理张哲分别接到两位客户的订舱委托，目的港同为约旦 AQABA（亚喀巴），货物均由货主自行送到货代指定的地点,其中广州信达进出口有限公司委托报关,广州新兴贸易有限公司自行报关。具体货物信息见表 3-6。

表 3-6 具体货物信息

发货人	货物品名	数量	重量	体积	最迟装运期	唛头
广州信达进出口有限公司 林欣	烤炉	20 箱	NET:1 200kg GROSS:1 500kg	12cm^3	10 日	K/X
广州新兴贸易有限公司 高琳	冰箱	15 箱	NET:3 000kg GROSS:3 900kg	13cm^3	9 日	Z/L

【角色说明】

A:广州羊城国际货运代理有限公司(Guangzhou Yangcheng International Freight Forwarding Co., Ltd.)业务经理张哲。

B:广州信达进出口有限公司林欣。

C:广州新兴贸易有限公司高琳。

D:船代经理杨丹。

【实训步骤】

考核一:让学生描述正确的海运拼箱出口业务流程及注意事项,分数值 10 分。

场景一:2017 年 5 月 20 日,广州羊城国际货运代理有限公司业务经理张哲收到广州信达进出口有限公司 12cm^3 烤炉一批,22 日收到广州新兴贸易有限公司 13cm^3 冰箱一批,两批货物的目的港同为约旦 AQABA(亚喀巴),广州信达进出口有限公司委托报关,广州新兴贸易有限公司自行报关,张哲发现林欣的和高琳的货刚好可以拼成一个 20ft 集装箱。

考核二:(1) 货代应收费用总额计算,分数值 10 分。
(2) 出口委托手续办理,分数值 10 分。

场景二:之后张哲打电话给船代经理杨丹订 5 月 30 号截关、6 月 2 号开船的舱位并确认,5 月 24 日订舱确认并取得 S/O,张哲分别将 S/O 发给林欣的和高琳盖章确认并给回后,约定最迟于 5 月 29 日上午将货物送到羊城国际货运代理有限公司的仓库,同时要求林欣提供报关资料,要求高琳 5 月 29 日前将清关资料交到公司。

考核三:(1) 订舱确认并办理装运前手续,分数值 10 分。
(2) 分别列举不同发货人提供的资料,分数值 10 分。

场景三:5 月 28 日,广州信达进出口有限公司和广州新兴贸易有限公司的送货人员分别将托运货物送至广州羊城国际货运代理有限公司的仓库,仓管员根据所持入仓通知分别卸货,清点数量、丈量尺寸,确认与进仓单一致后填写收货记录,在送货员确认收货记录与所送货物一致后双方签字,而后仓管员将所收货物入仓。

场景四:张哲随后得知两位客户的货均已被海关放行。于是进行了如下操作:

- 收齐放行条后,将放行条转交给船公司码头集装箱堆场负责人;
- 安排拖车司机持订舱单副本到指定集装箱堆场提取货柜,回公司外运仓库装货;
- 通知外运仓库经理货柜预计到达时间,以便仓库在货柜到达后及时进行货物的装载。

场景五：张哲收到外运仓库发来的集装箱箱号、封条号信息，并告知他两位客户的货都已装入货柜，并且还柜于船公司码头指定堆场。于是张哲分别填制两份以广州信达进出口有限公司和广州新兴贸易有限公司为 Shipper 的提单格式确认件给林欣和高琳，在她们确认回传后，张哲填制了以广州羊城国际货运代理有限公司为 Shipper，以广州羊城国际货运代理有限公司 AQABA（亚喀巴）合作公司为 Consignee/Notify 的提单补料，通过邮件发送给杨丹。随后收到杨丹的提单格式确认件，张哲核对内容确认无误后，在提单格式确认件上签字并回传给杨丹。

场景六：2017 年 6 月 3 日张哲收到杨丹发来的 Debit Note（账单明细）确认各项费用无误，于是根据广州信达进出口有限公司和广州新兴贸易有限公司的实际情况分别制作了两份 Debit Note 发送给林欣和高琳确认，林欣和高琳确认无误后及时支付了相关款项。

场景七：张哲事先已经安排了财务付款给船公司代理，所以及时从杨丹处取得了正本提单，同时将提单复印、扫描，然后将提单正本、副本通过快递公司寄给 AQABA（亚喀巴）合作公司负责人 KAN，并将扫描件附在邮件中通知 KAN 注意接收。

场景八：张哲将本公司填制的提单分别快递给了广州信达进出口有限公司和广州新兴贸易有限公司，并告知他们 AQABA（亚喀巴）合作公司的联系方式和船舶预计到达的时间，提醒他们及时通知收货人取货。

考核四：（1）正本提单和副本提单的分数一共有多少，收取提单的对象分别是谁及份数，分数值 15 分。

（2）阐述提单流转的办理手续，分数值 25 分。

（3）办理过程的注意事项，分数值 10 分。

四、租船业务流程

（一）租船市场

狭义的租船市场（Chartering Market）是需求船舶的承租人和提供船舶的出租人协商洽谈租船业务、订立租船合同的主要场所。广义的租船市场指需求船舶的承租人和提供船运力的出租人的交易关系，交易的对象是作为租赁对象的船舶的运力。在租船市场上，船舶所有人是船舶的供给方，而承租人则是船舶的需求方。在当今通信技术十分发达的时代，双方当事人从事的租船业务，绝大多数是通过电话、电传、电报或传真等现代通信手段进行洽谈的。

1. 主要租船市场

目前国际上的主要租船市场有以下几个：

（1）英国伦敦租船市场。伦敦的波罗的海商业航运交易所（The Baltic Mercantile and Shipping Exchange）是国际上最早创办的、最大的散杂货租船市场，有各类经纪活动人 3 000 余名，大的航运公司有 1 000 多家，每年经营的货物达 20 亿 t。该市场租订的船舶大约占世界总成交量的 30% 以上，是一个世界型的、有良好声誉的航运交易市场，是其他租船市场的"晴雨表"。伦敦租船市场都是通过经纪人进行的，即代表船东和代表租船人的经纪人。该市场供应的船舶主要是希腊船东的船舶或受其控制的方便旗船，另外还有美国船东控制的方便旗船。由于希腊是世界上最大的经营不定期船的国家，因而在伦敦市场供应的船舶最多，其租船行情的变化对其他租船市场有着决定性的影响。

（2）美国纽约租船市场。该市场是仅次于伦敦租船市场的第二大租船市场。它没有固定场所，主要是通过电信进行业务活动，其成交的船舶主要是油轮和干散货船。该市场集中了许多大石油公司、粮商和煤炭出口商，船东和租船人联系非常方便，船舶成交量约占世界总量的25%。由于无须固定场所，该市场发展较快。

（3）奥斯陆、斯德哥尔摩和汉堡租船市场。该市场以租赁特殊的、质量高的船舶为主，如冷藏船、液化石油气船、滚装滚卸船和吊装船等，在租船方式上船东以长期期租为主。

（4）东京和香港远东租船市场。该市场主要从事短程近洋船的租赁，发展也较快，规模不断扩大，该市场还是世界上主要的拆船市场。

2. 船舶经纪人

船舶经纪人又称航运经纪人或海运经纪人。船舶经纪人可分为船舶买卖经纪人和船舶货运代理经纪人。船舶买卖经纪人以从事新、旧、二手船舶买卖的中介业务为主；船舶货运代理经纪人以从事航运船舶租赁，海/航运货物承运代理业务为主。许多经纪人既做货运代理同时也兼做买卖经纪。

在国际租船市场上，租船交易通常都不是由船舶所有人和承租人亲自到场直接洽谈，而是通过船舶经纪人代为办理并签约的。船舶经纪人都非常熟悉租船市场行情，精通租船业务，并且有丰富的租船知识和经验，在整个租期交易过程中起着桥梁和中间人的作用，对租船的顺利成交具有十分重要的作用。船舶经纪人是租船市场的实际参与者，也是市场的主要调节者，通过他们的运作与协调，使整个市场的船货供求关系趋于平衡。船舶经纪人主要提供以大宗散杂货为主的租船、揽货、订舱、船舶买卖、信息咨询等业务的中介服务。船舶经纪有很强的行业特点并必须遵照一定的国际惯例。船货双方就货物运输洽谈租船、订舱或包运等业务，与一般的商品买卖或股票交易不同。除了运价的高低，它还涉及货物的配载、船型选择、装卸港条件、航区特点、贸易合同对运输的特殊要求、运费的支付方式、延滞、速遣费率及计算方法及船方对货物的照料责任和免责等。期租合同下，还涉及交船、还船、燃油、租金支付等一系列复杂条件。货主与船东在没有高效的信息网络和通晓专门经纪知识的人才运作的前提下来完成以上工作是不可能的。租船经纪人的业务范围无地域限制，其在全球范围内向客户提供航运市场的船、货信息，传递合同意向，促成运输合同的订立，并代为起草合同供双方当事人签署。通常其无权在运输协议上代表任何一方签约，完全是中介行为，只收取佣金。大部分租船经纪人都受过良好的教育，熟悉国内外航运业务，掌握国内外航运信息，具有较高的英语水平，并具有高尚的职业道德和敬业精神。

船舶交易是大买卖，交易过程涉及的决策、谈判、检验、交接、文书、证件等环节较多，船舶经纪人在其中起到重要的沟通和催化作用。所以，按照国际惯例，船东出售旧船多数委托专业的船舶经纪公司来完成，佣金一般按船价的1%~2%收取。我国地域广阔，水系发达，船舶拥有量大，有远洋船队、沿海船队、工程船队、内河船队、渔业船队，如今还有休闲游艇等，船舶经纪也因此广泛存在。

目前我国以注册法人公司进行运作的专业船舶经纪公司为数不多，主要是一些大型国有骨干海运集团公司的下属子公司、交通部下属的船舶贸易公司及国外海运集团设在中国的代表机构，这些公司主要经营国际贸易及大、中型船舶经纪。由于国内船舶经纪人的立法还不健全，所以，船舶经纪人大多数以私营、个体或兼职的名义开展业务。经纪人主要依托自身与船航业的特定关系，服务于所在地区市场的客户，以经纪内贸的中、小船舶为主；也有一些经纪人直接到国外做经纪，为国内外二手船的进出口提供服务。

（二）租船合同范本

船公司在经营不定期船时，每一笔交易均需和租方单独订立合同。为了各自的利益，在订立合同时，必然要对租船合同的条款逐项推敲，这样势必造成旷日持久的谈判，不利于迅速成交。为了简化签订租船合同的手续，加快签约的进程和节省为签订租船合同而产生的费用，也为了能通过在合同中列入一些对自己有利的条款，以维护自己一方的利益，在国际航运市场上，一些航运垄断集团、大型船公司或货主垄断组织，先后编制了供租船双方选用、作为洽商合同条款基础的租船合同范本。租船合同范本中罗列了事先拟定的主要条款。为了便于商定租船合同的双方通过函电对范本中所列条款进行删减、修改和补充，每一租船合同范本都为范本的名称规定了代码，为每一条款编了代号，并在每一行文字前（或后）编了行次的顺序号。这样在洽定租船合同的过程中，只需在函电中列明所选用范本的代码，指明对第×款第×行的内容增、删、改的意见，从而较快地拟定双方所同意的条款。虽然采用租船合同范本可以极大地方便租船合同条款的拟订，但是由于这些范本多数是由船舶所有人一方或代表船舶所有人一方利益的某些航运垄断集团单方面制订的，许多条款对承租人一方不利，这是承租人在选用租船合同范本时必须考虑的问题。

知识链接

租船合同范本

1. 航次租船合同的标准格式

国际航运界通用的有以下几种：

（1）统一杂货租船合同（Uniform General Charter），简称"金康格式"，租约代号"金康（GENCON）"。此格式由国际船东组织波罗的海国际航运公会（BIMCO）制订，先后经过1922年、1976年和1994年三次修订，目前国际上普遍适用的仍然是1976年的格式。"金康"条款较明显地维护了出租人的利益，它适用于不同航线和不同货物的航次租船运输，我国各大航运公司也常用"金康格式"。

（2）波尔的摩C式（Baltime Berth Charter Party Steamer, Form C），此格式广泛适用于北美地区整船谷物运输。

（3）澳大利亚谷物租船合同（Australian Grain Charter Party），租约代号为"AUSTRAL"。

（4）油轮航次租船合同（Tanker Voyage Charter Party），租约代号为"ASBATANKVOY"。此格式由美国船舶经纪人和代理人协会于1977年制订，专门适用于油轮航次租船合同。

2. 定期租船合同的标准格式

国际航运界常用的定期租船合同格式有：

（1）波罗的海国际航运公会制订的统一定期租船合同（Uniform Time Charter），租约代号"波尔的摩（BALTIME）"。此格式经过1909年、1911年、1912年、1920年、1939年、1950年和1974年的修订。目前适用的是1974年7月的格式。此格式在很大程度上维护出租人的利益。

（2）纽约土产交易所制订的定期租船合同（Time Charter），租约代号"土产格式（Produce Form）"。此格式制订于1913年，航运界常称此格式为"NYPE"和"纽约格式"。此后经过1921年、1931年、1946年、1981年和1993年五次修订。此格式经美国政府批准使用，故又称"政府格式"。实践中普遍使用的是1993年9月14日的修订版，租约代号为"NYPE93"。此格式在船舶出租人和承租人双方利益的维护上显得比较公正。

（3）英国伦敦壳牌石油公司制订的液体货物定期租船合同（Shell Time）；中国租船公司于1980年制订的定期租船合同（Time Charter Party），租约代号"中租1980（SINOTIME 1980）"，此格式较多地维护承租人的利益。

3. 光船租船合同的标准格式

光船租船合同一般要求以书面形式订立。光船租船合同适用于光船租船这一不定期船的营运方式。同航次租船合同和定期租船合同一样，双方当事人在选定的合同格式基础上对此格式加以修改、补充后达成。

国际航运界使用较为广泛的光船租船格式是波罗的海航运国际公会制订的标准光船租船合同（Standard Bareboat Charter），租约代号"贝尔康89（BARECON）"。贝尔康内容分三部分供当事人选择使用：第一部分为"格式"；第二部分为"具体条款"；第三部分主要用于通过抵押提供资金的新造船舶租用购买协议。

（三）租船程序

一项租船业务从发出询价到缔结租船合同的全过程称为租船程序（Chartering Procedure；Chartering Process），包括询盘、发盘、还盘和受盘四个主要环节。

1. 询盘

询价（Inquiry）又称询盘，通常指承租人根据自己对货物运输的需要或对船舶的特殊要求，通过租船经纪人在租船市场上租用船舶。询价主要以电报或电传等书面形式提出。承租人所期望条件的内容一般应包括需要承运的货物种类、数量、装货港和卸货港、装运期限、租船方式或期限、期望的运价（租金）水平以及所需用船舶的详细说明等内容。询价也可以由船舶所有人为承揽货载而首先通过租船经纪人向租船市场发出。由船舶所有人发出的询价内容应包括出租船舶的船名、国籍、船型、船舶的散装和包装容积、可供租用的时间、希望承揽的货物种类等。

2. 发盘

发盘（Offer）又称报价，是指当船舶所有人从船舶经纪人那里得到承租人的询价后，经过成本估算或者比较其他的询价条件，通过租船经纪人向承租人提出自己所能提供的船舶情况和运费率或租金率。报价的主要内容，除对询价的内容做出答复和提出要求外，最主要的是关于租金（运价）的水平、选定的租船合同范本及对范本条款的修改、补充条款。报价有"硬性报价"和"条件报价"之分。"硬性报价"是报价条件不可改变的报价，如果做出接受订租的答复超过有效期，则这一报价即告失效；与此相反，"条件报价"是可以改变报价条件的报价。

3. 还盘

还盘（Counter Offer）是指在条件报价的情况下，承租人与船舶所有人之间对报价条件中不能接受的条件提出修改或增删的内容，或提出自己的条件。还盘意味着询价人对报价人报价的拒绝和新报价的开始。因此，船东对租船人的还盘可能全部接受，也可能接受部分，对不同意部分提出再还盘或新报价。这种对还价条件做出答复或再次做出新的报价称为反还价（Recount Offer）或称反还盘。

4. 报实盘

在一笔租船交易中，经过多次还价与反还价，如果双方对租船合同条款的意见一致，一方可以以报实盘（Firm Offer）的方式要求对方做出是否成交的决定。报实盘时，要列举租船合同中的必要条款，将双方已经同意的条款和尚未最后确定的条件在实盘中加以确定。同时还要在实盘中规定有效期限，要求对方答复是否接受实盘，并在规定的有效期限内做出答复。若在有效期限内未做出答复，所报实盘即告失效。同样，在有效期内，报实盘的一方对报出的实盘是不能撤销或修改的，也不能同时向其他第三方报实盘。

5. 受盘

受盘（Acceptance）又称接受订租，指一方当事人对实盘所列条件在有效期内明确表示承诺。至此，租船合同即告成立。接受订租后，一项租船洽商即告结束。

6. 订租确认书

订租确认书（Fixture Note）是租船程序的最后阶段，一项租船业务即告成交。通常的做法是，当事人之间需要签署一份"订租确认书"。"订租确认书"无统一格式，但其内容应详细列出船舶所有人和承租人在洽租过程中双方承诺的主要条款。订租确认书经当事人双方签署后，各保存一份备查。

7. 订租船合同

正式的租船合同实际上是合同已经成立后才开始编制的。双方签认的订租确认书实质就是一份供双方履行的简式租船合同。签认订租确认书后，船东按照已达成协议的内容编制正式的租船合同，通过租船经纪人送交承租人审核。如果租船人对编制的合同没有异议，即可签字。

8. 协助租船合同的履行

签订租船合同或编制租船确认书后，租船经纪人还要协助双方当事人履行合同：装船前，向船东询问船舶动态并通知租船人，以便租船人机动地安排货物，同港口管理部门协调；装船后协助船东计算运费并向租船人寄发运费发票；卸货完毕后计算是否产生滞期费和速遣费等。

（四）船舶的主要文件

船舶文件是证明船舶所有权、性能、技术状况和营运必备条件的各种文件的总称。船舶必须通过法律登记和技术鉴定并获得此类有关的正式证书后，才能参加营运。国际航行船舶的船舶文件主要有：

（1）船舶国籍证书（Certificate of Nationality）。
（2）船舶所有权证书（Certificate of Ownership）。
（3）船舶船级证书（Certificate of Classification）。
（4）船舶吨位证书（Tonnage Certificate）。
（5）船舶载重线证书（Certificate of Load Line）。
（6）船员名册（Crew List）。
（7）航行日志（Log Book）。

此外，还有轮机日志、卫生日志和无线电日志等。根据我国现行规定，进出口船舶必须向港务管理机关（我国海事局）呈验上述所有文件。

五、海运危险品运输业务流程

由于危险品的特殊性，危险品的海运出口流程比一般货物更复杂，程序也相对繁琐。海运危险品操作流程如下：

1. 订舱

一般需要货主提前10个工作日将以下文件传真给负责帮助出运的货代公司：
（1）海运托书。
（2）危险品包装使用鉴定结果单。
（3）包装危险货物技术说明书。
（4）化学品安全说明书（Material Safety Data Sheet，MSDS）。

需要注意的是：①海运托书上应注明中英文品名、箱型、危险品级别（CLASS NO.）、联合国危险品编码（UN NO.）、货物包装以及特殊要求，以方便申请舱位和危险品申报；②如果涉及转运，需要向船公司确认中转港是否有限制。

2. 提供申报资料

提前七个工作日（非进口桶提前四个工作日）提供货物的申报相关资料正本：
（1）危险品包装使用鉴定结果单，不同品名必须一一对应。
（2）包装危险货物技术说明书。

根据以上单据，并按照正确的数据、品名、箱型等到海事局进行货物申报，再根据货物申报单和装箱证明书等送船公司进行船申报。对于循环使用的装运桶，需在货申报前办理暂时进出口申请，需提供用途说明（为什么要用进口桶），提供货物的CLASS类别和UN编号，确认货物数量、毛重，并需由出货人公司盖公章后向海事局申请。

3. 报关

危险品必须提前三天提供出口报关相关资料正本：
（1）核销单。
（2）发票。

（3）装箱单。

（4）报关委托单。

（5）出口报关单。

（6）货物的情况说明书（出货人须书面介绍货物的用途以及具有的特性等）。

根据以上单据，并根据货物申报单、箱封号等进行报关。暂时进出口货物的办理，除以上单据外还需提供针对暂时进出口货物的情况说明，如有保证金收据也需提供。

4．装箱进港

由于危险品是船边直装，所以一般是在船开前三天装箱。装箱分两种方式：

（1）货主自行送货至危险品仓库内装货，货主需在船开前三天内将货物送到货代公司指定的危险品仓库。

（2）到工厂装箱，货主需提前准备好货物，货物装箱后一定要在集装箱的四周贴上危险标志，如果所装的货物一旦泄漏会对海洋造成污染的话，还需要贴上海洋污染标识，同时拍照取证。

要注意的是：①危险品的拖车或者内装都必须使用具有危险品运输资格的车队，费用按照等级来计算；②货物申报截止时间为开船前48h，所以必须在此时间前提出箱子；③截止货申报同时要提供箱封号，所以必须在此时间前提出箱子。

5．确认提单

将提单确认件在开船前二天提供给出货人确认。

课后练习题

1．"仓至仓"条款的含义是什么？

2．FCL 和 LCL 的概念是什么？

3．国际海上集装箱危险货物运输中，托运人应办理哪些主要手续（单证）？如果托运人未通知危险货物性质或通知有误的，托运人应承担什么责任？如果承运人知道危险货物性质并同意装运，则在危险货物对船舶或人员或其他货物构成实际危险时，承运人可以采取什么措施并应承担什么责任？

4．杂货班轮的装货联单由哪几份主要单据组成？各由谁签发？其主要作用是什么？

扫一扫参加本章测试

第四章 海运事故处理及案例分析

▶▶ 知识目标 ◀◀

- 了解海损事故的责任划分及预防；
- 掌握索赔的条件和程序及相关单证；
- 了解常见的海运事故预防措施；
- 理解索赔权利的保全措施和权益转让。

▶▶ 能力目标 ◀◀

- 能够一定程度地预防海运事故的发生；
- 能够处理海运事故索赔。

第一节 海运事故的确定及责任划分

在海上货物运输中，及时安全地将货物运送到规定的目的地是承运人义不容辞的责任。任何由于承运人在责任期间内管货不当所引起的货物灭失、损坏以及延迟交货，承运人都应负赔偿责任。同时，货物的管理和积载不当还会严重影响船舶的航行安全，甚至造成船舶全损，使船东蒙受巨大的经济损失。海上货运涉及的主要对象是货物和船舶，由于货物的种类繁多，性质各异，对运输的要求不尽相同，而作为运输工具的船舶也各有其特点，因此，如何采取相应的措施来预防海运事故是值得关注的问题。

一、海上货运事故

（一）基本概念

海上货运事故（Maritime Cargo Shipping Accident）主要是指从事海上货物运输的船舶在航行、停泊和作业的过程中产生的与所载货物相关的海损事故，内容包括进水、倾覆、沉没、船体断裂及结构破损、船体腐蚀、火灾、爆炸、货损货差、水域污染损害、甲板机械以及其他影响适航性的机件或重要属具的损坏或灭失等。

(二) 海上货运事故的分类及原因

各种海上货运事故各有其特点,每一起货运事故都涉及发生的对象、时间、水域、原因、致损方式、损害规模等,因此分类方法繁多,但每一起货运事故都和所载货物密切相关,通常遵从航海习惯,按照所载货物的种类和性质可将货运事故分为六种:件杂货运输事故、集装箱运输事故、危险品运输事故、固体散货运输事故、液体散货运输事故及其他,其中前四种事故占货运事故发生总数的80%以上。

海运事故产生的原因主要有:

1. 件杂货运输事故

件杂货种类繁多、性质各异,对运输船舶的速度、技术状态及设备和积载的要求都比较高。在件杂货运输中,产生货运事故的原因主要有以下几个方面:

(1) 积载不当。杂货船运输对积载的要求较高,积载不当引起的货运事故十分频繁。常见的问题包括:由于舱位或货位不当而造成货物发热、熔解、变质、自燃、潮解、水湿、霉变和压损等,如将粮食或易燃物装在机舱前后的货舱内;由于货物在舱内堆码或系固不当,在航行中发生货堆倒塌、移动而产生的倾斜、倾覆事故;货物搭配不当,如将性质互抵的货物混装在一起而造成货物沾染异味、发生物化反应而变质、受潮、发热自燃等;衬垫、隔票不当,如衬垫材料不干净或潮湿造成货物污染受潮,以及衬垫方法不当或缺少衬垫而造成货物压损、洁净货物受污染等。

(2) 货舱及其设备不适货。如在没有对货舱进行清洁、干燥、消毒、除异味等操作的前提下勉强装货而造成损失;货舱水密不严造成湿损;通风设备不合要求造成货物变质等。

(3) 运输中管货不当。具体问题包括:通风措施不当或不及时导致舱内产生大量汗水或积聚热量使货物受潮、霉变或自燃;对污水井不按时测深和排水而造成货物湿损;对即将来临的恶劣天气防范措施不利,如未加固舱内容易移动的货物而造成货移;对特殊货物如冷藏货、危险品、甲板货检查管理不合要求,如冷藏温度不符合要求或未对甲板货采取防浪措施等。

(4) 装卸不当。具体问题包括:值班船员疏于监督装卸、理货,造成货物未按计划积载或数量短缺;码头工人野蛮装卸造成货物或船舶设备的损坏;装卸设备不符合要求;装卸不适时(如雨雪、下雾等天气)或夜间照明不够等。

(5) 类似恶劣天气、海况的不可抗力(Act of God)及货物本身性质或潜在缺陷造成的货损事故。

2. 集装箱运输事故

近年来集装箱适运货物的集装箱化率不断提高,但随着箱运量的增长,货运事故也在不断增加,其原因可总结归纳为以下几点:

(1) 货物积载不当。运输的高效率使集装箱船在港时间大大压缩,目前积载的普遍做法是先由岸方和船方分别做预配,再由船方在装卸时根据实际情况来调整。但集装箱的积载不仅要满足船舶稳性、结构强度的要求,还要考虑装卸次序、集装箱类型、堆装系固以及特定货物的特殊积载要求(如危险品要按照《国际危规》的要求进行隔离、受热易分解货物要远离热源、易挥发货物需通风良好等),加上实际操作中不易兼顾,因而常常导致货运事故的发生。据统计，在所有集装箱货运事故中与积载因素有关的事故占 70% 以上。一些全球著名的集装箱班轮运输公司如马士基、长荣等都为自己的船队制定了关于集装箱积载的规范条例来预防和减少事故的发生。

（2）船体缺陷。如船体甲板老化锈蚀，或在集装箱装卸和运输过程中受到撞击、重压产生裂缝，或船舶输油、排水管道渗漏而引起货物湿损污损；通风系统不能正常工作而造成货物汗损等。

（3）箱体拼装、管理不当。具体问题包括：箱内货物装载、系固不当，如不相容货物装于一箱，箱内货物超重、超量，固定、衬垫不合要求等；箱体强度结构缺陷，如箱体锈蚀、受压破损；箱体不适货，如怕潮货使用软顶集装箱装运而造成货物受潮变质；管货不当，如未对铅封的灭失或箱体破损及时记录，冷藏箱未核对温度设定或未打开箱底排水口以及未定期检查其工作情况而造成货损，对货舱通风不利造成货物汗损等。

（4）货物本身的原因。如含水量过高及包装不合要求等。

（5）恶劣天气、海况的影响。

3. 危险品运输事故

危险货物在运输、装卸和储存过程中，因容易造成人身伤亡、财产损毁或环境污染等问题，而需要特别防护。由于危险品运输具有风险高、品种多、运量大、技术要求高等特点，涉及危险品的货运事故时有发生，国际海运组织特此制定了《国际海运危险货物规则》（以下简称《国际危规》）来提高危险品运输的安全性。产生危险货物运输事故的主要原因有以下几点：

（1）不了解相关的危险货物运输规则，缺乏有关危险货物运输的知识，对所运货物的特性认识不够。虽然常见危险货物的特性可以从《国际危规》和其他相关规则中获得较详尽的资料，但由于船员素质参差不齐、货主提供的资料不详、新的危险产品随着科技发展不断涌现等原因，在货物积载、隔离的过程中常常已埋下事故隐患（如未按照《国际危规》进行隔离、在装卸过程中违章作业等），在事故开始发生时又由于缺乏所需的理论知识而不能及时采取行之有效的措施来控制或阻止事故进一步恶化，进而导致了恶性事故的发生。

（2）运输条件不符合所运危险货物的要求。一些船务公司单方面追求经济效益，为不具备托运条件的危险货物开绿灯，而导致事故的发生。如用水密性不好的船舶运输碳化钙；用通风设备不能正常工作的船舶运输易挥发的化学品等。

（3）货物本身不符合海运条件或相关规定的要求。具体问题包括：货物本身不符合运输规则的要求，如鱼粉中的抗氧剂不足或分布严重不均；货物单证不全，这类货物往往隐含内在缺陷，不可为了经济效益而不考虑可能的后果盲目装运；货物标志或包装不符合运输规则的要求，如标志不易辨认、包装破损变形等。

（4）船舶适航适载能力差。从事危险品运输的船舶要通过保持设备良好的技术状态来提高运输的安全性，适航适载能力差的船舶本身就是事故隐患，加上运输途中其他因素（如恶劣天气）的影响往往导致事故的发生。

（5）管货不当。危险货物由于其特殊的性质而需要更多的监管，许多货运事故都起源于运输途中缺乏对货物科学的管理而未及时发现和消除安全隐患。如航行在热带水域时，未及时对装载有易积热自燃货物的货舱进行测温和通风而导致火灾的发生。

4. 固体散货运输事故

谷物、矿石、精矿、煤炭等不加包装又不按件计数的颗粒状、粉末状或较大块状的固体货物统称为固体散装货物，其运输一般具有运输量大、货源稳定、装卸港较集中等特点。据国际海事组织和劳氏船级社统计，20世纪80年代以来，全世界每年均有几十艘大型散货船发生货运事故，其主要原因分析如下：

（1）船体局部结构薄弱。从大量散货船船体损伤事故可以了解，很多损伤都是发生在舷侧上下边舱的舷部结构、货舱口之间的甲板结构和横舱壁这些部位，而且破损做修复后又常在同一部位发生相似的破损。这些迹象表明这些部位存在结构设计缺陷，使大型散货船潜伏着船体易受损伤的危险。

（2）船体维护保养、调配使用不当。具体问题包括：维护保养不当，如在运输化肥、盐类物质、废铁等腐蚀性较强的货物时，未做好衬垫而使与之接触的构件严重腐蚀，加之维护检修不及时，使这些构件强度降低。对船舶调配使用不当，一方面，船公司调度人员不熟悉船舶本身的船况，无视船龄、航线、船舶结构、设备等情况而盲目调配使用，如对老龄船满负荷运转以及忽略航线气候情况，将技术状况差的船舶安排在海况恶劣海区航行等；另一方面，在租船运输中，船东在租约中忽略某些条款使租家对船舶进行不合理的使用，如用新船装运废铁、盐类物质等，从而对船体造成损害。

（3）货物积载和装卸不当造成货物重量分配不合理而导致船体变形、断裂。如不按舱容比例分配航次货载，货物在舱内堆装不均匀或装卸时为图方便对某一个或几个货舱集中作业以及不合理的压载操作而造成船体倾斜、变形甚至断裂。

（4）航行中的稳性减少。船舶随浪航行会损失一部分稳性，特别是中小型船舶，其稳性损失值为0.3~1m，如此状况下再遇甲板上浪就更容易倾覆。此外稳性减少的因素还包括：油水消耗及打入压载水产生的自由液面或航行在高纬度水域的船体积冰；平舱不当及潮湿状态的细小颗粒散货（如精矿）渗水流动；在运输易流态化货物（湿货）时，由于航行中的震动和摇摆，使货物本身慢慢下沉而堆积紧密并将水分挤出上托，表面往往会形成几厘米到几十厘米厚的自由液面（由货物颗粒和水分构成的流态混合物）；由于船体摇摆（特别是在横浪中左右摇摆角度不同的情况下）和流态混合物与货物之间黏滞力的影响，流态混合物往往会流向船舱的一侧，而另一侧则逐渐出现干燥下陷，造成船舶的倾斜，严重时会造成船舶倾覆；干燥散粮形成的自由谷面也会使稳性减少。

（5）散货本身的性质。如货物积热自燃、产生有毒或易燃易爆气体、发生物化反应，加之管货不当（如未及时对货舱测温、通风等）而导致事故的发生。

二、海上货运事故的预防

1. 件杂货运输事故的预防

（1）制订详尽、周密的积载计划。货物积载是导致件杂货运输事故的主要因素之一，积载计划直接影响着船舶运输的安全。在制订积载计划时，要结合本船的船体结构和设备状况充分考虑货物的舱位、隔票、堆码、系固、衬垫等因素，并兼顾特殊货物所需的与其他货物进行分舱、分室或者按时通风等特殊要求。

（2）对船舶进行正常的维修保养，恪尽职守使船舶适航、适货。

（3）严格履行管货义务。由于杂货品种繁多，性质各异，往往需要在装卸和运输的过程中进行更多的照料。在港时应做好理货并对装卸作业进行监督，及时开关舱；航行中应经常检查货舱水密、通风状况和舱内货物状况；在天气、海况变化时及时对货物进行加固等。

（4）积极收集气象信息，制定合理的航线以减少灾害性天气造成货物损失的可能性。

（5）对所装运货物的性质做到心中有数，以便更好地履行管货义务。

2. 集装箱运输事故的预防

（1）合理地确定箱位。编制集装箱配积载计划时，首先要熟悉航次箱源的挂靠港口、平均箱重、特殊集装箱（如冷藏箱）对运输的额外要求等；其次总体划定各挂靠港集装箱在船上的装箱区域；最后按照特殊箱先配、普通箱后配，后到港箱先配、先到港箱后配，重箱在下、轻箱在上的原则，逐一选定合理的具体箱位。在配载的同时要考虑船舶强度、稳性、吃水差以及巴拿马运河箱容量等因素。

（2）做好集装箱管理工作。装卸前后认真检查箱体状况，特别是铅封状况、冷藏温度设定（冷藏箱）以及箱体是否有漏液、破损等；合理系固并进行强度校核；航行中按时检查集装箱状况，按要求对货舱进行通风，及时发现和消除安全隐患。

（3）根据气象信息及水文资料，制定合理的航线以减少灾害性天气的影响。

（4）了解船舶设备技术状况，做好维修保养工作，保证航行安全。

3. 危险品运输事故的预防

（1）通过《国际海运危险货物规则》《水路危险货物运输规则》等危险品运输规则来了解承运货物的性质和所需的积载、运输要求，并结合船舶技术设备状况、航线制订积载方案，做好装卸、系固工作。

（2）在确保船舶适航、适货的同时，认真检查危险货物的标志和包装，对不符合运输要求的货物不予装运，不可为了经济效益或存有侥幸心理而盲目装运。

（3）在航行中，严格履行管货义务。危险货物往往对运输条件有特殊的要求，如环境温度、湿度、通风状况等，因而需要经常性地检查货物和船舱状况，确保航行安全。

（4）开航前根据所装运危险货物的性质制订应急计划，以便在发生意外时采取正确、有效的措施降低危害的程度，减少损失。

（5）注意收集航海气象信息，合理地选择航线，减小恶劣海况和灾害性天气的影响。

4. 固体散货运输事故的预防

（1）装运前，应要求货方提供所托运货物的详细资料，如货物含水量、自然倾斜角、积载因数、物化性质等参数，并查阅《固体散装货物安全操作规则》来明确其安全运输的有关要求。在此基础上结合吃水差、稳性、船体结构强度等因素进行配积载（最好采用专用计算机软件进行配积载），合理地确定货物重量在各舱的分配以及舱位、货位。

（2）参照散货运输规则，确定所运货物的各项指标（特别是含水量）是否符合适运标准的规定，超过标准则不予装运，装货后要做好平舱工作。

（3）在航行途中按时检测货舱状况，适时通风、降温或开舱晾晒。掌握货物情况，发生意外时及时采取措施，如将积热冒烟、自燃的货物清除入海；开舱排出过多的有害气体；遇恶劣天气和海况时设置防移装置,如纵向隔壁、托盘、散装货物捆包等。

(4) 有计划地对船舶进行维修保养,及时消除安全隐患,保证船舶适航、适货。

(5) 掌握船舶技术状况,收集航线气象信息,合理地调配使用船舶。

第二节　索赔

一、索赔的条件和程序

(一) 条件

一般索赔需要具备的条件有:

1. 索赔人要有索赔权

提出索赔的人原则上是货物的所有人、提单上记载的收货人或合法的提单持有人,此外,持有"权益转让证书"的有关当事人或保险人也有权索赔。

2. 责任方必须负有实际赔偿责任

索赔应属于承运人免责范围外的、保险人承包责任内的或合同规定由卖方承担的货损、货差。

3. 索赔的金额必须是合理的

索赔的金额应以实际货损为基础。

4. 在规定的期限内提出索赔

索赔具有"索赔时效",否则过期难以维权。

索赔的一般程序包括提出索赔申请和审定责任、予以赔付。

(二) 程序

1. 发出索赔通知

货损事故发生后或被保险人获悉货损后,根据运输合同或提单有权提货的人,应在承运人或承运人的代理人、雇用人交付货物当时或规定的时间内,向承运人或其代理人提出书面通知,声明保留索赔的权利,否则承运人可免除责任。后者接到损失通知后应即采取相应的措施,如检验损失,提出施救意见,确定保险责任和签发检验报告等。被保险人除向保险公司报损外,还应向承运人及有关责任方(如海关、理货公司等)索取货损货差证明。通常保险索赔可分为以下两种情况:

(1) 属于出口货物遭受损失,对方(进口方)向保险单所载明的国外理赔代理人提出索赔申请。中国人民保险公司在世界各主要港口和城市,均设有委托国外检验代理人和理赔代理人两种机构。前者负责检验货物损失,收货人取得检验报告后,附同其他单证,自行向出单公司索赔；后者可在授权的一定金额内，直接处理赔案，就地给付赔款。

（2）属于进口货物遭受损失，我国进口方向保险公司提出索赔申请。当进口货物运抵我国港口、机场或内地后发现有残损短缺时，应立即通知当地保险公司，会同当地国家商检部门联合进行检验。若经确定属于保险责任范围的损失，则由当地保险公司出具"进口货物残短检验报告"。同时，凡对于涉及国外发货人、承运人、港务局、铁路或其他第三者所造成的货损事故责任，只要由收货人办妥向上述责任方的追偿手续，保险公司即予赔款。但对于属于国外发货人的有关质量、规格责任问题，根据保险公司条款规定，保险公司不负赔偿责任，而应由收货人请国家检验检疫机构出具公证检验书，然后由收货单位通过外贸公司向发货人提出索赔。

2. 提交索赔申请书

如系属承运人等方面责任的，被保险人应及时以书面方式提出索赔。

3. 备妥索赔单证

提出索赔要求，索赔单证除正式的索赔函以外，还应包括保险单证、运输单据、发票，以及检验报告、货损货差证明等。

4. 采取合理的施救、整理措施

被保险人应采取必要的措施以防止损失的扩大，保险公司对此提出处理意见的，应按保险公司的要求办理。所支出的费用可由保险公司负责，但以与理赔金额之和不超过该批货物的保险金额为限。

5. 提起诉讼

保险索赔的时效一般为两年，诉讼时效规定期限一般为一年。

6. 审定责任，予以赔付

被保险人在办妥上述有关索赔手续和提供齐全的单证后，即可等待保险公司审定责任，给付赔款。在我国，保险公司赔款方式有两种：①直接赔付给收货单位；②集中赔付给各有关外贸公司，再由各外贸公司与各订货单位进行结算。

二、索赔单证

被保险人向海运保险人索赔货损、货差时，应当递交下列单证或相关证据，以证明保险人根据保险合同的赔偿责任。

1. 货物保险单或保险凭证

保险单是货主索赔货损、货差的基本文件，因为正本货物保险单记载了货物的名称、重量、规格、产地、承运船舶、装卸港口和保险金额等索赔依据。保险单上的被保险人以及保单的背书等记载也是保险人审核被保险人在索赔时是否为真正的收货人、保单的合法受让人和在发生损失时是否有可保利益的依据。

在预约保险的情况下，保险单通常表现为保险凭证。如果索赔人不能提交正本保险单而要求保险人支付保险赔款，保险人可以拒绝或由索赔人向投保人出具风险担保。

2. 装运文件

提单和航次租船合同是最重要的装运文件。作为物权凭证的提单是被保险人证明自己收货人和保单最后受益人身份的最主要证据，也是保险人向货物承运人行使代位求偿权的重要凭证。根据需要，保险人还可以要求被保险人提交货物的原产地证明、危险品证明书、包装单或装箱单以及装船前的商品检验证明书等。

3. 航程文件

航程文件包括航海日志、大副收据、货物积载图、仓单和海事声明等。这些航程文件一方面可以帮助查明事故的原因，另一方面也是向承运人索赔的依据。

4. 卸货报告

在我国的实践中，卸货报告主要指货物溢短单和货物残损单。这些单证通常由港口理货机构与船方的代理共同签署，是确定货物短少和损坏的重要依据。

5. 共同海损理算书

如果货主参与了共同海损的分摊，还应向保险人提交共同海损理算书。

6. 货物检验报告

货物检验报告是重要的索赔文件之一，涉及货物发生损失的时间、原因、性质、范围、程度和责任等。

以英国劳合社（Lloyd's）保险公司出具的检验报告为例，货损检验报告一般载明：

（1）收货人和申请检验人的名称和地址。

（2）货物的运输情况，包括装运船舶与港口，是否转运，卸货港口的名称和船舶运抵日期，提货日期，是否存在驳运以及驳运的时间、地点等。

（3）船方卸货时是否收到清洁的卸货收据。

（4）海关收到货物的时间和有无批注。

（5）货物申请检验的时间，是否有延迟。

（6）货物检验的具体地点，如海关仓库、收货人仓库、码头或船上等。

（7）货物的内外包装情况，包装有无破损等。

（8）货损的具体描述，包括货物发生损失的原因和损失的范围。

（9）货物的价值，包括货物的完好发票价值以及受损后的估价。

（10）检验人对于修复和重新处理货物所需采取的措施及费用的估计。

（11）收货人是否曾经向承运人提出过索赔要求。

（12）承运人是否参加了货损的联合检验或曾进行过单方面的检验。

（13）检验人的签字、声明及其他事项。

7. 发票或账单

货物的贸易发票是保险人审核货物价值的主要依据。货物受损需要重新处理或出售，有关出售的发票或恢复、修理的账单均须提交给保险人。

8. 追偿函电与文件

凡是向船方、港方或其他责任方追偿的往来函电与文件应向保险人提交,以便保险人日后向有关责任方提起追偿。

9. 权益转让书

保险人赔偿了货损后,被保险人应当签署权益转让书,以便保险人根据代位求偿的权利,以自己的名义通过诉讼、仲裁或其他途径向责任方追偿。

三、索赔权利的保全措施

如货损确由承运人的过失所致,责任已明确,证据也充分,且损害金额较大,那么受损方除做好一般正常的索赔工作所需要的各种手续外,为保证索赔得以顺利了结,可在船舶离港前采取保全措施,要求船方提供担保。这种担保分现金担保、银行担保、担保函三种方式。

现金担保由承运人或船东保赔协会汇给索赔人一定数额的现金作担保,以后的索赔款项可在保证金内支付。银行担保和担保函都是书面担保形式,前者由银行出具,后者一般由船东保赔协会出具。

如受损方认为通过正常途径不能取得担保,则可采取扣船措施,即在责任方(承运人)未提供担保前,向法院或有关部门申请扣押船舶,不准船舶离港。但采取扣船措施时,必须慎重,以防因扣船措施不当而产生不良的影响及不必要的纠纷和经济损失。

四、权益转让

当货物在海上运输过程中发生灭失或损害,且此项货物灭失或损害是由承运人的过失造成时,通常由收货人向承运人提出索赔,但有时收货人根据提货单或保险合同,直接向保险人提出赔偿。当收货人从保险人那里得到赔偿后,可通过签署一份权益转让证书,将向承运人提出的索赔权利转让给保险人,保险人凭以向承运人进行索赔。

第三节 海运案例分析

案例一:承运人适货义务、管货义务的认定

【**案情**】原告:莫瓦萨拉特运输公司[MOWASALAT(THE TRANSPORT CO)]。住所地:卡塔尔多哈1186信箱(P. O. BOX-1186 DOHA-QUTAR)。

被告:中远航运股份有限公司。住所地:广州市五羊新城江月路颐景轩。

2007年1月15日,原告与金龙联合汽车工业(苏州)有限公司(以下简称金龙苏州公司)签订合同,约定原告向金龙苏州公司购买KLQ6109客车150辆,单价68 150美元,购买

KLQ6896 客车 210 辆，单价 61 630 美元，价格条件为 CIF 多哈，包装：裸装。2007 年 7 月 24 日，中国上海外轮代理有限公司代表被告签发了编号为 B003 的提单。该提单记载，承运船舶"银桥09"轮，装货港中国上海，卸货港卡塔尔多哈。托运人为金龙苏州公司，收货人凭卡塔尔国家银行指示，通知方为原告，65 辆客车装在甲板上。"银桥09"轮从上海到多哈的运输过程中遇到了八级大风的恶劣天气，船舶常常倾斜 15 度，甲板和舱盖时而被海浪覆盖。

卡塔尔国家银行在提单正面盖章背书后，原告向被告提取了货物。2008 年 3 月 13 日，多哈港的港口主管签发卸货证书。证明"银桥09"轮于 2007 年 8 月 15 日挂靠多哈港，没有发生短卸，285 件运输货物有 274 件损害，损害主要表现为车轮拱罩刮花、车身刮花、车身凹陷、挡风玻璃破裂等。

2007 年 9 月 5 日、6 日、9 日、11 日，阿拉伯商业集团卡塔尔公司检验员到原告单位对上述车辆进行检验。2008 年 4 月 22 日出具检验报告，记载涉案货物交货时间为 2007 年 8 月 15～27 日，记载了客车受损的详细情形，货物损失为 96 322.47 美元，并认为货损的原因是采取件杂货船运输而不是滚装船运输，滚装船运输是适当的，也是运输车辆和或类似货物的现代运输方式。

2008 年 8 月 4 日，金龙苏州公司出具证明，确认通过 T/T 收到整个合同 360 辆车 10% 的定金 2 316 480 美元（包括涉案货物 285 辆车的定金 1 810 571 美元），通过信用证方式收到 285 辆车的余款 16 295 139 美元。8 月 27 日，卡塔尔国家银行也证明该 285 辆车的余款 16 295 139 美元是其通过信用证支付。原告请求法院判令被告赔偿原告损失 110 000 美元及其从 2007 年 8 月 27 日起算的利息。

【审判】 广州海事法院经审理认为，原告依据提单提起货损纠纷，本案是一宗海上货物运输合同纠纷。涉案货物是从中国上海运至卡塔尔多哈，属于涉外案件。庭审时原、被告均选择适用中国法律，根据《中华人民共和国海商法》（以下简称《海商法》）第二百六十九条"合同当事人可以选择合同适用的法律，法律另有规定的除外"的规定，解决本案纠纷应适用中国法律。

多哈港口主管出具的卸货证明表明本案货损是在卸货当时就已经发生，被告签发了提单，是本案货物的承运人。根据我国《海商法》第四十六条的规定，承运人对非集装箱装运的货物的责任期间，是指从货物装上船时起至货物卸下船时止，货物处于承运人掌管之下的全部期间。因此，应该认为本案货损发生在被告的责任期间，被告认为货损不是发生在其责任期间的主张，不能成立，不予支持。

阿拉伯商业集团卡塔尔公司出具的检验报告认为货损的原因是采取件杂货船运输而不是滚装船运输。虽然现行的法律规定并没有明确规定运载汽车所必须使用的船舶，但是，根据我国《海商法》第四十八条的规定，承运人应当妥善地、谨慎地装载、搬移、积载、运输、保管、照料和卸载所运货物，从而在目的港完好地交付承运货物。除了法律规定的免责事由外，承运人应该对货物在其责任期间发生的损坏承担责任。本案被告作为承运人，并没有举证证明其已经尽了妥善、谨慎的义务，也没有举证证明涉案货物的损害是因可免责事由所致，被告应对其承运货物的损坏承担责任。被告主张对甲板货的损失免责，但是，被告并没有证明涉案装载于甲板的汽车的损坏是由于甲板货装载的特殊风险造成的，对其主张不予支持。原告已经支付货款，持有的提单是经背书后的提单，因此，应该认为原告合法持有提单，对提单项下的货物损失有权向被告提出索赔。被告应向原告赔偿货物损失 96 322.47 美元及其利息，原告请求从交货完成之日即 2007 年 8 月 27 日起计算的利息合理，予以支持，按中国人民银行公布的同期同币种存款活期利率进行计算。

综上，依照我国《海商法》第四十六条、第四十八条、第五十五条的规定，判决如下：①被告中远航运股份有限公司赔偿原告莫瓦萨拉特运输公司货物损失96 322.47美元及其自2007年8月27日起至判决确定支付之日止按中国人民银行规定的同期美元活期存款利率计算的利息；②驳回原告莫瓦萨拉特运输公司的其他诉讼请求。本案受理费11 789元人民币，由被告负担10 323.14元，原告负担1 465.86元。

二审中，原、被告双方自愿达成和解协议，由被告向原告支付8万美元和解款项作为本案最终的解决方案。

【评析】 本案被告通过代理签发了编号为B003的指示提单，记载托运人为金龙苏州公司，收货人凭卡塔尔国家银行指示，通知方为原告，原告支付货款后，经卡塔尔国家银行背书，依法取得提单，并在目的港向被告领取了货物。原告为涉案货物的收货人，被告为涉案货物运输的承运人，双方成立海上货物运输合同关系，原告有权向承运人主张本案货损。

根据我国《海商法》第四十六条的规定，承运人对非集装箱装运的货物的责任期间，是指从货物装上船时起至卸下船时止，货物处于承运人掌管之下的全部期间。在承运人的责任期间，货物发生灭失或者损坏，除法律另有规定外，承运人应当负赔偿责任。涉案货物装船后，被告开出了清洁提单，货物运抵多哈港后进行卸货，发现货物损坏，说明货物发生损害是在货物装上船起至卸下船期间，属于承运人的责任期间。

在海上货物运输中，承运人对货物所承担的义务包括适货义务和管货义务。适货指运载货物的货舱和其他处所应适于安全收受、载运和保管货物。管货义务是指承运人在货物运输从装船到卸船的全过程，包括装卸、搬移、积载、保管、照料和卸载的各个环节，都应尽妥善和谨慎的义务。本案海上货物运输的对象是汽车，就现代海上运输而言，汽车适宜的运输方式是滚装船运输。滚装船的特点是车辆可以通过船的首门、尾门或舷门的跳板开进开出，无需起重设备；并且，为了运输安全，滚装船设有专门的防摇水舱和其他防摇设备，以减少船舶摇摆等。本案承运人使用件杂货船运输汽车，违反了适货义务，增加了货物装载、运输、卸载过程中的风险。

当然，使用件杂货船运输汽车并未为法律所明文禁止，承运人违反适货义务也并非必然产生货物损失，就本案而言，如果承运人尽了谨慎、合理的管货义务，也可能避免本案货损。承运人是否违反管货义务是通过合理推定进行认定的，货物在承运人控制期间发生了货损，除非承运人能够证明货损是由于不能归责于承运人或者承运人的受雇人、代理人的过失的原因造成的，否则，承运人即应对货物损害承担责任。本案运输中，由于使用件杂货船运输汽车，承运人在装卸过程中使用了吊机对汽车进行起重，并且，由于受海上风浪的影响，汽车产生擦碰，最终导致本案货物损失。承运人未能举证证明其管货无过失，也不能证明货损是由于法律规定的可免责事由所致，故应认定承运人违反了管货义务，应对涉案货损承担责任。

本案另一争议问题是承运人是否可以对甲板货享受免责，被告主张部分汽车装载于甲板，其可以依照我国《海商法》第五十三条第二款对因甲板货的特殊风险造成的损坏予以免责。但是，根据我国《海商法》第五十三条的规定，承运人享受甲板货免责有两个主要条件：①承运人在舱面上装载货物，已经同托运人达成协议，或者此种装载符合航运惯例，或者符合有关法律、行政法规的规定；②货物的损害是由于此种装载的特殊风险所致。本案中，货物遭受损害的主要原因是船舶不适货以及承运人未尽合理、谨慎的管货义务双重原因所致，尽管甲板货的特殊风险可能加剧了损害的后果，但是，承运人难以证明哪些损害是甲板货的特殊风险所致。

并且，被告也未能证明其同托运人达成协议将汽车装载于甲板舱面，或者此种装载符合航运惯例或相关法律规定，因此，被告主张免责不能成立，应对原告因本案运输而遭受的损失承担全部责任。

案例二：预借提单纠纷案

【案情】 原告（上诉人）：重庆对外贸易进出口公司（以下简称重庆外贸公司）。

被告（被上诉人）：土耳其杰拉赫奥乌尔拉勒总运输船舶商业有限公司（以下简称土耳其船舶公司）。

1992年12月29日，重庆外贸公司与日本伊藤忠商事株式会社香港有限公司（以下简称伊藤忠公司）签订购销合同，向伊藤忠公司购买德国标准DIN17100ST37-2的建筑民用角钢5 000t，其中1 500t规格为B40mm×40mm×4mm，1 500t规格为D50mm×50mm×5mm，2 000t规格为E63mm×63mm×6.3mm。合同约定：价格条件CFR湛江，每吨单价327美元，总价款163.5万美元；装运期限为1993年2~3月，从土耳其主要港口到湛江；付款条件为买方收到卖方关于预计装船日期及准备装船数量的通知后，于装运前20天通过开立信用证方式付款。1993年1月12日，中国银行江北支行根据重庆外贸公司的申请开出以伊藤忠公司为受益人的不可撤销信用证。信用证规定：装船期限不得迟于1993年3月10日；不允许转船和分批装运；付款单据包括空白背书的全套已装船清洁提单；信用证有效期至同年3月31日。

重庆外贸公司根据上述与伊藤忠公司签订的外贸合同，于1993年2月5日与重庆外贸通能物资公司（以下简称通能公司）签订了联合经营进口5 000t建筑民用角钢的协议，约定：重庆外贸公司负责对外签订进口合同、开出信用证、完成对外支付以及办理保险、运输、货物到达口岸后及时办理海关、商检手续和对外理赔；通能公司负责落实资金，并将货物及时销售给国内用户；利润分配重庆外贸公司占三成，通能公司占七成，亏损共负。3月11日，通能公司根据联营协议与重庆长发物业发展有限公司（以下简称长发公司）签订了购销合同，将与重庆外贸公司联营进口的5 000t角钢销售给长发公司。购销合同约定：交货时间为1993年5月下旬，交货地点为广州黄埔港码头；价格暂定为每吨4 800元人民币；长发公司应在合同生效后40个工作日预付货款总额20%的定金给通能公司，如供方违约须付货款总额20%的违约金即480万元人民币给需方。

为落实进口货物资金，通能公司向中国投资银行重庆分行贷款，贷款期限为1993年3月26日~6月26日，月利率8.4‰，逾期还贷按逾期金额利息的20%加息。3月17日，伊藤忠公司传真告知重庆外贸公司，装运该批货物的船名是"娅菲丝"轮，预计开航时间为3月29~30日，预计到达黄埔港的时间为5月初。3月22日，通过修改信用证，将装船期和信用证有效期分别延至3月31日和4月21日，目的港变更为广州黄埔港。3月25日，重庆外贸公司电传答复伊藤忠公司："关于5 000t角钢事，贵方称能租的船是7万t级，且我方5 000t到黄埔港是最后一站，我方意见是：如因船本身的原因（如船体过大、吃水太深等）造成不能及时靠泊而产生的损失由船方自负的话，我方接受这艘船装运我们的货，请您站在我方立场上考虑并尽快安排发运。因已延期交货20天了，用户甚是焦急，恐日后起纠纷。"3月31日，土耳其船舶公司签发了全套一式三份已装船清洁提单。提单记载：承运人土耳其船舶公司，承运船舶"娅菲丝"轮（M.N. EFES）；起运港土耳其伊兹密尔港，到达港中国黄埔港；货物为西德标准DIN17100ST37-2民用建筑角钢，规格40mm×40mm×4mm和50mm×50mm×5mm的各750捆，

63mm×63mm×6.3mm 的 1 000 捆，共 2 500 捆，重量 5 396.355t。提单签署地点伊斯坦布尔，签署日期 1993 年 3 月 31 日。根据"娅菲丝"轮本航次的航海日志、装卸时间记录和船长陈词等证据，"娅菲丝"轮于 1993 年 3 月 31 日从土耳其伊斯坦布尔启航，4 月 2 日才抵土耳其伊兹密尔（IZMIR）港 NEMTAS 码头开始装载上述货物，4 月 6 日装货完毕。4 月 8 日~5 月 25 日期间在土耳其 ISKENDERUN 港等候靠泊、移泊和装货，5 月 26~29 日经苏伊士运河驶往我国香港地区，6 月 20 日~7 月 2 日期间在香港等候卸货和卸货，7 月 3 日~8 月 7 日期间在蛇口锚地等候进港和卸货。8 月 7 日 15:35 时抵黄埔引水锚地，8 月 18 日靠泊黄埔新港卸货，8 月 26 日卸货完毕。经中华人民共和国广东进出口商品检验局检验，"娅菲丝"轮在黄埔新港卸载的角钢数量为 2 500 捆，过磅重量为 4 859.290t。4 月 30 日，重庆外贸公司支付了信用证项下全部货款 1 764 608.09 美元，取得了土耳其船舶公司签发的全套一式三份正本提单。

由于货物未能在 1993 年 5 月份运到广州黄埔港，通能公司与长发公司之间的购销合同不能履行。通能公司因此返还长发公司支付的定金 480 万元人民币，并向长发公司支付违约金 480 万元。8 月 24 日，重庆外贸公司向海事法院提出诉前财产申请，申请扣押"娅菲丝"轮，要求土耳其船舶公司提供 443 万美元的担保。8 月 25 日，海事法院裁定，准许重庆外贸公司的申请，扣押"娅菲丝"轮，责令土耳其船舶公司提供 443 万美元的担保。8 月 26 日海事法院对"娅菲丝"轮实施了扣押。9 月 7 日海事法院根据重庆外贸公司的申请，裁定变更责令土耳其船舶公司提供的担保为 220 万美元。9 月 8 日中国人民保险公司广东省分公司应土耳其船舶公司的要求出具 220 万美元的担保，海事法院解除了对"娅菲丝"轮的扣押。货物卸离船舶后，重庆外贸公司拒绝提货。9 月 2 日，土耳其船舶公司书面要求重庆外贸公司立即收货，并迅速处理。9 月 4 日，重庆外贸公司向海事法院提出申请，请求法院采取措施对该批货物予以处理，保存货款。海事法院准许重庆外贸公司的申请，于 9 月 22 日将货物公开拍卖，成交价每吨 2 740 元人民币。经过磅，2 500 捆角钢重量 4 878.91t，总价款 13 368 213.40 元人民币。扣除公告费用、拍卖费用，实得货款 12 954 013.40 元人民币。为支付货物的关税和港口费用以及解决重庆外贸公司的经营困难，经重庆外贸公司申请，海事法院从拍卖货物的货款中先行拨付 12 104 487.08 元人民币给重庆外贸公司。

经核实，重庆外贸公司进口该批货物支付了货物保险费 30 463.91 元人民币，关税 1 106 183.76 元，增值税 1 680 713.31 元，卸船费 196 967.14 元，港口转堆费 91 482.53 元，港口堆场费 29 140.34 元，港口困难作业费 21 000 元。重庆外贸公司于 8 月 6 日和 8 月 24 日向海事法院申请诉前证据保全和诉前财产保全，支付了证据保全申请费 5 000 元、执行费 5 000 元、财产保全申请费 5 000 元。为诉讼，重庆外贸公司支付了律师费 20 000 元、翻译费 2 220 元、差旅费和通讯费 93 170.81 元。

据重庆外贸公司举证证明，1993 年 5 月，重庆角钢市场价格为每吨 5 200 元人民币。重庆外贸公司于 1993 年 9 月 2 日向海事法院提起诉讼，认为：土耳其船舶公司预借提单，严重侵害了重庆外贸公司的合法权益，使其蒙受了重大的经济损失。请求海事法院判令土耳其船舶公司赔偿重庆外贸公司：①提单项下货物的货款损失 1 764 608.09 美元及银行贷款利息和逾期还款罚息损失；②货物于 1993 年 5~8 月的市场差价损失 13 275 033 元人民币及其利息；③因不能履行内贸合同而支付给第三方的违约金损失 4 800 000 元人民币；④因不能履行内贸合同的营业利润损失；⑤申请诉前证据保全和诉前财产保全所发生的费用以及通讯费、翻译费、差旅费、律师费等费用。

土耳其船舶公司答辩认为：提单在土耳其签发，本案应适用土耳其法律。《土耳其商法》第一零九七条规定："应托运人的要求，提单可在收到货物后但尚未装上船时签发，如果提单上记载了船名和日期，这种提单就是已装船提单。"承运人于3月31日以前收受货物，并于3月31日收到托运人提交的劳氏商检证书，此时签发提单符合土耳其法律规定。"娅菲丝"轮是一艘7万t的大船，船上共载有67 792.3t货物，分两个装货港和三个卸货港，重庆外贸公司的货物在第一装货港装船和在最后一港卸船。重庆外贸公司事先已知道卖方租用的仅是该轮的部分舱位，理应预计到该轮不可能从装港直接驶往黄埔港，不可能在5月底前抵达。土耳其船舶公司也从未就货物运抵黄埔港的时间给重庆外贸公司以任何承诺，卖方承诺货物于5月份抵达黄埔港与船方无关。重庆外贸公司声称的延期交货与预借提单无必然的联系，其损失非预借提单所致。造成5月份不能交货的根本原因在于货方没有单独租用一艘直航船。本案属海上货物运输合同纠纷，有关赔偿范围应依据调整海上货物运输合同的法律确定，延迟交货、违约金等损失不应列入本案赔偿范围。对重量短少、规格不符等损失，船方依据提单法律规定可享受责任豁免和责任限制的权利。重庆外贸公司持有作为物权凭证的提单而拒收货物，不再具有诉权，或者应当承担因拒绝提货所产生的费用和风险。

【审判】 海事法院认为：本案提单签订地在土耳其，但是，损害结果发生地在中国，应当依据中国法律和有关国际公约，以及土耳其法律认定土耳其船舶公司签发提单的行为是否合法。根据《中华人民共和国海商法》第七十四条规定，参照1924年《统一提单的若干法律规定的国际公约》第三条第七款的规定，并注意到《土耳其商法》第一零九七条规定，承运人在货物装船完毕后才能签发已装船提单。土耳其船舶公司违反了上述法律和国际公约的规定，在货物尚未装船时就签发了已装船提单，构成了预借提单。土耳其船舶公司关于船方在收受货物后、货物装船前签发已装船提单符合土耳其国法律规定的抗辩缺乏法律依据。

在通常情况下，从土耳其伊兹密尔港至中国湛江港或黄埔港的航期约30天。"娅菲丝"轮本航次所用的时间扣除中途港停泊、装卸时间，实际航行时间也不超过30天。重庆外贸公司根据其与伊藤忠公司的外贸合同和通常的航行情况，以及和联营方通能公司合作与长发公司订立内贸合同有合理的事实依据，属于正常的经营活动。土耳其船舶公司预借提单的欺诈行为，掩盖了伊藤忠公司履行外贸合同的真实情况，不仅致使重庆外贸公司不能向违反外贸合同的伊藤忠公司及时行使撤销信用证、拒付货款和索赔的权利，而且使重庆外贸公司及其联营方丧失了及时采取补救措施、保证内贸合同顺利履行的时机。土耳其船舶公司预借提单的欺诈行为虽与"娅菲丝"轮迟延到达黄埔港没有必然的联系，但与损害后果之间具有必然的联系。土耳其船舶公司关于"延期交货与预借提单无必然的联系"和"造成5月份不能如期交货的根本原因是货方没有单独租用一艘直航船"的主张，混淆了其预借提单的欺诈行为与损害后果之间的逻辑联系，掩盖了预借提单欺诈行为的社会危害性。土耳其船舶公司应当对于由于预借提单侵权行为所产生的损害后果承担赔偿责任。

本案为预借提单侵权损害赔偿纠纷，中国是侵权行为的结果发生地，应当适用中国有关侵权损害赔偿的法律确定赔偿范围。土耳其船舶公司预借提单的欺诈行为，掩盖了伊藤忠公司迟延交货的事实，使伊藤忠公司得以顺利结汇。"娅菲丝"轮抵黄埔港后，角钢市场疲滞，重庆外贸公司请求法院处理货物、保存价款，以避免损失扩大，措施合理。重庆外贸公司为提单项下货物支付的货款及货款的贷款利息、超期罚息损失应由土耳其船舶公司承担赔偿责任。土耳其船舶公司预借提单的欺诈行为，还造成通能公司不能履行内贸合同，对国内买方承担了违约赔偿责任。内贸合同约定的违约金，符合《中华人民共和国经济合同法》和《中华人民共和国工矿产品购销合同条例》的规定。土耳其船舶公司应对重庆外贸公司及其联营方通能公司的违约金损失和可得利润损失承担赔偿责任。可得利润损失应按照提单项下货物于1993年5月份黄埔港所在的广州市场价格，减去为进口该批货物而支出的成本计算。考虑到通常情况下重庆的角钢市场价格比广州的角钢市场价格要低，重庆外贸公司以重庆的市场价格作为计算基础，土耳其船舶公司没有提出相反的证据，故可以重庆的角钢市场价格作为本案货物的市场价格。重庆外贸公司进口该批货物的成本除了货款外，还应包括货物的保险费和货物卸船费、港口转堆费、堆场费、港口困难作业费及关税和增值税。本案所涉及纠纷酿成后，重庆外贸公司为维护自己的合法权益而申请法院采取的诉前证据保全、诉前财产保全是正当合理的，由此产生的费用，应由土耳其船舶公司赔偿。重庆外贸公司为本案诉讼所支出的翻译费、律师费、通讯费、差旅费等诉讼杂费应做合理认定后由土耳其外贸公司赔偿。重庆外贸公司的其他赔偿请求依据不足，不予支持。

根据《中华人民共和国海商法》第七十一条、第七十三条、第七十四条和《中华人民共和国民法通则》（以下简称《民法通则》）第一百零六条、第一百一十七条、第一百四十二条第三款的规定，参照国际惯例，海事法院判决如下：

（1）土耳其船舶公司赔偿重庆外贸公司提单项下货物的货款损失 1 764 608.09 美元。

（2）土耳其船舶公司赔偿重庆外贸公司提单项下货物货款的银行贷款利息和逾期罚息。利息从1993年6月1日起至付款之日止按月利率0.84%计算；罚息从1993年6月27日起至付款之日止按利息的20%计算。

（3）土耳其船舶公司赔偿重庆外贸公司可得利润损失 9 971 569.67 元人民币及其利息。利息从1993年6月1日起至付款之日按中国人民银行规定的企业活期存款月利率0.2625%计算。

（4）土耳其船舶公司赔偿重庆外贸公司违约金损失 480 万元人民币。

（5）土耳其船舶公司赔偿重庆外贸公司诉前证据保全、诉前财产保全所支出的费用 15 000 元人民币。

（6）土耳其船舶公司支付重庆外贸公司诉讼杂费 50 000 元人民币。

（7）拍卖货物的实际价款 12 954 013.40 元人民币划拨给重庆外贸公司，并从土耳其船舶公司的赔偿额中做相应扣减。

土耳其船舶公司不服海事法院判决，提起上诉，认为：①货物已运抵目的港，不存在法律所规定的不能返还财产的情形，故不应适用折价赔偿的原则。重庆外贸公司没有拒收货物的权利。原审判决土耳其船舶公司承担全部货价损失不符合法律规定。②重庆外贸公司5月底就知道货物不能如期到达，7月初已确切知道运输船舶延迟的原因，但从未积极寻找新客户和采取措施防止损失扩大。重庆外贸公司申请法院拍卖货物扩大的损失，不应由土耳其船舶公司负担。计算损失时应以货物的发票价格减去拍卖所得货款计算。③重庆外贸公司明知租用的是一艘7.4万t的船舶，而其货物只有 5 000t，不是包船运输；黄埔港不能接受满载 7.4 万 t 的船舶卸货，船舶可能会安排 1~2 个装货港和 2~3 个卸货港。在这种情况下，应当预见"娅菲丝"轮的航行周期超过 30 天，无法在 5 月上旬运抵黄埔港，并应采取积极措施与内贸合同的买方协商推迟交货，不应坐以待毙。土耳其船舶公司从未向任何人承诺船舶在 3 月 31 日以前完成装货和 5 月初运抵黄埔港，因此，船舶并不存在延期到达的情况。土耳其船舶公司预借提单的行为对船舶的实际开航时间和抵达黄埔港时间并无影响，在这种情况下要求船东承担对不可预见的内贸合同项下的违约金损失是不公平且不合理的。况且重庆外贸公司未能向法院提交任何已收取合同定金的证据，包括长发公司付款凭证的银行记录。本航次原审计算可得利润损失依据1993年5月份重庆市场的角钢价格是错误的，短卸的重量不能计算可得利润损失。进口成本应包括贷款利息和生产管理成本。重庆外贸公司在收到法院先行划拨的款项后，应首先清偿银行贷款以减轻损失避免支付罚息。

重庆外贸公司在上诉答辩中认为：①土耳其船舶公司预借提单的行为是欺诈性侵权行为，侵权的行为性质是确定本案赔偿范围的依据。本案不是延迟交付纠纷，土耳其船舶公司必须承担因预借提单行为导致重庆外贸公司的一切经济损失。②关于赔偿范围，上诉人侵权行为所造成一切经济损失应包括：货款及其利息损失；可得利润损失；支付第三方违约金的损失；为索赔而实际支付的一切合理费用。请求维持原审判决。

二审法院认为：

本案是侵权损害赔偿诉讼，根据我国《民法通则》第一百四十六条的规定，适用侵权行为地法律。而根据中华人民共和国最高人民法院《关于贯彻执行〈中华人民共和国民法通则〉若干问题的意见（试行）》第一百八十七条的规定，侵权行为地的法律包括侵权行为实施地法律和侵权结果发生地法律。因此，认定本案当事人的行为性质和确定损害赔偿，应适用侵权行为实施地的土耳其国法律和侵权结果地的中国法律，可参照国际惯例。

根据《土耳其商法》第一零九七条、《统一提单的若干法律规定的国际公约》第三条第七款、《中华人民共和国海商法》第七十四条的规定，承运人应当在货物装船完毕后签发已装船提单，或者在收货待运提单上加注承运船舶的船名和装船日期，使收货待运提单成为已装船提单。土耳其船舶公司违反了上述法律和国际公约的规定，在未将托运人伊藤忠公司托运的货物装船就签发了已装船提单，提单上记载的日期不真实，掩盖了伊藤忠公司逾期交货的真相，使得伊藤忠公司在逾期交货的情况下仍能出示符合信用证最后装船日期的提单向银行结汇。土耳其船舶公司的行为使重庆外贸公司丧失了对违约的卖方拒付信用证项下货款的权利，并在不明真相的情况下接受包括提单在内信用证项下单据，以及为进口本案货物支付了关税、卸船费等费用。土耳其船舶公司的行为具有欺诈性，侵害了重庆外贸公司对信用证项下货款的所有权，并使其因此遭受了其他重大经济损失。根据我国《民法通则》第一百一十七条的规定，土耳其船舶公司应当偿付重庆外贸公司已经支付的信用证项下货款和相应的银行利息、罚息，并应赔偿重庆外贸公司为进口本案货物支付的关税、增值税、卸船费等损失。

伊藤忠公司租用运载本案5 000 t货物的"娅菲丝"轮是一艘7万t级大船，该航次有两个装货港和三个卸货港，并非由土耳其伊兹密尔港直航中国黄埔港。1993年3月17日和25日伊藤忠公司与重庆外贸公司之间来往电传件表明，重庆外贸公司对上述情况是知情的。故以一艘直航船的航行时间作为衡量本案"娅菲丝"轮的航行所需时间的参照标准是不合理的。本案并无证据证明土耳其船舶公司在该航次中违反承运人迅速航行义务致使船舶不合理延迟到港时间。可见，土耳其船舶公司预借提单的行为不是本案运输船舶不能在1993年5月份到达黄埔港的原因，确定租用"娅菲丝"轮承运本案货物以及预计该轮在1993年5月份抵达黄埔港，是伊藤忠公司与重庆外贸公司约定的事项，土耳其外贸公司对此不负有法律上的义务和责任。因此，由于货物不能在上述期间运抵黄埔港而使重庆外贸公司遭受的市场差价损失、可得利润损失，以及重庆外贸公司不能履行下一手买卖合同所遭受的违约金损失等与土耳其船舶公司预借提单的行为没有直接因果关系，重庆外贸公司要求土耳其船舶公司赔偿上述损失缺乏法律依据。

重庆外贸公司已通过申请诉前扣船取得了土耳其船舶公司的担保,其拒绝提取到港货物、申请法院拍卖货物是不适当的,因此所发生的拍卖费用应由重庆外贸公司负担。拍卖货物所得货款可抵偿土耳其船舶公司的部分债务。本案诉前财产保全、证据保全所发生的费用,按案件受理费的分担原则处理。对于重庆外贸公司要求土耳其船舶公司支付因诉讼而支出的交通费、住宿费的请求不予支持,对合理的律师费用请求给予认定。

综上,土耳其船舶公司上诉理由部分成立,予以采纳。原审判决认定事实基本清楚,但适用法律部分错误,确定土耳其船舶公司的赔偿范围不当,应予改判。依照《中华人民共和国民事诉讼法》(以下简称《民事诉讼法》)第一百五十三条第一款第(二)项的规定,判决如下:

(1) 维持海事法院判决第一判项,撤销该判决第(2)、(3)、(4)、(5)、(6)、(7)判项。

(2) 土耳其船舶公司应赔偿重庆外贸公司货款 1 764 608.09 美元的银行利息损失,从 1993 年 6 月 1 日起至付清之日止,月利率按 0.84% 计算。先予给付款项 12 954 013.40 元人民币自 1993 年 6 月 1 日起至付清之日止所发生的利息应从赔偿额中扣除。

(3) 土耳其船舶公司应赔偿重庆外贸公司 3 155 950.99 元人民币。

(4) 拍卖货物所得价款 13 368 213.4 元人民币,冲抵土耳其船舶公司赔偿额的部分债务。

(5) 土耳其船舶公司赔偿重庆外贸公司律师费用 20 000 元人民币。

【评析】预借提单,是指承运人在货物尚未装船或未装船完毕时签发已装船提单,或者尚未收受货物时签发收货待运提单的行为。毫无疑问,预借提单行为是违法行为,危害海上货物运输和国际贸易秩序,侵害收货人的权利,承运人应对收货人因此遭受的损失承担赔偿责任。然而,关于预借提单的责任属性,理论上有较大的分歧,概括起来有以下观点:①预借提单是违约行为,承运人应承担违约责任。这种观点认为:承运人与收货人之间存在海上货物运输合同关系,基于该合同关系,承运人具有在货物装船以后才能签发已装船提单的默示合同义务,承运人预借提单,违反的就是该合同义务,且承运人主观上有过错,客观上给收货人造成了财产损害,行为与损害结果有因果关系,符合违约责任的构成要件。②预借提单是侵权行为,承运人应承担侵权责任。这种观点同样是从侵权责任的构成要件分析预借提单行为的责任属性,但强调预借提单违反的是法律规定的承运人真实签发提单的义务。③预借提单责任是合同责任与侵权责任的竞合。预借提单行为既符合合同责任的构成要件,又符合侵权责任的构成要件,具有违约和侵权的双重特征,是违约责任和侵权责任的竞和。应当允许收货人选择诉权,提起合同之诉或者侵权之诉。④预借提单的责任属性是缔约过失责任。承运人预借提单行为违反的是先合同义务,即法律规定承运人在缔结运输合同时应当遵守的如实签发提单的义务,而不是依法成立的运输合同本身的义务。承运人应承担的是缔约过失责任。

海事司法实践中,海事法院倾向于认为预借提单行为是侵权行为,承运人应承担侵权损害赔偿责任。本案一、二审法院均持这种观点,一致认为承运人土耳其船舶公司在货物尚未装船时就签发已装船提单的行为已构成预借提单,属于侵权行为,应对提单持有人重庆外贸公司承担赔偿责任。然而,承运人预借提单行为侵犯的是收货人的什么权利,理论上和实践中还有争议。审理本案的一、二审法院对此认识也不完全一致。一审法院认为,承运人侵犯的是收货人(货物买方)解除买卖合同、拒付信用证项下货款的权利;而二审法院认为,承运人侵犯的是收货人对信用证项下货款的所有权。然而这不是一、二审法院的主要分歧,导致一、二审不同判决结果的主要分歧在于赔偿范围的确定,根本原因在于对预借提单行为与损害结果之间的因果关系的认识不同。

就货款损失及货款利息损失，一、二审法院的认定基本相同，均认为土耳其船舶公司预借提单行为掩盖了伊藤忠公司逾期交货的真相，使得伊藤忠公司在逾期交货的情况下仍能提示符合信用证最后装船日期的提单向银行结汇，使重庆外贸公司丧失了拒付货款的机会，因此土耳其船舶公司应当赔偿重庆外贸公司货款损失及货款利息。对于货款利息，二审法院认为先行拨付的款项的利息应当扣除，是准确的。至于罚息为何不判，判词中没有反映，其理由不得而知。

一、二审判决的主要区别在于重庆外贸公司的可得利润损失和违约金损失两个大项。一审法院认为，土耳其船舶公司预借提单行为，导致了重庆外贸公司不能履行内贸合同，失去了可得利润并对内贸合同的买方承担了支付违约金的责任。此两项损失与预借提单行为有因果关系，土耳其船舶公司应当赔偿。二审法院认为，土耳其船舶公司预借提单的行为不是本案运输船舶不能在1993年5月份到达黄埔港的原因，没有证据证明土耳其船舶公司在该航次中违反承运人迅速航行义务致使船舶不合理延迟到港时间，土耳其船舶公司没有法律上的义务保证船舶在1993年5月份到达目的港。因此，由于货物不能在上述期间运抵黄埔港而使重庆外贸公司遭受的可得利润损失，以及重庆外贸公司不能履行下一手买卖合同所遭受的违约金损失等与土耳其船舶公司预借提单的行为没有直接因果关系，重庆外贸公司要求土耳其船舶公司赔偿上述损失缺乏法律依据。可见，一、二审法院均强调预借提单行为与损害结果之间的因果关系，认为有因果关系的损失就应当赔偿，这符合我国《民法通则》关于侵权损害赔偿的原则。问题在于预借提单与船舶不能预期到达之间是否具有因果关系。一般而言，预借提单不是船舶不能预期到达的原因，无论承运人是否预借提单，货物都是在既定的时间装船，船舶在既定的时间起运，在既定的时间抵达。预借提单只是掩盖了货物真实装船时间，并不能改变船舶起运和到达时间。导致船舶不能预期到达的原因是托运人（卖方）没有如期托运货物，具体到本案，还有一个重要原因，就是卖方没有租用一艘直航船。承运人对船舶不能预期到达没有责任，除非船舶不适航、不合理绕航或者提单约定有船舶到达时间。本案中，重庆外贸公司请求的可得利润损失和违约金损失，均是船舶没有预期到达的结果，既然土耳其船舶公司对船舶不能预期到达不负有责任，其不应承担该两项损失便是顺理成章的。从另一个角度看，假设承运人不预借提单，结果是提单与信用证不符，托运人不能结汇，收货人可以解除买卖合同，拒付货款。也就是说，收货人解除买卖合同和拒付货款的权利没有受到侵犯，但其结果仍然是收货人不能履行内贸合同，而遭受可得利润损失和违约金损失。可见，承运人预借提单与收货人不能履行内贸合同而遭受的可得利润和违约金损失没有因果关系，承运人对该两项损失不应负赔偿责任。审判实践中有观点认为，如果不是承运人预借提单而掩盖了买卖合同的真实履行情况，收货人可以尽快解除合同，另外组织货源履行内贸合同，如此理解因果关系似乎过于牵强。

承运人对可得利润损失和违约金损失不应负责，并不意味着收货人的该两项损失就无从索赔。前面已经谈到，船舶不能预期到达的原因是托运人（卖方）没有依照买卖合同的约定按期托运货物，因此，责任应在托运人，收货人（买方）可通过买卖合同向托运人索赔。如果收货人以共同侵权同时起诉承运人和托运人，可判决托运人另外对该两项损失承担责任，但承运人也不应对该两项损失承担连带责任。

案例三：无单放货损害赔偿案

【案情】原告（上诉人）：中国航空工业供销总公司（以下简称中航供销公司）。住所地：北京市东城区东直门南大街甲10号楼。

被告（被上诉人）：中国外运广东湛江储运公司（以下简称外运储运公司）。住所地：广东省湛江市海滨五路1号。

广州海事法院经审理查明：2005年12月26日，原告与我国香港地区的立美贸易（亚洲）有限公司［G. C. Luckmate Trading（Asia）Limited］（以下简称立美公司）签订一份编号TCS05033的买卖合同，约定：原告作为买方，向作为卖方的立美公司购买2万t泰国产木薯干，±10%卖方选择，单价每吨113.50美元，价格条件CFR中国湛江港一个安全泊位，装运日期2006年2月1~28日。原告通过申请开立信用证的方式，已向立美公司全额支付了货款。2006年1月6日，原告与湛江市国跃贸易有限公司（以下简称国跃公司）书面约定：国跃公司委托原告代理进口泰国产散装木薯干2万t，单价每吨113.50美元，湛江码头交货；原告按进口发票金额向国跃公司收取税前0.8%的代理费，并按银行费用实际发生额向国跃公司收取代垫的手续费，国跃公司在进口合同对外付款日前五个工作日内，将全额货款及代理手续费划入原告账户；本协议基于原告以自己的名义代国跃公司与立美公司签订TCS05033买卖合同而订立。

原告向法庭提交编号分别为01A、01B、02、03的提单，其记载内容包括：收货人凭指示，通知人为原告，承运船舶"国顺"轮，装货港泰国Kohsichang港，卸货港中国湛江港，货物为泰国产散装木薯片，提单于2006年3月2日在泰国曼谷签发。其中01A号提单记载的货物重量为7 000t，01B号提单为2 967.28t，02号提单为1 000t，03号提单为8 533.39t。上述每份提单的正面都有手写的"已放货，2006年3月27日"字样。原告在法庭上解释，其3月27日凭提单向"国顺"轮的船舶代理湛江国洋国际船务代理有限公司（以下简称国洋公司）换取提货单，提单正面的"已放货，2006年3月27日"字样即为国洋公司所写；上述提单是因为诉讼，原告通过湛江外代国际货运有限公司（以下简称湛江外代）从国洋公司处借出来的。

2006年3月8日，"国顺"轮抵达湛江港。湛江外代的林振华在盖有"中国航空工业供销总公司"印章的空白委托报关协议上，填写了由原告委托湛江外代就01A、01B、02、03号提单项下货物报关的内容，并在委托方经办人处代签了"朴伟"二字，填写的委托日期为3月8日，被委托方一栏盖有湛江外代的报关专用章和林振华的签字，落款日期为3月9日。2006年3月9日，湛江外代就01A、01B、02、03号提单项下的货物向湛江海关申报，并就03号提单项下的8 533.39t泰国木薯干向海关交纳了税款保证金185万元人民币。3月10日，海关出具了该税款保证金的收据，在该8 533.39t泰国木薯干提货单的报关联加盖了海关放行章，相应的报关单亦记载海关放行时间为3月10日，但征税时间为3月29日。01A、01B、02号提单项下货物，海关征税时间为3月29日，放行时间为3月30日。2006年3月22日，国跃公司传真原告，称："TCS05033号合同项下进口木薯干，请贵司委托湛江外代办理报关、报检事宜，联系人杨绍港；委托湛江北方储运公司（以下简称北方储运）办理控货事宜，联系人吴玉斯。"同日，原告与北方储运签订涉案货物仓储协议，约定：原告将涉案货物在进口报关后存放在北方储运仓库，货权归原告；北方储运自接到原告委托，在货物清关验货后及时入库，承担原告货物安全无损义务。协议书盖有北方储运的公章，并有其法定代表人魏宇的签名。同日，原告与湛江外代签订涉案货物代理进口报关报检协议，约定：原告将有关的清关资料交给湛江外代，以便后者办理进口报关、报检等相关手续，而货权归原告，由原告指定货物的收货人；湛江外代应及时办理报关、报检手续，货物通关后将货物和带海关放行章的正本小提单按时交付原告指定的仓储单位北方储运，并将相关交接单传真原告；由国跃公司与湛江外代进行费用结算。2006年3月30日，原告传真湛江外代杨绍港经理一份"货物移交仓库保管说明"，称："就我司委托贵司代理报关进口的木薯干 19 500.67t，我司已与北方储运签订相关仓储协议书，目前该批货物已通关，请将货物转交北方储运吴玉斯收，并将北方储运对该批货物的签收文件传真我司。"

2006 年 8 月 10 日，湛江外代出具一份关于"国顺"轮工作时间的汇报，记载："2006 年 3 月 6 日，我司接受原告的委托报关；3 月 9 日，我司到国洋公司领取四票 19 500.67t 木薯干的报关联，并于同日向海关进行电子申报，3 月 27 日拿到四套提货单；3 月 10 日，海关放行其中一票 8 533.39t（03 号提单）；3 月 29 日，海关放行余下三票共 10 967.28t 木薯干（01A、01B、02 号提单）；3 月 30 日上午，原告给我司发来放货指令，要求将此批货物转交北方储运吴玉斯先生；3 月 30 日下午，吴玉斯来我司领取报关联及提货联共四套，我司在验证吴玉斯的身份证及留存身份证复印件后，将全套单证即四套报关联及提货联移交吴玉斯先生。"该"工作时间汇报"盖有湛江外代的公章及林振华的签名。林振华在庭审中做证称，其在 3 月 9 日从"国顺"轮的船代国洋公司取得四套提货单报关联向海关申报后，一直由其保管该报关联至 3 月 21 日交由杨绍港保管；3 月 27 日收到原告寄来的四套正本提单后，即交给国洋公司，换取了四套提货单的提货联，国洋公司的陈碧胜在提单上注明"已放货，2006 年 3 月 27 日"字样；3 月 30 日，由杨绍港将四套提货单的报关联和提货联交给吴玉斯。

国洋公司签发的提货单分为报关联和提货联，提货单上记载的船舶抵港日期为 2006 年 3 月 8 日，签发日期均为 3 月 9 日，"通知方"栏均填写中国航空工业供销总公司即原告，"收货人"栏均填写"凭指示（To Order）"。提货单上到货编号 001 对应的提单号为 01A，002 对应的提单号为 01B，003 对应的提单号为 02，004 对应的提单号为 03，货物分别为泰国木薯干 7 000t、2 967.28t、1 000t 以及 8 533.39t。提货单报关联均盖有国洋公司的业务专用章，提货联均盖有国洋公司的货物放行章；在到货编号 004 的提货单报关联上记载的海关放行日期为 3 月 10 日，其余提货单报关联上记载的海关放行日期均为 3 月 29 日。

在湛江外代保存的上述到货编号 001、002、003、004 的提货单报关联复印件之"提货单位（货代）章"栏内，均有"正本已取，吴玉斯，2006 年 3 月 30 日"字样。

根据被告 0001524 号货物出库单的记载，2006 年 3 月 10～25 日，被告向湛江市腾跃贸易有限公司（以下简称腾跃公司）的经办人吴玉斯发货 7 328.16t。原告认为此乃无单放货，而被告主张是收到提货单后才放的货。其余货物为 5 月 18 日~7 月 18 日放货，提货人为腾跃公司及其经办人吴玉斯、鑫龙糖业有限公司等。被告已全部收回了到货编号 001、002、003、004 的提货单报关联和提货联。

2006 年 5 月 14 日，原告工作人员到仓库查看货物，吴玉斯在库存商品核对表上签名，确认"国顺"轮载运的 TCS05033 号合同木薯干当日实际库存量为 13 641t。北方储运于 2006 年 11 月 15 日出具一份证明，记载："兹证明吴玉斯不是我司职工，我司与吴玉斯没有任何关系。"在货物全部提走后，原告因未收到货款，遂向公安机关报案。湛江市公安局 2006 年 8 月 9 日的湛公经立字（2006）13 号立案决定书记载："根据《中华人民共和国刑事诉讼法》第八十六条之规定，决定对国跃公司的法定代表人庞伟胜以及吴玉斯、魏宇等人团伙合同诈骗案立案侦查。"

上述事实有买卖合同、信用证、提单、委托代理进口协议、货物仓储协议书、代理进口报关报检协议书、货物移交仓库保管说明、提货单之报关联、提货联、湛江外代关于"国顺"轮工作时间的汇报、货物进库单、出库单、库存商品核对表、北方储运的证明、湛江市公安局的立案决定书、海关进出口货物报关单、委托报关协议等证据证明。

原告中航供销公司诉称：2005年12月26日，原告与立美公司签订买卖合同，进口泰国产木薯干2万t。原告支付对价后取得19 500.67t货物的四套提单。2006年3月8日，承载该批货物的"国顺"轮抵达卸货港广东湛江港，货物卸存于被告的码头仓库。3月22日，原告与北方储运签订协议，委托该公司提取货物并提供仓储控货服务。同日，原告与湛江外代签订代理进口报关报检协议，委托湛江外代办理报关、报检手续，并将正本提货单交付北方储运。根据湛江外代的工作汇报，其于3月30日下午将全套单证即四套提货单交给北方储运的吴玉斯，在此之前，全套提货单的正本一直由湛江外代持有。然而，早在2006年3月10日，被告就已开始放货，提货人均为腾跃公司。被告未凭提货单放货侵犯了原告对货物的所有权，请求判令被告赔偿因无单放货19 500.67t进口木薯干给原告造成的损失21 093 230元人民币及按中国人民银行贷款利率自2006年3月10日起计算的利息。

被告外运储运公司辩称：货物委托报关日期和具体报关日期应以海关备案的报关委托书和报关单为准，原告委托报关的日期是2006年3月8日，实际报关为3月9日，海关于3月10日放行其中一票货物8 533.39t，原告不能证明被告3月10日放货时没有拿到正本提货单。退一步而言，无论被告是在3月10日还是在3月30日取得正本提货单，只要提货单不是假的，被告都不应承担无单放货的责任。原告只是涉案货物的代理人，真正的货主是国跃公司，原告的损失是国跃公司未付货款以及吴玉斯等人的诈骗所致，该损失与被告的放货行为之间没有因果关系。

【审判】 广州海事法院认为：本案系无单放货损害赔偿纠纷。当事人争执的焦点是：被告收回提货单的时间是2006年3月10日还是3月30日，原告是否具有诉讼主体资格，被告是否承担原告损失的赔偿责任以及赔偿的数额。

第一个焦点问题，关于被告收回提货单的时间。证人林振华在法庭上的证词以及湛江外代关于"国顺"轮工作时间的汇报都表明，涉案提货单的报关联在湛江外代于2006年3月10日向海关申报后，一直保管在湛江外代工作人员手中，而湛江外代于3月27日才取得提货单的提货联，对此有提单正面陈碧胜"已放货，2006年3月27日"记载佐证。原告3月30日"货物移交仓库保管说明"的传真要求湛江外代将货物转交吴玉斯的指令，与吴玉斯在湛江外代保存的提货单报关联复印件"提货单位（货代）章"栏内"正本已取，吴玉斯，2006年3月30日"的签收记录，是相互吻合的，可以认定吴玉斯在3月30日才取得提货单，故被告从吴玉斯处收到提货单的时间不可能早于3月30日。

被告主张自己于2006年3月10日放货之时已收回提货单，是基于以下的一种逻辑推断：提货人迫不及待地向海关交纳税款保证金，以换取海关于3月10日放行03号提单项下木薯干8 533.39t，在不惜交纳税款保证金、努力争取到海关放行货物的前提下，提货人没有理由等到3月30日才将提货单交给被告。虽然该推断有一定的合理性，但由于被告并未在提货单上注明收到提货单的日期，即没有证据证明交接提货单的时间这一事实，而原告所举的关于提货单交付时间的证据能够形成证据链条，因而应认定被告关于3月10日放货之时已收回提货单的主张不成立。

第二个焦点问题，关于原告的诉讼主体资格。涉案货物的提单系具有物权凭证功能的指示提单，是原告以其名义对外签订货物买卖合同并对外支付货款后取得的，因而原告在持有提单期间对货物享有合法的权利。从提单的流转程序来看，原告是涉案提单的最后持有人，其未将提单转让，因而原告享有提单项下的所有权利。虽然原告通过其代理湛江外代于2006年3月27日将该提单交付给承运人的代理国洋公司换取了提货单，然而提货单仅是一种提取货物的凭证

151

而非物权凭证，且原告对该提货单享有完全的控制权，如原告指示将该提货单交付吴玉斯即是证明，因而原告对涉案货物仍具有法律上的权利，其以原告身份起诉，符合法律的规定，即原告具有诉讼主体资格。

第三个焦点问题，被告是否承担原告损失的赔偿责任以及赔偿的数额。被告于2006年3月10～25日在未收回提货单的情况下向腾跃公司的经办人吴玉斯放货7 328.16t，其最早在3月30日才收回了该已放货的提货单，而其余货物是在收回提货单之后放行的。被告在未收回提货单的情况下放行的7 328.16t货物，在放货当时可能构成侵权，但最终是否构成侵权，取决于是否将提货单收回，或在未能收回提货单的情况下是否造成了权利人的损失。换言之，无单放货是指在放货当时以及放货以后不能收回提单或提货单，并造成权利人损失的行为。被告放货后将有关提货单收回，符合凭提货单放货的本来目的，因而该放货行为不属于无单放货。原告关于被告无单放货侵权，其后收回该提货单时审单义务相应加重，即有审查该提货单是否为权利人真实意思表示的主张，没有法律根据，不予支持。

被告作为港口经营人，在交付货物时应当对提货单进行审查，但审查的内容仅限于提货单上有无海关的同意放行章，而对提货单的持有人是否为提货单上记名的收货人或其代理人，被告没有审查义务。而事实上，涉案提货单并未记载提货人或其代理人，所以，提货单一经开出，即等于承认持单人有提货的权利。被告根据提货单上的海关同意放行章将货物交给提货单的持有人，乃正常的放货行为，符合港口经营人的惯常做法，不存在过错。原告关于被告于2006年3月30日收回提货单后将货物交付非权利人腾跃公司、构成侵权的主张，没有法律根据，不予支持。

广州海事法院经审判委员会讨论决定，并依照我国《民事诉讼法》第六十四条第一款之规定，做出如下判决：驳回原告中国航空工业供销总公司的诉讼请求。案件受理费115 476元，调查取证执行费5 000元，由原告负担。

一审宣判后，中航供销公司不服提出上诉，认为：外运储运公司作为专业的码头仓储企业，在未收回提货单的情况下即放行货物，致使中航供销公司无法实现以物权作为保证收取货款的权利，上诉人的损失客观存在，且与外运储运公司的无单放货行为之间存在必然的因果关系，因此，请求撤销原判，改判外运储运公司就2006年3月10～25日无单放货7 328.16t木薯干的损失7 568 028.02元及其利息。

被上诉人外运储运公司辩称：一审判决结论正确，请求维持原判。

广东省高级人民法院经审理确认了一审法院认定的事实和证据，并认为：本案为无单放货损害赔偿纠纷。二审的争议为外运储运公司于2006年3月10～25日期间，未凭提货单放行7 328.16t货物，于3月30日才将提货单收回的行为之性质，即先放货、后收回提货单的行为是否构成侵权，该行为与中航供销公司不能收回货款的损失之间是否存在直接的因果关系，外运储运公司是否应承担相应赔偿责任。

湛江外代依据中航供销公司的指令，向吴玉斯交付提货单，吴玉斯取得提货单，即成为提货单的持有人。外运储运公司于2006年3月10～25日期间先放货，后于3月30日收回提货单，虽然在放货程序上有瑕疵，但其向提货单持有人吴玉斯放行货物，符合凭单放货的本来目的，亦符合中航供销公司将货物交给吴玉斯的指令。因此，外运储运公司的行为不构成无单放货。中航供销公司不能收回货款，是由于受国跃公司诱导，误认为吴玉斯是代表北方储运，错误指令湛江外代将货物交给吴玉斯，从而失去了对货物的控制。中航供销公司不能收回货款，与外运储运公司的放货行为没有直接的因果关系。中航供销公司关于外运储运公司先放货、后收回提货单构成侵权，因而造成其损失的主张，显然与本案查明的事实不符，不予采纳。

原审认定事实清楚，审理程序合法，处理结果正确，依法应予维持；中航供销公司上诉理据不足，应予驳回。

广东省高级人民法院根据我国《民事诉讼法》第一百五十三条第一款第（一）项之规定，做出如下判决：驳回上诉，维持原判。二审案件受理费64 766元，由上诉人中航供销公司负担。

【评析】

1. 关于外运储运公司的法律地位

根据1991年《联合国国际贸易运输港站经营人赔偿责任公约》关于"运输港站经营人，是指在其业务过程中，在其控制下的某一区域内或在其有权出入或使用的某一区域内，负责接管国际运输的货物，以便对这些货物从事或安排从事与运输有关的服务的人。但是，凡属于适用货物运输的法律且身为承运人的人，不视为运输港站经营人"的规定，外运储运公司为运输港站经营人，即在中国法律语境下所谓的港口经营人。

我国是实行外贸管制的国家，根据《中华人民共和国海关法》第二十三条"进口货物自进境起到办结海关手续止，出口货物自向海关申报起到出境止，过境、转运和通运货物自进境起至出境止，应当接受海关监管"的规定，外运储运公司作为港口经营人，应该根据法律的规定或根据海关的授权，对进出口货物进行监管，以防止走私情况的发生。鉴此，外运储运公司实际上是作为对外贸易行政管理的一方主体，受海关委托或根据法律之规定，履行外贸管理的行政权限，从而与收、发货人或承运人之间形成一种行政法律关系。在本案中的具体表现是，外运储运公司对进口货物的放行，必须凭海关的进口货物放行章，其与提货人之间的关系实质为管理与被管理的关系，即行政法律关系或称公法关系。

在我国的外贸管制体制下，进口货物的交接关系表现为：收货人以提单向承运人换取提货单，从而完成了承运人与收货人之间的货物拟制交付，即并非"一手交提单、一手交货物"的直接交付；承运人向港口经营人实际交付货物，其效果等同于向收货人交货，货运记录关于货物交接的数量、质量等状况的记载对收货人同样有效；收货人凭海关放行的提货单向港口经营人提取货物，从而完成整个货物交付手续。作为港口经营人，外运储运公司系与作业委托人订立港口业务合同，在其所有或有权使用的设施、场所，对水路运输的船舶、货物提供与运输有关的服务的人。涉案争议发生在收货人凭海关放行的提货单向港口经营人提取货物的环节。可见，本案诉讼所要处理的是港口经营人外运储运公司与收货人中航供销公司之间的港口业务合同履行过程中的侵权纠纷，属于典型的平等主体之间的民事纠纷。

2. 关于先放货、后收回提货单是否构成无单放货的问题

外运储运公司在放货当时没有收回提货单，就存在此后亦不能向提货人收回提货单的可能，还存在其他人持提货单来提货而提不到货的可能。若另有他人持提货单前来提货，因货已被提走，无货可提，无疑外运储运公司无单放货了。但如果事后收回了提货单，则不可能还有其他人持有提货单，故在放货当时没有收回提货单可能构成侵权，但事后收回提货单则消除了这种侵权可能，不构成无单放货。

从先放货、后收回提货单的时间间隔上推断，上述结论也是正确的：先放货，然后立即收

回提货单,无疑不构成无单放货;先放货,此后 5 分钟收回提货单,也不可能说是无单放货;那么,1h、10h、1 天、10 天、20 天以后收回提货单,同样难以认定无单放货。倘若认为随着时间的推移,会由量变发生质变,由凭单放货质变为无单放货,那么,质变的时间点在哪里?根据是什么?虽然诉讼时效、除斥期间会因为时间的流逝而使案件性质或案件结果发生质的变化,但该质变的时间点是法律规定的结果,并非想当然而定。显然,针对先放货、后收回提货单的情况,并没有法律规定一个凭单放货到无单放货的质变的时间点,因而实难认定外运储运公司 2006 年 3 月 10 日放货、3 月 30 日收回提货单系无单放货。因此,一、二审法院的判决无疑是正确的。

案例四:申请人申请承认和执行英国仲裁裁决案例

【案情】 申请人:巴拿马××海运公司(××Maritime S. A., Panama)。

被申请人:中国厦门××实业有限公司。

申请人是"诺德女神"轮(M/V "NORD LUNA")所有人。2007 年 4 月,其接受运输委托,分别从阿根廷的 Rosario 港与 Bahia Blanca 港装运 63 000t 大豆运往厦门。4 月 24 日,以承运人身份签发了 01 号及 02 号提单,被申请人为提单受让人。上述两份提单正面抬头记载"提单与租约一起使用(Bill of Lading to be used with Charter-Parties)",左下方格内载明"运费根据 2006 年 11 月 28 日签订的租船合同预付(Freight payable as per CHARTER-PARTY dated 28-NOV-2006)";背面条款第一条规定:"正面注明日期的租船合同中的所有条件、条款、权利和除外事项,包括法律适用和仲裁条款,都并入本提单(All terms and conditions, liberties and exceptions of the Charter Party, dated as overleaf, including the Law and Arbitration Clause, are herewith incorporated)"。日期为 2006 年 11 月 28 日的航次租约"定租确认书(Fixture Note)"载有"……其他内容根据 Glory Wealth 与 CHS 间上一执行完毕的'伊斯纳'轮(M/V ESNA)自南美洲东海岸至中国航次租约,该租约承租人为 CHS,日期为 2006 年 7 月 18 日,根据上述主要条款作合理的修订"。而 2006 年 7 月 18 日航次租约中,"补充条款(Rider Clause)"第四十六条除规定了其他内容外,尚规定"纽约土产格式仲裁条款(NYPE Arbitration Clause)",作为本租约的组成部分,视为完全并入。依据纽约格式标准合同第十七条规定:"若船东与承租人发生争议,则应在纽约提交由三名仲裁员组成的仲裁庭仲裁,其中双方各自指定一名仲裁员,第三名仲裁员由选定的两名仲裁员指定;三名仲裁员或其中两名仲裁员的裁决是终局的,为执行任何裁决,按照本协议当事方可申请法院做出裁决。仲裁员应为商人。"第五十二条则明确"如有任何争议,应提交伦敦仲裁,适用英国法(Arbitration, if any to be made in London, English law to apply)"。

2007 年 6 月 2 日,"诺德女神"轮抵靠厦门港东渡 2 号码头后开始卸货。6 月 5 日,被申请人声称货物受损,就此双方产生了货损争议并成讼。6 月 8 日,被申请人随即向厦门海事法院提出诉前财产保全申请,扣押了"诺德女神"轮。随后,被申请人以船舶登记所有人尼森凯恩有限公司(Nissen Kaiun Co., Ltd.)和申请人为共同被告,提起海上货物运输合同纠纷诉讼,厦门海事法院以(2007)厦海法商初字第 241 号立案审理。在该案审理过程中,两被告以案涉两份提单系根据 2006 年 11 月 28 日租约签发,该租约系"诺德女神"轮二船东 Glory Wealth 与承租人 CHS 签订,且其又并入了 2006 年 7 月 18 日租约,而后者提单中均有有效并入特定租船合同的仲裁条款,即在提单持有人与承运人间存在有效的仲裁协议,明确有关海上货物运输合同的一切纠纷应提交英国伦敦仲裁，故该案不属于厦门海事法院管辖为由，提出管辖权异议。

法院经审查认为，只有双方存在仲裁协议，才发生判断仲裁协议法律效力问题。本案提单并未直接载有仲裁条款，而是通过并入条款将租约中的仲裁条款并入提单，故只有并入条款有效，并能把航次租约中仲裁条款并入有效的情况下，双方才存在仲裁协议。因并入条款涉及双方实体与程序性权利，当事人对并入条款是否能有效并入提单的法律适用未做约定，而厦门作为目的港、原告住所地及受案法院所在地，依据我国《民法通则》第一百四十五条第二款规定，我国法律与判断并入条款是否有效并入存在最为密切的联系；且依程序问题适用法院地法的法律适用原则，也可得出相同结论，故应适用法院地法即我国法律来判断并入条款。因被告提交的两份租约无原件，也无租约双方签认，原告不认可其真实性，故被告异议无事实依据。进而依据我国《海商法》第九十五条规定，法院认为能并入提单的航次租约应以承运人为一方当事人，而本案双方均非航次租约当事人，包括仲裁条款在内的航次租约均不能有效并入提单对双方产生拘束力。此外，因原告在受让提单前及当时不了解航次租约条款内容，不能单从其受让提单的行为推定其即有将纠纷提交仲裁，甚至提交伦敦仲裁的意思表示，故应认定本案双方当事人之间不存在仲裁协议。厦门海事法院作为运输目的地、货损检验地、原告住所地、货物保险人所在地、涉诉货物保险合同纠纷受理地法院，审理本案更具有便利条件；且作为运输目的地法院，依据我国《民事诉讼法》第二十八条规定，对本案具有管辖权。2008年3月28日，法院做出驳回其管辖权异议的民事裁定。两被告未提出上诉，该裁定已发生法律拘束力。

2007年9月25日，尼森凯恩有限公司和申请人启动了在伦敦仲裁的程序。在此过程中，尼森凯恩有限公司和申请人向英国伦敦高等法院提出禁诉令申请。2008年2月1日，伦敦高等法院蒂尔法官（Mr. Justice Teare）做出禁诉令，内容为：①第一被申请人（厦门××实业有限公司）和/或第二被申请人中国人民保险公司，无论是其本身、雇员、代理或任何其他方，均被制止和/或禁止提起因2007年4月27日01号与02号提单下运输合同所载阿根廷大豆货物损失或损害产生的，或与此相关的所有或任何索赔，无论是在中国厦门海事法院或在中国内任何其他法院针对申请人或其中任一申请人继续或起诉或采取任何进一步的法律行动或以任何其他方式参与诉讼。②被申请人应支付申请人本案申请费用12 000GBP（当时汇率1GBP＝10.09CNY）。

2008年12月24日，伦敦海事仲裁员Patrick O'Donovan做出仲裁裁决，内容为："①船方不必为货方声称的大豆于2007年6月在中国厦门卸货过程中发生的货物损坏承担责任。②货方应当自行承担其费用并且支付船方支出的仲裁费用（以及船方可能主张的费用，如果双方未来对此达成一致，将由船方根据英国《1996年仲裁法》第六十五条规定自行选择由本人或伦敦高等法院对此做出裁决）；货方还应当承担并支付本人的仲裁裁决费用4 500GBP（包括本人收费及中间费用），如果在第一阶段，船方已支付了有关本仲裁裁决的任何费用，那么船方应当有权立即向货方追偿其已支付的任何费用；以及就上述两项确定的费用，货方应当按照4%的年利率或按比例以三个月为结算期支付从本裁决做出之日起至合适的支付或偿还之日的利息。③虽然已就上述事项做出临时/部分裁决，本人特此宣布本裁决为最终裁决，并且本人保留就双方间的所有特定纠纷进一步做出合适裁决的权利。"2009年7月16日，申请人向法院提出申请，要求承认和执行上述仲裁裁决书。

【审判】厦门海事法院经审查认为：

（1）（2007）厦海法商初字第241号民事裁定书已认定涉案租船合同仲裁协议没有并入提单，本案双方当事人之间不存在有效的仲裁协议。此裁定对申请人具有法律拘束力，故其主张以英国伦敦高等法院的禁诉令作为英国伦敦仲裁庭确定双方存在仲裁协议,没有事实和法律依据。

(2) 依据《联合国承认和执行外国仲裁裁决的公约》(以下简称《纽约公约》)第二条规定,双方当事人之间存在书面仲裁协议的,方可将纠纷提交仲裁。而依据(2007)厦海法商初字第241号民事裁定书,已认定本案双方当事人不存在仲裁协议,故本案不存在适用承认和执行外国仲裁裁决的前提条件。

综上,依据我国《民事诉讼法》第二百六十七条以及《纽约公约》第二条规定,经法院审判委员会讨论决定,上报福建省高级人民法院并经最高人民法院以(2010)民四他字第67号批复同意,裁定如下:不予承认和执行伦敦海事仲裁协会仲裁员 Mr. Patrick O'Donovan 于 2008 年 12 月 24 日做出的仲裁裁决;案件受理费 500 元人民币,由申请人负担。

【评析】

1. 关于本案是否存在仲裁协议,还是仲裁协议未有效并入问题

涉案两份提单中提及的租约即为提单正面记载的签订日期为2006年11月28日的租船合同,"诺德女神"轮为该租船合同与提单项下的承运船舶。提单抬头表明与租约一并使用,背面条款则载明包括仲裁条款也并入提单;且根据上述二船东 Glory Wealth 与承租人 CHS 间定租确认书的内容,该租船合同中又并入了订于 2006 年 7 月 18 日的另一份租船合同,其中"补充条款"第四十六条中规定了"纽约土产格式仲裁条款";第五十二条规定"如有任何争议,应提交伦敦仲裁,并适用英国法。"基于完全相同的案件事实,但对于是否存在仲裁条款及其是否有效并入,英国仲裁员及其高等法院法官与我国法院态度截然相反,充分说明两国司法政策导向与裁决差异。

伦敦是国际航运与金融中心,基于其传统与语言作用,海事仲裁在航运界的影响举足轻重。为此基于利益考量,英国立法如《1996年仲裁法》、司法如本案伦敦高等法院蒂尔法官做出的命令(Order Of Mr. Justice Teare),无疑为进一步巩固与提高伦敦海事仲裁的中心地位与影响力。故尽管仲裁的形式与名义上是"民间的",但其最终实质是"国家的",有赖于他国法院的承认和执行,仲裁裁决才得以付诸实施,否则毫无意义。国际社会出于构建与统一秩序需要,联合国于1958年制定了《纽约公约》,缔约国多达一百多个,可见其影响之大。而我国出于对外改革开放与经贸交流的需要,也早于1986年底加入该公约。因此仲裁裁决的"终局性(Final)",才得以名至实归。缔约国不仅遵循"信守条约"的法律原则,也积极履行法定义务。因而我国法院不轻易拒绝承认和执行外国仲裁裁决,最高院的内审上报审查与批复审核,即从制度层面与客观上保证了外国仲裁裁决的承认和执行。

就本案言,当事人申请承认和执行外国仲裁裁决的前提条件是双方存在有效的仲裁条款或协议,《纽约公约》第二条对此做了明确规定。而依据(2007)厦海法商初字第241号民事裁定书,已认定双方不存在仲裁协议,即无从审查其效力或并入是否有效问题。当然该裁定尽管形式上驳回了被告的管辖权异议,其实质却在于否认仲裁条款的效力,也与法发[1995]18号"关于人民法院处理与涉外仲裁及外国仲裁事项有关问题的通知"第一条规定不符,在尚未报请之前即做出管辖权裁定不当。因是否存在仲裁条款属于事实问题,而仲裁条款或协议是否有效以及是否有效并入,则属于法律问题,尚需要依据准据法进一步认定。但第241号民事裁定已发生法律拘束力,而依据《最高人民法院关于适用〈中华人民共和国民事诉讼法〉若干问题的

意见》第七十五条第（4）项规定，已为法院生效裁判所确定的事实，当事人无须举证。故本案依据已生效的先行裁定所认定事实，做出不予承认和执行英国仲裁裁决，应属题中应有之义与当然的逻辑结果。

另在"美景"轮（M/V Alpha Future）案例中，最高人民法院认为，涉案提单正面仅记载"运费根据2004年3月24日签订的租船合同预付（Freight payable as per CHARTER-PARTY dated 24-MAR-2004）"，并未明确记载将租约及相关仲裁条款并入提单。案涉提单背面记载的有关并入格式条款并不能构成有效并入，因此可以认定涉案租约中的仲裁条款没有并入提单，双方并未达成仲裁协议，对申请人提出的伦敦仲裁裁决不予承认和执行。该案涉及的基本事实与本案相同，可资参考。但从我国相关海事法院案例及最高人民法院批复的相关精神看，通常多以提单背面载明的仲裁条款无效，或租约中约定的仲裁条款不能有效并入提单为由加以否认。本案提单正面载有"提单与租约一起使用"与"运费根据2006年11月28日签订的租船合同预付"以及背面条款第一条内含"租船合同中的所有条件、条款、权利和除外事项，包括法律适用和仲裁条款，都并入本提单"，因该租约并无仲裁条款，故裁定认定"不存在仲裁条款"诚属正确。但若结合定租确认书内容，又涉及"并入"2006年7月18日签订的租船合同中的"补充条款"内容，其中第四十六条"纽约仲裁"与第五十二条"伦敦仲裁"，则属于合同条款抵触的解释问题。依据《最高人民法院关于适用〈中华人民共和国仲裁法〉若干问题的解释》第五条规定，法院也不难得出本案约定了两个仲裁机构、双方又无法协议选定其中之一进行而无效的结论。

但是依据英国《1996年仲裁法》，则允许提单仲裁条款通过援引包括仲裁条款的租约而并入，但对仲裁条款是否确已有效并入，仍由法院的判例解决。从英国仲裁员做出的仲裁裁决分析，他认为两个条文应一并解读而形成一个协议，即所有提单项下纠纷应提交伦敦仲裁（已明确约定），由三名仲裁员组成的仲裁庭（符合NYPE仲裁条款），并适用英国法。申请人申请仲裁诉状第10～18段与其递交英国高等法院申请禁诉令"意见（the Submissions）"相同，连同证人证词与附件等法律文书已为蒂尔法官（Mr. Justice Teare）接受并做出禁诉令。禁诉令中未见具体理由，仲裁员是从蒂尔法官接受申请人禁诉令申请并做出命令的结果分析得出上述意见的，在逻辑推理上属于"倒果为因"。

2. 是适用仲裁条款约定的法律，还是法院地法判断仲裁与并入条款的效力问题

如上所述，适用不同的法律得出的结论不同，故如何选择"准据法"便成为关键。而将"准据法"界定为具体的实体法规范，应是中外法学界共识，是指经冲突规范的指引，用来确定国际民商事法律关系的当事人的权利义务关系的具体的实体法规范。可见准据法与法院地法中的程序法无关，故两者并非一一对应关系，在准据法意义下的法院地法，实指法院所在地国的实体法。这在我国《海商法》第十四章"涉外关系的法律适用"中即为实证，多是冲突规范，经其指引才能找到适用纠纷解决的准据法（实体法）。而依"程序问题适用法院地法"的法律适用原则，准确的理解应是指法院地法中的程序法，而与其实体规定无关。任何仲裁机构或法院，均有其自身需遵循的程序性规范。故仅援引上述程序问题的法律适用原则，尚无法得出即当然适用法院地实体法的逻辑结论。

同样地，适用"最密切联系"原则来寻找准据法的前提也是当事人没有选择合同可以适用的法律。除法律另有规定外，原则上各国均认可当事人事先约定或事后补充选择的法律。只有当事人事先没有约定，事后又未或无法达成一致的情况下，才能考虑运用该原则寻找准据法。

因此该原则与其说是一个法律适用原则，毋宁说是一国冲突规范中"找"法工具或手段，更准确些是一国的立法导向与司法政策，因为"最密切联系"原则最终需要通过法院个案确定的具体联结点或因素（Connecting Factors），来寻找哪国法律才是最紧密联系的，其中无不充斥着保护国内当事人利益、扩大司法主权与影响等考虑因素，而与国内律师在庭审时为图方便省事即随口适用法院地（内国）法无关。除规避法律或者与内国社会公共利益相违背外，原则上适用外国法并不损害内国主权。

依据《纽约公约》第二条第一及二款规定，存在书面仲裁协议是仲裁得以开始的先决条件，书面协议是当事人所签订或在互换函电中所载明的合同仲裁条款或协议，这就表明后者无须双方签名。基于提单作为典型的"附意合同（Adhesion Contract）"，受让人"要么接受，要么拒绝"原因，甚至国际社会也普遍倾向于保护弱方利益，但当提单流转给第三人时，提单受让人既不可能与承运人签发何种提单进行商议，又不可能在提单外再行达成特别协议，更不可能直接对提单的某些条款进行修改。但与班轮运输条件不同，散杂货租船运输量大货物价值高，收货人多属于行业老大，又涉及进出口贸易报关清关环节，故辩称"不知情"或"在受让提单前及当时不了解航次租约条款内容"，既违常理，也与交易惯例不符，更不用提及双方已有在先交易存在。国际商会《跟单信用证统一惯例》第二十五条规定，"除非信用证另有相反规定，否则银行接受下述租船合同提单，不论其名称为何：含有受租约约束的任何批注，及……"。通常租船实务与货物买卖相关联，关于租船运输条件与信用证条款、买卖合同条款均相连接，在买方为非承租人时，对于提单及其格式内容大都已先前知悉或电传审阅。实务上也不乏将航次租约先行电传给提单受让人，以便买方准备货物通关、接船卸货。因此往来函电本身证明了相互同意，说明双方认可与接受，此时仅有一方签名或无双方签名并不能证明当事人的接受无效。提单上仲裁条款也算是双方文书的交换，即使只有承运人或其代理一方签名，也符合公约第二条第二款规定。故即若拘泥"双方签名"，也并非是双方非得在同一张纸上不可。倘若法院认为"不能单从受让提单的行为推定其即有将纠纷提交仲裁，甚至提交伦敦仲裁的意思表示"的理由尚不令人信服，那么租约约定仲裁当事人（二船东 Glory Wealth 与承租人 CHS）并非本案当事人的事实，业已充分佐证本案仲裁裁决与禁诉令欠缺当事人约定基础。"合同因素明确地表现在各国普遍接受的各项原则中，如仲裁必须建立在当事人之间的仲裁协议的基础上；仲裁庭超出当事人授予的管辖权限做出的裁决无效等。"

依据《纽约公约》第二条第三款规定，有效约定的仲裁协议排除了法院管辖，因此与各国普遍否认（提单）管辖权条款的排他效力不同，而普遍肯定仲裁条款的效力。那么，判断仲裁条款效力的法律依据究竟为何呢？《中华人民共和国涉外民事关系法律适用法》（以下简称《涉外民事关系法律适用法》）第十八条规定，"当事人可以协议选择仲裁协议适用的法律。当事人没有选择的，适用仲裁机构所在地法律或者仲裁地法律。"本条虽仅适用仲裁协议有效前提下的法律适用情形，而不适用本案。但可以明确的是得不出适用法院地法的结论。因此最高人民法院民事庭《涉外商事海事审判实务问题解答》第九十七条与第九十八条明确规定，在明示并入仲裁条款的情况下，提单中并入的租约的仲裁条款应当约束提单持有人和承运人。而对租船合同中仲裁条款效力的审查，应当适用当事人在仲裁条款中约定适用的法律；当事人没有约定或者约定不明确的，应当适用合同中约定的仲裁地的法律。《最高人民法院关于人民法院处理涉外仲裁及外国仲裁案件的若干规定（征求意见稿）》第十七条规定，"仲裁协议的效力，适用当事人约定的法律。当事人没有约定仲裁协议准据法但约定了仲裁地点的，适用仲裁地国家或地区的法律。没有约定仲裁地或仲裁地约定不明的，适用法院地法律。"可见最高人民法院对此的司法立场是明确的，适用法院地法律的前提是准据法与仲裁地均"没有约定"或"约定不明"。对此也可在最高人民法院对外公布的相关案例与批复中找到依据，多为"并入无效"，而不轻易否认仲裁条款无效。

英国《1996年仲裁法》规定了高等法院对"法律问题"的司法审查制度，法国、比利时、葡萄牙、荷兰等国法律也针对仲裁裁决的实体问题上的是非曲直进行司法管制。可见对仲裁保持适度的司法控制，不仅是必要的，也是可行的。我国法院认为并入条款属于程序性问题，应当适用法院地法进行审查的观点首先源于广东高院对"美景"轮（M/V Alpha Future）案的裁决理由。而最高院虽未明确适用哪国法进行审查，最终认为是并入无效。而厦门海事法院第241号裁定除提到其他理由外，也以"依程序问题适用法院地法"的法律适用原则，得出了不存在仲裁条款的结论。但是如上所说该法律适用原则的准确解读，应是"法院地程序法"而非"法院地实体法"，故无法笼统适用"法院地法"原则从而援引"法院地实体法"，来识别、认定仲裁或并入条款无效。尤其是此处尚存在"概念置换"的逻辑推理问题。

那么并入条款属于程序性问题吗？因与对法律做程序法与实体法之分类似，法学界尚对案件所涉相关问题进行法律与事实进行区分，但有些问题恐怕不是简单进行"二分法"就可以解释清楚。如果说有效的仲裁约定即排除了法院管辖，那么至少就本案的"并入条款"而言，却并不仅限于仲裁条款，它尚涉及"租船合同中的所有条件、条款、权利和除外事项，包括法律适用和仲裁条款，都并入本提单"，因此法院若仅否认其中之仲裁条款效力，却又承认其他条款效力，显然不合逻辑。双方对此没有签字约定吗？其他条款也同样没有签字约定。与仲裁条款一致，其他条款也同样需要上文提及的"合同因素"，故"没有签字"并非充分理由。因而判断并入条款的效力，应分三个步骤进行：首先属于事实问题，是否存在法院应首先查明；其次属于法律问题，是否产生当事人预期效力，法院尚需结合其他案件因素进行判断；最后也是最重要的，仲裁条款与并入条款分属两个不同或层次问题，前者应以我国《涉外民事关系法律适用法》第十八条规定进行；而后者除非另有约定，法院一般适用其最熟悉的法院地法进行认定，这是现实环境下，我国海事法院对外国仲裁的被迫应对之举。

3. 英国法院禁诉令在我国的效力问题

本案中最高人民法院（2010）民四他字第67号批复认为，申请人主张以伦敦高等法院的禁诉令作为英国仲裁庭确定双方存在仲裁协议的依据，没有事实和法律依据，因此实质上否定了其域外效力。因我国与英国无民商事司法协助条约，因此无论是基于国际私法中的互信与礼让原则，还是基于我国法律规定的"互惠原则"，仍旧欠缺进行双边互相承认和执行的官方途径。另外，本案中禁诉令的送达是通过申请人国内律师亲自执行，并由当地公证处进行公证，而与1965年海牙《关于向国外送达民事或商事司法文书和司法外文书公约》所规定的官方送达方式不同，是否有效也有疑虑。

因我国并无对应"禁诉令（Anti-suit Injunction）"制度，故对其较为陌生。不管其出发点、本质特征与目的为何，国外当事人在英国法院禁诉令的拘束下，既客观上背负"藐视法庭"罪压力，又主观上面临择地诉讼的窘境。而对于他国而言，至少在民商事诉讼中，没有敢于提起诉讼的当事人，所谓的司法管辖权又缘何存在，不无疑虑。因此我们可以在德国、西班牙以及欧洲法院同行裁决中得到启发，所谓禁诉令仅针对当事人而非外国法院的主张，实际是剥夺该外国法院的管辖权。因此就案件的最终处理效果来说，虽然我国法院没有评论或批评英国高等法院的权力，但仅以"没有事实和法律依据"，也足以否定其在我国境内效力，无疑是明智的。

案例五：航次租船合同纠纷案

【案情】原告（上诉人）：上海优利兴国际货运代理有限公司（以下简称优利兴公司）。

被告（被上诉人）：厦门耀中亚太贸易有限公司（以下简称耀中亚太公司）。

2010年11月26日，金海有限公司（以下简称金海公司）与被告订立了租船合同，由金海公司将"HONG WANG 2"轮航次出租给被告，从印尼运载货物到中国。由于船舶在起运港和目的港发生滞期，被告于2011年1月11日向金海公司就滞期费问题做出保证函。诉讼中，金海公司出具声明书，证明在2010年11月26日，其代表原告与被告订立了"HONG WANG 2"轮租约，租约的权利义务由原告享有和承担。不过，原告不能提供其与金海公司订立委托合同的相关材料，双方之间也无付款关系。还查明，原告不是"HONG WANG 2"轮的所有权人、经营管理人或者光船承租人，也不是租赁使用人。

原告优利兴公司诉称，其通过代理人金海公司与被告签订了"HONG WANG 2"轮的租船合同，故要求被告支付滞期费2 296 179元。

被告耀中亚太公司辩称，原告依法不是本案适格主体。金海公司未以原告的名义与被告订立租船合同，不符合民事代理的法律特征。原告不是船舶所有者或管理使用者，不具有委托他人代理的权利来源。原告根据《合同法》第四百零三条的规定行使权利，该条规定以"受托人因第三人的原因对委托人不履行义务"为前提，至今不清楚金海公司对原告负有何种义务。

【审判】厦门海事法院经审理认为：案涉租船合同的订立双方是金海公司和被告，现原告主张金海公司是受其委托与被告订立租船合同的，应对此予以举证。虽然金海公司提供了声明书，说明其是代表原告与被告订立"HONG WANG 2"轮租船合同，但从租船合同订立过程和履行情况看，没有证据证明在本案诉讼之前金海公司曾告知被告，或者被告已经知晓金海公司是接受原告的委托订立租船合同，仅凭金海公司的声明和原告的陈述而不存在书面委托合同或其他委托材料的情形下，不足以认定原告与金海公司之间委托事实的存在。况且，原告不是案涉船舶的所有权人或者经营管理人，也不能提供租用该船舶的租赁合同，故原告没有权利将案涉船舶出租使用，也就无法形成委托金海公司出租船舶给被告的事实可能。综上，原告没有证据证明其与被告之间成立航次租船合同关系，其不是与本案有直接利害关系的主体，不能依据租船合同向被告主张权利。依照《中华人民共和国民事诉讼法》第一百零八条第（一）项、第一百四十条第一款第（三）项、《最高人民法院关于适用〈中华人民共和国民事诉讼法〉若干问题的意见》第一百三十九条、《最高人民法院关于民事诉讼证据的若干规定》第二条之规定，裁定如下：驳回原告上海优利兴国际货运代理有限公司的起诉。

原告不服一审裁定，提起上诉。后因原告主动撤回上诉，福建省高级人民法院裁定准许原告撤回上诉。

【评析】我国合同法借鉴英美法的经验，专门设立了间接代理制度。《合同法》第四百零二条和第四百零三条分别规定了"第三人在订立合同时知道受托人与委托人之间的代理关系"和"第三人不知道受托人与委托人之间的代理关系"两种间接代理情形。当第三人在订立合同时，不知道受托人与委托人之间的代理关系，根据第四百零三条第一款的规定，委托人在一定条件下，可以介入对第三人的合同，直接行使受托人对第三人的权利。本案即属于原告要求以"委托人"身份介入租船合同的情形。

1.《合同法》第四百零三条的适用范围

合同法规定间接代理制度，对民法的代理制度构成了一定的冲击，也对整个合同相对性原则提出了挑战。因而有学者提出，如果对间接代理的适用范围和条件不予严格把握，就会使合同的法律拘束力大大减弱，不利于合同纠纷的处理。譬如，在合同履行过程中，如果订立合同的一方声明其只是代理人，真正的合同当事人还另有其人，容易引发所谓的代理人将合同责任推给别人的情形。鉴于此，著名法学家王利明教授就认为，我国《合同法》关于间接代理的规定主要适用于国际货物买卖中的外贸代理。

虽然间接代理制度有其弊端，也不管当初《合同法》设置间接代理制度的立法初衷是否仅仅是为了解决外贸代理纠纷，但从《合同法》第四百零二条、第四百零三条的表述以及有关的司法解释，无法得出该两条只适用外贸代理的结论。本案属于航次租船合同纠纷，也就不排除在《合同法》第四百零三条的适用，原告只要符合委托人行使介入权的构成要件，介入合同就能实现。从《合同法》第四百零三条第一款的规定可知，行使介入权有三个要件：①受托人以自己的名义与第三人订立合同，同时第三人不知道受托人与委托人之间的代理关系；②受托人因第三人不按约履行合同导致自己对委托人不能履行义务，并向委托人披露第三人；③委托人向第三人表明自己的委托人身份。根据这三个要件分析，不难发现这里面均包含着一个先决因素，即委托关系的存在。因此，当某个主体要求行使委托人的介入权时，首先应对委托人的身份进行考察。

2."委托双方"承认委托关系时考察"委托人"身份的必要性

毫无疑问，无论直接代理还是间接代理，都包含一个先决的因素即本人与代理人之间的委托关系。没有委托关系，根本不可能形成代理，当然也就不可能构成间接代理。这里要讨论的问题是，在未披露委托关系的间接代理中，如果所谓的"委托人"和"受托人"在诉讼过程中都承认双方存在委托关系，法院是否还有必要考察委托关系的真实存在。

有人主张，由于介入人和所谓的"受托人"都承认了委托关系的存在，说明"受托人"认可其代表介入人订立合同，并同意合同项下的相关权利由介入人享有，法院再去考察介入人和"受托人"之间在订立合同之时是否存在真实的委托关系并无多大意义，因为即便介入人并不是合同的真实委托人，其介入合同对第三人的利益并不构成影响。从对第三人利益影响的角度分析，这种说法有一定道理。因为介入人以"委托人"身份介入合同后，第三人仍是根据合同的约定来承担义务，其并不因"委托人"的介入而增加合同履行的内容和范围，也不可能出现"委托人"之外的其他主体再要求第三人履行义务的情形。同时，第三人也不因"委托人"的介入而影响其选择介入人或者受托人主张权利。也就是说，所谓的"委托人"介入合同后，当存在受托人对第三人不履行义务的情形时，第三人不受"委托人"介入的影响，仍然有权选择是要求所谓的"委托人"还是受托人作为合同相对方承担责任。

在未披露委托关系的间接代理中，非订立合同的主体要求介入合同时，法院应考察真实委托关系是否存在。主要理由是：①所谓的"委托人"要求介入合同，前提应认定属于间接代理关系，但授权委托是代理关系形成的前提条件，在认定是否构成间接代理时理所当然需要查清委托关系的存在。只有确认了介入人属于委托人的角色，其才能在诉讼中成为与"本案有直接利害关系的主体"，并获得合同权利的来源。②如果仅凭所谓的"委托人"和"受托人"双方对委托关系的承认就允许"委托人"介入合同，容易造成经济秩序的混乱。由于某种利益的需求，订立合同的一方与合同外的主体达成委托关系的一致是非常容易的，但这样会让合同的另一方失去对合同主体的预期判断，不利于经济秩序的稳定。③不严格审查真实委托关系的存在，轻易让其他人介入合同，第三人往往无所适从，在特殊情况下可能损害到第三人的利益。其他人介入合同后，说明其"委托人"身份得到确认，当所谓的"受托人"对第三人不履行合同义务时，第三人也必须面临着权利主张对象的选择。由于法律上规定第三人行使选择权后不得变更，而第三人又缺乏对"委托人"的了解，如果一旦选择了实际履行能力更低的"委托人"，第三人的利益难免受到消极损害。④如果仅凭所谓的"委托人"和"受托人"双方对委托关系的承认就允许"委托人"介入合同，而不考察真实委托关系的存在，这实际与合同的权利转移无异。"受托人"允许他人介入合同行使对第三人的权利，如果双方并无真实委托关系，这等同于"受托人"是将合同的权利转移给了"委托人"。虽然这种合同权利的转移并不规避和违反法律规定，但间接代理和合同权利转移毕竟属于两种法律制度，适用的法律不一样，不能混淆。

3. 行使介入权时对委托关系的证明和认定

对于委托关系的证明责任，根据"谁主张、谁举证"的原则，应由介入人来承担。介入人只有证明了其委托他人与第三人订立合同这一先决因素，才能获得介入权的身份权利。在本案中，金海公司出具了声明书，说明其是受原告委托与被告订立租船合同。但仅凭金海公司的承认不足以认定原告和金海公司存在委托关系。首先，从委托和代理的法律特征看，委托是委托人与受托人之间的内部关系，而代理涉及本人、代理人与第三人之间三方面的关系，其中代理人与第三人之间的关系为外部关系。特别是在未披露委托关系的间接代理中，委托关系具有相当的隐蔽性，仅凭委托人和受托人在诉讼过程中对委托这种内部关系的认可难以让处于外部关系的第三人和法院相信。其次，从证据证明力的角度看，虽然《最高人民法院关于民事诉讼证据的若干规定》（以下简称《证据规则》）第八条第一款规定："诉讼过程中，一方当事人对另一方当事人陈述的案件事实明确表示承认的，另一方当事人无须举证"，但金海公司不是与原告相对的案件当事人，不能套用该款规定认为金海公司对原告陈述的案件事实明确承认后，原告无须再举证。从证据的类型看，金海公司出具的声明书应属于证人证言，但金海公司与原告显然处于利益共同体，根据《证据规则》的相关规定，仅凭与原告有利害关系的证人证言也不能单独作为认定案件事实的依据。再次，从需要证明的内容分析，委托关系属于民事法律关系，两个主体之间建立何种性质的法律关系是由双方的行为内容来决定的，这种身份法律关系的认定应在查明事实的基础上由法院进行判断，不应受法律关系当事双方自我认知的约束。

判断原告和金海公司之间是否存在真实的委托关系，应该综合以下两个方面进行认定：①在金海公司与被告订立租船合同之前，原告和金海公司是否订立了委托合同。虽然委托合同是诺成、不要式合同，原告和金海公司可能不存在书面的委托合同，但原告仍应举证证明双方缔约或履行的过程。在大量委托合同商事化的今天，无偿服务的交易已极少出现。如果原告不能提供任何相关的委托材料和二者之间的其他联系，难以认定委托关系的存在。②原告有无委托金海公司订立合同的事实可能。就委托来说，受托人的行为可以是事实行为，也可以是法律行为。但涉及间接代理时，代理人的行为必须是法律行为。如果原告认为其委托金海公司订立合同，其就应该具备履行合同的条件，这也可以作为判断原告是否为"委托人"的辅助因素。当然，"委托人"是否具备履行合同条件的判断标准只有在其要求介入合同才有意义，因为此时是第三人不履行合同，而所谓的"受托人"一般已经履行合同。如果"受托人"已经履行的内容与"委托人"毫不相关，一般可以断定该"委托人"非真正的委托人。当然，如果在第三人行使选择权时，这个判断标准就不一定能适用，因为此时是受托人不履行合同，而受托人不履行合同可能正是与委托人没有履行条件有关。譬如，在本案中，金海公司是将"HONG WANG 2"轮航次租给被告运输货物，且该航次已经履行完毕。如果原告认为其是委托金海公司订立租船合同，则说明原告是真正的航次租船合同的出租人，其理应可以提供出租该船舶的权利来源，但根据查明的事实，原告不是该船舶的所有权人、经营管理人、光船承租人或者租赁使用人。既然原告不享有该船舶的任何管理、使用的权利，也就不可能将该船舶航次出租给被告完成货物运输，也就可以断定金海公司完成本航次运输非原告的委托所为。原告不能证明其属于"委托人"，说明其不是租船合同当事人，因而不能介入合同行使对被告的权利。

4. 《合同法》第四百零三条除外条款的援用

《合同法》第四百零三条第一款虽然规定了委托人有权介入受托人和第三人的合同，但同时还规定了一种除外情形，即"第三人与受托人订立合同时如果知道该委托人就不会订立合同的除外"。据此，有一种观点认为，在本案中，法院没有必要去考察原告和金海公司是否存在真实的委托关系，因为如果被告对原告介入租船合同有异议的话，其完全可以援引该除外条款来对抗原告的介入权。这种观点不妥。首先，原告的"委托人"身份是其行使介入权的先决条件，这一条件的成立不受第三人是否援引除外条款的影响。因此，不能以第三人存在法律上规定的对抗权而忽视对介入人和所谓"受托人"委托关系的审查，这属于两个层面的问题。其次，"委托人"行使介入权时，"委托人"对委托关系负有举证责任，而第三人需要援用除外条款时，第三人也必须对除外情形进行举证。如果法院认为第三人可以行使抗辩权而忽视对委托关系的审查时，这实际上减轻了"委托人"的举证责任而增加了第三人的举证责任，等同于本应由"委托人"承担的举证责任转移至第三人承担，对第三人不公平。因为在司法实践中，第三人要证明如何构成"订立合同时如果知道该委托人就不会订立合同"的合理情形是相当困难的。综上，《合同法》第四百零三条第一款虽然存在除外条款的规定，但仍不能减轻介入人对委托关系的举证责任。

课后练习题

1. 什么是海上货运事故？海上货运事故分为哪几种？
2. 如何预防件杂货物运输事故的发生？
3. 索赔的一般程序是什么？

扫一扫参加本章测试

第五章　国际航空运输

▶▶ 知识目标 ◀◀

- 掌握航空运输基础知识；
- 掌握飞机货仓尺寸和集装化设备知识；
- 了解机场、国家、航空公司代码及航空手册常识；
- 了解航空运费基本知识。

▶▶ 能力目标 ◀◀

- 能够计算航空飞行时间；
- 能够计算航空运价及其他相关费用。

第一节　国际航空运输概述

一、航空运输基础

（一）主要航空运输组织

国际航空运输的主要航空运输组织如表 5-1 所示。

表 5-1　世界主要航空运输组织

徽　标	说　明
	国际民用航空组织（International Civil Aviation Organization，ICAO，http://www.icao.int/）于 1947 年 4 月 4 日成立，是联合国所属专门机构之一，也是政府间的国际航空机构，总部设在加拿大的蒙特利尔，截至 2016 年 10 月 7 日有成员国 191 个，宗旨是根据安全和有秩序的方式发展，使国际航运业务建立在机会均等的基础上，并予以完善和经济的经营。其常设领导机构是理事会，由大会选出的成员国组成。我国是该组织的成员国，也是理事国之一

(续)

徽　标	说　明
	国际航空运输协会（International Air Transport Association，IATA，http://www.iata.org/）是一个由世界各国航空公司所组成的大型国际组织，其前身是1919年在海牙成立并在第二次世界大战时解体的国际航空业务协会。1944年12月，出席芝加哥国际民航会议的一些政府代表和顾问以及空运企业的代表，商定成立一个委员会，为新的组织起草章程。1945年4月16日，在哈瓦那会议上修改并通过了草案章程后，国际航空运输协会成立。总部设在加拿大蒙特利尔，执行机构设在日内瓦
	国际机场理事会（Airports Council International，ACI，http://www.aci.aero/），原名为国际机场联合协会（Airports Association Council International），于1991年1月成立，1993年1月1日改称国际机场理事会。国际机场理事会是全世界所有机场的行业协会，是一个非营利性组织，宗旨是加强各成员与全世界民航业各个组织和机构的合作，包括政府部门、航空公司和飞机制造商等，通过这种合作，促进建立一个安全、有效、与环境和谐的航空运输体系

（二）五大航权

按照国际惯例，航权被称为"空中自由（Traffic Rights）"，其法律依据是1944年的《国际航班过境协定》（通称《两种自由协定》）和《国际航空运输协定》（通称《五种自由协定》）的规定，见表5-2。

表5-2　五大航权

第一航权	领空飞越权，指在不着陆的情况下，本国航机可以在协议国领空上飞过，前往其他国家目的地的权利
第二航权	技术经停权，指本国航机可以因技术需要（如添加燃料、飞机故障或气象原因备降）在协议国降落、经停的权利，但不得作任何业务性工作，如上下客、货、邮
第三航权	目的地下客和货权，指一个国家或地区的航空公司自其登记国或地区载运客货至另一个国家或地区的权利
第四航权	目的地上客和货权，指一个国家或地区的航空公司自另一个国家或地区载运客货返回其登记国或地区的权利
第五航权	经停第三国境内某点上下旅客或货物权，指一个国家或地区的航空公司在其登记国或地区以外的两国或地区间载运客货，但其航班的起点必须为其登记国或地区的权利

（三）国家/城市/机场名称及代码

为了使航空运输业务操作简捷方便，国际航空运输协会向属于其成员国的所有国家、城市和机场统一授予相应的两字代码和三字代码，供各单位在运输中使用。

1. 国家和城市的名称及代码

国际航空运输协会（IATA）将其成员国国家名称用两个英文字母表示，城市名称用三个英文字母表示（即两字代码和三字代码），详细内容请见 TACT Rules 1.2 (IATA Areas and City/Airport Codes)。

2. 机场名称及代码

IATA 使用的机场代码是由三个英文字母组成的三字代码，详细内容请见 TACT Rules 1.2 (IATA Areas and City/Airport Codes)。

（四）机型及货舱布局

1. 飞机的舱位结构

飞机主要分为两种舱位：主舱（Main Deck）和下舱（Lower Deck）。但有些机型，如波音747，则分为三种舱位：上舱（Upper Deck）、主舱（Main Deck）和下舱（Lower Deck）。如图5-1所示。

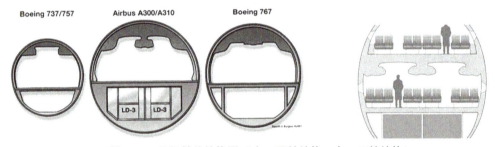

图 5-1　飞机舱位结构图（左：两舱结构，右：三舱结构）

2. 机型的分类

飞机的机型分类见表 5-3。

表 5-3　机型分类

	类　别	常见机型
根据主舱的装载对象划分	客机 Passenger Aircraft	
	货机 Freighter Aircraft	A300F4-600R、A350F、A330-200F、A380、B747-400F、B777-200
	客货两用机 Mixed Passenger/Freighter Aircraft	
根据主舱容积划分	窄体飞机 Narrow-body Aircraft	空客：A318、A319、A320、A321 波音：B717、B727、B737、B757
	宽体飞机 Wide-body Aircraft	空客：A330、A340、A350、A380 波音：B747、B767、B777、B787

(续)

	类 别	常见机型
根据载货的类型划分	散货型飞机 Bulk Cargo Aircraft	窄体机的下货舱属非集装货舱,因此该类机型绝大部分属散货型飞机
	集装型飞机 ULD Cargo Aircraft	全货机及宽体客机均属集装型飞机,可装载集装设备

3. 货舱布局

货舱一般位于飞机的下腹部,有前货舱和后货舱,通常情况下被分成若干个分货舱(Compartment),其中窄体飞机下舱仅用来装运散装货物,通常称之为散货舱;宽体飞机下舱主要装载集装货物,因此也称为集装货物舱,大多数宽体飞机的下舱也设置有散货舱。

4. 货物重量、尺寸及包装规定

因为飞机的货舱舱门尺寸不同,所以货物包装需要符合具体的规定。常见的飞机货舱舱门尺寸见表5-4。

表5-4 常见飞机货舱舱门尺寸、装载量及地板承受力

机 型	货 舱	货舱门尺寸		最大装载量	地板承受力/(kg/m³)
		宽/cm	高/cm		
B747-400F	主货舱鼻门	264	249	30PAP/PMC 型集装器(738m³)	1 952
	主货舱侧门	340	305		
	前下货舱	280	168	5PAP/PMC 型集装器(100m³)	976
	后下货舱	280	168	4PMC+2LD3 或 4PAG+4LD3 型集装器(93.4m³)	976
	散货舱	112	119	6 749kg(15m³)	732
B747-400P	前下货舱	280	168	5PAP/PMC 型集装器(26 489kg)	976
	后下货舱	280	168	4PMC+2LD3 或 4PAG+4LD3 型集装器	976
	散货舱	112	119	4 408kg	732
B767-300ER	前下货舱	340	175	4PMC/PAG 或 16LD2(19 595kg)	976
	后下货舱	187	175	14LD2(13 090kg)	976
	散货舱	112	97	2 926kg(12m³)	732
B777-200	前下货舱	270	170	18LD3 或 6PMC/PAG(30 617kg)	976
	后下货舱	180	170	14LD3(22 226kg)	976
	散货舱	114	91	4 082kg(17m³)	732
A340-313	前下货舱	270	169	18LD3 或 6PMC/PAG(22 861kg)	1 050
	后下货舱	270	169	14LD3 或 5PMC/PAG(17 957kg)	1 050
	散货舱	95	95	3 468kg	732

(续)

机 型	货 舱	货舱门尺寸		最大装载量	地板承受力/ (kg/m³)
		宽/cm	高/cm		
A330-243	前下货舱	270	170	14LD3 或 4PMC/PAG+2LD3 (18 869kg)	1 050
	后下货舱	273	168	12LD3 或 4PMC/PAG (15 241kg)	1 050
	散货舱	95	95	3 468kg	732
B737-800	前货舱	122	89	3 558kg (19.6m³)	732
	后货舱	122	84	4 850kg (25.5m³)	732
B777-300ER	前下货舱	259	170	8PAG/PMC 或 24LD3 (40 823kg/138m³)	976
	后下货舱	259	170	6PMC/PAG 或 20LD3 (31 752kg/110m³)	976
	散货舱	84	112	4 082kg (17m³)	732
A330-300	前下货舱	270	170	22 861kg	672
	后下货舱	273	168	18 507kg	672
	散货舱	95	62	3 465kg	732
A321-200	前下货舱	181	123	5 670kg	732
	后下货舱	181	123	5 670kg	732
	散货舱	94	86	1 497kg	732
B777-F	主货舱	374	305	27PAP/PMC (518m³)	1 463
	前下货舱	259	170	6PAP/PMC 或 18LD3 (102m³)	976
	后下货舱	259	170	4PMC/PAG 或 14LD3 (77m³)	976
	散货舱	84	112	2 770kg (17m³)	732

对于空运货物的尺寸则有如下的规定：

（1）每件货物的长宽高之和不得小于40cm。

（2）非宽体飞机载运的货物，每件货物重量不超过80kg，体积不超过40cm×60cm×100cm。

（3）宽体飞机载运的货物，每件货物重量不超过250kg，体积不超过100cm×100cm×140cm。

货物包装应当保证货物在运输过程中不致损坏、散失、渗漏，不致损坏和污染飞机设备或其他物品。

（五）集装化设备

1. 集装化设备简介

为了更好地处理大体积、大批量的货物运输，可将货物按一定的流向装入集装器（集装箱/板）内进行整装整卸。集装器被视为飞机构造中可拆卸的一部分，能放集装器的飞机货舱底部一般均设置滚轴及固定装置，集装器的底部直接与这些装置相接触，可使集装器平稳地进入货舱并牢固地固定在机舱内。

2. 集装器的种类

组合结构的集装器（Combination of Components）分为飞机集装板及网罩（Aircraft Pallet and

Net）和无结构拱形盖板（Non-structural Igloo）。全结构集装器（Complete Structural Unit）分为飞机下舱用集装器（Lower Deck Cargo Container）、飞机主舱用集装器（Main Deck Cargo Container）和有结构拱形集装器（Structural Igloo Assembly）。此外还有集装板（Pallets）和集装箱（Container），集装箱又分为四类，如表5-5所示。

表5-5 飞机用集装箱分类

类 型	说 明
内结构集装箱	内结构集装箱（Intermodal Containers）的宽度为20ft或40ft，高度为8ft，可装在宽体货机的主舱内。此类集装箱非专用航空集装箱，主要用于空运转入地面运输时使用
主舱集装箱	主舱集装箱（Main Deck Containers）高度为163cm（64in）或更高一些，因此只能装在货机（客货两用机）的主舱
下舱集装箱	下舱集装箱（Lower Deck Containers）只能装在宽体飞机下部货舱内，有全型和半型两种类型。机舱内可放入一个全型和两个半型的此类集装箱，高度不得超过163cm（64in）
有证书集装器和无证书集装器	有证书集装器（Certified Container）是指被政府有关机构授权的集装器制造商授予证书并满足飞机安全需要的集装器，此类集装器被认为是飞机可装卸的货舱，能起到保护飞机设备和构造的作用
	无证书集装器（Non-certified Container）则没有被授予证书，也不被作为飞机可装卸的货舱，因为它们的形状不能完全符合飞机机舱的构造和轮廓，但可适应地面操作环境，因此此类集装器只能用于指定机型及指定的货舱内，禁止用于飞机的主舱，当货舱内放入此类集装器时，必须牢固地固定

（六）航空手册

1.《航空货运指南》

《航空货运指南》（Air Cargo Guide，OAG）主要公布全货机和可装载货物客机的航班时刻表，每月出版一期，如图5-2所示。

2.航空货物运价及规则手册

航空货物运价及规则手册（The Air Cargo Tariff and Rules，TACT）是指国际航空运输协会颁布的全球范围内各航点之间的一套通用运价手册。TACT主要分为三部分，包括国际航空货物运价的所有运价计算规则及程序，是世界上大多数航空公司、货运代理和货主在航空运输中所遵循的依据。

（1）TACT Rules（《运价规则》）。该手册描述了IATA在国际运输中的所有规则，每半年出版一次，分别为4月和10月。

（2）TACT Manual—North America Rates（《北美运价手册》）。该手册包含从北美出发或到北美的运价。

（3）TACT Manual—Worldwide Rates（except North America）[《世界（除北美）运价手册》]。该手册包含了除北美的全世界运价，如图5-3所示。

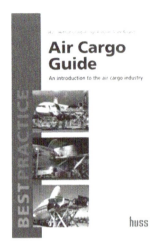
图5-2 航空货运指南

图5-3 运价手册

(七) 航空运输方式

航空运输方式主要有班机运输、包机运输、集中托运、包舱包板和航空快递业务。

1. 班机运输

班机运输（Scheduled Airline）是指具有固定开航时间、航线和停靠航站的航空运输。通常为客货混合型飞机（Combination Carrier），但一些较大的航空公司在一些航线上开辟定期的货运航班，使用全货机（All Cargo Carrier）运输。

班机运输具有如下的特点：

（1）班机由于固定航线、固定停靠港和定期开航，因此国际货物流通多使用班机运输方式，能安全迅速地到达世界上各通航地点。

（2）便于收、发货人确切地掌握货物起运和到达的时间，这对市场上急需的商品、鲜活易腐货物以及贵重商品的运送是非常有利的。

（3）班机运输一般是客货混载，航班以客运服务为主，因此货物舱位有限，不能使大批量的货物及时出运，往往需要分期分批运输。再有，不同季节同一航线客运量的变化也会直接影响货物装载的数量，使得班机运输在货物运输方面存在很大的局限性。这是班机运输的不足之处。

2. 包机运输

包机运输（Chartered Carrier）是指航空公司按照约定的条件和费率，将整架飞机租给一个或若干个包机人（包机人指发货人或航空货运代理公司），从一个或几个航空站装运货物至指定目的地。包机运输适合于大宗货物运输，费率低于班机，但运送时间则比班机要长些。包机运输方式可分为整包机和部分包机两类。

（1）整包机。整包机即包租整架飞机，是指航空公司按照与包机人事先约定的条件及费用，将整架飞机租给包机人，从一个或几个航空港装运货物至目的地。包机人一般要在货物装运前一个月与航空公司联系，以便航空公司安排运载和向起降机场及有关政府部门申请、办理过境或入境的有关手续。包机的费用为一次一议，随国际市场供求情况变化。原则上包机运费是按每一飞行公里固定费率核收费用，并按每一飞行公里费用的 80% 收取空放费。因此，大批量货物使用包机时，均要争取来回程都有货载，这样费用比较低。若只使用单程，则运费比较高。

（2）部分包机。由几家航空货运公司或发货人联合包租一架飞机或者由航空公司把一架飞机的舱位分别卖给几家航空货运公司装载货物，就是部分包机。适用于托运不足一整架飞机舱位，但货量又较重的货物运输。

部分包机与班机运输的区别有：

1）部分包机的时间比班机运输长，尽管部分包机有固定时间表，但往往因其他原因不能按时起飞。

2）各国政府为了保护本国航空公司利益，常对从事包机业务的外国航空公司实行各种限制。如包机的活动范围比较狭窄；降落地点受到限制；需降落非指定地点外的其他地点时，一定要向当地政府有关部门申请，得到同意后才能降落（如申请入境、通过领空和降落地点）。

（3）包机运输的优点。

1）解决班机舱位不足的矛盾。

2）货物全部由包机运出，节省时间，并简化多次发货的手续。

3）弥补没有直达航班的不足，而且无须中转。

4）减少货损、货差或丢失的现象。

5）在空运旺季缓解航班紧张的状况。

6）解决海鲜、活动物的运输问题。

3. 集中托运

集中托运（Consolidation）可以采用班机或包机运输方式，是指航空货运代理公司将若干批单独发运的货物集中成一批向航空公司办理托运，填写一份总运单并送至同一目的地，再由其委托当地的代理人负责分发给各实际收货人。这种托运方式可降低运费，是航空货运代理的主要业务之一。

与货运代理人不同，集中托运人的地位类似多式联运中的多式联运经营人。他承担的责任不仅仅是在始发地将货物交给航空公司，在目的地提取货物并转交给不同的收货人，集中托运人承担的是货物的全程运输责任，而且在运输中具有双重角色，他对各个发货人负货物运输责任，地位相当于承运人；而在与航空公司的关系中，他又被视为集中托运的一整批货物的托运人。

（1）集中托运给托运人带来的便利。集中托运作为最主要的一种航空货运方式有着鲜明的特征，同时也给托运人带来了极大的便利，主要表现在以下几个方面：

1）由于航空运费的费率随托运货物数量的增加而降低，所以当集中托运人将若干个小批量货物组成一大批货物出运时，能够争取到更为低廉的费率。集中托运人会将差价的其中一部分用于支付目的地代理的费用，另一部分会返还给托运人以吸引更多的客户，其余的作为集中托运人的收益。

2）集中托运人的专业性服务也会使托运人收益，这包括完善的地面服务网络、拓宽的服务项目，以及更高的服务质量。

3）因为航空公司的主运单与集中托运人的分运单效力相同，集中托运形式下托运人结汇的时间提前，资金的周转加快。

(2) 集中托运的具体做法。

1) 将每一票货物分别制订航空运输分运单，即出具货运代理的运单（House Airway Bill，HAWB）。

2) 将所有货物区分方向，按照其目的地相同的同一国家、同一城市来集中，制订航空公司的总运单（Master Airway Bill，MAWB），总运单的发货人和收货人均为航空货运代理公司。

3) 打印出该总运单项下的货运清单（Manifest），即此总运单有几个分运单，号码各是什么，其中件数、重量各是多少等。

4) 将该总运单和货运清单作为一整票货物交给航空公司。一个总运单可视货物具体情况随附分运单（可以是一个分运单，也可以是多个分运单）。如一个 MAWB 内有 10 个 HAWB，说明此总运单内有 10 票货物，发给 10 个不同的收货人。

5) 货物到达目的地站机场后，当地的货运代理公司作为总运单的收货人负责接货、分拨，按不同的分运单制订各自的报关单据并代为报关，为实际收货人办理有关接货报关事宜，发货人办理有关送货事宜。

6) 实际收货人在分运单上签收以后，目的站货运代理公司以此向发货的货运代理公司反馈到货信息。

(3) 集中托运的限制。

1) 集中托运只适合办理普通货物，对于等级运价的货物，如贵重物品、危险品、活动物以及文物等不能办理集中托运。

2) 由于集中托运的情况下，货物的出运时间不能确定，所以不适合易腐烂变质的货物、紧急货物或其他对时间要求较高的货物运输。

3) 目的地相同或临近的可以办理集中托运，如同一国家或地区，其他情况则不宜办理。例如，不能把运往日本的货物同运往欧洲的货物一起集中托运发到欧洲。

4) 对书本等可以享受航空公司优惠运价的货物来讲，使用集中托运的形式可能不仅不能享受到运费的节约，反而使托运人运费负担加重。

集中托运方式已在世界范围内普遍开展，并形成了较完善、有效的服务系统，为促进国际贸易发展和国际科技文化交流起了良好的作用。集中托运已成为我国进出口货物的主要运输方式之一。

4. 包舱包板

包舱包板（Air Board Package/Module）是指托运人根据所运输的货物在一定时间内需要单独占用飞机部分或全部货舱、集装箱、集装板，而承运人需要采取专门措施予以保证的一种营运方式。

包板，即承包集装板，是指与航空公司签订销售代理合同的货运代理公司（空运一级代理），向航空公司承诺，在其某个航线的每个航班（次）上，保证交付一个或几个"板"的货物，航空公司则给其与散货相比较低的集装货物运价，使其在航空货运市场上取得价格优势。

航空公司对于包舱包板运输通常采取固定包舱和非固定包舱两种形式。固定包舱是指托运人在承运人的航线上通过包舱包板的方式运输时，托运人无论向航空公司是否交付货物，都必须支付协议上规定的运费；非固定包舱是指托运人在承运人的航线上通过包舱包板的方式运输时，托运人在航班起飞前 72h，如果没有确定舱位，则无需向航空公司支付运费，承运人可以自由销售舱位。

空运货代的货量稳定以后,一般通过包舱包板等方式,稳定地获得航空公司的运力资源。他们大量购买某一条航线的舱位,将自己的目标市场集中于这条航线。包舱包板在一定程度上给了空运货代更大的经营自由度,使空运货代成为不是航空公司的"航空公司"。空运货代可以在一定程度上掌握着舱位价格的主导权,可以根据市场供需状况的变化及时改变价格,可以降低对航空公司的依存度。但是,有时货运代理为了保证揽到充足的货源,避免空舱,则把包板的价格稍加利润,放给下级代理(空运二级代理)或直接货主。由于竞争激烈,这部分利润非常有限。一方面,获得一级代理资格成本较高,需要占用大量的资金,一级代理为了能从航空公司拿到主运单,能在航空公司包舱包板,除了要有相当的货量作为筹码,并要向航空公司交纳一笔数目不菲的保证金外,参加国际航空运输协会(IATA)的结算系统还要缴纳另外一笔保证金;另一方面,由于成本高,一级代理的价格优势已经不明显,一级代理为保证货量,向二级代理放出的运价非常透明,这就出现一种情况:部分货量小的一级代理的成本运价比空运二级代理的成本运价还要高。同时航空公司也在控制各自代理人的数量,因此货量小的一级代理将面临被航空公司淘汰的局面。

5. 航空快递业务

航空快递业务(Air Express Service)是指由快递公司与航空公司合作向货主提供的快递服务,以最快的速度在发件人、机场、收件人之间递送急件,其业务包括:由快递公司派专人从发货人处提取货物后以最快航班将货物出运,飞抵目的地后,由专人接机提货,办妥进关手续后直接送达收货人,称为"桌到桌运输(Desk to Desk Service)"。这是一种最为快捷的运输方式,特别适合于各种急需物品和文件资料。

由此可见,特快专递业务性质和运输方式与普通航空货运基本上是一致的,可以视为航空货运的延续。实际上,大多数航空货运代理公司都经营快递业务,即空运普货"门到门"服务,许多专门从事快递业务的公司也是从航空货运代理公司派生出来的。以往快递货物是由航空货运机场自提,现在则委托当地同行代理互为派送。这是市场的需求,也是货运发展的必然趋势。到目前出现的第三方物流,直至最领先的第四方物流概念,都说明了这一点。

二、空运地理与时差

(一)航空运输区划

与其他各种运输方式不同的是,国际航空货物运输中与运费有关的各项规章制度、运费水平都是由国际航空运输协会(International Air Transport Association,IATA)统一协调、制定的。在充分考虑了世界上各个不同国家和地区的社会经济、贸易发展水平后,IATA 将全球分成三个区域,简称为航协区(IATA Traffic Conference Areas),每个航协区内又分成几个次区。由于航协区的划分主要从航空运输业务的角度考虑,依据的是不同地区不同的经济、社会以及商业条件,因此与我们熟悉的世界行政区划有所不同。IATA 将全球划分为三个航协区,分为 Area TC1、Area TC2、Area TC3 三个大区,如图 5-4 所示,简称 TC1、TC2、TC3。其下又可以进行次一级的分区,称为次区(Sub-area),见表 5-6。

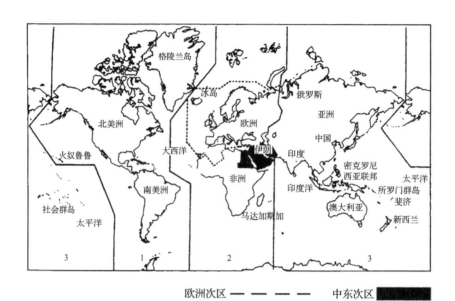

欧洲次区 ———— 中东次区 ■■■■

图 5-4 国际航协分区图

表 5-6 国际航协分区表

航协区	地理区域	航协次区
一区 TC1	包括北美、中美、南美、格陵兰岛、百慕大和夏威夷群岛	加勒比海次区（Caribbean Sub-area）、墨西哥次区（Mexico Sub-area）、狭长地带次区（Long Haul Sub-area）、南美次区（South America Sub-area）
二区 TC2	由整个欧洲大陆（包括俄罗斯的欧洲部分）及毗邻岛屿、冰岛、亚速尔群岛，非洲大陆和毗邻岛屿，亚洲的伊朗及伊朗以西地区组成	非洲次区（Africa Sub-area）。非洲次区含非洲大多数国家及地区，但北部非洲的摩洛哥、阿尔及利亚、突尼斯、埃及和苏丹不包括在内
		欧洲次区（Europe Sub-area）。欧洲次区包括欧洲国家和地区以及摩洛哥、阿尔及利亚、突尼斯三个非洲国家和土耳其（既包括欧洲部分，也包括亚洲部分），俄罗斯仅包括其欧洲部分
		中东次区（Middle East Sub-area）。中东次区包括巴林、塞浦路斯、埃及、伊朗、伊拉克、以色列、约旦、科威特、黎巴嫩、阿曼、卡塔尔、沙特阿拉伯、苏丹、叙利亚、阿拉伯联合酋长国、也门等
三区 TC3	由整个亚洲大陆及毗邻岛屿（已包括在二区的部分除外），澳大利亚、新西兰及毗邻岛屿，太平洋岛屿（已包括在一区的部分除外）组成	南亚次大陆次区（South Asia Subcontinent Sub-area）。南亚次大陆次区包括阿富汗、印度、巴基斯坦、斯里兰卡等南亚国家及地区
		东南亚次区（South East Asia Sub-area）。东南亚次区包括中国（含港、澳、台）、东南亚诸国、蒙古、俄罗斯的亚洲部分及土库曼斯坦等国家和地区以及密克罗尼西亚等群岛地区

(续)

航协区	地理区域	航协次区
三区 TC3	由整个亚洲大陆及毗邻岛屿（已包括在二区的部分除外），澳大利亚、新西兰及毗邻岛屿，太平洋岛屿（已包括在一区的部分除外）组成	西南太平洋洲次区（South West Pacific Sub-area）。西南太平洋洲次区包括澳大利亚、新西兰、所罗门群岛等
		日本、韩国、朝鲜次区（Japan/Korea Sub-area）。日本、韩国、朝鲜次区仅含日本、韩国和朝鲜

（二）时差及飞行时间计算

由于地球自转造成了不同经度的地区时间不同，当飞机跨越经度时，产生了时间的不一致，正确掌握时间的换算，对于安排航班和更好地进行航空运输有着重要的意义。

1. 世界时区的划分

整个地球按照经度共被划分为 24 个时区（Time Zone），由于地球自转时，每转动 15 个经度所需要的时间恰好为 1h，所以就以每 15 经度为跨度标准划分为一个时区。

（1）中央时区。以 0°经线为中央经线，到东经 7.5°和西经 7.5°，划分为中央时区（又称零时区）。

（2）标准时。在实践中，有些国家根据理论时区来划分标准时间，而有些国家为方便在该国范围内人们的工作和生活，用法律的形式确定一个标准时间，称为"标准时（Standard Clock Time）"。

2. 格林尼治时间和夏令时

中央时区的中央经线为 0°经线，此地的地方时被称为中央时区的标准时间。由于 0°经线从英国伦敦的格林尼治通过，人们通称为格林尼治时间（Greenwich Mean Time，GMT）。各个时区的地方时都可以以格林尼治时间作为标准，加以比较，计算两地的时差。

在夏季白昼较为漫长，为了节省电力并对白天加以充分利用，一些国家颁布法律把夏季的当地时间拨前一个小时或者多少分钟。这个变化了的时间称为"夏令时（Daylight Saving Time，DST）"。夏令时在使用时有有效期的限制。

3. 飞行小时的计算

飞行小时是指自始发地机场至目的地机场之间的运输时间，包括中转时间。航班时刻表上的出发和到达时间都是以当地时间（Local Time）公布的，所以在计算航班飞行小时时，要考虑时差的因素，具体的计算方法和步骤如下：

第一步，查出始发地与目的地的标准时区。

第二步，将始发地与目的地的时间换算成同一时间。

第三步，用到达时间减去起飞时间。

第二节　航空货运运价与运费

一、航空运价基础知识

（一）基本概念

1. 运价

承运人为运输货物对规定的重量单位（或体积）收取的费用称为运价（Rates）。航空运价是指机场与机场间（Airport to Airport）的空中费用，不包括承运人、代理人或机场收取的其他费用。

按运价的组成形式划分，国际货物运价包括协议运价、公布直达运价和非公布直达运价；按货物的性质划分，国际货物运价包括普通货物运价、指定商品运价、等级运价和集装货物运价。

2. 航空运费

航空运费（Weight Charge）是指承运人将一票货物自始发地机场运至目的地机场所收取的航空运输费用，该费用根据每票货物所适用的运价和货物的计费重量计算而得。每票货物是指使用同一份航空货运单下的货物。由于货物的运价是指货物运输起讫地点间的航空运价，航空运费就是指运输始发地机场至目的地机场间运输货物的航空费用，不包括其他费用。

3. 航空货物运价所使用的货币

货物的航空运价一般以运输始发地的本国货币公布，即运输始发地货币。有的国家以美元代替其本国货币公布运价，此时美元即为运输始发地货币。

4. 货物运价的有效期

销售航空货运单所使用的运价应为填制货运单之日的有效运价，即在航空货物运价有效期内适用的运价。

5. 其他费用

其他费用是指在航空运费外，由承运人、代理人或其他部门收取的与航空货物运输有关的费用。在组织一票货物自始发地至目的地运输的全过程中，除了航空运输外，还包括地面运输、仓储、制单、国际货物的清关等环节，提供这些服务的部门所收取的费用即为其他费用。

6. 运价类别

航空货物运价一般分为四类：一般货物运价（General Cargo Rate，GCR）、特种货物运价或指定商品运价（Special Cargo Rate or Specific Commodity Rate，SCR）、货物的等级运价（Class Cargo Rate，CCR）、集装箱货物运价（Unitized Consignments Rate，UCR）。

（二）计费重量

在空运业务中，存在着计费重量（Chargeable Weight）和实际重量两种重量衡量标准。计费重量就是据以计算运费的货物重量或体积，货物的计费重量或者是货物的实际毛重，或者是货物的体积重量，或者是较高重量分界点的重量。

1. 重货

重货（High Density Cargo）是指那些每 6 000cm³ 或每 366in³ [一] 重量超过 1kg，或者每 166in³ 重量超过 1lb 的货物。重货的计费重量就是它的毛重，如果货物的毛重以 kg 表示，计费重量的最小单位是 0.5kg，当重量不足 0.5kg 时按 0.5kg 计算，超过 0.5kg 不足 1kg 时按 1kg 计算；如果货物的毛重以 lb 表示，当货物不足 1lb 时，按 1lb 计算。

2. 轻货

轻货（Low Density Cargo）或轻泡货物是指那些每 6 000cm³ 或每 366in³ 重量不足 1kg 或者每 166in³ 重量不足 1lb 的货物。轻泡货物以它的体积重量（Volume Weight）作为计费重量，其计算方法是：

（1）不考虑货物的几何形状分别量出货物最长、最宽、最高的部分，单位为 cm 或 in，测量数值的尾数四舍五入。

（2）将货物的长、宽、高相乘得出货物的体积。

（3）将体积折合成 kg 或 lb，即根据所使用不同的度量单位，分别用以 cm³ 为单位的体积值除以 6 000cm³/kg，或用 in³ 为单位的体积值除以 366in³/kg 或 166in³/lb，或用以 m³ 为单位的体积值乘以 167kg/m³。体积重量尾数的处理方法与毛重尾数的处理方法相同。轻泡货物的计费重量公式为

$$计费重量(kg) = 长(cm) \times 宽(cm) \times 高(cm)/6\ 000\ (cm^3/kg) \quad (5-1)$$

$$计费重量(kg) = 货物的体积(m^3) \times 167(kg/m^3) \quad (5-2)$$

3. 多件货物

在集中托运的情况下，同一运单项下会有多件货物，其中有重货也有轻货，此时货物的计费重量就按照该批货物的总毛重或总体积重量中较高的一个计算，即首先计算这一整批货物总的实际毛重；其次计算该批货物的总体积，并求出体积重量；最后比较两个数值，并以较高的数值作为该批货物的计费重量。

此外，航空公司在丈量货物的外包装时，往往会比箱子的实际尺寸多出 1~2cm。如果箱子有突出部分，按突出部分的长度来计算。

[一] $1in^3 = 1.63871 \times 10^{-5} m^3$

> **操作技巧**
>
> **行业现状**
>
> "逃泡"是指轻泡货不按货物的准确体积重量进行收费。例如,一件货物重100kg,尺寸100cm×100cm×100cm,其计费重量为167kg。但量尺寸时量成99cm×99cm×99cm,则其计费重量为161kg,逃了6kg的重量。逃泡属于不规范的操作,很容易引起航空公司的处罚。
>
> "吃泡"是指货主的货是轻泡货时,收运时货代是按体积收费的,再将其与重货拼在一起,交给航空公司时则不需要按体积付费,从货主收来的体积超过重量的那部分运费即归货代所有。如到某个目的站,运价2元/kg,有两票货:一票货100kg,体积为2m³,要按体积重量334kg收费668元;另一票货500kg,体积为1m³,按实际重量收费1 000元,共收运费1 668元。拼成一票交给航空公司则是600kg,体积为3m³,按实际重量付航空公司1 200元,收取的运费与付给航空公司的运费差额468元(1 668−1 200),即归货代所有。这是空运一个比较重要的利润来源,一般情况下,多属于一级货代包板,小货代则需要和一级货代协商分泡比例,但需要注意的是,一块板上能放的货物最高重量和体积都有限制,所以对于"打板"很有讲究,要做到一块板上能够将重量、体积都分配得最合理,才可以取得最高的利润。
>
> 拼货除了吃泡外,还可以吃等级运价的差额。如到某地100kg以上的运价是10元/kg,500kg以上的运价是8元/kg。收到货主两票货,一票是250kg,10元/kg,收运费2 500元;另一票是300kg,10元/kg,收运费3 000元,共收运费5 500元。拼成一票货后,重量则是550kg,8元/kg,付航空公司4 400元。收货主的运费与付航空公司的运费差额1 100元(5 500−4 400),这个差额也归货代所有。

(三)最低运费

最低运费(Minimum Charges)是指航空公司办理一批货物所能接受的最低运费,不论货物的重量或体积大小,在两点之间运输一批货物应收取的最低金额。不同地区有不同的最低运费。

(四)货物航空运价、运费的货币进整

货物航空运价及运费的货币进整,因货币的币种不同而不同。TACT将各国货币进整单位的规则公布在TACT Rules中(详细规则可参考TACT Rules 5.7.1中的"CURRENCY TABLE")。运费进整时,需将航空运价或运费计算到进整单位的下一位,再按半数进位法进位,计算所得的航空运价或运费,达到进整单位一半则入,否则舍去。采用进整单位的规定,主要用于填制航空货运单(AWB)。销售AWB时,所使用的运输始发地货币,按照进整单位的规定计算航空运价及运费。

二、IATA 运价及其计算

公布直达运价是指承运人直接在运价资料中公布的从运输始发地至目的地的航空运价。运价的公布形式有 N、Q45 等运价结构，也有 B、K 运价结构（欧洲内特有的运价结构）。N 运价，即 Normal General Cargo Rate，指的是标准的普通货物运价；Q 运价，即 Quantity Rate，指的是重量等级运价。

指定商品运价与普通货物运价同时公布在 TACT Rates Books 中，等级货物运价计算规则在 TACT Rules 中公布，需结合 TACT Rates Books 一起使用。

公布直达运价的运价结构见表 5-7。

表 5-7 运价结构

Date/Type	Note	Item	Min. Weight	Local Curr.
BEIJING	CN			BJS
Y. RENMINBI			KG	CNY
TOKYO	JP		M	230.00
			N	37.51
			45	28.13
		0008	300	18.80
		0300	500	20.61
		1093	100	18.43
		2195	500	18.80

注：1. 第一栏，Date/Type——公布运价的生效或失效日期以及集装器运价代号，本栏中若无特殊标记，说明所公布的运价适用于在本手册有效期内销售的 AWB。

2. 第二栏，Note——相对应运价的注释，填制货运单时，应严格按照注释所限定的内容执行。

3. 第三栏，Item——指定商品运价的品名编号。

4. 第四栏，Min. Weight——使用相对应运价的最低重量限额。

5. 第五栏，Local Curr.——用运输始发地货币表示的运价或最低运费。

（一）普通货物运价

1. 定义、代号及一般规则

普通货物运价（General Cargo Rate，GCR）是指除了等级货物运价和指定商品运价以外的适合于普通货物运输的运价，该运价公布在 TACT Rates Books Section 4 中。

一般地，普通货物运价根据货物重量不同，分为若干个重量等级分界点运价。例如，"N"表示标准普通货物运价（Normal General Cargo Rate），指的是 45kg 以下的普通货物运价（如无 45kg 以下运价时，N 表示 100kg 以下普通货物运价），同时普通货物运价还公布有"Q45""Q100""Q300"等不同重量等级分界点的运价，这里"Q45"表示 45kg 以上（包括 45kg）普通货物的运价，依此类推。对于 45kg 以上的不同重量分界点的普通货物运价均用

"Q"表示。

用货物的计费重量和其适用的普通货物运价计算而得的航空运费不得低于运价资料上公布的航空运费的最低收费标准（M）。

这里，代号"N""Q""M"在AWB的销售工作中，主要用于填制货运单运费计算栏中"RATE CLASS"一栏。

2. 运费计算

【例5-1】由北京运往东京一箱服装，毛重31.4kg，体积尺寸为80cm×70cm×60cm，计算该票货物的航空运费。公布运价如下：

BEIJING	CN		BJS
Y. RENMINBI		KG	CNY
TOKYO	JP	M	230.00
		N	37.51
		45	28.13

解：体积（Volume）：　　　　　　　$80cm \times 70cm \times 60cm = 336\,000cm^3$

体积重量（Volume Weight）：　　$336\,000cm^3 \div 6\,000cm^3/kg = 56kg$

毛重（Gross Weight）：　　　　　31.4kg

计费重量（Chargeable Weight）：　56kg

适用运价（Applicable Rate）：　　GCR/Q45　　28.13 CNY/kg

航空运费（Weight Charge）：　　 $56 \times 28.13 = 1\,575.28$ CNY

【例5-2】北京运往新加坡一箱水龙头接管，毛重35.6kg，计算其航空运费。公布运价如下：

BEIJING	CN		BJS
Y. RENMINBI		KG	CNY
SINGAPORE	SG	M	230.00
		N	36.66
		45	27.50
		300	23.46

解：（1）按实际重量计算。

毛重（Gross Weight）：　　　　　35.6kg

计费重量（Chargeable Weight）：　36kg

适用运价（Applicable Rate）：　　GCR/N　　36.66CNY/kg

航空运费（Weight Charge）：　　　36×36.66=1 319.76CNY
(2) 采用较高重量分界点的较低运价计算。
计费重量（Chargeable Weight）：　45kg
适用运价（Applicable Rate）：　　GCR/Q45　　27.5CNY/kg
航空运费（Weight Charge）：　　　27.5×45=1 237.5CNY

(1) 与 (2) 比较，取运费较低者，即航空运费为1 237.5元人民币。

【例5-3】由上海运往日本大阪一件洗发香波样品，毛重5.3kg，计算其航空运费。公布运价如下：

SHANGHAI	CN		SHA
Y. RENMINBI		KG	CNY
OSAKA	JP	M	230.00
		N	30.22
		45	22.71

解：毛重（Gross Weight）：　　　　5.3kg
　　计费重量（Chargeable Weight）：　5.5kg
　　适用运价（Applicable Rate）：　　GCR/N　　30.22 CNY/kg
　　航空运费（Weight Charge）：　　　5.5×30.22=166.21CNY
　　最低运费（Minimum Charge）：　　230CNY
　　此票货物的航空运费应为230元人民币。

（二）指定商品运价

1. 定义及代号

指定商品运价（Specific Commodity Rate，SCR）是指适用于自规定的始发地至规定的目的地运输特定品名货物的运价。特种货物运价通常是指承运人根据在某一航线上经常运输某一种类货物的托运人的请求或为促进某地区间某一种类货物的运输，经国际航空运输协会同意所提供的优惠运价。鉴于此，指定商品运价在使用时，对于货物的起讫地点、运价使用期限、货物运价的最低重量起点等均有特定的条件。

使用指定商品运价计算航空运费的货物，其航空货运单的"Rate Class"一栏，用字母"C"表示。

2. 指定商品运价传统的分组和编号

在TACT Rates Books的Section 2中，根据货物的性质、属性以及特点等对商品货物进行分类，共分为10个大组，每一组又分为10个小组。同时，对其分组形式用四位阿拉伯数字进行编号，该编号即为指定商品货物的品名编号。

国际航空运输协会公布指定商品运价时将商品货物划分为以下类型：

0001~0999 食用动物和植物产品。

1000~1999 活动物和非食用动物及植物产品。

2000~2999 纺织品、纤维及其制品。

3000~3999 金属及其制品，但不包括机械、车辆和电器设备。

4000~4999 机械、车辆和电器设备。

5000~5999 非金属矿物质及其制品。

6000~6999 化工品及相关产品。

7000~7999 纸张、芦苇、橡胶和木材制品。

8000~8999 科学、精密仪器、器械及配件。

9000~9999 其他商品。

其中每一组又细分为10个小组，每个小组再细分，这样几乎所有的商品都有一个对应的组号，公布特种货物运价时只要指出本运价适用于哪一组商品货物就可以了。

因为承运人制定特种运价的初衷主要是使运价更具竞争力，吸引更多客户使用航空货运形式，使航空公司的运力得到更充分的利用，所以特种货物运价比普通货物运价要低。适用特种运价的货物除了满足航线和货物种类的要求外，还必须达到承运人所规定的最低运量（如100kg）。如果货量不足，而托运人又希望适用特种运价，那么货物的计费重量就要以所规定的最低运量（100kg）为准，该批货物的运费就是计费重量（在此是最低运量）与所适用的特种货物运价的乘积。

3. 指定商品运价的使用规则

在使用指定商品运价时，只要所运输的货物满足下述三个条件，则运输始发地和目的地就可以直接使用指定商品运价：

（1）运输始发地至目的地之间有公布的指定商品运价。

（2）托运人所交运的货物品名与有关指定商品运价的货物品名相吻合。

（3）货物的计费重量满足指定商品运价使用时的最低重量要求。

4. 运费计算

（1）计算步骤。

1）先查询运价表，如有指定商品代号，则考虑使用指定商品运价。

2）查找 TACT Rates Books 的品名表，找出与运输货物品名相对应的指定商品代号。

3）如果货物的计费重量超过指定商品运价的最低重量，则优先使用指定商品运价。

4）如果货物的计费重量没有达到指定商品运价的最低重量，则需要比较计算。

（2）计算。

【例5-4】北京运往大阪20箱鲜蘑菇共360kg，每件的长、宽、高分别为60cm、45cm、25cm，计算航空运费。公布运价如下：

BEIJING	CN		BJS
Y. RENMINBI		KG	CNY
OSAKA	JP	M	230.00
		N	37.51
		45	28.13
	0008	300	18.80
	0300	500	20.61
	1093	100	18.43
	2195	500	18.80

解：查找 TACT Rates Books 的品名表，蘑菇可以使用 0008（新鲜蔬菜和水果）的指定商品运价。由于货主交运的货物重量符合"0850"指定商品运价使用时的最低重量要求，运费计算如下：

体积（Volume）： $(60 \times 45 \times 25)$ cm $\times 20 = 1\,350\,000$ cm³

体积重量（Volume Weight）： $1\,350\,000$ cm³ $\div 6\,000$ cm³/kg $= 225$ kg

计费重量（Chargeable Weight）： 360kg

适用运价（Applicable Rate）： SCR 0008/Q300   18.8CNY/kg

航空运费（Weight Charge）： $360 \times 18.8 = 6\,768$ CNY

在使用指定商品运价计算运费时，如果其指定商品运价直接使用的条件不能完全满足，例如，货物的计费重量没有达到指定商品运价使用的最低重量要求，使得按指定商品运价计得的运费高于按普通货物运价计得的运费，按两者中较低者收取航空运费（见例 5-5）。

【例 5-5】上例中，如果货主交运 10 箱蘑菇，毛重为 180kg，计算其航空运费。

解：（1）按指定商品运价使用规则计算。

实际毛重（Actual gross weight）： 180kg

计费重量（Chargeable Weight）： 360kg

适用运价（Applicable Rate）： SCR0008/Q300   18.8CNY/kg

航空运费（Weight Charge）： $360 \times 18.8 = 6\,768$ CNY

（2）按普通运价使用规则计算。

实际毛重（Actual Gross Weight）： 180kg

计费重量（Chargeable Weight）： 180kg

适用运价（Applicable Rate）： GCR/Q45   28.13CNY/kg

航空运费（Weight Charge）： $180 \times 28.13 = 5\,063.4$ CNY

对比（1）与（2），取运费较低者，即航空运费为 5 063.4 元人民币。

【例 5-6】上例中，如果货主交运 2 箱蘑菇，毛重为 36kg，计算其航空运费。

分析：由于货物计费重量仅 36kg，而指定商品运价最低重量要求 300kg，因此采用普通货物运价计算，求得较低运费。

解：（1）按 NORMAL GCR 运价计算运费。

实际毛重（Actual Gross Weight）：　　36kg

计费重量（Chargeable Weight）：　　36kg

适用运价（Applicable Rate）：　　GCR/N　　37.51CNY/kg

航空运费（Weight Charge）：　　36×37.51＝1 350.36CNY

（2）按 Q45 运价计算运费。

实际毛重（Actual Gross Weight）：　　36kg

计费重量（Chargeable Weight）：　　45kg

适用运价（Applicable Rate）：　　GCR/Q45　　28.13CNY/kg

航空运费（Weight Charge）：　　45×28.13＝1 265.85CNY

对比（1）与（2），取运费较低者，即航空运费为 1 265.85 元人民币。

（三）等级货物运价

1. 定义与货物种类

等级货物运价（Class Rates or Commodity Classification Rates，CCR）是指适用于指定地区内部或地区之间的少数货物运输，通常为在普通货物运价的基础上增加或减少一定的百分比。

IATA 规则规定，等级货物包括以下各种货物：①活动物、活动物的集装箱和笼子；②贵重物品；③尸体或骨灰；④报纸、杂志、期刊、书籍、商品目录、盲人和聋哑人专用设备和书籍等出版物；⑤作为货物托运的行李。

其中①～③项通常在普通货物运价基础上增加一定百分比，④～⑤项在普通货物运价的基础上减少一定百分比。

2. 运价代号及使用规则

等级货物运价是在普通货物运价基础上附加或附减一定百分比的形式构成的，附加或附减规则公布在 TACT Rules 中，运价的使用须结合 TACT Rates Books 一同使用。

通常附加或不附加也不附减的等级货物用代号 S 表示（S——Surcharged Class Rate），附减的等级货物用代号 R 表示（R——Reduced Class Rate）。

IATA 规定，对于等级货物运输，如果属于国际联运，并且参加联运的某一承运人对其承运的航段有特殊的等级货物百分比，即使运输起讫地点间有公布的直达运价，也不可以直接使用。此时，应采用分段相加的办法计算运输始发地至运输目的地的航空运费。此项规则在此不详细说明。

以下所述的各种等级货物运价均为运输始发地至运输目的地之间有公布的直达运价，并且可以直接使用情况下的运价计算。

3. 活动物运价

中国至世界各区的活动物运价（Live Animals）见表 5－8。

表 5-8 活动物运价表

IATA AREA (see Rule 1.2.2. "Definitions of Areas")

	Within 1		Within 2 (see also Rule 3.7.1.3.)	Within 3	Between 1 & 2		Between 2 and 3	Between 3 & 1	
	to/from Canada	other sectors			to/from Canada	other sectors		to/from Canada	other sectors
ALL LIVE ANIMALS except: A. Baby Poultry less than 72 hours old B. Monkeys and Primates C. Cold Blooded Animals'	150% of appl. GCR *Except: 9 below*	Normal GCR *Except: 10 below*	150% of Normal GCR *Except: 4 below*	Normal GCR *Except: 2, 3, 17 below*	150% of appl. GCR *Except: 6, 12 below*	Normal GCR *Except: 6, 14 below*	Normal GCR *Except: 3, 7, 16 below*	150% of appl. GCR *Except: 3 below*	Normal GCR *Except: 3, 13, 15 below*
A. BABY POULTRY less than 72 hours old	150% of appl. GCR *Except: 9 below*	appl. GCR	Normal GCR *Except: 4 below*	Normal GCR or over 45kg. *Except: 3, 17 below*	150% of appl. GCR *Except: 12 below*	Normal GCR or over 45kg *Except: 5, 14 below*	Normal GCR or over 45kg *Except: 3, 16 below*	150% of appl. GCR *Except: 3 below*	Normal GCR or over 45 kg *Except: 3, 13, 15 below*
B. MONKEYS and PRIMATES	150% of appl. GCR *Except: 9 below*	appl. GCR	150% of Normal GCR *Except: 1 below*	Normal GCR *Except: 3, 17 below*	150% of appl. GCR *Except: 12 below*	appl. GCR *Except: 14 below*	Normal GCR *Except: 3, 16 below*	150% of appl. GCR *Except: 3 below*	appl. GCR *Except: 3, 15 below*
C. COLD BLOODED ANIMALS'	125% of appl. GCR *Except: 8 below*	Normal GCR *Except: 10 below*	150% of Normal GCR *Except: 1 below*	Normal GCR *Except: 2, 3, 17 below*	125% of appl. GCR *Except: 11 below*	Normal GCR *Except: 14 below*	Normal GCR *Except: 3, 16 below*	125% of appl. GCR *Except: 3 below*	Normal GCR *Except: 3, 13, 15 below*

活动物运价资料来源于：TACT Rules 第 53 期 3.7.2, 2001 年 10 月出版。

运价表中有关内容说明如下：

（1）名称解释。

1) Baby Poultry，幼禽类，指出生不足72h的幼禽。

2) Monkeys and Primates，猴类和灵长类。

3) Cold Blooded Animals，冷血动物类。

4) All Live Animal，指除上述三类以外的所有活动物。

表中的"Except"表示一些区域的运价规则与表中规则有例外的情况，使用时应严格按照TACT-Rules的规则要求，计算正确的航空运费。

（2）运价规则的运用说明。

1) "Normal GCR"，使用45kg以下的普通货物运价，如无45kg以下的普通货物运价，可使用100kg以下普通货物运价，不考虑较高重量点的较低运价。

2) "Normal GCR or Over 45kg"，使用45kg以下普通货物运价，或者45kg以上普通货物运价，即使有较高重量分界点的较低运价，也不可以使用。

3) "Appl. GCR"，使用相适应的普通货物运价。

4) "as a percentage of Appl. GCR"，按相应的普通货物运价附加某个百分比使用。

运输动物所用的笼子等容器、饲料、饮用水等的重量包括在货物的计费重量内。

（3）活动物运输的最低收费标准。

1) IATA 三区内：相应 M 的 200%。

2) IATA 二区与三区之间：相应 M 的 200%。

3) IATA 一区与三区之间（除至/从美国、加拿大以外）：相应 M 的 200%。

4) 从 IATA 三区到美国：相应 M 的 110%。

5) 从美国到 IATA 三区：相应 M 的 150%。

6) IATA 三区与加拿大之间，相应 M 的 150%。

对于冷血动物，有些区域间有特殊规定，应按规则严格执行。

【例5-7】从北京运往温哥华一只大熊猫，重400kg，体积尺寸长、宽、高分别为150cm、130cm、120cm，计算航空运费。公布运价如下：

BEIJING	CN		BJS
Y. RENMINBI		KG	CNY
VANCOUVER	BC CA	M	420.00
		N	59.61
		45	45.68
		100	41.81
		300	38.79
		500	35.77

解：查找活动物运价表，从北京运往温哥华，属于自三区运往一区的加拿大，运价的构成

形式是"150% of Appl. GCR"。

运费计算如下：

（1）按查找的运价构成形式来计算。

体积（Volume）： $150\text{cm} \times 130\text{cm} \times 120\text{cm} = 2\,340\,000\text{cm}^3$

体积重量（Volume Weight）： $2\,340\,000\text{cm}^3 \div 6\,000\text{cm}^3/\text{kg} = 390\text{kg}$

计费重量（Chargeable Weight）：400kg

适用运价（Applicable Rate）：S 150% of Applicable GCR

150% × 38.79CNY/kg = 58.185CNY/kg = 58.19CNY/kg

航空运费（Weight Charge）：400 × 58.19 = 23 276CNY

（2）由于计费重量已经接近下一个较高重量点500kg，用较高重量点的较低运价计算。

计费重量（Chargeable Weight）：500kg

适用运价（Applicable Rate）：S 150% of Applicable GCR

150% × 35.77CNY/kg = 53.655CNY/kg = 53.66CNY/kg

航空运费（Weight Charge）：500 × 53.66 = 26 830CNY

对比（1）与（2），取运费较低者。

因此，运费为23 276元人民币。

【例5-8】从上海运往巴黎两箱幼禽，每一箱重25kg，体积尺寸长、宽、高分别为70cm、50cm、50cm，计算航空运费。公布运价如下：

SHANGHAI	CN		SHA
Y. RENMINBI		KG	CNY
PARIS	FR	M	230.00
		N	68.34
		45	51.29
		500	44.21

解：查找活动物运价表，从上海运往巴黎，属于三区运往二区，运价的构成形式是"Normal GCR or Over 45kg"。

运费计算如下：

按查找的运价构成形式来计算：

总毛重（Total Gross Weight）：25kg × 2 = 50kg

体积（Volume）： $(70 \times 50 \times 50)\text{cm} \times 2 = 350\,000\text{cm}^3$

体积重量（Volume Weight）： $350\,000\text{cm}^3 \div 6\,000\text{cm}^3/\text{kg} = 58.33\text{kg} = 58.5\text{kg}$

计费重量（Chargeable Weight）：58.5kg

适用运价（Applicable Rate）：S Normal GCR or Over 45kg

100% × 51.29CNY/kg = 51.29CNY/kg

航空运费（Weight Charge）：58.5 × 51.29 = 3 000.47CNY

因此，运费为3 000.47元人民币。

4. 贵重货物运价

(1) 运价。All IATA Area：200% of the Normal GCR。

例外：IATA 一区与三区之间且经北或中太平洋（除朝鲜半岛至美国本土各点外）的地区，1 000kg 或 1 000kg 以上贵重货物的运费，按普通货物 45kg 以下运价 150% 收取（150% of the Normal GCR）。

(2) 最低运费。贵重货物（Valuable Cargo）的最低运费按公布最低运费的 200% 收取，同时不低于 50 美元或其等值货币。

(3) 运费计算。

【例 5-9】路线（Routing）： Beijing，CHINA（BJS）
　　　　　　　　　　　　　　to London，GB（LON）
　　　　货物（Commodity）： Gold Watch
　　　　毛重（Gross Weight）： 32kg
　　　　尺寸（Dimensions）： 1 Piece 60cm×50cm×40cm

公布运价如下：

BEIJING	CN		BJS
Y. RENMINBI		KG	CNY
LONDON	GB	M	320.00
		N	63.19
		45	45.22
		300	41.22
		500	33.42

解：运费计算如下：

　　体积（Volume）： $60cm \times 50cm \times 40cm = 120\,000cm^3$
　　体积重量（Volume Weight）： $120\,000cm^3 \div 6\,000cm^3/kg = 20kg$
　　计费重量（Chargeable Weight）： 32kg
　　适用费率（Applicable Rate）： S 200% of the Normal GCR
　　　　　　　　　　　　　　　　 $200\% \times 63.19CNY/kg = 126.38CNY/kg$
　　航空运费（Weight Charge）： $32 \times 126.38 = 4\,044.16CNY$

因此，运费为 4 044.16 元人民币。

5. 书报、杂志类运价

(1) 货物的范围。书报杂志类货物包括报纸、杂志、期刊、图书、目录、盲人读物及设备。

(2) 运价。

1) With IATA Area；Between IATA Area 1 and 2：67% of the Normal GCR。

2) All other Areas：50% of the Normal GCR。

（3）最低运费按公布的最低运费的 M 收取。

（4）可以使用普通货物较高重量点的较低运价。

（5）运费计算。

【例 5-10】 路线（Routing）：　　　　Beijing, CHINA（BJS）to Rome, IT（ROM）

　　　　　　　货物（Commodity）：　　Books

　　　　　　　毛重（Gross Weight）：　980kg

　　　　　　　尺寸（Dimensions）：　　20 Pieces 70cm×50cm×40cm each

公布运价如下：

BEIJING	CN		BJS
Y. RENMINBI		KG	CNY
ROME	IT	M	320.00
		N	45.72
		45	37.98
		100	36.00
		500	31.26
		1 000	28.71

解：运费计算如下：

　　体积（Volume）：　　　　　　（70×50×40）cm×20 = 2 800 000cm³

　　体积重量（Volume Weight）：　2 800 000cm³÷6 000cm³/kg = 466.67kg = 467kg

　　计费重量（Chargeable Weight）：980kg

　　适用费率（Applicable Rate）：　R 50% of the Normal GCR

　　　　　　　　　　　　　　　　　50%×45.72CNY/kg = 22.86CNY/kg

　　航空运费（Weight Charge）：　980×22.86 = 22 402.8CNY

6. 作为货物运输的行李运价

（1）运价的适用范围。

1）在 IATA 二区内（全部航程为欧洲分区例外）。

2）在 IATA 三区内（至或从美国领地除外）。

3）在 IATA 二区与三区之间（至或从美国领地除外）。

4）在 IATA 一区与二区之间（至或从美国、美国领地至或从格陵兰岛例外）。

5）从 IATA 三区至 IATA 一区。

（2）运价。All IATA Area：50% of the Normal GCR。

（3）最低运费按公布的最低运费的 M 收取。

（4）可以使用普通货物较高重量点的较低运价。

（5）运费计算。

【例 5-11】 路线（Routing）： Beijing, CHINA（BJS）
　　　　　　　　　　　　　　to Tokyo, JAPAN（TYO）
　　　　　　货物（Commodity）： Personal Effects
　　　　　　毛重（Gross Weight）： 25kg
　　　　　　尺寸（Dimensions）： 1 Piece 70cm×47cm×35cm

公布运价如下：

BEIJING	CN		BJS
Y. RENMINBI		KG	CNY
TOKYO	JP	M	230.00
		N	37.51
		45	28.13

解： 运费计算如下：

　　体积（Volume）：　　　　　　$70cm \times 47cm \times 35cm = 115\,150cm^3$

　　体积重量（Volume Weight）：　$115\,150cm^3 \div 6\,000cm^3/kg = 19.19kg$

　　计费重量（Chargeable Weight）：25kg

　　适用费率（Applicable Rate）：R 50% of the Normal GCR

　　　　　　　　　　　　　　　　50%×37.51CNY/kg = 18.755CNY/kg = 18.76CNY/kg

　　航空运费（Weight Charge）：25×18.76 = 469CNY

　　因此，航空运费为 469 元人民币。

(四) 混运货物

1. 定义

混运货物（Mixed Consignments）亦称混载货物或集合货物，是指使用同一份货运单运输的货物中，包含有不同运价、不同运输条件的货物。

2. 混运货物中不得包括的物品范围

混运货物中不得包括的物品有：贵重货物、危险货物、动物、尸体、骨灰、外交信袋、机动车辆（电力自动车辆除外）以及作为货物运送的行李。

3. 申报方式与计算规则

（1）申报整批货物的总重量（或体积）。混运的货物被视为一种货物，将其总重量确定为一个计费重量，采用适用的普通货物运价计算运费。

（2）分别申报每一种类货物的件数、重量、体积及货物品名。按不同种类货物适用的运价与其相应的计费重量分别计算运费。

（3）如果混运货物使用一个外包装将所有货物合并运输，则该包装物的运费按混运货物中运价最高货物的运价计收。

4. 声明价值

混运货物只能按整票（整批）货物办理声明价值，不得办理部分货物的声明价值，或办理两种以上的声明价值。所以，混运货物声明价值费应按整票货物总的毛重计算。

5. 最低运费

混运货物的最低运费，按整票货物计收，即无论是分别申报或不分别申报的混运货物，按其运费计算方法计得的运费与货物运输起讫地点间的最低收费标准比较取高者。

（五）比例运价和分段相加运价

如果货物运输的始发地至目的地没有公布直达运价，则可以采用比例运价（Construction Rate）和分段相加运价（Combination of Rates and Charges）的方法构成全程直通运价，计算全程运费。

1. 比例运价

在运价手册上除公布的直达运价外，还公布一种不能单独使用的附加数（Add-on Amounts）。当货物的始发地或目的地无公布的直达运价时，可采用比例运价与已知的公布的直达运价相加，构成非公布的直达运价。

（1）使用要求。TACT Rates Books 中所列的比例运价分为三类：普通货物的比例运价，用"GCR"表示；指定商品的比例运价，用"SCR"表示；集装箱的比例运价，用"ULD"表示。

（2）遵守原则。采用比例运价与公布直达运价相加时，只有相同种类的货物运价才能组成始发站至目的站的货物运价，即普通货物比例运价只能与普通货物运价相加，指定商品的比例运价只能与指定商品的运价相加，集装箱的比例运价只能与集装箱的运价相加。

（3）注意事项。比例运价只适合于国际运输，不适合于当地运输；采用比例运价构成直达运价，比例运价可加在公布运价的两端，但每一端不能连加两个或两个以上的比例运价；当始发地或目的地可以经不同的运价组成点与比例运价相加组成不同的直达运价，应采用最低运价；运价的构成不影响货物的运输路线。

2. 分段相加运价

（1）基础知识。对于相同运价种类，当货物运输的始发地至目的地无公布直达运价和比例运价时，只能采用分段相加的办法，组成运输起讫地点间的运价，一般采用最低组合运价。

对于采用不同的运价种类，组成分段相加运价，必须严格按 TACT Rules 3.8.2 的运价相加规则进行组合：

1）若运输起讫地点间的运价采用相同种类、相同重量分界点运价直接相加构成，则为分段相加运价（其中可能涉及货币换算），该运价乘以货物的计费重量即构成全程航空运费。

2）如果运输起讫地点间的运价是采用不同种类运价或虽采用相同种类运价，但采用不同的重量等级分界点，则各段采用的不同运价乘以相应的计费重量后相加即构成全程航空运费，称为分段相加运费。

采用分段相加运价构成全程运费，在航空货运单的运费计算栏中，应在"No. Pieces RCP"一栏的货物件数下面，填上运价组成点城市的英文三字代码。

(2) 国际货运分段相加运价的相加规则。国际货运分段相加运价规则见表5-9。

表5-9 国际货运分段相加运价规则

运价类别	可相加运价
国际普通货物运价 （International GCR）	普通货物比例运价（Construction Rates for GCR） 国际普通货物运价（International GCR） 国内运价（Domestic Rates） 过境运价（Transborder Rates）
国际指定商品运价 （International SCR）	指定商品比例运价（Construction Rates for SCR） 国内运价（Domestic Rates） 过境运价（Transborder Rates）
国际等级运价 （International Class Rates）	国内运价（Domestic Rates） 过境运价（Transborder Rates）

从表5-9中可以看出，国际指定商品运价不可以与国际指定商品运价相加，国际等级货物运价不可以与国际等级货物运价相加，否则会违背某种国际指定商品运价与国际等级货物运价的特定含义，且会破坏运输起讫地点间的运价体系。

根据运价组成表，可采用左列运价和右列相加，也可采用右列运价和左列相加，以构成始发地至目的地的分段相加运价。国内运价和过境运价在组成分段相加运价时具有普遍性，其运价则受到一定的限制。

如果货物运输起讫地点间无公布直达运价且比例运价无指定商品运价，而运输的货物属于指定商品，按分段相加组成办法，可以采用以下两种计算方法：

（1）按普通货物比例运价计算。
（2）按分段相加的指定商品运价计算。

由于属于不同运价种类，比较计算时应考虑优先使用指定商品运价的原则，还应兼顾货物的重量是否满足指定商品运价的最低重量限制。总之，通过比较，计算出较低的航空运费。

（六）运价的使用顺序

1. 协议运价优先

如果有协议运价，则优先使用协议运价。

2. 在运价种类、航程、承运人相同条件下公布直达运价的使用顺序

（1）优先使用指定商品运价，如果指定商品运价条件不完全满足，则可以使用等级货物运价和普通货物运价。

（2）其次使用等级货物运价，等级货物运价优先于普通货物运价使用。

1）如果货物可以按指定商品运价计费，但如果因其重量没满足指定商品运价的最低重量要求，则用指定商品运价计费结果与采用普通货物运价计费结果相比较，取低者。如果该指定商品同时又属于附加的等级货物，则只允许采用附加的等级货物运价和指定商品运价的计费结果比较，取低者，而不能与普通货物运价比较。

2）如果货物属于附减的等级货物，即书报杂志类和作为货物运输的行李，其等级货物计费则可以与普通货物运价计算的运费相比较，取低者。

3．运输两点间无公布直达运价时非公布直达运价的使用顺序

（1）优先使用比例运价构成全程直达运价。

（2）当两点间无比例运价时，使用分段相加办法组成全程最低运价。

三、其他费用

国际航空货物运输中，航空运费是指自运输始发地至运输目的地之间的航空运输费用。在实际工作中，对于航空公司或其代理人将收运的货物自始发地（或从托运人手中）运至目的地（或提取货物后交给提货人）的整个运输组织过程，除发生航空运费外，在运输始发站、中转站、目的站还经常发生与航空运输有关的其他费用。

1．货运单费

货运单费（Documentation Charges）又称为航空货运单工本费，此项费用为填制航空货运单的费用。航空公司或其代理人销售或填制货运单时，该费用包括逐项逐笔填制货运单的成本。对于航空货运单工本费，各国的收费水平不尽相同，依 TACT Rules 4.4 及各航空公司的具体规定来操作，货运单费应填制在货运单的"其他费用（Other Charges）"一栏中，用两字代码"AW"表示（Air Waybill, AW）。根据《统一国际航空运输某些规则的公约》（通称《华沙公约》）等有关公约，国际上多数 IATA 航空公司做如下规定：

（1）由航空公司来销售或填制航空货运单，此项费用归出票航空公司（Issuing Carrier）所有，表示为 AWC。

（2）由航空公司的代理人销售或填制货运单，此项费用归销售代理人所有，表示为 AWA。

中国民航各航空公司规定，无论货运单是由航空公司销售还是由代理人销售，填制 AWB 时，货运单中"其他费用"一栏中均用 AWC 表示，意为此项费用归出票航空公司所有。

2．垫付款和垫付费

（1）垫付款（Disbursements）。垫付款是指在始发地机场收运一票货物，所发生的其他费用到付，这部分费用仅限于货物地面运输费、清关处理费和货运单工本费。

此项费用需按不同于其他费用的种类代号、费用归属代号（A 或 C）及费用金额一并填入货运单的"其他费用"一栏。例如，"AWA"表示代理人填制的货运单；"CHA"表示代理人代替办理始发地清关业务；"SUA"表示代理人将货物运输到始发地机场的地面运输费。

（2）垫付费（Disbursements Fees）。垫付费是指对于垫付款的数额而确定的费用。垫付费的费用代码为"DB"，按 TACT Rules 规定，该费用归出票航空公司所有。在货运单的其他费用栏中，此项费用应表示为"DBC"。

垫付费的计算公式为

$$垫付费 = 垫付款 \times 10\% \qquad (5-3)$$

但每一票货物的垫付费不得低于 20 美元或等值货币。

3. 危险品处理费

国际航空货物运输中，对于收运的危险品货物，除按危险品规则收运并收取航空运费外，还应收取危险货物收运手续费，该费用必须填制在货运单"其他费用"栏内，用"RA"表示费用种类，TACT Rules 规定，危险品处理费（Charges for Shipments of Dangerous Goods-Handling）归出票航空公司所有。在货运单中，危险品处理费表示为"RAC"。

自中国至 IATA 业务一区、二区、三区，每票危险品货物的最低收费标准均为 400 元人民币。

4. 运费到付货物手续费

国际货物运输中，当货物的航空运费及其他费用到付时，在目的地的收货人，除支付货物的航空运费和其他费用外，还应支付到付货物手续费（Charges Collect Fee，CC Fee）。

此项费用由最后一个承运航空公司收取，并归其所有。一般到付货物手续费的收取，由目的站开具专门发票，但也可以使用货运单（此种情况在交付航空公司无专门发票，并将 AWB 作为发票使用时使用）。

对于运至我国的运费到付货物，到付运费手续费的计算公式及标准为

$$到付运费手续费 = (货物的航空运费 + 声明价值附加费) \times 2\% \quad (5-4)$$

各个国家到付货物手续费的收费标准不同。在我国，到付货物手续费最低收费标准为 100 元人民币。

5. 声明价值附加费

与海运或铁路运输的承运人相似，航空承运人也要求将自己对货方的责任限制在一定的范围内，以限制经营风险。

《华沙公约》中对由于承运人自身的疏忽或故意造成的货物灭失、损坏或延迟规定了最高赔偿责任限额，这一金额一般被理解为 20 美元/kg 或 9.07 英镑/lb 或其他等值货币。如果货物的价值超过了上述值，即增加了承运人的责任，承运人要收取声明价值附加费（Valuation Charges）。否则，即使出现更多的损失，承运人对超出的部分也不承担赔偿责任。托运人办理声明价值必须是一票货运单上的全部货物，不得分批或者部分办理。托运人办理货物声明价值时，应按照规定向承运人支付声明价值附加费，声明价值附加费的收取依据货物的实际毛重。

声明价值附加费的计算公式为

$$声明价值附加费 = (货物声明价值 - 货物毛重 \times 20 美元/kg) \times 声明价值附加费率 \quad (5-5)$$

其中，若运输所在地的声明附加费以非美元的当地货币计算，则 20 美元应折算为等值的当地货币。

声明价值附加费的费率通常为 0.5%，大多数航空公司在规定声明价值费率的同时还要规定声明价值附加费的最低收费标准，如果根据上述公式计算出来的声明价值附加费低于航空公司的最低标准，则托运人要按照航空公司的最低标准缴纳声明价值附加费。

课后练习题

1. Routing: SHANGHAI, CHINA (SHA)
   　　　　 TO NAGASAKI, JAPAN (NGS)

   Commodity: Personal Effects

   Gross Weight: Each 20.4kg, total 6 pieces

   Dimensions: Total 6 pieces, each 89cm×61cm×35cm

   计算航空运费。

SHANGHAI	CN			SHA
Y. RENMINBI			KG	CNY
NAGASAKI	JP		M	230.00
			N	38.22
			45	28.13
		0008	300	18.80
		0300	500	20.61
		1093	100	18.43
		2195	500	18.80

2. 从上海运往巴黎一件玩具样品，毛重5.3kg，体积尺寸为41cm×33cm×20cm，计算其航空运费。

   公布运价如下：

SHANGHAI	CN		SHA
Y. RENMINBI		KG	CNY
PARIS	FR	M	230.00
		N	52.81
		45	44.46
		100	40.93

扫一扫参加本章测试

第六章 国际航空货物运输业务流程及单证

▶▶ 知识目标 ◀◀

- 掌握空运货物进出口业务程序相关知识；
- 了解空运特种货物运输相关知识；
- 掌握不同货物国际快递业务知识；
- 了解航空公司货物进出港业务知识。

▶▶ 能力目标 ◀◀

- 能够处理空运货物进出口业务；
- 能够处理空运特种货物运输业务；
- 能够处理空运货物进出港的操作；
- 能够填写国际航空货物托运书和航空运单。

第一节 航空货物进出口业务程序

一、进口业务程序

航空货物进口业务程序是指空运货物从入境到提取或转运的整个流程所需通过的环节、所需办理的手续以及必备的单证。

"环节、手续和单证"是同一过程中的三个方面。航空货物入境后，要通过各个环节才能从海关监管仓库或其他场所提出，每经过一道环节都要办理一定的手续，而办理手续不能单凭口头阐述，必须出具有关的单证，如商业单据、运输单据及所需的各种批文和证明等。具体的进口业务程序如图6-1所示。

图6-1 航空货物进口业务程序

（一）代理预报

在国外发货前，由国外代理公司将运单、航班、件数、重量、品名、实际收货人及地址、联系电话等内容发给目的地代理公司，其目的是使目的地代理公司做好接货准备工作。

（二）交接单、货

航空货物入境时，与货物有关的单据（运单、发票和装箱单等）也随机到达，运输工具及货物处于海关监管之下。航空公司的地面代理公司（即机场货运站）从飞机卸货后，将货物存入其海关监管仓库（一级海关监管仓库）内，进行进口货物舱单录入，将舱单上总运单号、收货人、始发站、目的站、件数、重量、货物品名、航班号等信息通过计算机传输给海关留存，供报关用，由其根据运单上的收货人及地址寄发取单、提货通知。若运单上的收货人或通知方为海关及民航总局共同认可的一级航空货运代理公司，则把运输单据及与之相关的货物交给该一级航空货运代理公司（一级航空货运代理公司的海关监管仓库为二级海关监管仓库），由其根据运单上的收货人地址寄发取单、提货通知。

一级航空货运代理公司在与机场货运站办理交接手续时，应根据总运单核对实际货物，做到单单核对，即交接清单与总运单核对；单、货核对，即交接清单与货物核对。若存在有单无货或有货无单的现象，应及时告知机场货运站，并要求其在国际货物交接清单上注明，同时在舱单数据中做相应说明。交接过程中，如果在核对后发现问题，应按表6-1进行处理。

表6-1　单货问题处理方式

总运单	清单	货物	处理方式
有	无	有	清单上加总运单号
有	无	无	总运单退回
无	有	有	总运单后补
无	有	无	从清单上画除
有	有	无	总运单退回
无	无	有	货物退回

若发现货物短少、破损或有其他异常情况，应向机场货运站索要商务事故记录，作为实际收货人交涉索赔事宜的根据。

部分货损不属于运输责任，故航空公司不一定会为其开具证明，即使开具了"有条件、有理由"证明，货主也难以向航空公司索赔，但可以据以向保险公司提出索赔。对货损责任难以确定的，可暂将货物留存机场，商请货主单位一并到场处理。

（三）理货与仓储

一级航空货运代理公司与机场货运站单货交接手续办理完毕后，即根据货量安排运输工具，驳运至该一级货运代理公司自行使用的海关监管仓库内，组织理货及仓储。

理货内容包括逐一核对每票件数，再次检查货物破损情况，若确有接货时未发现的问题，可向民航提出交涉；按大货、小货、重货、轻货、单票货、混载货、危险品、贵重品、冷冻品、冷藏品分别堆存和进仓；登记每票货储存区号，并输入计算机。

仓储的注意事项有：注意防雨、防潮、防重压、防变形、防温升变质、防暴晒，并独立设置危险品和贵重品仓库。

（四）理单与到货通知

理单是指将货物集中托运，货代将总运单项下进行拆单处理，同时分类整理单据、编号，并编制各类单证。

到货通知：尽早、尽快、尽妥地通知货主到货情况，便于货主安排取货。

正本运单处理：制作海关监管进口货物入仓清单一式五份，用于商检、卫检、动检各一份，海关两份。

（五）制单与报关

1. 制单、报关、运输的形式

制单、报关、运输的形式包括：货代公司代办制单、报关、运输；货主自行办理制单、报关、运输；货代公司代办制单、报关，货主自办运输；货主自行办理制单、报关后，委托货代公司运输；货主自办制单，委托货代公司办理报关和运输。

2. 进口制单

长期协作的货主单位，有进口批文、证明手册等放于货代处的，货物到达，发出到货通知后，即可制单、报关，通知货主运输或代办运输；部分进口货物，因货主单位缺少有关批文、证明，亦可将运单及随机寄来单证、提货单以快递形式寄货主单位，由其备齐有关批文、证明后再决定制单、报关事宜；无须批文和证明的，可即行制单、报关，通知货主提货或代办运输；部分货主要求异地清关时，在符合海关规定的情况下，制作"转关运输申报单"办理转关手续，报送单上需由报关人填报的项目有：进口口岸、收货单位、经营单位、合同号、批准机关及文号、外汇来源、进口日期、提单或运单号、运杂费、件数、毛重、海关统计商品编号、货品规格及货号、数量、成交价格、价格条件、货币名称、申报单位、申报日期等。转关运输申报单的内容虽少于报关单，但亦需按要求详细填列。

3. 进口报关

报关大致分为初审、审单、征税、验放四个主要环节。

4. 报关期限与滞报金

进口货物报关期限为：自运输工具进境之日起的 14 日内。超过这一期限报关的，由海关征收滞报金，征收标准为货物到岸价格的万分之五。

5. 开验工作的实施

客户自行报关的货物，一般由货主到货代监管仓库借出货物，由代理公司派人陪同货主一并协助海关开验。客户委托代理公司报关的，代理公司通知货主，由其派人前来或书面委托代办开验。开验后，代理公司须将已开验的货物封存，运回监管仓库储存。

（六）发货与收费

1. 发货

办完报关、报检等手续后，货主须凭盖有海关放行章、动植物报验章、卫生检疫报验章的进口提货单到所属监管仓库付费和提货。

2. 收费

货代公司仓库在发放货物前，一般先将费用收妥。收费内容有：到付运费及垫付佣金，单证、报关费，仓储费，装卸、铲车费，航空公司到港仓储费，海关预录入、动植检、卫检报验等代收代付费，关税及垫付佣金。

（七）送货与转运

1. 送货上门业务

送货上门业务主要是指进口清关后将货物直接运送至货主单位，运输工具一般为汽车。

2. 转运业务

转运业务主要是指进口清关后将货物转运至内地的货运代理公司，运输方式主要为飞机、汽车、火车、水运、邮政。

3. 进口货物转关及监管运输

进口货物转关及监管运输是指货物入境后不在进境地海关办理进口报关手续，而运往另一设关地点办理进口海关手续，在办理进口报关手续前，货物一直处于海关监管之下。转关运输亦称监管运输，即意味着此运输过程置于海关监管之中。

▶▶ 空运实训1：货运代理空运进口业务 ◀◀

【实训目标】

通过让学生模拟办理国际货代航空运输进口业务，达到以下目的：
（1）使学生了解国际货代空运进口货运业务的基本流程、步骤。
（2）使学生了解业务办理涉及的各参与方及有关收费项目。
（3）使学生能够填制相关的空运进口单证。
（4）使学生能够完成国际货代航空运输进口业务。

【背景介绍】

2016年10月，客户广州美丽人外贸有限公司（单位代码：440195××××）李青准备从法国巴黎埃菲尔公司空运进口一批总价10万欧元（CIF，1欧元=7.44元人民币）的女士牛皮包到广州，一共100个分装在5个纸箱中，毛重100kg，李青准备委托广州羊城国际货运代理有限公司办理进口业务并代为报关报检，广州羊城国际货运代理有限公司业务经理王成负责具体业务。

【角色说明】

A：广州羊城国际货运代理有限公司（Guangzhou Yangcheng International Freight Forwarding

Co., Ltd.）业务经理王成。

B：广州美丽人外贸有限公司（Guangzhou Beauty People Foreign Trade Co., Ltd.）李青。

C：航空公司货运经理赵国庆。

【实训步骤】

考核一：让学生描述正确的空运进口流程及注意事项，分数值40分。

场景一：2016年10月10日上午9时，广州美丽人外贸有限公司李青打电话给广州羊城国际货运代理有限公司业务经理王成询问办理女士皮包进口手续并代为报检、报关的费用。王成发给李青一份报价单，李青同意按照所列价格办理进口手续，并签署了进口货运代理协议书。同时王成查询本批女士皮包是否需要报检并计算应向海关缴纳的税款，并报给李青。

考核二：（1）货代应收费用总额计算，分数值10分。

（2）海关关税、附加税计算，分数值各占10分，共20分。

场景二：2016年10月15日，进口货物到达，王成通过电子报关系统预申报并持纸质报关单及随机文件向海关申报，在海关放行后提货并送至李青处，李青签收并支付相关费用。

考核三：（1）报关单填制，分数值20分。

（2）注意事项：①货物是否需要报检及其他的进口许可证，分数值5分；②每个环节的签收，分数值5分。

二、出口业务程序

航空货物出口业务程序是指航空货运代理公司从发货人手中接货直到将货物交给机场货运站这一过程所需通过的环节、所需办理的手续以及必备的单证。出口业务程序的起点是从发货人手中接货，终点是货交航空公司或代航空公司在机场进行地面操作业务的机场货运站。

航空货物出口运输代理业务程序如图6-2所示。

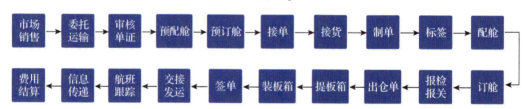

图6-2 航空货物出口业务程序

（一）市场销售

市场销售是指航空货运代理公司为争取更多的出口货源，而到各进出口公司和有出口经营权的企业进行推销的活动。货代企业需及时向出口单位介绍本公司的业务范围、服务项目、各项收费标准，特别是向出口单位介绍本公司的优惠运价，介绍本公司的服务优势等。

航空货运代理公司与出口单位（发货人）就出口货物运输事宜达成协议后，可以向发货人提供国际货物托运书作为委托书。委托书由发货人填写并加盖公章，作为委托和接受委托的依据。对于长期出口或出口货量大的单位，航空货运代理公司则往往选择与之签订长期的代理协议。

（二）委托运输

根据《华沙公约》第五条第（1）和（5）款规定，货运单应由托运人填写，也可由承运人或其代理人代为填写。实际上目前货运单均由承运人或其代理人填制，为此作为填开货运单依据的托运书，应由托运人自己填写，并且托运人必须在上面签字或盖章。

（三）审单、预配、订舱

1. 审核单证

应审核的单证包括：发票、装箱单、托运书、报关单、外汇核销单、许可证、商检证书、进料/来料加工核销本、索赔/返修协议、到付保函、关封。

2. 预配、预订舱位

接到发货人的发货预报后，代理人汇总所接受的委托和客户的预报，并输入计算机，计算出各航线的件数、重量、体积，按照客户的要求和货物重、泡情况，根据各航空公司不同机型对不同板箱的重量和高度要求，制订预配舱方案，并对每票货物配上运单号。代理人根据所指定的预配舱方案，按航班、日期打印出总运单号、件数、重量、体积，向航空公司吨控部门领取并填写订舱单，向航空公司预订舱位。这时可能和最终货物入库有差别，只能等最终配舱时再做调整。

（四）接单接货

1. 接受单证

接受单证是指航空货运代理公司在预订了舱位后，接受托运人或其代理人送交的已经审核确认的托运书及报送单证和收货凭证。将收货记录与收货凭证核对，制作交接单，填上所收到的各种报关单证份数，并给每份交接单配一份总运单或分运单。将制作好的交接单、配好的总运单或分运单、报关单证移交制单部门。

2. 接受货物

接受货物是指航空货运代理公司与货主进行空运出口货物的交接，并将货物储存于海关监管仓库或其他场所。接货一般与接单同时进行。对于通过空运或铁路从内地运往出境地的出口货物，航空货运代理公司可按照发货人提供的运单号、航班号及接货地点、接货日期，代其提取货物。如果货物已在启运地办理了出口海关手续，发货人应同时提供启运地海关的关封。

接货时应根据发票和装箱单清点货物，核对货物的数量、品名、合同号或唛头等是否与运单据上所列一致，检查货物外包装是否符合运输要求、有无残损等，再与发货人办理交接手续。货物可先装入货运代理公司的海关监管仓库，或者直接装入航空公司或为其提供地面服务的机场货运站的海关监管仓库。

（五）制单

制单是指填制航空货运单，包括总运单和分运单，是空运出口业务中最重要的环节。运单填写正确与否，直接关系到货物能否及时、准确地运达目的地。因此，必须详细、准确地填写各项内容。填写航空货运单的主要依据是发货人提供的国际货物托运书，托运书上的各项内容都应体现在航空货运单上，如发货人和收货人的全称、详细地址、电话、传真、联系人、电子信箱；出口货物的名称、件数、重量、体积、包装方式；承运人和代理人的名称；城市名称；始发港和目的港等。除了托运书的内容之外，运单上还要注明航班号和日期（填写已订妥的航班和日期）、运单号、运价类别、运费等内容。

运单号一般由11位数字组成，前三位和后八位之间间隔一定的距离，前三位数字为航空公司的代号，如中国国际航空公司的代号是999，日本航空公司的代号是131，法国航空公司的代号是057，德国汉莎航空公司的代号是020，意大利航空公司的代号是055。后八位数字的前七位是顺序号，第八位数字为检查号（一般为前七位数字除以7后的余数。因此第八位数应为0～6中的任一值，而不可能是7～9中的任一值），由这11位数字组成的运单号也就是每票货物的编码。

货物的实际重量，以航空公司或机场货运站与货运代理公司进行交接过磅时所取得的重量为准。重量单位可以用千克（kg）或磅（lb）来表示。

运价类别，一般用"M""N""Q""C""R""S"等代号来表示。M代表最低运价；N代表45kg以下普通货物的运价；Q代表45kg以上普通货物运价；C代表指定商品运价；R代表折扣运价，即低于45kg以下普通货物运价的等级运价；S代表等级货物运价，即高于45kg以上普通货物运价的等级运价。

运费和代理费一般填写在运单左下侧的运费栏目内，预付运费填在"Prepaid"一栏内，到付运费填在"Collect"一栏内。代理费，即应付代理的费用，填在"Agent Charge"一栏内。运费和代理费的前面都须冠以货币种类。

如果是直接发给国外收货人的单票托运货物，填制航空公司的运单即可；如果是以国外代理为总运单收货人的集中托运货物，必须在填制航空公司总运单的同时，还须填制由航空货运代理公司出具的以实际海外客户为收货人的分运单，以便国外代理对总运单下的各票货物进行分拨。

（六）标记标签

1. 标记

标记包括托运人、收货人的姓名、地址、联系电话、传真、合同号等信息；操作（运输）注意事项；单件超过150kg的货物的重量。

2. 标签

航空公司标签上三位阿拉伯数字代表所承运航空公司的代号，后八位数字是总运单号码。分标签是代理公司对出具分标签货物的标志，分标签上应有分运单号码和货物到达城市或机场的三字代码。一件货物贴一张航空公司标签，有分运单的货物，再贴一张分标签。

此外，还需要根据货物的性质粘贴活动物、危险品和鲜活易腐物品标签；根据货物储运注意事项粘贴操作标签。

（七）配舱、订舱

1. 配舱

运出货物都已经入库时，须核对货物的实际件数、重量、体积与托运书上预报数量的差别。同时对预订舱位和板箱有效利用、合理搭配，按照各航班机型、板箱型号、高度、数量进行配载。对晚到、未到或未顺利通关的货物要做出调整，为制作配舱单做准备，直至单、货和航空公司交接完毕。

2. 订舱

订舱是指向航空公司申请运输并订妥舱位的行为。订舱时，应在订舱单上写明货物的名称、体积、重量、件数、包装种类、目的港及要求出运的时间等。航空公司根据实际情况安排航班和舱位。航空货运代理公司订舱时，要根据发货人的要求和货物本身的特点选择最佳航线和最理想的承运人（即航空公司），同时为其争取最合理的运价。一般来说，紧急物资、鲜货易腐物品、危险物品、贵重物品等，应尽量预订直达航班的舱位（运费相对昂贵）；非紧急的货物，可以预订转运航班的舱位（运费相对低廉）。订舱后，航空公司签发舱位确认书（舱单），同时给予装货集装器领取凭证，以表示舱位订妥。订妥舱位后，航空货运代理公司应及时通知发货人备单、备货。

（八）出口商品的报检、报关

1. 报检

按照国家的有关规定，出口商品须根据其种类和性质，在出口前进行商品检验、卫生检验、动植物检验等。上述检验前发货人或代理人须填制"中华人民共和国出入境检验检疫出境货物报检单"，并到当地的出入境检验检疫机构进行报检报验。

2. 报关

出口报关是指发货人或代理人在发运货物之前，向出境地海关办理出口手续的过程。因国家鼓励出口，出口报关较进口报关相对简单，报关的环节也较少。

（九）出仓单

配舱方案制订后即可着手编制出仓单，出仓单内容包括：出仓单的日期、承运航班的日期、装载板箱形式及数量、货物进仓顺序编号、总运单号、件数、重量、体积、目的地三字代码和备注。出仓单交付出口仓库用于办理交接手续。

（十）提板、箱装货

提板、箱是指向航空公司申领板、箱并办理相应的手续。提板、箱时，应领取相应的塑料薄膜和网。对所使用的板、箱要登记和销号。

货物装箱、装板注意事项：不要用错集装箱、集装板，不要用错板型、箱型；不要超装箱、板尺寸；要垫衬，封盖好塑料纸，防潮、防雨淋；集装箱、板内货物尽可能配装整齐，结构稳定，并接紧网索，防止运输途中倒塌；对于大宗货物、集中托运货物，尽可能将整票货物装在一个或几个板、箱内运输。

（十一）签单、交接发运

1. 签单

货运单上盖好海关放行章后托运人还需要到航空公司签单，只有签单确认后才允许将单、货交给航空公司。

2. 交接发运

交接是指货运代理公司按预订舱位的航班时间，根据航空公司规定，向航空公司或机场货运站交单、交货。交单是指将随机单据和应由承运人留存的单据交给航空公司。随机单据包括第三联航空运单正本、分运单（如有）、发票、装箱单、产地证明、品质鉴定书、出口商品配额等。交货是指同航空公司或机场货运站办理与单据相符货物的交接手续。交货之前必须粘贴或拴挂货物标签，核对清点货物，填制货物交接清单，机场货运站审单验货后，在交接清单上签字并收货。航空公司或机场货运站接单、接货后，将货物存入其出口仓库内，同时将单据交航空公司吨控部门，以平衡配载。

（十二）航班跟踪、信息传递

1. 航班跟踪

为确保货物及时到达，货代公司需要及时对航班和货物进行跟踪。需要联程中转的货物，在货物运出后，要求航空公司提供二程、三程航班中转信息，确认中转情况，及时将上述信息反馈给客户，以便遇到异常情况时能够及时处理。

2. 信息传递

航空货运代理公司在发运货物后，及时将发运信息传递给发货人，向其提供航班号、运单号和出运日期等，并随时提供货物在运输过程中的准确信息。与此同时，将盖有海关验讫章的出口货物报关单、出口收汇核销单、海关核发的加工贸易手册、出口商品配额等单据，寄送发货人。对于集中托运的货物，还应将发运信息预报收货人所在地的国外代理，以便其及时接货，及时查询，及时分拨处理。

（十三）费用结算

费用结算主要涉及发货人、承运人和国外代理人三个方面的结算。

（1）与发货人结算费用，即向发货人收取航空运费（在运费预付的情况下），同时收取地面操作费以及各种服务费和手续费。

（2）与承运人结算费用，即向承运人支付航空运费，同时向其收取代理佣金。

（3）与国外代理结算费用主要涉及付运费和手续费。到付运费实际上是由发货方的航空货运代理公司为收货人垫付的，因此收货方的航空货运代理公司在将货物移交收货人时，应收回到付运费并退还发货方的代理人。同时发货方的航空货运代理公司应向目的地的货运代理公司支付一定的手续费及产生的其他相关费用。

由于航空货运代理公司之间通常存在长期的互为代理协议，因此与国外代理结算不采取一票一结的办法，而采取抵消账单、一月一结的办法。按照惯例，每月初由发货方的代理公司填制并出示账单，交收货方的代理公司确认。

▶▶ 空运实训2：货运代理空运出口业务 ◀◀

【实训目的】

通过让学生模拟办理国际货代航空运输出口业务，达到以下目的：

(1)使学生掌握办理国际货代空运出口业务的基本流程、步骤。
(2)使学生了解业务办理涉及的各参与方及有关收费项目。
(3)使学生能够填制相关的空运出口单证。
(4)使学生能够完成国际货代航空运输出口业务。

【背景介绍】

2016年10月,广州美丽人外贸有限公司经理王磊准备出口一批共20箱1 440件男式针织衫(Men's Knit),货价FOB4 320美元,毛重360kg,目的地美国纽约,收货人山姆。欲委托广州羊城国际货运代理有限公司办理空运出口报关、报检等一揽子手续。

【角色说明】

A:广州羊城国际货运代理有限公司(Guangzhou Yangcheng International Freight Forwarding Co.,Ltd.)业务经理张山。

B:广州美丽人外贸有限公司(Guangzhou Beauty People Foreign Trade Co.,Ltd.)王磊。

C:南方航空公司货运经理孙旭。

【实训步骤】

考核一:描述空运出口流程,分数值15分。

场景一:2016年10月13日9时,客户王磊打电话给广州羊城国际货代公司业务经理张山,询问将360kg重的20箱全棉男式针织衫空运到美国纽约的价格,并要求货代公司代理报关、报检。张山将报价单电传给了客户王磊,王磊询问总价。张山将计算的总价报给王磊,王磊同意。随后张山发给客户王磊一份国际货物托运书,王磊确认无误后签字交回到张山处。

考核二:(1)计算报价,正确值10分。

(2)填写国际货物托运书,分数值20分。

场景二:张山查询确认本批男式针织衫编码6205200099,属于免检,出口退税17%,同时联系南方航空公司货运经理孙旭查询航班舱位情况,得知10月14日23时的航班有舱位,张山于是向孙旭预订舱位。

考核三:计算出口退税,正确值10分。

场景三:10月14日9时,张山派公司司机去王磊公司将货物运到白云机场南航货运站,11时40分,张山在白云机场南航货运站和司机将运到的货物过磅、入库,与客户所述重量相符。

场景四:10月14日14时,张山携打印好的出口报关单和装箱单、发票等向白云机场海关申报,海关盖好放行章后予以放行,张山到航空公司签单,领取航空运单,并将运单号告知客户王磊。

考核四:填写装箱单,分数值10分;填写出口报关单,分数值20分。

场景五:10月14日17时,张山持相关单证交给白云机场南航货运站并支付了运费,之后南航准时将货物上机运走。

考核五:选取哪些单证应交给航空公司,分数值10分。

场景六:10月15日15时,张山收到通知得知货物已经准时到达美国纽约,收货人山姆已经签字接收。

考核六:通知客户,收取费用,分数值5分。

第二节 特种货物航空运输业务

特种货物指在收运、储存、保管、运输及交付过程中,因货物本身的性质、价值、体积或重量等条件需要采取特殊措施,给予特殊处理的货物。其内容包括:超大超重货物、押运货物、贵重货物、鲜活易腐物品、活体动物、车辆、公务货物、灵柩骨灰、生物制品、菌种和毒种、植物和植物产品、危险物品、枪械、弹药、急件货物、外交信袋、紧急航材(AOG)等。以上各类货物都需要采取不同的特殊处理过程,否则将危害到飞机、旅客以及机组人员的安全。

一、危险品运输

1. 定义

危险物品(Dangerous Goods)是指在航空运输过程中,可能危害人身的安全、健康或者损害运输工具、设备以及其他财产的物品或者物质。

2. 一般规定

(1)国际航线客货机以及衔接的国内航线飞机均可运送危险品,但其数量、种类、包装等必须按照相关规则并参照 IATA 有关危险品运输的规定予以办理。

(2)收运时必须严格判明种类、性质、包装标准、限定数量并严格履行操作规定,确保飞机和人员的安全。

(3)托运人必须事先与航空公司或代理联系,提供危险品的名称、理化性质、包装方式,以及运输中的特殊要求。

(4)托运人应填制危险品托运证明书两份并签字确认,一份由收运单位留存备查,另一份随附货运单,以便各承运人查阅。

(5)如需联运,应查阅有关承运人的特殊规定,或事先与其联系洽谈。

(6)如危险品规定中查阅不到,托运人应申请技术部门的鉴定证明,并经航空公司认可后方可托运。

(7)对裂变物质和放射性物质,应得到国家有关部门的批准,且只能货机运输。自燃的放射性液体一律禁止运输。

(8)我国航空公司要求运送危险品时须直接与之联系,货代要配合做好相关工作。

3. 包装要求

(1)危险品必须按照规定的数量盛装在规定的容器里,并牢固封好,容器应符合相关规定要求。

(2)危险品的内包装应有防破碎和防震的内衬,液体包装应有吸湿物。

(3)盛装液体的容器必须完全填充好,内装容器需留有充分的空隙,还必须抗压、抗高温。

(4)易破碎的内包装容器,其外包装必须加固,内衬物必须衬好,防止破碎外溢。

（5）同一包装内禁止混装不同性质的危险品。
（6）外包装必须适于装卸操作。
（7）包装尺寸、容量必须符合危险品规定的要求。
（8）放射性危险品包装需符合危险品规定的要求。

4. 危险物品手册

《国际空运危险货物规则》（Dangerous Goods Regulations，简称《国际空运危规》，图6-3所示）是由国际民航组织制定的用于《国际民航公约》中附件18所述危险货物运输的广泛规则。《国际空运危规》通过建立必要的措施来确保空运危险货物的安全，并提供了一种保护航空器和所载物质最低风险的安全水平。对于放射性材料的运输《国际空运危规》是基于联合国《关于危险货物运输的建议书》和国际原子能委员会规章进行的。国际民航组织的危险货物专家小组负责定期更新《国际民航公约》附件18中的危险货物，及更新危险货物航空安全运输的技术指导书，每年出版一次。

图6-3 《国际空运危险货物规则》

5. 运输要求

（1）文件要求。危险品运输要求填写一式两份的危险品申报单，并在货运单栏目"Handling Information"中注明"Dangerous Goods as per attached Shipper's Declaration"。

（2）原则要求。危险品运输应符合预先检查、方向性、轻拿轻放、固定货物防止滑动等原则。

二、活体动物运输

1. 概述

由于航空运输的特点，活动物的运输在整个国际航空运输中占有非常重要的地位。活动物不同于其他货物，对环境的变化很敏感，活动物的种类繁多，各具特性，给运输活动物的工作造成很多麻烦。因此，工作人员应了解各类动物的特征，以使活动物的运输顺利地进行。IATA每年出版一次《活动物规则》（Live Animal Regulations，LAR），如图6-4所示。

图6-4 《活动物规则》

2. 活动物有关特性

（1）活动物在运输过程中对遇到的陌生环境本能地感到害怕。因此，应尽量减小环境对活动物的刺激。容器应做到既能约束动物又有足够的空间，让动物感到舒适、安全。

（2）运输时间在24h内可不必要给动物喂食（除一些肉食动物），而喂水是必要的。

（3）收运雌雄动物时，应将其隔离放置。

（4）有些母兽会给子兽带来危险，收运时应隔离放置。

（5）在压力下动物的反应是不可知的，对于攻击性强的动物，应与其他动物分开单独放置。

3. 活动物的运输要求

(1) 活动物的容器应牢固，防止动物逃逸。

(2) 活动物的容器应有防止粪便外溢的装置。

(3) 过低或过高的温度会影响动物，应保证动物不受气流的影响。

(4) 互相是天敌的动物不能装在一起。检疫动物与非检疫动物应分开放置，防止交叉感染。来自不同地区的动物（如猴子）也应隔离放置。

4. 托运规定

(1) 托运人或其代理人对其所托运的活动物应出具"活动物托运证明"一式两份。一份交给收运货物的承运人，另一份随其他文件一起随货物运至目的站。"活动物托运证明"应用英文填写，还应同时列明动物的普通名称以及专业名称。

(2) 托运人还应出具活动物健康证明以及有关国家的进出口、转口许可证等文件，一式两份，一份附在货运单运往目的站，另一份可附在动物的容器外，以指导操作。

(3) 动物容器应该是清洁、舒适的，并设有防漏和防逃逸装置，还应防止工作人员操作时受到伤害。

(4) 标记、标贴。在每个装活动物的容器上，托运人应用清晰、持久的字迹注明与运单相一致的收货人姓名，以及所在街道和城市的名称。每个动物容器上至少应贴有一张 IATA 和活动物标贴及"向上"标贴。若有必要，容器的四壁均可贴"向上"标贴。如果容器内所装动物在叮、咬或接触时会放射毒素，应在容器上粘贴"有毒"标志。收运后承运人若发现容器上的标贴已丢失或部分脱落，或已模糊不清，应更换新的标贴。

(5) 运输前安排。活动物被允许交运以前应订妥所需吨位。在操作过程中应使用代号"AVI"。

(6) 货运单。若有必要，货运单上的品名栏内应同时标明动物的普通名称和专业名称。活动物不可与其他货物用同一张货运单。

(7) 当活动物交付空运时，应首先了解下列内容：动物的种类、特性、繁殖情况、性别、年龄、体重；动物运输时的状况、有无怀孕、是否已断奶等；容器是否符合规定；所使用机型有无对活动物的限制；需要的吨位数；货舱的通风状况、气流方向、冷暖设备等；地面装卸和地面运输的气候情况（包括中转站）；是否要求托运人派人押运活动物运输；有些时候，某些国家禁止进口来自有地方性传染病的动物；有些国家机场周末海关不办公，应避免在这段时间到达那些国家。

5. 承运规定

(1) 只有当活动物健康状况良好，并可保持至终点时方可收运。

(2) 承运人对因自然因素造成的动物遗失、损伤或死亡，以及动物自身因素造成的动物损伤、死亡不负责任，也不对因包装不合理和动物不能适应环境变化而导致的动物损伤、死亡负责任。

(3) 若由两个以上承运人参与运输，则填开货运单的承运人应转告每个续程承运人以下情况：货运单号码、件数、重量、体积、始发站机场名称、中转站机场名称、最终目的站名称，承运日期，收货人的姓名、地址及电话，目的站卸货时应提供的设备。

6. 收货人提取货物

活动物到达目的站之前，应将托运情况告知收货人，以便其加快办妥清关和兽医检查等有关手续，到机场等候提取货物。活动物一旦到达目的站，承运人应从速做好交付货物手续。

三、鲜活易腐货物运输

1. 定义

凡在运输过程中需要采取制冷、加温、保温、通风、上水等特殊措施，以防止腐烂变质或病残死亡的货物及托运人认为须按鲜活货物运输条件运输的货物均属鲜活货物。由此可见，鲜活货物都是有生命或生命现象或经过冷冻加工的货物，在流通、保管过程中需要适宜的贮运环境、生存条件来维持其生命、生理状态或物态。

2. 收运条件

（1）鲜活易腐货物应具有必要的检验合格证明和卫生检疫证明，还应符合有关到达站国家关于此种货物进出口和过境规定。

（2）托运人交运鲜活易腐货物时，应书面提出在运输中需要注意的事项及允许的最长运输时间。

（3）除识别标签外，货物的外包装上还应拴挂"鲜货易腐"标签和"不可倒置"标签。

（4）必须要有适合的包装并符合运输要求。

3. 运输文件

（1）货运单。货运单品名栏"Nature and Quantity"应注明"Perishable"字样；注明已订妥的各航段航班号/日期。

（2）其他文件。在货运单的"Handling Information"栏内注明其他文件的名称和注意事项，并将装有各种卫生检疫证明的信封订在货运单后面，随货运单同时运输。

4. 运输规则

（1）运输鲜活易腐货物必须遵守有关国家对鲜活易腐物品进出口、转口的运输规定。例如，机场能否提供冷库、清关的时间范围等，确定无误后方可承运。

（2）鲜活易腐货物需预先订妥航班。

（3）应尽可能利用直达航班优先发运。

▶▶ 空运实训3：货运代理鲜活易腐货物空运业务 ◀◀

【实训目的】

通过让学生模拟办理鲜花空运出口业务，达到以下目的：

（1）使学生了解鲜活易腐物品空运出口业务的基本流程、步骤。

（2）使学生了解业务办理涉及的各参与方及有关收费项目。

（3）使学生掌握办理本项业务的注意事项。

（4）使学生能够完成鲜活易腐物品空运出口业务。

【背景介绍】

2017年2月，广州美丽人外贸有限公司（单位代码：440195××××）经理甄美丽准备于情人节之际出口一批多头香水百合运往日本樱花株式会社，200扎广州FOB价格24 000元人民币（100日元＝8.025 0元人民币）。欲委托广州羊城国际货运代理有限公司（单位代码：440195××××）办理空运出口报关报检等一揽子手续。

【角色说明】

A：广州羊城国际货运代理有限公司（Guangzhou Yangcheng International Freight Forwarding Co., Ltd.）业务经理吴步智。

B：广州美丽人外贸有限公司（Guangzhou Beauty People Foreign Trade Co., Ltd.）甄美丽。

C：航空公司货运经理赵国庆。

【实训步骤】

考核一：让学生描述办理鲜花空运出口的步骤及所需文件，分数值25分。

场景一：2017年2月8日9时，广州美丽人外贸有限公司甄美丽打电话给广州羊城国际货运代理有限公司业务经理吴步智询问办理鲜花出口手续并代为报检、报关的费用。吴步智发给甄美丽一份报价单，甄美丽同意按照所列价格办理出口手续，并签署了国际货物托运书，同时吴步智告知甄美丽鲜花是需要办理报检手续的。

考核二：填写国际货物托运书，分数值15分。

场景二：2017年2月9日，吴步智向航空公司货运经理赵国庆查询舱位情况并成功订舱。2017年2月10日10时，广州羊城国际货运代理有限公司将鲜花运到白云机场物流货站，当场称量重量为140kg，随后拿到了航空运单。11时，吴步智持出境货物报检单前往广州机场出入境检验检疫机构报检，之后拿到了出境货物通关单。

考核三：（1）货代应收费用计算，分数值10分。

　　　　　（2）填写出境货物报检单，分数值15分。

场景三：回到办公室，吴步智在线填写了出口货物报关单并发送给海关，稍后收到海关的回执，接受报关，打印出纸质出口货物报关单。

考核四：填写出口货物报关单，分数值20分。

场景四：2月10日14时，吴步智持出境货物通关单和出口货物报关单、装箱单、发票等单据向白云机场海关报关，海关验收了相关的手续后盖章放行。随后吴步智前往航空公司领取了航空运单并将总运单第三联、分运单、发票、装箱单等相关单证交给白云机场南航货运站并支付了运费。

场景五：2月11日上午，货物装上了南航CZ385班机，于10:10准时起飞并于15:00抵达了东京成田国际机场，之后甄美丽结清了所有的费用。

考核五：列举随机单证，分数值15分。

四、其他特种货物运输

（一）贵重货物

1. 定义

若运输的一票货物中含有下列一种或多种物品，则称为贵重货物：

（1）运输声明价值毛重每千克超过（或等于）1 000美元的任何物品。

（2）黄金（包括提炼或未提炼过的金锭）、混合金、金币以及各种形状的黄金制品，如金粒、片、粉、绵、线、条、管、环和黄金铸造物；白金（即铂）类稀有贵重金属（钯、铱、铑、钌、锇）和各种形状的铂合金制品，如铂粒、绵、棒、锭、片、条、网、管、带等。但上述金属以及合金的放射性同位素则不属于贵重货物，而属于危险品，应按危险品运输的有关规定办理。

（3）法定的银行钞票、有价证券、股票、息票、旅行支票及邮票（若从英国出发，则不包括新邮票）。

（4）钻石（包括工业用钻石）、红宝石、蓝宝石、绿宝石、蛋白石、珍珠（包括养殖珍珠），以及镶有上述钻石、宝石、珍珠等的饰物。

（5）金、银等材料制作的珠宝饰物和手表。

（6）金、铂制品（不包括镀金、镀铂制品）。

2. 收运条件

收运贵重货物时应严格遵守下列规定：

（1）包装。贵重货物应用硬质木箱或铁箱包装，不得使用纸质包装，必要时外包装上应用"井"字铁条加固，并使用铅封或火漆封志。

（2）标记与标签。贵重货物只能使用挂签，除识别标签和操作标签外，贵重货物不需要任何其他标签和额外粘贴物。此外货物的外包装上不可有任何对内装物做出提示的标记。

（3）价值。托运贵重货物，托运人自愿办理声明价值。每票货运单中货物的运输声明价值不得超过 10 万美元，如每票货运单货物的声明价值超过 10 万美元，应将货物分批交运，即分成两份或多份货运单，同时说明由此产生的运费差额或其他费用由托运人负担；如果货物不宜分开，必须经有关承运人同意后，方可收运。此外，每次班机上所装载的贵重货物，价值不得超过 100 万美元。

（4）文件。对货运单应注明详细的托运人、另请通知人和收货人的名称、地址、联系电话。此外，除在"Nature and Quantity of Goods"栏内填写真实的货物名称、准确净重、内装数量外，还应注明"Valuable Cargo"字样并注明已订妥的各航段航班号和日期。最后，贵重货物不可与其他货物作为一票货物运输。其他文件的名称和操作要求在"Handling Information"栏内注明；参阅 TACT Rules 7.3 中有关国家的规定。

（5）订舱。收运贵重货物前，必须订妥全程舱位，优先使用直达航班，并符合有关承运人的运输条件。托运人应预先将货物的航班安排情况通知收货人，如需变更续程承运人，必须得到有关承运人的许可。贵重货物如需要特别的安全措施，应在电文中特别注明；如有关航站需采取特别安全措施（如安排警卫等），由此产生的费用，应由托运人负担（如托运人拒付，航空公司则不予收运）。

（二）尸体、骨灰

1. 包装

尸体、骨灰不得与其他物品混合组装。尸体、骨灰的包装及其他文件必须符合中转、到达国家的有关规定。尸体须经过防腐处理，并在防腐期限以内。尸体应当封装于用铅或锌制作的内容器中，外加木制棺材和便于装卸的环扣，棺内应当敷设木屑或木炭等吸附材料，棺材应当无漏缝或经过焊封，确保气味及液体不致外溢。

骨灰应当装在密封的塑料袋或陶瓷罐内，外层用木箱套装，最外层用布包装。

2．文件

托运人必须准备好如下文件：死者护照的复印件；由医院出具的死亡证明书（Death Certificate）及病历，且需注明尸体是非传染性疾病死亡的；非正常死亡的需出具公证书及法医验尸报告；殡仪馆出具的入殓证明书（Certificate of Burial）、卫生检疫证明和防腐证明；出境许可证；死者所在国驻华使领馆出具的入境许可证。

各式证明书一式两份，一份留始发站存查，一份附货运单后随货物发往目的地。尸体外包装上应加贴"急货"和"不可倒置"；骨灰在货运单上加注"急"或加盖"急"字样标记。

3．注意事项

托运人必须事先与吨控部门联系，订好全程舱位。尸体、骨灰一律不办理运费到付。

（三）作为货物运输的行李

1．定义

作为货物运输的行李又称为无人押运行李，其范围仅限于旅客本人的衣物和与旅行有关的私人物品。

2．使用条件

（1）凡作为货物运输的行李，只能在旅客客票中所列各地点的机场之间运输，并且行李交付的时间不得晚于旅客乘机旅行当天。

（2）旅客必须如实申报行李内容，提供有关的文件，自行办理海关手续，并支付所需费用。

（3）该货物运输的具体时间由承运人决定。

（4）该行李折扣运价不得与任何普通货物运价或指定商品运价相加使用，以致相加后的运价低于适用的规定或组合运价。如果不满足上述条件，则其他任何航程均只能采用普通货物运价或指定商品运价。

3．运输文件

收运此种货物，需将旅客的客票号码、乘机日期、航班号等填入货运单中，在"货物品名及数量"栏内应填明"无人押运行李（Unaccompanied Baggage）"。在旅客客票"签注（Endorsement）"栏内应注明"Unbag"字样、货运单号码、行李件数和重量。

4．运输

在运输过程中，为了便于识别旅客交运的行李和作为货物运输的行李，在作为货物运输的行李上应加挂货物标贴。

（四）超大、超重货物

1．定义

超大货物一般是指需要一个以上的集装板方能装下的货物，这类货物的运输需要特殊处理程序以及装卸设备。

超重货物一般是指每件超过150kg的货物，但最大允许货物的重量主要取决于飞机的机型（飞机地板承受力）、机场设施以及飞机在地面停站的时间。

2．收运条件

（1）如果一票货物包括一件或几件超大、超重货物，订舱时应说明货物的重量和尺寸，并在货运单内单独列明，承运人可提前制订装载计划并准备必要的固定设施。

（2）托运人所提供的包装应便于承运人操作，如托盘、吊环等，必要时应注明中心位置。

3．运输条件

（1）确保货物内部不含有危险性物品（如电池、燃油）。如果有此类物品，应按有关危险品的规定来处理。

（2）托运人应提供装卸超大、超重货物的设施。

（3）超重货物应尽量装在集装器的中间位置。

（五）外交信袋

1．定义

外交信袋是指各国政府（包括联合国下属组织）与其驻外使领馆、办事处之间作为货物托运的使用专用包装袋运输的公务文件。

2．收运条件

（1）外交信袋应有完好的包装和明显的封志。

（2）外交信袋应使用挂签，外包装不得使用其他粘贴物。

3．订舱

（1）外交信袋应按指定航班日期运出。

（2）外交信袋一般安排在直达航班上运输，国际航班国内段不安排外交信袋的运输。

（3）外交信袋应放在货舱内明显的位置，并且不能与航空邮件装在一起。

（4）外交信袋不可与放射性物质或磁性物质放在同一货舱内。

第三节　国际航空快递运输业务

一、国际航空快递运输业务概述

（一）定义

航空快递是指具有独立法人资格的企业，将进出境的货物或物品从发件人所在地通过自身或代理的航空运输网络运达收件人或指定地点的一种快速运输方式。

(二) 航空快递的产生和发展

1969年3月的一天，一位美国青年在一家海运公司内等朋友，偶然得知当时正有一艘德国船停泊在夏威夷港等待正在旧金山填制的提单。如果通过正常的途径，提单需要一个星期才能到达那里，这个年轻人提出他愿意乘飞机将文件送到夏威夷，船公司管理人员通过比较发现，此举可以节约昂贵的港口使用费和滞期费用，于是将文件交给了这个年轻人。年轻人完成任务后立即联络朋友创立了世界上第一家快递公司，专门从事银行、航运文件的传送工作，后来又将业务扩大到样品等小包裹服务。由于强调快速、准确的服务，从一出现，快递业就深受从事跨国经营的贸易、金融各界的热烈欢迎，行业发展非常迅速。

(三) 航空快递的特点

航空快递在很多方面与传统的航空货运业务、邮政运送业务有相似之处，但作为一项专门的业务又有其独到之处，主要表现在：

1. 收件的范围不同

航空快递的收件范围主要有文件和包裹两大类。其中，文件主要是指商业文件和各种印刷品，对于包裹一般要求毛重不超过32kg（含32kg）或外包装单边不超过102cm，三边相加不超过175cm。近年来，航空运输行业竞争更加激烈，快递公司为吸引更多的客户，对包裹大小的要求趋于放松。而传统的航空货运业务以贸易货物为主，规定每件货物体积不得小于$5cm \times 10cm \times 20cm$。邮政业务则以私人信函为主要业务对象，对包裹要求每件重量不超过20kg，长度不超过1m。

2. 经营者不同

国际航空货物运输主要采用集中托运的形式，或直接由发货人委托航空货运代理人进行，货物到达目的地后，再通过发货地航空货运代理的关系人将货物转交到收货人的手中。业务中除涉及航空公司外，还要依赖航空货运代理人的协助。而经营国际航空快递的大多为跨国公司，这些公司以独资或合资的形式将业务深入世界各地，建立起全球网络。航空快件的传送基本都是在跨国公司内部完成。而国际邮政业务则通过万国邮政联盟的形式在世界上大多数国家的邮政机构之间取得合作，邮件通过两个或两个以上国家邮政部门的合作完成传送。

3. 经营者内部的组织形式不同

邮政运输的传统操作理论是接力式传送。而航空快递公司则大多都采用中心分拨理论（或称为转盘分拨理论）组织起全球的网络。简单来讲，就是快递公司根据自己业务的实际情况，在中心地区设立分拨中心（Hub）。各地收集起来的快件，按所到地区分拨完毕，装上飞机。当晚各地飞机飞到分拨中心，各自交换快件后飞回。第二天清晨，快件再由各地分公司用汽车送到收件人办公桌上。这种方式看上去似乎不太合理，但由于中心分拨理论减少了中间环节，快件的流向简单清楚，减少了错误，提高了操作效率，缩短了运送时间，经事实证明是经济、有效的。

4. 使用的单据不同

航空货运使用的是航空运单，邮政使用的是包裹单，航空快递业也有自己独特的运输单据，即交付凭证（Proof of Delivery，POD）。

5. 航空快递的服务质量更高

航空快递的服务质量更高主要体现在：

（1）速度更快。航空快递自诞生之日起就强调快速的服务，速度又被称为整个行业生存之本。一般洲际快件运送在 1～5 天内完成；地区内部只要 1～3 天。

（2）更加安全、可靠。因为在航空快递形式下，快件运送自始至终是在同一公司内部完成，各分公司操作规程相同，服务标准也基本相同，而且同一公司内部信息交流更加方便，对客户的高价值易破损货物的保护也会更加妥帖，所以运输的安全性和可靠性也更高。

（3）更方便。确切地说，航空快递不止涉及航空运输一种运输形式，它更像是陆空联运，通过将服务由机场延伸至客户的仓库、办公桌，航空快递真正实现了门到门服务，方便了客户。此外，航空快递公司对一般包裹代为清关，针对不断发展的电子网络技术又率先采用了 EDI（电子数据交换）报关系统，为客户提供了更为便捷的网上服务，快递公司特有的全球性计算机跟踪查询系统也为有特殊需求的客户带来了极大的便利。

当然，航空快递同样有自己的局限性，如快递服务所覆盖的范围则不如邮政运输广泛。

（四）世界及我国主要快递公司

1. 主要快递公司

世界及我国的主要快递公司见表 6-2。

表 6-2 主要快递公司列表

快递公司名称	公司徽标	公司网址
联邦快递（FedEx Express，FEDEX）		http://www.fedex.com/
联合包裹运送服务公司（United Parcel Service Inc.，UPS）		http://www.ups.com/
敦豪速递（DHL）		http://www.dhl.com/
TNT 集团		http://www.tnt.com/
中国邮政速递物流股份有限公司（EMS）		http://www.ems.com.cn/
顺丰速运（SF）		http://intl.sf-express.com/

2. 各快递公司比较

（1）国际 EMS。价格为公布价格的 4 折左右，时效为 3～7 个工作日。优点是折扣低、价格低廉，任何体积的货物都按照重量计算，500g 以下的物品可以按文件价格计算；可以当天收货，当天操作，当天上网；清关能力强，能运送出关的物品比较多，一些其他公司限制运行的物品也可运送，如食品、保健品、化妆品、服装、鞋子等各种特殊商品。缺点是速度偏慢，查询网站信息滞后，通达国家较少，一旦出现问题，只能做书面查询，时间较长。

（2）DHL。价格为公布价格的 6.5 折左右（含燃油费），时效正常情况下为 2~4 个工作日。优点是速度快，特别是到欧洲三个工作日和东南亚地区两个工作日；派送网络遍布世界各地，查询网站货物状态更新及时；遇到问题解决快；21kg 以上物品更有单独的大货价格，部分地区大货价格比国际 EMS 还要低，较省费用。缺点是小货折扣高，比国际 EMS 费用高 20%~30%，体积重量大于实际重量时按照体积重量计算费用，对所托运的物品限制比较多，拒收许多特殊商品。

（3）UPS。价格为公布价格的 6.5 折左右（含燃油费），时效正常情况下为 2~4 个工作日。优点是速度快，特别是美国 48h 到达，全世界 200 多个国家和地区都有网络；查询网站信息更新快，遇到问题解决及时。缺点是折扣高，体积重量大于实际重量时按体积重量计算，对受理物品也有许多的限制。

（4）FEDEX。价格是公布价格的 8 折左右（含燃油费），时效正常情况下为 2~4 个工作日。该公司所报的到中南美洲的价格和欧洲的价格一致，而其他公司则是报在最贵的一区，公布价格相差 30%~40%，网站信息更新快，网络覆盖全，查询响应快。缺点是折扣比同类快递公司高 15% 左右，体积重量超过实际重量时按体积重量计算，对所运物品限制较多。

（5）TNT。价格是公布价格的 7 折左右（含燃油费），时效为 2~4 个工作日。优点是速度较快，特别是到西欧三个工作日，网络比较全，查询网站信息更新快，遇到问题响应及时。缺点是 TNT 在四大国际快递巨头中相对实力比较弱，对所运货物限制也比较多。

（6）其他快递公司。随着跨境电商的发展，出现了大量地区性的快递公司，诸如顺丰速运、圆通、俄罗斯邮政等，这些快递公司在某个国家或地区的航线上具有自己独特的优势。

（五）中国快递业现状

2016 年中国快递业务量突破 313.5 亿件，同比增长 51.7%，快递业务收入 4 005 亿元，同比增长 44.6%，快递业务量位居世界第一。据不完全统计，中国从事电商物流相关行业的从业人数已超过 203 万，快递行业作为现代服务业的重要组成部分，业务量连续六年保持 50% 左右的高速增长，增速位于现代服务业的前列，被誉为是中国经济的一匹"黑马"。同时快递行业的发展还促进了消费，使消费对经济增长的贡献率不断提升，2016 年贡献率超过 70%，这其中很大比例是通过快递的渠道来实现的。全年快递支撑网上零售额超过 4 万亿元，占社会消费品零售总额比重超 12.5%；年人均快递使用量达到 23 件，快递已经成为现代生活不可或缺的组成部分，成为中国新经济的典型代表。

二、航空快递的主要业务形式及流程

1. 业务形式

（1）门/桌到门/桌（Door/Desk to Door/Desk）。这是航空快递公司最常用的一种服务形式。首先由发件人在需要时电话通知快递公司，快递公司接到通知后派人上门取件，再将所有收到的快件集中到一起，根据其目的地分拣、整理、制单、报关、发往世界各地，到达目的地后，再由当地的分公司办理清关、提货手续，并送至收件人手中。

（2）门/桌到机场（Door/Desk to Airport）。门/桌到机场是指快件到达目的地机场后不是由快递公司去办理清关、提货手续并送达收件人的手中，而是由快递公司通知收件人自己去办理相关手续。

（3）专人派送（Courier on Board）。专人派送是指由快递公司指派专人携带快件在最短时间内将快件直接送到收件人手中。这是一种特殊服务，一般很少采用。

以上三种服务形式相比，门/桌到机场形式对客户来讲比较麻烦，专人派送最可靠、最安全，同时费用也最高。而门/桌到门/桌的服务介于上述两者之间，适合绝大多数快件的运送。

2．国际快递服务流程

国际快递服务流程如图6-5所示。

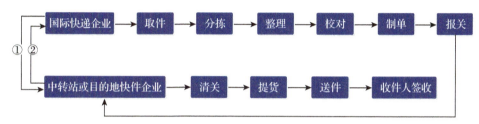

①发件地快件企业通过信息网络或电传、电子邮件、传真将所发送快件相关信息（一般航空运单及分运单号、件数、重量等内容）通知中转站或目的地快件企业。

②中转站或目的地快件企业将派送信息反馈到发件地的快递企业。

图6-5 国际快递服务流程图

▶▶ 空运实训4：货运代理航空快递业务 ◀◀

【实训目的】

通过让学生模拟办理航空快递业务，达到以下目的：

（1）使学生了解航空快递业务的流程、步骤及有关快递知识。

（2）使学生能够独立完成航空快递的整个过程。

【背景介绍】

2017年6月，广州美丽人外贸有限公司经理甄美丽准备快递一份十分重要的商业文件去德国柏林，欲委托广州羊城国际货运代理有限公司办理。

【角色说明】

A：广州羊城国际货运代理有限公司（Guangzhou Yangcheng International Freight Forwarding Co., Ltd.）业务经理吴步智。

B：广州美丽人外贸有限公司（Guangzhou Beauty People Foreign Trade Co., Ltd.）甄美丽。

C：收货人德国拜仁公司（Bayern Co., Ltd.）雷奥·艾尔斯特纳（Leon Elstner）先生。

D：广州羊城国际货运代理有限公司（Guangzhou Yangcheng International Freight Forwarding Co., Ltd.）业务员贾添。

【实训步骤】

考核一：让学生描述办理快递出口的步骤及注意事项，分数值20分。

场景一：2017年6月15日上午9时，广州美丽人外贸有限公司甄美丽打电话给广州羊城国际货运代理有限公司业务经理吴步智说有一份商业文件要快递去德国柏林，请派人过来取件。

吴步智派业务员贾添上门取件，货物重量为 2.5kg。

考核二：**根据货物情况选取适合的快递公司及报价（40 分）、验证货物（10 分）、称重（10 分）、填写快递单并收取快递费（10 分），注意收件的注意事项（10 分）**，分数值共 80 分。

场景二：贾添回到公司，并在快递公司上门取货的时候将填写好的快递单和货物交给快递公司。

场景三：2017 年 6 月 20 日，甄美丽在快递公司的网站上查询得知快件已经签收。

第四节 航空公司进出港操作

一、航空公司或其地面代理进港货物操作程序

航空公司（或其地面代理）进港货物的操作程序是指从飞机到达目的地机场，承运人将货物卸下飞机直到交给代理人的整个操作流程。航空公司进港货物的操作程序如图 6-6 所示。

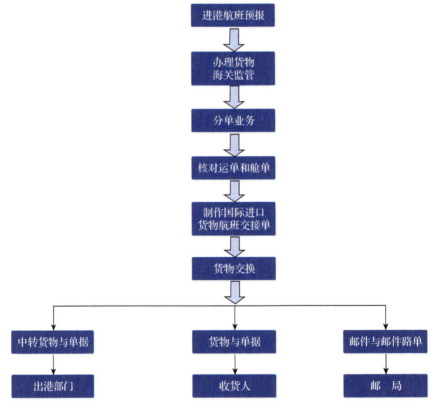

图 6-6 航空公司进港货物操作程序图

1. 进港航班预报

航空公司或其地面代理工作人员填写航班预报记录。以当日航班进港预报为依据，在航班预报册中逐项填写航班号、机号、预计到达时间。同时预先了解货物情况，在每个航班到达之

前,从查询部门领取FFM(货物舱单电报)、CPM(集装设备状态)、LDM(载重电报)、SPC(空间电报)等电报,了解到达航班的货物装机情况及特殊货物的处理情况。

2. 办理货物海关监管

随机业务文件袋收到后,将货运单送到海关办公室,由海关人员在货运单上加盖海关监管章。

3. 分单业务

在每份货运单的正本上加盖或书写代理人代号、到达航班的航班号和日期。认真审核货运单,注意货运单上所列目的地、代理公司、品名和储运注意事项。如有联程货物交中转部门处理。

4. 核对运单和舱单

若舱单上有分批发运的货物,应将分批货物的总件数标在货运单之后,并注明分批标志。将舱单上列出的特种货物、联程货物圈出。根据分单情况,在整理出的舱单上标明每票运单的去向。核对运单与舱单是否一致,做好多单、少单记录,将多单运单号码加在舱单上,多单运单交查询部门。

5. 制作国际进口货物航班交接单

根据标好的一套舱单,将航班号、日期、运单号、数量、重量、特种货物、代理商、分批货、不正常现象等信息输入计算机,制作国际进口货物航班交接单。

6. 货物交接

将入境货物和单据交给收货人或其代理人。将中转货物和中转运单、舱单交给出港操作部门。将邮件和邮政路单交给邮局。

▶▶ 空运实训5:航空公司进港操作 ◀◀

【实训目的】

通过让学生模拟操作办理航空公司的进港业务,达到以下目的:

(1)使学生熟悉航空公司的进港操作的流程、步骤及与注意事项。

(2)使学生能够完成航空公司的进港操作。

【背景介绍】

2017年8月6日,广州白云机场有批汉莎航空从法兰克福进港来的货物,汉莎航空公司委托广州白云国际物流有限公司将货物交接给广州羊城国际货运代理有限公司。

【角色说明】

A:广州羊城国际货运代理有限公司(Guangzhou Yangcheng International Freight Forwarding Co.,Ltd.)业务经理吴步智。

B:广州白云国际物流有限公司(Guangzhou Baiyun International Logistics Co.,Ltd.)国际货站业务经理曹仁。

【实训步骤】

考核一:让学生描述空运进港操作流程及内容,分数值10分。

场景一:2017年8月6日,广州白云国际物流有限公司国际货站业务经理曹仁接到通知预计下午16:05德国汉莎航空LH786航班从法兰克福飞抵广州,机型为空客A343。曹仁准备好进出港航班监装监卸记录单,稍后曹仁接到通知,航班预计于15:50抵达,曹仁安排外场人员提前到场准备好相应的装卸设备。

考核二：进港航班时间、机型及其相关情况的了解，分数值 10 分。

场景二：航班 15:55 抵达停机位并熄灭红色安全指示灯，外场人员上机接取业务袋，核对业务袋的目的站为广州无误后接回本航站的业务袋。外场人员根据舱单、平衡表显示的始发站货邮的重量填到卸机单的相应栏内。其后将货运单送到海关办公室，由海关人员在货运单上加盖海关监管章。

考核三：业务袋接取及核对、货运单送海关盖章，分数值 30 分。

场景三：曹仁在每份货运单的正本上书写代理人代号、到达航班的航班号和日期，认真审核货运单，注意货运单上所列目的地、代理公司、品名和储运注意事项。根据分单情况，在整理出的舱单上标明每票运单的去向，核对运单与舱单是否一致，做好多单、少单记录，将多单运单号码加在舱单上，多单运单交查询部门。最后根据标好的一套舱单，将航班号、日期、运单号、数量、重量、特种货物、代理商、分批货、不正常现象等信息输入计算机，制作国际进口货物航班交接单。

考核四：分单、核对运单和舱单、制作国际进口货物航班交接单，分数值 40 分。

场景四：曹仁按照舱单上标明的运单的去向以及联系人，通知广州羊城国际货运代理有限公司业务经理吴步智前来接货，业务经理吴步智派公司司机来到机场对货物进行检查，核对无误后用车辆提走货物，双方签字留存。

考核五：货物交接，分数值 10 分。

二、航空公司或其地面代理出港货物操作程序

出港业务是航空运输代理业务中的一个重要组成部分，航空公司或其地面代理出港货物的操作程序是指自代理人将货物交给航空公司，直到货物装上飞机的整个业务操作流程。航空公司出港货物的操作程序如图 6-7 所示。

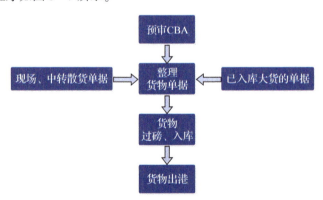

图 6-7 航空公司出港货物操作程序图

1. 预审 CBA

CBA（Cargo Booking Advance）即国际货物订舱单，由国际吨控部门开具，作为配载人员进行配载工作的依据，配载人员一般应严格按照 CBA 要求配货。同时在配载前，应做好以下工作：

（1）与收货柜台的交接。收货柜台的制单人员应及时与国内货运配载人员进行交接。配载

交接人员要特别注意核对已签订航班的急件、鲜活货物等，明确货物的存放位置。

（2）根据航班预报了解航班机号、机型、起飞时间和旅客人数。

（3）根据各种机型、航线的业务数据算出每个航班的最大可用业载。每个航班的最大可用业载计算公式为

$$最大可用业载 = 最大起飞全重 - 油量 - 飞机基本重量 \quad (6-1)$$
$$最大可用业载 = 最大落地全重 - 备份油量 - 飞机基本重量 \quad (6-2)$$
$$最大可用业载 = 最大无油全重 - 飞机基本重量 \quad (6-3)$$

上述最小值为本次航班的最大可用业载。

（4）估算本次航班的货邮可配数。

$$货邮可配数 = 航班最大可用业载 - (本站出发旅客重量 + 行李预留重量) - 过境业载$$
$$(客 + 货 + 行李 + 邮件) \quad (6-4)$$

（5）将航班的货邮可配数告知吨控部门及仓库组货人员。

2. 整理货物单据

货物单据主要包括已入库的大宗货物、现场收运的货物、中转的散货三个方面的单据。同时应检查入库通知单、货物交接清单（板箱号、高低板标示、重量及组装情况）是否清楚完整，运单是否和交接单一致。核对 CBA 时，记录好货物实际到达的情况，如果出现未订舱货物，应将运单放回原处。

3. 货物过磅、入库

货物仓储工作大致有出入库货物交接、登记装配、储存、清仓等。必须按严格的货物仓储方案进行航空货物的存放与保管，以便高效地进入组装及配载流程。

4. 货物出港

对于货物出港环节，应重点处理好制作舱单及转运舱单的业务。

（1）货邮舱单（Cargo Manifest）。货邮舱单是每一架飞机所装载货物、邮件的运输凭证清单；是每一航班总申报单的附件；是向出境国、入境国海关申报飞机所载货、邮情况的证明文件；也是承运人之间结算航空运费的重要凭证之一。货邮舱单一式六份，一份供货物出仓，一份由本货物配载站留存，一份供结算使用，一份交载重平衡部门，两份随货运单运至卸机站。卡车运输的货邮舱单同上。

（2）货物转运舱单（Cargo Transfer Manifest，CTM）。货物转运舱单由交运承运人填写，是货物交运承运人和货物接运承运人之间交接货物的重要运输凭证，也是承运人之间结算航空运费的重要凭证之一。

▶▶ 空运实训 6：航空公司出港操作 ◀◀

【实训目的】

通过让学生模拟操作办理航空公司的出港业务，达到以下目的：

（1）使学生熟悉航空公司的出港操作的流程、步骤及与注意事项。

（2）使学生能够完成航空公司的出港操作。

【背景介绍】

2017 年 8 月 6 日，广州羊城国际货运代理有限公司委托广州白云国际物流有限公司将一批

普通货物交接给法国航空公司晚上 23:55 的 AF4403 航班运往巴黎。

【角色说明】

A：广州羊城国际货运代理有限公司（Guangzhou Yangcheng International Freight Forwarding Co., Ltd.）业务经理吴步智。

B：广州白云国际物流有限公司（Guangzhou Baiyun International Logistics Co., Ltd.）国际货站业务经理曹仁。

【实训步骤】

考核一：让学生描述空运出港操作流程及内容，分数值 20 分。

场景一：2017 年 8 月 6 日，广州羊城国际货运代理有限公司业务经理吴步智将一批普通货物运到广州白云国际物流有限公司国际货站，将货物连同正本航空运单第二联、发票、装箱单等文件交给广州白云国际物流有限公司收货员。收货员按照航空公司规定进行安全检查，检查货物板、箱组装情况、高度、收口是否符合规定。经检验符合规定后将货物送至电子磅，记录重量，并悬挂吊牌，同时对装有轻泡货的板箱，查看货运单，做好体积记录，之后将整单货物的实际重量以及体积重量写入"可收运书"，加盖"安检章""可收运章"并签名确认。最后在纸质表格中记录板箱号码，航班日期等，并将货物入库。收货员在国际货物交接清单上签收，将国际货物交接清单交还给业务经理曹仁，然后将货运单交给吨控员。吨控员依据该航班所收所有单证开出国际货物订舱单（CBA）交与广州白云国际物流有限公司配载员。配载员按照 CBA 要求配货，并制作出了载重平衡图表和货邮舱单，最后将装载通知单交予业务经理曹仁。

考核二：出港业务袋及相关文件（30 分），货物信息核对及确认（20 分），国际货物交接单签收（10 分），分数值共 60 分。

场景二：8 月 6 日 22:30，曹仁指挥机坪操作人员按照载重平衡图中标注的位置将货物装载上飞机，外场人员将业务袋送上飞机与乘务长交接，乘务长在进出港航班监装监卸记录单上相应栏内签字接收。

考核三：出港业务袋与机组人员的交接，分数值 20 分。

第五节 国际航空货运文件

一、国际航空货物托运书

（一）定义

国际航空货物托运书（Shippers Letter of Instruction）是指托运人用于委托承运人或其代理人填开航空货运单的一种表单，表单上列有填制货运单所需各项内容，并应印有授权于承运人或其代理人代其在货运单上签字的文字说明。

（二）托运书的内容

国际货物托运书样式见表 6-3。

表6-3　国际货物托运书　　　　　　　　　货运单号码
SHIPPER'S LETTER OF INSTRUCTION　　　NO. OF AIR WAYBILL

始发站 AIRPORT OF DEPARTURE		到达站 AIRPORT OF DESTINATION						供承运人用 FOR CARRIER USE ONLY	
								航班/日期 FIGHT/DATE	航班/日期 FIGHT/DATE
线路及到达站 ROUTING AND DESTINATION									
至 TO	第一承运人 FIRST CARRIER	至 TO	至 TO	至 TO	至 TO	至 TO	至 TO		
收货人账号 CONSIGNEE'S ACCOUNT NUMBER		收货人姓名及地址 CONSIGNEE'S NAME AND ADDRESS						已预留吨位 BOOKED	
								唛头 MARKS	
另请通知 ALSO NOTIFY								唛头 MARKS	
托运人账号 SHIPPER'S ACCOUNT NUMBER		托运人姓名及地址 SHIPPER'S NAME AND ADDRESS							
托运人声明的价值 SHIPPER'S DECLARED VALUE		保险金额 AMOUNT OF INSURANCE				所附文件 DOCUMENT ACCOMPANY TO AIR WAYBILL			
供运输用 FOR CARRIAGE	供海关用 FOR CUSTOMS								
件数 NO. OF PACKAGES	实际毛重/千克 ACTUALGROSS WEIGHT/kg	运价类别 RATE CLASS		收费重量 CHAGEABLE WEIGHT		费率 RATE/CHARGE		货物品名及数量（包括体积或尺寸）NATURE AND QUANTITY OF GOODS (INCL. DIMENSIONS OR VOLUME)	

在货物不能交收货人时，托运人指示处理方法
SHIPPER'S INSTRUCTION IN CASE OF INABLITY TO DELIVER SHIPMENT AS CONSIGNED

处理情况（包括包装方式，货物标志及号码等）
HANDLING INFORMATION (INCL. METHOD OF PACKING, INDENTIFY MARK AND NUMBERS ETC.)

托运人证实以上所填全部属实并愿意遵守承运人的一切载运章程
THE SHIPPER CERTIFIES THAT THE PARTICULAR ON THE FACE HEREOF ARE CORRECT AND AGREE TO THE CONDITIONS OF CARRIAGE OF THE CARRIER.

托运人签字 SHIPPER'S SIGNATURE	日期 DATE	经手人 AGENT

托运书包括下列内容栏：

1. 托运人

此栏填托运人（SHIPPER）的全称、街名、城市名称、国名，以及便于联系的电话号码、电传号码或传真号码。

2. 收货人

此栏填收货人（CONSIGNEE）的全称、街名、城市名称、国名（特别是在不同国家内有相同城市名称时，必须要填上国名）以及电话号码、电传号码或传真号码。本栏内不得填写"order"或"to order of the shipper（按托运人的指示）"等字样，因为航空货运单不可转让。

3. 始发站机场

此栏填始发站机场（AIRPORT OF DEPARTURE）的全称。

4. 目的地机场

此栏填目的地机场（AIRPORT OF DESTINATION）的全称（不知道机场名称时，可填城市名称），如果某一城市名称用于一个以上国家时，应加上国名。例如，LONDON UK 伦敦，英国；LONDON KY US 伦敦，肯塔基州，美国；LONDON ON CA 伦敦，安大略省，加拿大。

5. 要求的路线/申请订舱

要求的路线/申请订舱栏（REQUESTED ROUTING/REQUSETING BOOKING）用于航空公司安排运输路线时使用，但如果托运人有特别要求，也可填入本栏。

6. 供运输用的声明价值

本栏填供运输用的声明价值（DECLARED VALUE FOR CARRIAGE）金额，该价值即为承运人负赔偿责任的限额。承运人按有关规定向托运人收取声明价值费，但如果所交运的货物毛重每千克不超过20美元（或其等值货币），无须填写声明价值金额，可在本栏内填入"NVD（No Value Declared 未声明价值）"，如本栏空着未填写时，承运人或其代理人可视为货物未声明价值。

7. 供海关用的声明价值

国际货物通常要受到目的站海关的检查，海关根据"供海关用的声明价值（DECLARED VALUE FOR CUSTOMS）"栏所填数额征税。

8. 保险金额

中国民航各空运企业暂未开展国际航空运输代理保险业务，保险金额（AMOUNT OF INSURANCE）栏可空着不填。

9. 处理事项

处理事项栏（HANDLING INFORMATION）填附加的处理要求，例如，另请通知（ALSO NOTIFY），除填收货人之外，如托运人还希望在货物到达的同时通知他人，请另填写通知人的全名和地址。

10. 货运单所附文件

货运单所附文件（DOCUMENT TO ACCOMPANY AIR WAYBILL）栏应填上随附在货运单上

往目的地的文件的名称，例如，托运人的动物证明（SHIPPER'S CERTIFICATION FOR LIVE ANIMALS）。

11. 件数和包装方式

件数和包装方式（MUMBER ANDKIND OF PACKAGE）栏填该批货物的总件数，并注明其包装方法，例如，包裹（Package）、纸板盒（Carton）、盒（Case）、板条箱（Crate）、袋（Bag）、卷（Roll）等，如货物没有包装，就注明为散装（Loose）。

12. 实际毛重

实际毛重（ACIUAL GROSS WEIGHT）栏内的重量应由承运人或其代理人在称重后填入。如托运人已经填上重量，承运人或其代理人必须进行复核。

13. 运价类别

运价类别（RATE CLASS）栏可空着不填，由承运人或其代理人填写。

14. 计费重量

计费重量（CHARGEABLE WEIGHT）栏内的计费重量（kg）应由承运人或其代理人在量过货物的尺寸（以 cm 为单位），由承运人或其代理人算出计费重量后填入，如托运人已经填上，承运人或其代理人必须进行复核。

15. 费率

费率（RATE/CHARGE）栏可空着不填。

16. 货物的品名及数量（包括体积或尺寸）

填货物的品名及数量（包括体积或尺寸）［NATURE AND QUANTITY OF GOODS（INCL. DIMENSIONS OR VOLUME）］栏，货物中的每一项均须分开填写，并尽量填写详细，例如，"10筒 35mm 的曝光动画胶片""新闻短片（美国制）"等，本栏所属填写内容应与出口报关发票和进口许可证上所列明的内容相符。危险品应填写适用的准确名称及标贴的级别。

17. 托运人签字

托运人必须在托运人签字（SIGNATURE OF SHIPPER）栏内签字。

18. 日期

日期（DATE）栏填托运人或其代理人交货的日期。

二、航空运单

（一）定义、作用与分类

1. 定义

航空货运单（Air Waybill，AWB）也称航空运单，是托运人（或其代理人）和承运人（或其代理人）之间缔结的货物运输合同契约，同时也是承运人运输货物的重要证明文件。其内容对双方均具有约束力，是承托双方订立的运输条件及承运人接受货物的初步证据。托运人托运航空货物时必须填写航空货运单，航空公司承运货物时必须出具航空货运单。

知识链接

> 在航空货运业务的操作中，各航空公司承运的货物大部分是通过其代理人收运的，某些特种货物由航空公司直接收运。由于填写航空货运单必须具有一定的专业知识，同时为了方便操作和对客户提供服务，托运人以托运书或委托书的形式授权航空公司或其代理人代替填写航空货运单。在这种情况下，托运人正确、完整地填写托运书或委托书十分重要。航空公司或其代理人根据托运人的托运书或委托书代替托运人填写航空货运单。
>
> 航空货运单既可用于单一种类的货物运输，也可用于不同种类货物的集合运输；既可用于单程货物运输，也可用于联程货物运输。航空货运单上关于货物的重量、尺寸、包装和包装件数的说明具有初步证据的效力。除经过承运人和托运人当面查对并在航空货运单上注明经过查对或者书写关于货物外表情况的说明外，航空货运单上关于货物的数量、体积和其他情况的说明不能构成不利于承运人的证据。托运人在履行航空货物运输合同规定义务的条件下，有权在出发地机场或者目的地机场将货物提回，或者在途中经停时中止运输，或者在目的地或者途中要求将货物交给非航空货运单上指定的收货人，或者要求将货物运回出发地机场；但是，托运人不得因行使此种权利而使承运人或者其他托运人遭受损失，并应当偿付由此产生的费用。托运人的指示不能执行的，承运人应当立即通知托运人。承运人按照托运人的指示处理货物，没有要求托运人出示其所收执的航空货运单，而给该航空货运单的合法持有人造成损失的，承运人应当承担责任，但是不妨碍承运人向托运人追偿。收货人的权利依法开始时，托运人的权利即告终止；但是，收货人拒绝接受航空货运单或者货物，或者承运人无法同收货人取得联系时，托运人恢复其对货物的处置权。收货人于货物到达目的地，并在缴付应付款项和履行航空货运单上所列运输条件后，有权要求承运人移交航空货运单并交付货物。除另有约定外，承运人应当在货物到达后立即通知收货人。承运人承认货物已经遗失，或者货物在应当到达之日起七日后仍未到达的，收货人有权向承运人行使航空货物运输合同所赋予的权利。

2. 航空运单的作用

（1）航空运单是发货人与航空承运人之间的运输合同。与海运提单不同，航空运单不仅证明航空运输合同的存在，而且航空运单本身就是发货人与航空运输承运人之间缔结的货物运输合同，在双方共同签署后产生效力，并在货物到达目的地交付给运单上所记载的收货人后失效。

（2）航空运单是承运人签发的已接收货物的证明。航空运单也是货物收据，在发货人将货物发运后，承运人或其代理人即会将其中一份交给发货人（即发货人联），作为已经接收货物的证明。除非另外注明,它是承运人收到货物并在良好条件下装运的证明。

(3) 航空运单是承运人据以核收运费的账单。航空运单分别记载着属于收货人负担的费用,属于应支付给承运人的费用和应支付给代理人的费用,并详细列明费用的种类、金额,因此可作为运费账单和发票。承运人往往也将其中的承运人联作为记账凭证。

(4) 航空运单是报关单证之一。出口时航空运单是报关必备的单证之一。在货物到达目的地机场进行进口报关时,航空运单通常也是海关查验放行的基本单证。

(5) 航空运单同时可作为保险证书。如果承运人承办保险或发货人要求承运人代办保险,则航空运单也可用来作为保险证书。

(6) 航空运单是承运人内部业务的依据。航空运单随货同行,证明了货物的身份。运单上载有有关该票货物发送、转运、交付的事项,承运人会据此对货物的运输做出相应安排。

3. 航空运单的分类

航空公司或其代理人使用的航空货运单,根据有无承运人名称可分为有出票航空公司(Issue Carrier)标志的航空货运单和无任何承运人标志的中性货运单。根据其不同作用,航空运单还可分为航空主运单和航空分运单。

(1) 航空主运单(Master Air Waybill,MAWB)。由航空运输公司签发的航空运单称为航空主运单,它是航空运输公司据以办理货物运输和交付的依据,是航空公司和托运人订立的运输合同,每一批航空运输的货物都有自己相对应的航空主运单。

(2) 航空分运单(House Air Waybill,HAWB)。集中托运人在办理集中托运业务时签发的航空运单被称作航空分运单。在集中托运的情况下,除了航空运输公司签发主运单外,集中托运人还要签发航空分运单。在这中间,航空分运单作为集中托运人与托运人之间的货物运输合同,合同双方分别为货主 A、货主 B 等和集中托运人;而航空主运单作为航空运输公司与集中托运人之间的货物运输合同,当事人则为集中托运人和航空运输公司。货主与航空运输公司之间没有直接的契约关系。

不仅如此,由于在起运地货物由集中托运人将货物交付航空运输公司,在目的地由集中托运人或其代理从航空运输公司处提取货物,再转交给收货人,因而货主与航空运输公司之间也没有直接的货物交接关系。

(二) 航空运单的性质、构成

航空运单与海运提单有很大的不同,却与国际铁路运单相似,它是承、托双方的运输合同,但它不具有物权凭证的性质,持有航空运单并不能说明可以对货物要求所有权,它不可转让也不可凭以提货,所有权属于出票航空公司,即货运单所属的空运企业(Issue Carrier)。在货运单的右上端印有"不可转让(Not Negotiable)"字样,任何 IATA 成员公司均不得印制可以转让的航空货运单,"不可转让"字样不可被删去或篡改。收货人提货要凭航空公司发出的通知单。

国际航空货运单一般由一式十二联组成:三联正本、六联副本和三联额外副本。正本一式三份,每份都印有背面条款,分三种不同颜色:蓝色联交托运人,绿色联由承运人留存,粉红色联随货同行,在目的地交收货人。副本分别发给代理人、目的港、第一二三承运人和用作提货收据,副本除提货收据为黄色外,其余均为白色。航空运单各联用途及分发见表 6-4。

表 6-4 航空运单各联用途及分发表

序号	名称、分发对象及用途	颜色
A	Original 3 (for shipper) 〔正本3（交托运人）〕，此份交给托运人，作为托运人支付货物运费、航空公司收到货物的凭证和航空公司与托运人签订运输合同的书面凭证	蓝色
B	Copy 9（副本9，给代理人）	白色
C	Original 1 (for issuing carrier) 〔正本1（交出票航空公司）〕，此份由航空公司保存，作为该航空公司与托运人签订运输合同的书面凭证	绿色
D	Original 2 (for consignee) 〔正本2（交收货人）〕，此份随同货物送至目的地，在收货人提取货物时交给收货人	粉红色
E	Copy 4（副本4，提货收据）	黄色
F	Copy 5（副本5，给目的地机场）	白色
G	Copy 6（副本6，给第三承运人）	白色
H	Copy 7（副本7，给第二承运人）	白色
I	Copy 8（副本8，给第一承运人）	白色
J	Extra Copy（额外副本，供承运人使用）	白色
K	Extra Copy（额外副本，供承运人使用）	白色
L	Extra Copy（额外副本，供承运人使用）	白色

（三）航空运单的填制

1. 航空货运单号码

货运单号码是货运单不可缺少的重要组成部分，在货运单的左上角、右上角和右下角分别标有货运单号码。通过此号码，可以确定航空货运单的所有人——出票航空公司。此号码是托运人或其代理人向承运人询问货物运输情况及承运人在货物运输各个环节中组织运输（如订舱、配载、查询货物等）时的重要信息来源和依据。

2. 填制要求

（1）航空货运单一般应使用英文大写字母，用计算机打制，各栏内容必须准确、清楚、齐全，不得随意涂改。

（2）货运单已填好的内容在运输过程中需要修改时，必须在修改项目的近处盖章并注明修改货运单的空运企业名称、地址和日期，修改货运单时，应将所有剩余的各联一同修改。

（3）在始发站货物运输开始后，货运单上"运输声明价值（Declared Value for Carriage）"一栏的内容不得再做任何修改。

（4）每批货物必须全部收齐后，方可填开货运单，每一批货物或集合运输的货物均应填写一份货运单。

3. 航空运单的内容

航空运单与海运提单类似，也有正面、背面条款之分，不同的航空公司也会有自己独特的航空运单格式。所不同的是，航运公司的海运提单可能千差万别，但各航空公司所使用的航空运单则大多借鉴 IATA 所推荐的标准格式，差别并不大。所以，这里只介绍这种标准格式，也称中性运单。航空运单格式见表6-5，其相关栏目的填写要求如下。

表6-5 航空运单格式

1A　1　1B			（1A）　（1B）
Shipper's Name and Address （2）	Shippers' Account Number （3）	NOT NEGOTIABLE **Air Waybill** （1C） Issued by	
		Copies 1,2 and 3 of this Airbill are originals and have the same validity.	
Consignee's Name and Address （4）	Consignee' Account Number （5）	It is agreed that the goods described herein are accepted in apprarent goods order and condition(except as noted) for carriage SUBJECT TO THE CONDITIONS OF CONTRACT ON THE REVERSE HEREOF.ALL GOODS MAY BE CARRIED BY AND OTHER MEANS INCLUDING ROAD OR ANY OTHER CARRIER UNLESS SPECIFIC CONTRARY INSTRUCTIONS ARE GIVEN HEREON BY THE SHIPPER.AND SHIPPER AGREES THAT THE SHIPMENT MAY BE CARRIED VIA INTERMEDIATE STOPPING PLACES WHICH THE CARRIER DEEMS APPROPRIATE.THE SHIPPER'S ATTENTION IS DRAWN TO THE NOTICE CONCERNING CARRIER'S LIMITATION OF LIABILITY.Shipper may increase such limitation of liability by declaring a higher value for carriage and paying a supplemental charge if required.	
Issuing Carrier's Agent Name and City （6）		Accounting Information （10）	
Agent's IATA Code （7）	Account No. （8）		

Airport of Departure and Requested Routing （9）												
To （11A）	By First Carrier Routing and Destination （11B）	To （11C）	By （11D）	To （11E）	By （11F）	Currency （12）	CHGS Code （13）	WT/VAL PPD（14A） COLL（14B）		Other PPD（15A） COLL（15B）		Declared Value for Carriage （16）	Declared Value for Customs （17）
Airport of Destination （18）		Flight/Date （19A）　（19B）				Amount of Insurance （20）		INSURANCE-If carrier offers insurance and such insurance is requested in accordance with the conditions thereof indicate amount to be insured in figures in box marked "Amount of Insurance"					

Handing Information （21）								
								SC1 （21A）
No. of Pieces RCP	Gross Weight	kg lb	Rate Class（22D） Commodity Item No.	Chargeable Weight	Rate / Charge	Total	Nature and Quantity of Goods (incl. Dimension or Volume)	
（22A）	（22B）	（22C）	（22E）	（22F）	（22G）	（22H）	（22I）	
（22J）	（22K）					（22L）		

Prepaid	Weight Charge	Collect	Other Charges	
	（24A）	（24B）	（23）	
	Valuation Charge			
	（25A）	（25B）		
	Tax			
	（26A）	（26B）		
	Total other Charge Due Agent		Shipper certifies that the particulars on the face hereof are correct and that insofar as any part of the consignment contains dangerous goods, such part is properly described by name and is in proper condition for carriage by air according to the applicable Dangerous Goods Regulations. （31） Signature of Shipper or his Agent	
	（27A）	（27B）		
	Total other Charges Due Carrier			
	（28A）	（28B）		
	（29A）	（29B）		
	Total Prepaid	Total Collect	（32A）　　（32B）　　　　　（32C）	
	（30A）	（30B）	Executed on (date)　at (place)　　　Signature of Issuing Carrier or its Agent	
	Currency Conversion Rates （33A）	CC Charges in Destination Currency （33B）		
	For Carriers Use Only at Destination	Charges at Destination （33C）	Total Collect Charges （33D）	

货运单号码（The Air Waybill Number）一般都印制在左、右上角和右下角，中性货运单需要自行填制。

（1A）处填写 IATA 统一编制的航空公司代码，如我国的国际航空公司的代码就是 999。

（1B）处填写运单号。

（1C）栏填写货运单所属航空公司的名称及总部所在地址，此处还应印有航空公司的标志。

（2）栏即托运人姓名和地址（Shipper's Name and Address）栏。此栏填制托运人姓名（名称）、详细地址、国家（或国家两字代号）以及托运人的电话号码、传真号码。

（3）栏即托运人账号（Shipper's Account Number）栏。此栏不需填写，除非承运人另有要求。

（4）栏即收货人姓名和地址（Consignee's Name and Address）栏。此栏填制收货人姓名（名称）、详细地址、国家（或国家两字代号）以及收货人的电话号码、传真号码。

（5）栏即收货人账号（Consignee's Account Number）栏。此栏仅供承运人使用，一般不需填写，除非最后的承运人另有要求。

（6）栏出即票航空公司货运代理人名称和城市（Issuing Carrier's Agent Name and City）栏。此栏填制向出票航空公司收取佣金的国际航协代理人的名称和所在机场或城市。

（7）栏即国际航协代号（Agent's IATA Code）栏。航空公司为便于内部系统管理，要求其代理人在此处填制相应的数字代码。采用货物财务结算系统（Cargo Accounts Settlement System，CASS）清算的代理人按规定填入相应代号。

（8）栏即账号（Account No.）栏。本栏一般不需填写，除非承运人另有需要。

（9）栏即始发站机场和要求的运输路线（Airport of Departure and Requested Routing）栏。此栏填制运输始发站机场或所在城市（始发地机场与所在城市使用相同代码）的全称，以及所要求的运输路线。

（10）栏即相关财务信息（Accounting Information）栏。此栏填制有关财务说明事项，例如，付款方式为现金支票或其他方式。作为货物运输的行李使用旅费证（Miscellaneous Charges Order，MCO）付款时，此栏应填制 MCO 号码、换取服务金额以及旅客客票号码、航班号、日期及航程。代理人不得接受托运人使用 MCO 作为付款方式。如因货物无法交付需要退运时填开的货运单，应将原始货运单号码填入本栏内。

（11A～11F）栏即运输路线和目的站（Routing and Destination）栏。11A、11C、11E 去往（To）：分别填入第一、二、三中转站机场的 IATA 代码；11B、11D、11F 承运人（By）：分别填入第一、二、三段运输的承运人。

（12）栏即货币（Currency）栏。此栏填制运输始发地货币代号（统一采用国际标准化组织——ISO 的货币代号）。运输始发地货币是指运输始发地运价资料所公布的货币。

除（33A～33D）栏外，货运单上所列明的费用金额均以上述货币表示。

（13）栏即运费代号（CHGS Code）栏。此栏一般不填，仅供承运人在电子传输货运单信息时使用。

（14A）、（14B）、（15A）、（15B）分别为货物运费、声明价值费、其他费用付款方式栏。"WT/VAL"表示货物航空运费、声明价值附加费的预付（14A）或到付（14B）；"Other"表示其他费用预付（15A）或到付（15B）。

有关费用预付（PPD）或到付（COLL），分别用字母"PP""CC"在货运单上表示，或在相关栏目内用"×"表示。

货运单上（24A）、（25A）或（24B）、（25B）两项费用必须全部预付或全部到付；货运单上（27A）、（28A）或（27B）、（28B）两项费用必须全部预付或全部到付。

(16) 栏即运输声明价值（Declared Value for Carriage）栏。此栏填制托运人关于货物运输声明价值的金额。如果托运人没有运输声明价值，此栏不可以空着，必须填制"NVD"字样（No Value Declared，没有声明价值）。

(17) 栏即供海关用声明价值（Declared Value for Customs）栏。此栏填制货物过海关时海关需要的货物商业价值金额。如果货物没有商业价值，或海关不要求声明，此栏必须填制"NCV"字样（No Commercial Value or No Customs Value，没有商业价值）。

(18) 栏为目的站机场（Airport of Destination）栏。此栏填制最后承运人的目的地机场全称。

(19A~19B) 栏即航班/日期栏（Flight/Date）。此栏仅供承运人使用，一般不填，除非各有关承运人有需要。

(20) 栏即保险金额（Amount of Insurance）栏。如果承运人向托运人提供代办货物保险业务，此栏填制托运人货物投保的金额。如果承运人不提供此项服务或托运人不要求投保，此栏内必须印有"×××"符号。

(21) 栏即运输处理注意事项（Handling Information）栏。一般填入承运人对货物处理的有关注意事项，如托运人提供活动物证明（Shipper's certification for live animals）(21A) 等。

(22A~22L) 栏为货物运价及细目栏。一票货物中如含有两种或两种以上不同运价类别计费的货物应分别填写，每填写一项另起一行，如果含有危险品，则该危险货物应列在第一项。

(22A) 栏为货物件数/运价组合点（No. of Pieces RCP）栏。运价组合点是指如果使用分段相加运价计算运费，在件数的下面应填制运价组合点城市的 IATA 三字代码。

(22B) 栏即毛重（Gross Weight）栏，填入货物实际毛重（以千克为单位时可保留至小数后一位）。

(22C) 栏即重量单位栏，填入千克或磅（kg/lb），以千克为单位用代号"K"；以磅为单位用代号"L"。

(22D) 栏即运价等级（Rate Class）栏。

(22E) 栏即商品品名编号（Commodity Item No.）栏。运输指定商品，货物运费使用指定商品运价计费时，此栏填制指定商品品名代号（填制位置应与运价代号 C 保持水平）；运输等级货物，使用等级货物运价计费时，此栏填制附加或附减运价的比例（百分比）；如果是集装货物，填制集装货物运价等级。

(22F) 栏即计费重量（Chargeable Weight）栏，填入计算货物运费适用的计费重量。

(22G) 栏即运价/运费（Rate/Charge）栏，当使用最低运费时，此栏与运价代号"M"对应填制最低运费。填入与运价代号"N""Q""C"等相应的运价。当货物为等级货物时，此栏与运价代号"S"或"R"对应填制附加或附减后的运价。

(22H) 栏即总计（Total）栏，填入计费重量与适用运价相乘后的运费金额；如果是最低运费或集装货物基本运费，本栏与(22G) 内金额相同。

(22I) 栏即货物品名和数量（Nature and Quantity of Goods）栏，为便于组织该批货物运输，要求本栏填制得清楚、简明，并符合下列要求：用英文大写字母填制货物的品名；当一票货物中含有危险货物时，应分列填制，危险货物应列在第一项；运输活动物时，本栏内容应根据IATA 活动物运输规定填制；对于集合货物，本栏应填制"Consolidation as per Attached List"；填制货物的体积时，用长×宽×高的形式表示，例如"Dimension: 40cm×30cm×20cm"。

(22J)、(22K)、(22L) 分别填写货物总件数、总毛重、总运费。

(23) 栏即其他费用（Other Charges）栏。其他费用种类用两字代码表示，部分其他费用种类的两字代码见表 6-6。

表 6-6　其他费用两字代码

AC	动物集装箱	LA	活体动物
AS	配货服务费	MA	杂费—应付代理人①
AT	服务员	MB	杂费—未指定②
AW	航空运单费	MC	杂费—应付承运人③
BL	黑名单证	MD to MN	杂费—应付最终承运人
BR	银行放行	MO to MZ	杂费—应付发行承运人
CD	清关及处理—目的地	PK	包装
CH	清关及处理—出发地	PU	提货
DB	支付费	RA	危险品费
DF	支付服务费	RC	参考费用
FC	费用托收费	RF	费用托收汇款
GT	政府税金	SD	地面费—目的地
HR	人类遗骸	SI	转运停留
IN	保险费	SO	仓储—出发地
SP	单独提前放行	SU	地面费
SR	仓储—目的地	TR	转运
SS	签字服务	TX	税金
ST	国内销售税	UH	ULD 处理

① 杂费应付给代理却不能进一步确定时用 MA 代码。
② 杂费无法确定该付给代理还是承运人时用 MB 代码。
③ 杂费应付给承运人但不能进一步确定时用 MC 代码。

此栏中任一费用均需用三个字母表示：前两个字母表示费用种类，第三个字母表示费用归属。承运人收取的其他费用用"C"表示，代理人收取的其他费用用"A"表示。如"AWC"，属于出票航空公司收取的货运单工本费；"AWA"，为代理人收取的货运单工本费。

(24A)、(24B) 栏即航空运费（Weight Charge）栏。此栏填入航空运费计算栏计算所得的航空运费总数。如果航空运费预付，填入 (24A)；航空运费到付，则填入 (24B)。

(25A)、(25B) 栏即声明价值费（Valuation Charge）栏。当托运人声明货物运输声明价值时，此栏填入声明价值附加费金额。该费用必须与航空运费同步付款：同时预付或同时到付。声明价值附加费预付填入 (25A)，到付填入 (25B)。

(26A)、(26B) 栏这两格是白底的，且如果付款方式是预付的，则将政府收取的税金数额填入 (26A)；如果付款方式是到付的，则填入 (26B)。重量运费/体积运费、声明价值费和税金只能全部预付或全部到付。

(27A)、(27B) 栏填写由代理人收取的其他费用总额（Total Other Charges Due Agent）。预付填入 (27A)，到付填入 (27B)。

(28A)、(28B) 栏填写由出票航空公司收取的其他费用总额（Total Other Charges Due

Carrier）。预付填入（28A），到付填入（28B）。

（29A）、（29B）栏即无名称阴影栏目。本栏不需填制，除非承运人需要。

（30A）、（30B）栏分别为预付费用总额（ToTal prepaid）栏和到付费用总额（ToTal Collect）栏。（30A）填入（24A）、（25A）、（26A）、（27A）、（28A）等栏有关预付款项之和；（30B）填入（24B）、（25B）、（26B）、（27B）、（28A）等栏有关预付款项之和。

（31）栏即托运人证明栏。本栏填制托运人名称，并由托运人或其代理人在本栏内签字或盖章。

（32A）、（32B）、（32C）栏为承运人填写栏。开具货运单日期、地点、所在机场或城市的全称或缩写分别填入（32A）、（32B）。按日、月、年的顺序填写日期。要求填开货运单的承运人或其代理人在（32C）栏内签字。

（33A）、（33B）、（33C）、（33D）栏仅供有关承运人、目的地机场等在目的站使用。

收货人用目的地国家货币付费：

（33A）栏即货币兑换比价（Currency Conversion Rate）栏，填入将运输始发地货币换算成目的地国家货币的比价（银行卖出价）。

（33B）栏填写用目的地国家货币表示的付费金额（CC Charges in Destination Currency）。

（33C）栏即目的站费用（Charges at Destination）栏。由最后一个承运人将目的站发生的费用金额填入本栏。

（33D）栏即到付费用总额（Total Collect Charges）栏。

以上所有内容不一定要全部填入航空运单，IATA 也不反对在运单中写入其他所需的内容。这种标准化的单证对航空货运经营人提高工作效率、促进航空货运业向电子商务的方向迈进有着积极的意义。

（四）航空货运单的填开责任

根据《华沙公约》和《海牙议定书》（1955 年对《华沙公约》的修订）关于承运人运输条件的条款规定，承运人的承运条件为航空运单由托运人准备。托运人有责任填制航空运单。规定明确指出，托运人应自行填制航空运单，也可以要求承运人或承运人授权的代理人代为填制。托运人对货运单所填各项内容的正确性、完备性负责。由于货运单所填内容不准确、不完全，致使承运人或其他人遭受损失，托运人负有责任。托运人在航空货运单上的签字，证明其接受航空货运单正本背面的运输条件和契约。

根据《中华人民共和国民用航空法》有关条款规定，托运人应当填写航空货运单正本一式三份，连同货物交给承运人。承运人有权要求托运人填写航空货运单，托运人有权要求承运人接受该航空货运单。

课后练习题

1. 我国国际航空运单共为一式几联？其中都包括什么？
2. 航空货运代理的主要优势和职能是什么？
3. 空运货物直接运输和集中托运有何区别？
4. 航空货运单的限制有哪些？
5. 简述航空货运单的作用。

扫一扫参加本章测试

第七章 国际航空公约及案例分析

▶▶ 知识目标 ◀◀

- 了解国际航空公约及我国航空法；
- 掌握航空运输合同的主要内容；
- 了解华沙体制的作用及不正常运输及索赔相关内容；
- 了解常见的航空运输事故的预防措施。

▶▶ 能力目标 ◀◀

- 能够熟练运用华沙条约来解释航空运输一些相应规定；
- 能够进行航空货物索赔和诉讼；
- 能够针对不正常运输做出相应的处理方法；
- 能够初步分析和处理各种航空货物运输中发现的各种事故。

第一节 国际航空公约及我国航空法

一、航空法概念

航空法是调整各国航空活动中法律关系的原则和规则的总体，分为国家航空法和国际航空法两部分。国家航空法是由各国为维护其领空主权和航空权益，合理和有效地使用空域，维持空中交通秩序，保障飞行安全，促进民航事业发展而制定的有关航空的法律；国际航空法是由缔约国共同制定并共同遵守的与民用航空有关的法律。

国际上至今尚无全世界统一使用的国际航空法，只有起国际航空法作用的国际民航公约。国际民用航空组织1944年通过的《国际民用航空公约》，即《芝加哥公约》。该公约已有191个缔约国，中国于1974年2月15日承认《芝加哥公约》，同时参加国际民用航空组织的活动。该公约是有关国际航空最重要的国际公约，它承认缔约国对其领空的主权。国际民用航空组织缔约国还签订了两项适用于国际定期航班的特别协定，即《国际航空过境协定》和《国际航空运输协定》，这两项协定规定了五大航权。为了行使国家领土主权和保障领空安全，中国民用航空局于1979年2月23日发布了《外国民用航空器飞行管理规则》。航空法具有独立性、国际性、技术性、综合性、行为法的特点。

二、国际航空公约

1. 《统一国际航空运输某些规则的公约》——《华沙公约》

《华沙公约》签订于1929年10月12日，全称是《统一国际航空运输某些规则的公约》，是国际上第一部重要的航空法。《华沙公约》于1933年2月13生效，我国于1958年7月20日送交了加入书，该公约于1958年10月18日开始对我国生效。《华沙公约》共分五章四十一条，对国际航空运输的定义、运输凭证和承运人的责任做出了明确的规定。

《华沙公约》第一条第二款对国际运输做了如下定义："就本公约而言，国际运输是指，根据有关各方所订契约，不论在运输中有无间断或转运，其出发地和目的地是处在两个缔约国领土内，或处在一个缔约国的领土内而在另一国的主权、宗主权、委任统治权利或权利管辖下的领土内有一个协议的经停地点的运输。"

《华沙公约》第五条规定，承运人有权要求托运人提交航空货运单。且在第六条规定航空货运单正本一式三份。第八条规定航空货运单上应包括以下各项：出票地点和日期；起运地和目的地；协议经停点；托运人的名称和地址；第一承运人的名称和地址；收货人的名称和地址；货物的性质；包装件数、包装方法、包装上的具体标志和号数；货物的重量、数量、体积或尺寸；货物和包装的外表情况；如运费已经议定，写明运费金额、付费日期、地点以及付费人；如果是货到付款，写明货物价格，必要时还应写明应付的费用；声明价值；航空货运单的份数；同航空货运单交给承运人的文件；如果已经议定，写明运输完成期限，并概要注明所取路线；声明运输受本公约责任规则的约束。

公约规定，在运输过程中由于承运人的过失使旅客、托运人或收货人遭受损失，承运人应承担赔偿责任。公约还规定了承运人对每名旅客的最大责任是12.5万金法郎，行李和货物每千克250金法郎，旅客手提行李每人不超过5 000金法郎。上述金法郎指含有900/1 000成色的65.5mg黄金的法国法郎。这些金额可以折合成任何国家的货币，取整数。

2. 《修订1929年10月12日在华沙签订的〈统一国际航空运输某些规则的公约〉的议定书》

该公约又称为1955年《海牙议定书》，是对华沙公约的第一次修改，《海牙议定书》于1963年8月1日生效，我国于1975年8月20日送交加入书，该议定书于1975年11月28日开始对我生效。

《海牙议定书》对《华沙公约》的国际运输定义做了修改，删去了《华沙公约》定义中一些过时的政治用语，如宗主权、委任统治权等，在其他方面并没有修改。它还对《华沙公约》对货单上规定的项目做了修改，将原有的17项减为3项：起运地和目的地；如起运地和目的地在同一缔约国领土内而在另一国领土内有一个或几个经停地点时，至少注明一个这种经停地点；向托运人声明，如运输的最终目的地或经停地点不在起运地所在国内，《华沙公约》可以适用，并在一般情况下限制承运人对货物遗失或损坏所负的责任。

3. 《芝加哥公约》

1944年11月1日至12月7日在芝加哥召开了国际民用航空会议，有52个国家正式参加会议。会议制定了《国际民用航空公约》，简称《芝加哥公约》，它是一次重要的国际航空会议，对第二次世界大战后国际民用航空的发展具有积极的意义和重要的影响。

1944年12月7日，芝加哥国际民用航空会议签订了《国际民用航空公约》，即《芝加哥公约》。该公约是涉及国际民用航空在政治、经济、技术等领域各方面问题的综合性文件，分四个部分二十二章九十六条，于1947年4月4日起生效，与其同时签订的还有《国际航空过境协定》和《国际航空运输协定》两项协定。截至2016年，《芝加哥公约》已有191个缔约国，该公约是被广泛接受的、最重要的国际民用航空公约之一。

三、《中华人民共和国民用航空法》

1995年10月30日，中华人民共和国第八届全国人民代表大会常务委员会第十六次会议通过了《中华人民共和国民用航空法》（以下简称《民航法》），自1996年3月1日起施行。《民航法》的实施，对维护国家的领空主权和民用航空权利，保障民用航空活动安全，保护民用航空活动当事人各方面的合法权益，促进民用航空事业的发展，起到十分重要的作用。

根据航空运输工具速度快、技术要求高的特点，《民航法》突出和强化了安全管理的内容。同时，为严厉惩治劫机和其他危害飞行安全的行为，做出了依法追究刑事责任的规定。《民航法》规范了民用航空业行政管理，同时注重了民航法律规范的建立和完善。民用航空行政管理和民商关系涉及很复杂的法律内容。《民航法》对保护航空承运人和旅客、货物托运人、地面第三人等与民用航空活动有关各方当事人的合法权益，应该履行的义务及违反义务应承担的责任，都有明确规定。

第二节　航空货物运输合同

一、定义

航空运输合同是指航空运输承运人使用民用航空器将旅客或者货物从起运点运输到约定地点，旅客、托运人或者收货人支付票款或者运输费用的合同。

合同主体是指参与航空运输活动的当事人，包括承运人、旅客、托运人和收货人。合同双方当事人既是权利主体，又是义务主体，且双方的权利与义务是对等的。承运人负有强制缔约义务，安全、正点运输义务和合理运输义务；作为航空运输合同另一方当事人的旅客、托运人、收货人则应履行支付票款或运输费用的基本义务。航空运输合同在实质上体现为明示存在的航空运输凭证、公示生效的航空运输条件和公布实施的航空法律法规三者的有机结合；在形式上以合法获得承运人填开的航空运输凭证为航空运输合同成立的初步证据。航空运输合同中存在大量格式条款。承运人如企图在航空运输合同中通过合同条款免除承运人的法定责任或降低法定的赔偿责任限额，则这种条款被法律认为是无效的，但不影响航空运输合同的有效性。

二、特征

1. 运输合同原则上被认作是诺成合同

运输合同原则上被认作是诺成合同,但也有人认为是实践合同,还有人认为应依具体情况来定。许多国家为保障承运人的利益,不确认运输合同为诺成合同。一般认为,运输合同原则上应被认为是诺成合同,就货运合同而言,托运人交付货物一般仅是承运人履行合同义务的条件,而不是货运合同成立的条件,除非双方在合同中另行约定托运人办完托运手续,领取托运单为合同成立条件,否则货运合同也是诺成合同。

2. 运输合同为双务有偿合同

实践中承运人放弃自己获得运价的权利免费运输旅客或货物,其目的多为获得更大的经济利益,实质仍是商业性质,作为个别现象,不影响双务有偿的判断。

3. 航空运输合同经常表现为标准合同

附和合同,亦称附意合同、标准合同,指合同条款由一方当事人事先确定,他方只能按照既定条款加入的合同。航空运输的运价和运输条件是由承运人按照一定程序事先制订好的,合同中存在大量的格式条款,托运人必须按照承运人提供的格式要求履行相应的义务。

4. 航空运输合同对航空运输参与人的约束更为严格

这与航空运输安全要求高的特点是紧密联系的,为保护当事人双方的利益,调整航空运输合同的法律法规和规章制度多为强制性规范,强制双方遵照执行。当事人双方权利和义务主要由法律规定,也可以由双方约定,但必须符合法律要求。

5. 航空运输合同对形式要件没有硬性要求

客票、行李票、货运单总称为运输凭证,在法律上只具备"初步证据(Prima Facie)"的性质。

三、航空运输合同的主体、客体和内容

1. 主体

航空运输合同主体是指参与航空运输活动的当事人,包括承运人、托运人和收货人。在航空货物运输合同中,一方当事人是承运人,另一方当事人是托运人和收货人。双方当事人既是权利主体,又是义务主体。

(1)承运人。承运人是指利用运输工具提供运输服务的人。航空承运人则是指从事公共航空运输事业的企业法人。在航空货物运输合同中,承运人是指包括接受托运人填开的航空货运单或者保存货物记录的航空承运人和运送或者从事承运货物或者提供该运输的任何其他服务的所有航空承运人。

(2)托运人。托运人是指为运输货物而与承运人订立合同,并在航空货运单或者货物运输记录上署名的人。

（3）收货人。收货人是指承运人按照航空货运单或者货物运输记录上所列名称而交付货物的人。

2. 客体

航空运输合同的客体也称航空运输合同的标的。《合同法》中规定的标的是指有形财物、无形财物、劳务和工作成果。航空运输合同的客体即是航空运输的劳务活动，即航空运输行为，它是指承运人按照航空运输合同的约定，提供航空运输工具和与该运输条件相应的必要服务，将货物安全和及时地运送到目的地的行为，而货物是被运送的对象。

3. 内容

航空运输合同的内容是指航空运输合同主体享有的权利和承担的义务。航空运输合同属于双务合同，是指当事人双方互负对待给付义务的合同，即一方当事人愿意负担履行义务，旨在使他方当事人因此负有对待履行的义务，或者说，一方当事人所享有的权利即为他方当事人所负担的义务。由此可见，航空运输合同当事人间互享权利、互负义务，双方的权利与义务是对等的。

四、航空运输合同各方的权利和义务

（一）权利

简单地讲，航空运输合同主体权利应包括以下内容：

1. 享有参加航空运输的权利

托运人有权选择运输方式，有权要求承运人提供与该运输条件相应的必要服务，将其安全、及时地运送到目的地，但是如果承运人认为运输使用人有违反国家法律法规行为，不遵守运输规则，则有权拒绝承运。

2. 享有要求对方作为或不作为的权利

承运人有权要求运输使用人为一定行为，即按照合同约定缴付运输费用，也有权要求运输使用人不为一定行为，即运输使用人不得有违反国家法律法规的行为和不遵守运输规则的行为。运输使用人则有权要求承运人按照运输合同的约定提供航空运输工具和与该条件相应的必要服务，将其安全、及时地运送到目的地。同时运输使用人也有权要求承运人不得违反约定的义务。

3. 享有要求国家保护的权利

因承运人原因给托运人造成人身伤害或行李、货物丢失或毁损的，托运人有权要求承运人承担赔偿责任。反之，因运输使用人的过错致使承运人或承运人对之负责的任何他人遭受损害的，承运人也有权要求运输使用人承担相应责任。

（二）义务

在航空运输合同中，承运人主要承担以下基本义务：

1. 强制缔约义务

公共运输关涉社会生活甚巨，且该行业往往是垄断性行业，如果承运人拒绝与旅客、托运人订约，则使他们失去了实现其目的的机会，因此法律给予从事公共运输的承运人这样一种社会性义务，只要是从事这一行业则必须负有这一义务。航空运输作为公共运输形式的一种，当然不能例外负有此种义务。

2. 安全、正点运输义务

安全是指承运人要把旅客或者货物安全运到旅客、托运人指定的地点。正点是指按照规定的运输期限将旅客、货物运输至目的地。

3. 合理运输义务

《合同法》第二百九十一条规定："承运人应当按照约定的或者通常的运输路线将旅客、货物运输到约定地点。"在民航运输过程中，通常的运输线路是指由公共运输企业向国务院民航主管部门申请批准，在开放的空域内执行的定期或不定期航线，公共运输企业应当公布班期时刻表，并尽可能地按照班期时刻表履行航空运输合同。

第三节　华沙体制在航空货运中的应用

一、华沙体制的适用范围

根据华沙体制下各公约的有关规定，国际航空货物运输主要是指航空器的始发地点和目的地点位于两个国家的运输；或者同属于一个国家，但航空器在另一个国家有一约定经停地点的货物运输。同时，国际航空运输国际航班的国内段同样适用于华沙体制，而不适用国内航空法，这一点尤为值得注意，因为国内赔偿与国际赔偿差距甚远，例如，有一航班由法兰克福经北京中转至青岛，如果货物在北京至青岛段发生问题，则解决方案适用华沙体制。

二、航空货运单

1. 航空货运单是订立合同、接受货物和运输条件的初步证明

没有这项凭证、这项凭证不合规定或丢失，不影响运输合同的存在和有效性。一旦承运人收取了托运人所交运的货物，即应当向托运人签发航空运单，证明货物已经由承运人掌管。同时，还要对货物的状态予以说明，以免以后发生争议。各国航空法以及民航管理部门均对公共航空运输企业的承运条件加以规定，托运人接受承运人所签发的航空运单，即表示托运人已经初步概括性地接受了承运人对承接运输所规定的条件。例如，托运人在办理航空货运时，承运人所出具的航空运单上列名了经停地点，但由于某种原因承运人改变了经停地点时，托运人不得以承运人在航空运单上列明的经停地点以外的地点经停而对

抗承运人。

2. 航空货运单的签发

如果承运人承运货物而不出具航空运单，则无权享受法律所规定的免责及责任限额。虽然公约规定航空运单的三份正本应由托运人填写，但实践中，托运人一般只填写托运书，而航空运单则由承运人或承运人的代理人签发。如果托运人以自己未亲自填写航空运单而提出抗辩，《华沙公约》规定，在没有相反证明的情况下，承运人填写的航空运单视为代托运人填写。

3. 航空货运单的流通性

对于航空货运单是否可以转让，理论界争论比较多。从《华沙公约》来看，首先，航空运单是由承运人或其代理人出具的货物单据，不具有权利内容。因而它不是通常意义上的有价证券或物权凭证，自然不具有可转让性。其次，航空运单都是记名的，而且航空运输的速度快，通常在承运人通过航空运输将货运单递交给收货人时，货物也已同时到达，这在很大程度上排除了通过转让货运单据来转让货物的需要，因此货运单的转让也就没有什么实际的意义。

在实际业务中，航空货运单都印有"不可转让"的字样。航空货运单和海运提单不同，它主要是作为运输合同、货物收据和运费账单使用而非物权凭证，同时航空货运单还起到报关单据、保险证书等作用。

三、托运人和收货人的权利和义务

1. 托运人的权利

托运人有权要求承运人接受航空运单正本，并在第三份正本上签章后交还给托运人；在履行了航空货运合同规定的义务的条件下，托运人有权对合同进行变更，但不得损害承运人及其他托运人的权利；托运人的货物价值若超过每千克250金法郎，则有权要求在航空运单上申明货物价值，承运人不得以任何理由拒绝托运人声明价值。

2. 托运人的义务

（1）负责航空运单上所填写货物的项目和声明的正确性，在没有相反证据时，承运人可以信赖托运人在航空运单上的各项声明和说明是正确的。

（2）托运人应提供正确、完备的单证，以便承运人办理海关、税收或公安手续。由于单证不合规定造成的损失，应由托运人对承运人负责。如由于托运人疏忽未在航空运单上附带必要的文件，导致飞机不能准时起飞而造成其他托运人货物延误损失，则托运人应对其他人的延误负责。

3. 收货人的权利和义务

收货人应向承运人支付相关费用；而如果货物在航空运单上约定的到达时间届满后仍未到达，则收货人可以向承运人主张权利。

四、承运人的责任

1. 承运人的主要责任

承运人对在其保管期间内航空运单项下货物的灭失、损坏或延误交付而造成的损失负责。

2. 承运人的责任期间

对于交运的货物因毁灭、遗失或损坏而产生的损失，如果造成这种损失的事故发生在航空运输期间，承运人应负责。航空运输期间不包括在航空站以外的任何陆运、海运或河运，但为了履行航空运输合同，为了装货、交货或转运而产生的责任和损失应认为是航空运输期间发生的结果，除非有相反的证据。例如，为一个国际服装博览会准备的服装由于航空运输的缘故而未赶上博览会，造成收货人拒收，从而造成损失；鲜活商品因航空运输延误而超过保鲜期，无法销售等情况，这些损失虽然不涉及货物本身，但只要对托运人造成了损害，承运人就应当负责。这里的承运人包括填开航空货运单的航空承运人以及承运货物或提供与航空运输有关的任何其他服务的所有航空承运人，也包括代理人、受雇人或任一航空承运人的代表。

3. 承运人责任的减轻和免除

（1）如果承运人证明他和他的代理为了避免损失，已经采取一切必要措施，或不可能采取这种措施时，承运人不负担责任。

《华沙公约》对行为过失的认定采用了推定过失责任原则，即在已产生的过失责任中，假定承运人是有过失的，除非承运人证明他和他的代理为了避免损失已经采取一切必要措施，或不可能采取这种措施时方能免责，即意味着承运人若想不承担责任必须证明自己无过错。这里强调承运人举证，是一种倒置举证。由于航空货运十分专业化，一般人根本无法举证，所以将举证责任转嫁给承运人是必要的、合理的。

（2）承运人的责任减免。承运人证明受害人自己的过失是造成损失的原因或原因之一时，法院可以按照其法律规定减免承运人的责任。但在受害人有过失时，承运人并非一概全部免责，而是根据受害人过失与货损间的因果关系来确定承运人免责的范围，只有货损全部是由受害人过失造成的情况下，承运人才不承担责任，另外是否免除责任或减轻责任的幅度，不由《华沙公约》决定，而是按法院的规定处理。

4. 承运人的责任限制

承运人对货物的灭失、损坏或迟延交付承担的最高赔偿金额为每千克250金法郎。不论货物的毁损、遗失、运输延迟所造成损失的根据是什么，即无论是以合同，还是以侵权起诉，只能按照《华沙公约》的规定条件和责任限额向承运人提出赔偿。但如果经证明损失是由于承运人故意造成或明知可能造成而漠不关心的行为或不行为所致，则丧失责任限额的保护。此规定同样适用于承运人的受雇人和代理人。

五、索赔和诉讼

1. 索赔

如果有损害情况，收件人应在发现损坏后立即向承运人提出异议。如是货物损坏，最迟在收到货物之日起 14 天内提出；如是发生延误，应最迟在货物交收件人自行处置之日起 21 天内提出异议。若在规定期限没有提出，则不能向承运人起诉，除非承运人有欺诈行为。

2. 诉讼

诉讼应在航空器到达目的地之日起，或应该到达之日起，或运输停止之日起的两年内提出，否则受害人即丧失要求赔偿的起诉权。诉讼期限的计算方法遵循受理法院的法律规定。

第四节 不正常运输及索赔

一、货物的不正常运输

货物的不正常运输是指货物在收运及运输过程中由于工作的差错而造成的不正常情况。

1. 不正常运输的货物种类和代号

OFLD——Offloaded 卸下，拉货。
SSPD——Shortshipped 漏（少）装。
OVCD——Overcarried 漏卸。
Mislabelled Cargo——贴错标签货物。
Missing Label——标签脱落。
MSCA——Missing Cargo 少收货物。
FDCA——Found Cargo 多收货物。
MSAW——Missing AWB 少收货运单。
FDAW——Found AWB 多收货运单。
Damage——破损。

2. 货物破损

货物破损是指货物的外部或内部变形，使货物的价值可能或已遭受损失。货物内损是指货物外包装完好而内部受损，只有收货人提取后或交海关时才能发现的损坏。常见的处理方法见表 7-1。

表 7-1 货物破损处理方法

发现时间	处理方法
收运时	拒绝收运
出港操作时	破损（内物未损坏）→加固包装，继续运输
	严重破损（内物损坏）→停止运输，通知发货人或始发站，征求处理意见
进港操作时	填开不正常运输记录，派发电报通知装机站和始发站
交接中转货物时	轻微破损→在转运舱单的备注栏内说明破损情况
	严重破损→拒绝转运

3. 无人提取的货物

自发出到货通知的次日起 14 日内无人提取或收货人拒绝接受货物，始发站通知托运人征求处理意见；满 60 日仍无人提取，又未收到托运人的处理意见时，按无法交付货物处理。

无法交付货物处理的相关规定：

（1）凡属政府禁止和限制运输物品、贵重物品及珍贵文史资料等货物，无价移交政府主管部门。

（2）凡属一般的生产、生活资料，作价移交有关物资部门或商业部门。

（3）凡属鲜活易腐物品或保管有困难的货物，由承运人酌情处理。由此产生的费用由托运人承担。

（4）作价处理的货款，由承运人负责保管。从处理之日起 90 日内，如有托运人或收货人认领，则承运人应将扣除该货的保管费和处理费后的余款退给认领人；如 90 日后仍无人认领，余款应上缴国库。

（5）无法交付货物的处理结果，由目的站通过始发站通知托运人。

二、变更运输

1. 概念

托运人在货物发运后，可以对货运单上除声明价值和保险金额外的其他各项进行变更，此时托运人应出示货运单正本并保证支付由此产生的费用，对托运人的要求，在收货人还未提货或尚未要求索取货运单和货物，或者拒绝提货时承运人可以满足其要求。托运人的要求不能损害承运人及其他托运人的利益，当托运人的要求难以做到时应及时告知。

2. 变更的范围

（1）可以将运费预付改成到付，或反之；也可以更改垫付款的数额。

（2）运输方面可以在运输始发站将货物撤回，在任何经停站停止货物运输，从中途或目的站退运，更改收货人和目的站。

3. 变更的处理方式

（1）货物发运前运输变更

货物发运前，托运人要求更改付款方式或代垫付款数额时，应收回原货运单，根据情况补收或返回运费，并按照有关航空公司的收费标准向托运人收取变更运输手续费、货运单费。

托运人在始发站要求退货时，应向托运人收回货运单正本，扣除已发生的费用（如地面运输费、联运手续费）后将余款退回托运人。

（2）货物发运后和提取前

货物发运后和提取前，托运人要求变更付款方式或代垫付款数额时，应填写货物运费更改通知单，即"CCA（Cargo Charges Correction Advice）"，根据不同情况补收或退回运费，并按有关航空公司的收费标准向托运人收取变更运输手续费。

如托运人要求变更运输（如中途停运、改变收货人），除应根据上述有关规定办理外，还应及时与有关承运人联系，请其办理。变更运输意味着运费发生变化，应向托运人多退少补运费，并向托运人收取变更运输手续费。

4. 更改货运单

（1）修改现有货运单

货运单填开后，对货运单的各种修改应在剩余各联同时进行，修改后的内容应尽可能靠近原内容，并注明修改企业 IATA 代号和修改地的机场或城市代号。

（2）填开新货运单

当一票货物由于无人提取而退运时，应填开新货运单，原货运单号注于新货运单"Accounting Information"一栏。所有本该向收货人收取而未收取的费用，全部填在新货运单的"Other Charges"一栏，按运费到付处理。

5. 运费更改通知单

无论何种原因造成货物运输的费用发生变化，都应发电报通知有关承运人和有关部门，同时填制货物运费更改通知单。

（1）货物已远离始发站，但需要更改运费数额或运费的付款方式时都应填开 CCA。

（2）任何与货物运输有关的承运人都可填开 CCA，但须确认货物尚未交付给收货人，方可填开 CCA。

（3）更改运费的数额超过 5 美元时，方可填开 CCA。

（4）CCA 至少一式四份，除填开承运人留存外，应将副本及时传送给财务部门、结算部门及始发站、目的站。

（5）填制 CCA 的相关企业将 CCA 交第一承运人，再由第一承运人转交第二承运人，以此类推。

三、航空运输索赔

1. 概述

货物索赔是指托运人、收货人或其代理人对承运人在货物运输组织的全过程中，所造成的货物毁灭、破损、遗失、变质、污染、延误、内容短缺等，向承运人提出赔偿的要求。

索赔人包括货运单上列明的托运人或收货人，以及持有由货运单上托运人或收货人签署的权益转让书的人员。

2. 索赔的地点和时间

托运人、收货人或其代理人在货物的始发站、目的站或损失事故发生的中间站，可通过书面的形式向承运人或其代理人提出索赔要求。

货物损坏属于明显可见的赔偿要求，应从发现时起立即提出并最迟延至收到货物之日起 14 日内提出；货物运输延误的赔偿要求，应在货物由收货人支配之日起 21 日内提出；货物毁灭或遗失的赔偿要求，应自填开货运单之日起 120 日内提出。除承运人有欺诈行为外，有权提取货物的人如果在规定期限内没有提出异议，将会丧失获得赔偿的权利。

3. 索赔需要的文件

索赔需要的文件包括正式索赔函两份（收货人/发货人向代理公司、代理公司向航空公司），货运单正本或副本，货物商业发票，装箱单和其他必要资料，货物舱单（航空公司复印），货物运输事故鉴证（货物损失的客观详细情况），商检证明（货物损害后由商检等中介机构所出具的鉴定报告），运输事故记录，来往电传等文件。

4. 赔偿规定

如货物没有办理声明价值，则承运人按照实际损失的价值进行赔偿，赔偿的最高限额为按毛重计算 20 美元/kg；如货物已经办理声明价值并支付了附加费，则按照声明价值赔偿。

5. 理赔程序

（1）货物运输事故鉴证。货物运输事故鉴证是指由承运人出具并经托运人或收货人认可的，证明货物异常情况的文件。当航空地面代理人在卸货时发现货物破损，即由航空公司或地面代理填写，它是在目的站货物出现问题时的一个证明。

（2）索赔申请书。发现货物的问题后，一定要按照规定的赔偿时限提出赔偿要求，需要向航空公司提出书面的索赔申请书。

（3）航空公司审核所有的资料和文件。航空公司审核所有的资料和文件，进一步进行调查工作。

（4）航空货物索赔单。航空索赔单由航空公司填写，索赔人签字盖章，表明航空公司正式认可索赔的有关事项。

（5）货物索赔审批单。航空货物的索赔根据索赔货物的金额不同需要各级领导审批。

（6）责任解除协议书。在索赔人收到索赔条款时签署责任解除协议书，即放弃诉讼权及进一步的索赔权。

第五节　航空运输案例分析

案例一：空运方式下的信用证风险防范

【案情】1999 年 6 月，浙江某出口公司与印度某进口商达成一笔总金额为 6 万多美元的羊绒纱出口合同，合同中规定的贸易条件为 CFR NEW DELHI BY AIR，支付方式为 100% 不可撤销的即期信用证，装运期为1999年8月间自上海空运至新德里。合同订立后，进口方按时通过印度一家商业银行开来信用证，通知行和议付行均为国内某银行，信用证中的价格术语为"CNF NEW DELHI"，出口方当时对此并未太在意。他们收到信用证后，按规定发运了货物，将信用证要求的各种单据备妥交单，并办理了议付手续。然而，国内议付行在将有关单据寄到印度开证行后不久即收到开证行的拒付通知书，拒付理由为单证不符：商业发票上的价格术语"CFR NEW DELHI"与信用证中的"CNF NEW DELHI"不一致。得知这一消息后，出口方立即与进口方联系要求对方付款赎单；同时通过国内议付行向开证行发出电传，申明该不符点不成立，要求对方按照《国际商会跟单信用证统一惯例》（简称UCP）的规定及时履行偿付义务。但进口方和开证行对此都置之不理，在此情况下，出口方立即与货物承运人联系，其在新德里的货运代理告知该批货物早已被收货人提走。在如此被动的局面下，出口方不得不同意对方降价20%的要求作为问题的最后解决办法。从以上案例可看出，造成出口方陷入被动局面的根本原因在于丧失了货权。而出口方在得到偿付之前货权就已丧失是由于航空运单（AIR WAYBILL）的特性决定的。信用证的最大优点就是银行信用保证，虽然银行处理的只是单据，不问货物的具体情况。但如果买方不付款赎单，就提不到货物，这在海运方式下是可以实现的，因为海运提单是物权凭证，买方只有凭其从银行赎来的海运提单才能到目的港提货。但空运方式下的空运单据航空运单则不具有物权凭证的特征，它仅是航空承运人与托运人之间缔结的运输合同以及承运人或其代理人签发的接收货物的收据。由于空运的时间很短，通常在托运人将航空运单交给收货人之前，货物就已经运到目的地，因此收货人凭承运人的到货通知和有关的身份证明即可提货。因此，在空运方式下即使是采用信用证作为结算方式，对于卖方而言也不是很保险。但在实务当中还是经常会遇到空运的情况，比如一些易腐商品、鲜活商品、季节性强的商品以及高价值且量少的商品等。

【评析】以下是防范空运方式下信用证风险的一些措施：

（1）争取与其他的支付方式结合使用。例如，要求买方在出货前预先电汇一定比例的货款，以分散风险。

（2）严格审查进口商的资信情况，包括财务状况、经营状况、付款记录等，以核定其信用额度，决定合同金额的大小。

（3）严格审查开证行的资信情况，以免出现开证行故意找出"不符点"拒付，使买方不付款却可提货，造成钱、货两空的局面，必要时可要求对信用证加具保兑。

（4）如果货物金额太大，可要求分批交货。

（5）要求将航空运单的收货人填为"凭开证行/偿付行指示（TO ORDER OR TO THE ORDER OF THE ISSUING/REIMBURSING BANK）"。

（6）严格认真地根据信用证制作单据，做到"单单一致，单证相符"，在单据方面不给对方造成任何可乘之机。并要求议付行予以密切配合，在开证行/偿付行有变故时，要与对方据理力争，严格按照UCP600及其他有关国际惯例办事，维护自身合法权益。

（7）与航空承运人及其在目的地的代理人保持密切联系，因为在收货人尚未提取货物之前，如果出口商觉察到有任何变故，出口商/托运人有权要求航空承运人退回，或变更收货人，或变更目的地。

（8）投保出口信用险。出口信用险是保障因国外进口商的商业风险和/或政治风险而给本国出口人所造成的收不到货款的损失。

案例二：谎报货名托运危险品致飞机报废

【案情】2000年3月，大连A公司委托马来西亚航空公司承运两个集装箱货物到印度，大连C国际运输有限公司为出口货运代理人。当飞机抵达马来西亚吉隆坡机场做中转印度的准备时，机场工作人员发现货舱中弥漫着刺激性气味很强的白色烟雾，戴上呼吸装置都难以进入货舱，飞机随即被隔离。直到次日，机场消防救援队才将大连A公司委托运输的两个集装箱卸下，并发现货物中有两桶泄漏，而且货物不是大连A公司申报的航空运输普通货物——8-羟基喹啉，而是强酸性腐蚀化学药品草酰氯，属于危险货物。经法国空中客车飞机制造公司对飞机状况进行评估，认为修理成本大大超过飞机全额保险金9 500万美元的75%，飞机已无修理的价值。因认大连A公司谎报运送货品的名称，隐藏危险品托运，导致强酸性腐蚀化学药品在航空运输过程中泄漏，造成飞机腐蚀报废，马来西亚航空公司和五家境外保险公司，向大连A公司及货物代理人、鉴定人等六家单位索赔8 000多万美元。北京市高级法院一审判决，为马来西亚航空公司提供保险的四家境外保险机构获赔6 506.3万美元，法院同时驳回了马来西亚航空公司的索赔要求。

【评析】这起案件是我国当时最大一起国际航空运输事故损害赔偿纠纷，由于案件原、被告众多且有一半在境外，这起巨额索赔案共审理了五年，其中上诉管辖用了一年，交换证据和质证用了三年。我国航空货代对空运危险品的性质认识还很不足，相关人员也普遍缺乏专业培训，此方面亟待提高。

案例三：空运快件货物丢失，货运代理赔偿损失

【案情】1989年9月，湖南某路桥公司委托某货运代理公司空运部将一台损坏的红外线测距仪空运到我国香港进行修理。货运代理按照正常的业务程序，向路桥公司签发了航空分运单，并按普通货物的空运费率收取了运费。货运代理将此票货物交由香港A公司驻广州办事处办理中转。然而由于民航工作人员疏忽，致使该件货物在广州至香港的运输途中遗失。经货运代理和香港A公司协助多方查询，终无下落。于是，货运代理主动向路桥公司汇报了这一情况，并表示将按有关规定予以赔偿损失，路桥公司不予接受。案发后，路桥公司于1991年3月向某基层人民法院提起诉讼，要求货运代理赔偿其货物价值6万余元人民币。法院受理了此案，要求货运代理应诉。货运代理应诉后，法院一直拖延审理，中止审理近一年时间。1992年4月，法院再次开庭审理。路桥公司要求索赔的理由是：在委托货运代理代办货运时，货运代理没有要求其按贵重货物办理保险手续。对此，货运代理经办人员反驳道，当时曾提请货主办理保险手续，货主不同意办理，并且指出航空运单背面条款明确规定，凡是贵重货物须办理保险，否则，遇到丢失则依据规定按普通货物赔偿。路桥公司则强调，背面条款是英文，他们不懂得英文，不明确条款的意思，并辩解说货运代理令其保险但没有文字依据。因此，货物损失须由货运代理赔偿。货运代理表示不予按贵重货物赔偿，只接受按普通货物赔偿，其理由是：①当时路桥公司委托时，是按普通货物办理的，并未办理声明价值手续，货运代理也是按普通货物收取的运费。因此，只同意按普通货物予以赔偿。②此票业务中，路桥公司接受了货运代理签发的航空运单，说明承认了双方的运输合同，双方均应受此合同条款的约束。航空运单背面条款规定，普通货物的最高赔偿限额不超过20美元/kg。根据此规定，货运代理只赔偿240美元（该票货物12kg）。③当时路桥公司到货运代理公司办理委托时，货运代理的经办人曾提请对方办理保险，对方不但不予办理，反而在货物发生丢失时，要求货运代理承担全部责任，并按贵重货物赔偿，显然是没有道理的。法院最后判决货运代理败诉，并不能享受航空运单背面条款所规定的赔偿责任限制，承担原告的全部损失。

【评析】航空运单即为双方签订的运输合同，其背面条款是对双方权利、责任及义务的规定。任何一方均应受其约束。货运代理违约应承担责任，同样，作为货主违约也应承担相应的责任。该背面条款规定，凡是贵重货物须办理保险，否则，遇到丢失则依据规定按普通货物赔偿。应该说这是再清楚不过了，然而，货主却以其不懂得英文为由，要求对方赔偿，实属无理荒唐。既然从事对外业务，需要对外联系沟通，就应提高自己的业务水平和外语水平，清楚自己所签订的条款，至于语言的翻译问题也有多种途径可解决，绝不是不履行义务的理由。因此应强调合同的严肃性，履约是双方的义务，违约就应承担责任。这起空运货物丢失案的主要责任的确不在货运代理，但其教训仍是深刻的。这宗案件不仅干扰了货运代理空运业务的正常进行，而且给货运代理的对外形象和信誉带来了不良影响。

上述案件说明，货运代理对其所承办的快件是要承担一定的风险和责任的。同时，也应注意根据有关航空快件运输条款的规定，快递公司可享受责任限制和对快件的留置权。例如，通过DHL全球快件服务网络发运快件的敦豪国际航空快件公司的快件运输条款第五条"责任限制"就明确规定：每件赔偿最高限额为100美元。该运输条款第四条"对快件的留置权"规定：DHL公司有权就运费、关税、附加费或运输中产生的任何其他费用而对快件实施留置权，并可在上述费用得到承付前拒绝交出快件。作为货运代理的快件公司为最大限度地维护自身利益，在接受货主委托时，应明确所接货物是否为贵重物品，如属贵重物品，须要求货主按规定办理保险；如货主不同意办理保险，则必须在航空运单上注明属普通货物，以防发生事故后赔偿无依据。同时应明确告诉货主每件赔偿的最高限额，增加工作的透明度，以使自己在发生纠纷时处于主动地位。

案例四：航空货运合同快递延误赔偿纠纷案

【案情】原告：上海A港口机械有限公司（以下简称上海A公司）。

被告：美国B包裹运送服务公司（以下简称美国B运送公司）。

1993年7月20日上午，上海A公司电话通知上海C储运公司（以下简称C公司，系美国B运送公司揽货点）的何某，表明其7月21日需快递一份文件至也门共和国参加投标。7月20日下午，何某交给上海港机公司一份运单号为38036552760的美国B运送公司运单，由上海A公司填写。该份运单印有《华沙公约》及其修改议定书完全适用本运单、托运人同意本运单背面条款、托运人委托美国B运送公司为出口和清关代理等规定。运单还详细说明填写的12个步骤。上海A公司仅在运单上填写了托运人及收件人的详细情况，其余应填事项未填写。7月21日上午，何某至上海A公司取走托运物标书（该托运物标书送机场报关时，过磅重量为8kg），并在运单上签字，表示认可收到上海A公司的托运物。上海A公司随即汇付C公司运费1 285元人民币，其中1 280.5元由C公司经结算付给美国B运送公司。当日上午10时，美国B运送公司所属浦东办事处人员从何某处取走了上海A公司的托运物标书，并在美国B运送公司收件代表签字栏签字认可，在托运日期一栏填写日期为1993年7月21日。美国B运送公司收到上海A公司托运的标书后，未在当天送往海关报关。次日，美国B运送公司亦未能使托运的标书报关出境。直至7月23日晚，美国B运送公司才办理完托运标书的报关出境手续。托运的标书于7月27日到达货物运送地点。上海A公司在得知标书在上海滞留两天半才离境，并未能在7月26日投标截止日前运到目的地的消息后，再次将标书的全部材料传真至也门共和国，期待传真投标文件被招标方确认，但未被认可。7月27日，上海A公司致函美国B运送公司总部，要求查清此事并予答复。同年8月10日，美国B运送公司的协作单位中国外运上海公司空运部快件科的陈某以美国B运送公司上海办事处业务经理的名义回函上海A公司，承认此事主要延误责任在美国B运送公司上海办事处，并称标书7月21日未送机场报关系因接另一客户至东京快件所致，7月22日标书未出境系因上海A公司填写运单不当所致；承认美国B运送公司上海办事处在此快件处理上犯有未严格按收件时间收件（收件截止时间为每日16时，而原告标书最后送至其办事处为16时45分）、未仔细检查运单载明的货品性质、未问清客户有否限时送到的额外要求三点错误，对此表示遗憾。嗣后，上海A公司多次致函美国B运送公司，要求协商处理此事，美国B运送公司未做答复。为此，上海A公司于1993年12月25日向上海市静安区人民法院起诉。原告上海A公司起诉称：我公司为参加也门共和国港务局岸边集装箱起重件招标投标，于1993年7月21日上午委托被告美国B运送公司办理标书快递，要求被告在7月25日前将标书投递到指定地，被告表示可如期送达。因被告经办人员疏忽，致使托运的标书在沪滞留两天，于收到托运物后第三日才离沪，迟至7月27日下午到达指定地，超过7月26日的投标截止日期，致使我公司丧失投标机会，蒙受了较大的经济损失及可能得到的利润。请求法院判令被告退还所收运费1285元人民币，赔偿经济损失10360美元，并承担诉讼费用。被告美国B运送公司答辩称：双方未明确约定托运标书到达日期。投送此件费时6天零5h，未超过国际快件中国至也门的4～7天的合理运输时间，故我公司无延误送达标书之事实。标书在上海滞留两个整天，是因为原告未按规定注明快件的类别、性质，由此造成我公司无法报关，责任在原告。即使我公司存在延误送达的事实，应予赔偿，亦应按《华沙公约》或其修改议定书规定的承运人最高责任限额赔偿。原告的诉讼请求无法律依据，请求法院依法驳回。

【审判】上海市静安区人民法院经审理认为：被告美国B运送公司作为承运人，理应迅速、及时、安全地将原告上海A公司所需投递的标书送达指定地点。1993年7月21日上午，被告接受托运物标书后，未按行业惯例将标书于当日送往机场海关报关，直至7月23日晚才将原告的标书报关出境，致使标书在上海滞留两天半。被告的行为违背了快件运输迅速、及时的宗旨，属延误行为，被告应承担相应的民事责任。原告虽未按被告运单规定的要求填写运单，但作为承运人的被告，亦未认真审核，责任在被告。被告无延误送达的事实以及致使快件延期出境主要原因在于原告运单填写不适当的理由，不能成立。原告诉请被告退还运费及赔偿直接经济损失，缺乏法律依据。被告运单明确规定《华沙公约》及其修改议定书完全适用其运单，故应视为原、被告双方当事人均接受《华沙公约》及其修改议定书的约束，被告应按《华沙公约》及其修改议定书规定的承运人最高责任限额赔偿原告经济损失。据此，依照《中华人民共和国民法通则》第一百四十二条、《修订1929年10月12日在华沙签订的〈统一国际航空运输某些规则的公约〉的议定书》第十一条的规定，该院于1995年9月18日判决如下：

（1）被告美国B运送公司在本判决生效后十日内一次赔偿原告上海A公司经济损失2 000金法郎，折成人民币为12 695.47元。

（2）原告上海A公司提出的其余诉讼请求，不予支持。

宣判后，原、被告双方当事人均未上诉，被告自动履行了判决。

【评析】这是一起涉外航空快递标书延误引起的赔偿损失纠纷案。在审理中有两种不同意见：第一种意见认为，被告美国B运送公司不是《华沙公约》所称的航空运输商，而是运输代理商，故不具备承运人的主体资格，因此本案不适用《华沙公约》，而应适用《中华人民共和国涉外经济合同法》。原、被告双方当事人未书面明确约定托运物标书到达也门的具体时间，且标书费时6天零5h到达也门，也未超越国际快件中国至也门的4~7天的合理运输时间，故被告的行为不构成延误。第二种意见认为，被告出具并由原告填写、被告认可的航空运单，即属航空运输合同。原告是托运人一方，被告是承运人一方，应是该运单所确立的合同主体双方。同时，根据《华沙公约》第三十条的规定，在一个航空运输中，可以有几个不同的连续承运人。本案被告作为第一承运人签订了合同，并已承担承运人的责任，如清关等，故被告作为承运人是有法律依据的，具备承运人的主体资格。衡量被告美国B运送公司的承运行为是否延误，应从快递行业的性质、特点、惯例看。被告作为快递公司，其义务就是迅速、及时地将客户所需投递的快件安全送达。被告将原告托运递的标书在上海滞留两天半后才报关出境，其中虽有原告填写运单的问题，但与被告回函中所承认的延误事实及其三点错误确有直接因果关系，被告的行为显然有悖于其对托运人应尽的义务，被告的行为已构成延误，自应承担延误赔偿责任。因本案由快递标书引起的纠纷属航空运输，且当事人使用的运单背面条款明确规定适用《华沙公约》及其修改议定书，应视为原、被告双方当事人选择了解决合同争议所适用的法律。我国《民法通则》第一百四十二条第二款规定："中华人民共和国缔结或者参加的国际条约同中华人民共和国民事法律有不同规定的，适用国际条约的规定，但中华人民共和国声明保留的条款除外"。《民法通则》第一百四十五条第一款规定："涉外合同的当事人可以选择处理合同争议所适用的法律，法律另有规定的除外。"《华沙公约》及其修改议定书（即《海牙议定书》），我国均已加入和批准，又为当事人所选择适用，故本案应适用该公约及其修改议定书的规定。《海牙议定书》第十一条第二款规定："在运载登记的行李和载运货物时，承运人的责任以每千克250金法郎为限，除非旅客或托运人在交运包件时，曾特别声明在目的地交付时的利益并缴付必要的附加费"以及"如登记的行李或货物的一部分或行李、货物中的任何物件发生遗失、损坏或延误，用于决定承运人责任限额的重量，仅为该一包件或该数包件总重量"。此规定表明，航空货物运输的承运人对登记的行李、货物发生遗失、损坏或延误所应承担的赔偿责任，采取的是承运人最高责任限额赔偿原则。据此，原告在运单上填写的总重量为8kg，故被告应按此重量赔偿原告2 000金法郎（按照当时汇率折算约为12 695.47元人民币）。判决采纳了第二种意见是正确的。

课后练习题

1. 简述航空运输合同的特征。
2. 简要回答航空运输变更的相关内容。

扫一扫参加本章测试

第八章 国际陆路货物运输

▶▶ 知识目标 ◀◀

- 了解铁路、公路运输的特点、优势和相关的国际组织；
- 了解铁路、公路运输的业务程序和流程；
- 了解承运人的责任范围。

▶▶ 能力目标 ◀◀

- 能够处理国际铁路货物运输；
- 能够处理国际公路货物运输。

第一节 国际铁路联运业务

一、国际铁路联运概述

1. 概念

凡在跨越两个及两个以上国家铁路的货物运输中，由参加国铁路共同使用一份运送票据，在由一国铁路向另一国铁路移交货物和车辆时，不需要收、发货人参加，并以连带责任办理货物的全程铁路运输，该种运输组织形式称为国际铁路货物联运（International Railway Through Goods Traffic）。

2. 特点

国际铁路联运的特点见表8-1。

表8-1 国际铁路联运的特点

特　点	内　容
涉及面广	每运送一批货物都要涉及两个或两个以上国家、多个国境站
运输条件高	要求每批货物的运输条件，如包装、转载、票据的编制、添附文件及车辆使用，都要符合有关国际联运的规章、规定
办理手续复杂	货物必须由两个或两个以上国家铁路参加运送，在办理国际铁路联运时，其运输票据、货物、车辆及有关单证都必须符合有关规定和一些国家的正当要求

(续)

特　点	内　容
使用一份铁路联运单据完成货物的跨国运输	在国际铁路货物联运中，所有参加联运国铁路由统一的承运人使用一份运输票据对发货人或收货人负责办理从一国铁路始运站到另一国铁路终到站的全过程运输。即使是在由一国铁路向另一国铁路移交货物时，起交接工作也纯属联运国铁路之间的内部作业而无须发货人或收货人参加
运输责任方面采用统一责任制	按国际货协运单承运货物的铁路部门，负责完成货物运送全程的运输合同，直至到站交付货物时为止；如将货物转发送到未参加国际货协铁路的国家，则负责完成到按另一种国际铁路直通货物联运协定的运单办完运送手续时为止。每一继续运送的铁路部门，自接收附有运单的货物时起，即认为参加了该项运输合同，并承担由此而产生的责任和义务
仅使用铁路一种运输方式	国际铁路联运不涉及其他运输方式，因而在具备铁路运输一般特点的基础上，该种运输形式在国际运输的连贯性、持续性等方面有其特有的优势，货物甚至可以不经换装即可实现长距离的陆上跨国运输而运抵目的地

目前国际铁路联运主要应用于我国出口芬兰、俄罗斯、阿富汗、蒙古、朝鲜和越南的货物运输。这种运输方式的最大缺陷在于，由于俄罗斯和蒙古铁路的轨距与我国不同，因此在边境口岸需要进行货物换装业务。

3．优势

(1) 简化手续，方便发货人（收货人）。发货人只需在发站办理一次性托运手续即可将货物运抵另一国的铁路到站。

(2) 充分利用铁路成本较低、运输连贯性强、运输风险小和不易受天气和季节变化影响等优势。采用国际铁路联运可以充分利用铁路运输优势，也便于选择运输路径，从而缩短运输时间，减少运输费用。

4．国际铁路组织

(1) 铁路合作组织（Organization for Cooperation between Railways, OSJD, http://www.osjd.org/），简称铁组，原为政府部门间的组织，现为政府/企业混合型组织，总部设在华沙，工作语言为俄语和中文。铁组领导机关是各成员铁道部长参加的部长会议，每年轮流在各成员国举行，审议和解决国际客货运输及科技合作的一些重要问题。铁组出版《铁路合作组织通讯》双月刊，分别用中、德、俄三种语言出版。铁路合作组织的标志如图8-1所示。

图8-1　铁路合作组织

(2) 国际铁路联盟（International Union of Railways, UIC, http://www.uic.org/）是指欧洲一些国家的铁路机构以及其他洲的铁路机构和有关组织参加的非政府性铁路联合组织，简称铁盟。其标志如图8-2所示。铁盟的宗旨是推动国际铁路运输的发展，促进国际合作，改进铁路技术装备和运营方法，开展有关问题的

图8-2　国际铁路联盟

科学研究，实现铁路建筑物、设备技术标准的统一。截至 2017 年 4 月共有 196 个成员，其中有 73 个正式成员，63 个准成员，60 个赞助成员，都是同铁路有关的组织，包括一些窄轨铁路机构、地下铁道机构和国际集装箱运输公司、国际铁路冷藏运输公司及卧车公司等。国际铁路联盟和国际铁路协会自 1964 年 1 月起联合出版《国际铁路文摘》，每年出版 10 期，有英、法、德、西班牙四种语言的版本；自 1970 年 1 月起联合出版《国际铁路》期刊，每年出版 11 期，有英、法、德、俄四种语言的版本。

此外还有国际铁路协会、国际铁路大会联合会、欧洲铁路共同体等。

5．国际铁路联运的范围及类别

（1）范围。

1）同参加《国际铁路货物联运协定》（以下简称《国际货协》）和未参加《国际货协》但采用《国际货协》规定的铁路间的货物运送规则，铁路从始发站以一份运送票据负责运送至最终到站交付给收货人。

2）同未参加《国际货协》铁路间的货物运送，发货人在发送路用《国际货协》规定的运送票据办理至参加《国际货协》的最后一个过境路的出口国境站，由该站站长或收货人、发货人委托的收转人转运至最终到站。

3）通过过境铁路港口站的货物运送，从参加《国际货协》铁路的国家，通过参加《国际货协》的过境铁路港口，向其他国家或者相反方向运送货物时，用《国际货协》规定的运送票据只能办理至过境铁路港口站止或者从这个站起开始办理，由港口站的收转人办理转发送。

（2）类别。办理国际铁路联运的货物种类分为整车、零担和大吨位集装箱。

1）整车指按一份运单托运的按其体积或种类需要单独车辆运送的货物。

2）零担指按一份运单托运的一批货物，重量不超过 5 000kg，按其体积或种类不需要单独车辆运送的货物。但如有关铁路间另有商定条件，也可不适用《国际货协》整车和零担货物的规定。

3）大吨位集装箱指按一份运单托运的，用大吨位集装箱运送的货物或空的大吨位集装箱。

二、国际铁路联运运费的计算和核收

国际铁路货物联运运送费用的计算和核收遵循《国际铁路货物联运统一过境运价规程》（以下简称《统一货价》）和我国《铁路货物运价规则》的规定，包括货物运费、押运人乘车费、杂费和其他费用。

（一）运送费用核收的规定

1．参加国际货协各铁路间运送费用核收的原则

（1）发送路的运送费用在发站向发货人或根据发送路国内现行规定核收。

（2）到达路的运送费用在到站向收货人或根据到达路国内现行规定核收。

（3）过境路的运送费用按《统一货价》在发站向发货人或在到站向收货人核收。

2．《国际货协》参加路与非《国际货协》铁路间运送费用核收的规定

（1）发送路和到达路的运送费用与 1（1）、1（2）项相同。

(2) 过境路的运送费用，则按下列规定计收：

1）参加《国际货协》并实行《统一货价》各过境路的运送费用，在发站向发货人（相反方向运送则在到站向收货人）核收；但办理转发送国家铁路的运送费用，可以在发站向发货人或在到站向收货人核收。

2）过境非《国际货协》铁路的运送费用，在到站向收货人（相反方向运送则在发站向发货人）核收。

(3) 非《国际货协》到站铁路的运送费用按照其参加的国际联运协定计算，向收货人核收。

3．通过过境铁路港口站货物运送费用核收的规定

从参加《国际货协》并实行《统一货价》的国家，通过另一个实行《统一货价》的过境铁路港口，向其他国家（不论这些国家是否参加《统一货价》）和相反方向运送货物时，用《国际货协》规定的票据办理货物运送，只能办理至过境港口站为止或从这个站起开始办理。

从参加《国际货协》铁路发站至港口站的运送费用，在发站向发货人核收；相反方向运送时，在到站向收货人核收。在港口站所发生的杂费和其他费用，在任何情况下，都在这些港口车站向发货人或收货人的代理人核收。过境铁路的运送费用，按《统一货价》规定计收。

（二）国际铁路货物联运国内段运送费用的计算

根据《国际货协》的规定，我国通过国际铁路联运的进出口货物，其国内段运送费用的核收应按照我国《铁路货物运价规则》进行计算。运费计算的程序及公式如下：

(1) 根据货物运价里程表确定从发站至到站的运价里程。
(2) 根据运单上填写的货物品名查找货物品名检查表，确定适用的运价号。
(3) 根据运价里程和运价号在货物运价率表中查出相应的运价率。
(4) 按《铁路货物运价规则》确定的计费重量与该批货物适用的运价率相乘，算出该批货物的运费。其计算公式为

$$运费 = 运价率 \times 计费重量 \qquad (8-1)$$

（三）国际铁路货物联运过境运费按《统一货价》规定的计算程序

(1) 根据运单上载明的运输路线，在过境里程表中，查出各通过国的过境里程。
(2) 根据货物品名，在货物品名分等表中查出其可适用的运价等级和计费重量标准。
(3) 在慢运货物运费计算表中，根据货物运价等级和总的过境里程查出适用的运费率。其计算公式为

$$基本运费额 = 货物运费率 \times 计费重量 \qquad (8-2)$$
$$运费总额 = 基本运费额 \times (1 + 加成率) \qquad (8-3)$$

加成率是指运费总额应按托运类别在基本运费额基础上所增加的百分比。快运货物运费按慢运运费加100%；零担货物加50%后再加100%；随旅客列车挂运整车费，另加200%。

三、国际铁路联运进口运输业务

根据《国际货协》规定，我国从参加《国际货协》的国家通过铁路联运进口货物，凡国外

发货人向其所在国铁路办理托运,一切手续和规定均按《国际货协》和该国国内规章办理。我国国内有关订货及运输部门对于联运进口货物的运输工作,主要包括联运进口货物在发运前编制运输标志;审核联运进口货物的运输条件;向国境站寄送合同资料;国境站的交接、分拨;进口货物交付给收货人、运到逾期的计算;货运事故的处理、赔偿等。

(一) 联运进口货物运输标志的编制

运输标志又称唛头(Mark),一般印制在货物外包装上。我国规定,联运进口货物在订货工作开始前,由商务部统一编制向国外订货的代号,作为收货人的唛头,各进出口公司必须按照统一规定的收货人唛头对外签订合同。

收货人唛头按以下几部分顺序排列:订货年度代号,承办订货进出口公司代号,收货人代号,间隔代号,商品类别代号,合同编号,贸易国别地区代号。

使用收货人唛头时,必须严格按照商务部统一规定,不得颠倒编排顺序、增加内容或任意编造代号唛头。例如:2001 年中国机械进出口总公司受轻工业部门的委托以第 003 号合同向法国订购计算机,其运输标志应为:01MHG~47003CF;2001 年中国船舶工业公司受北京市物资局委托代向英国订购船用设备,合同号为 005,其运输标志应为:01GMRT/382005CE。上述标志中的"01"为订货年度代号;"M""GM"是进口单位代号;"HG""RT"是收货人代号;"47""382"是商品代号;"003""005"是进口合同的顺序编号;"CF""CE"是贸易国别的代号;间隔号"—""/",前者用于由外贸公司代购的进口商品,后者用于由工贸公司代购的进口商品。

(二) 审核联运进口货物的运输条件

联运进口货物的运输条件是合同不可缺少的重要内容,因此必须认真审核,使之符合国际联运和国内的有关规章。审核内容主要包括收货人唛头是否正确、商品品名是否准确具体、货物的性质和数量是否符合到站的办理种别、包装是否符合有关规定等。

(三) 向国境站寄送合同资料

合同资料是国境站核放货物的重要依据,各进出口公司在贸易合同上签字以后,要及时将一份合同中文抄本寄给货物进口口岸的外运分公司。合同资料包括合同的中文抄本及其附件、补充书、协议书、变更申请书、更改书和有关确认函电等。

(四) 联运进口货物在国境站的交接与分拨

1. 联运进口货物交接的一般程序

联运进口货物的交接程序与出口货物的交接程序基本相同。其做法是:进口国境站根据邻国国境站货物列车的预报和确报,通知交接所及海关做好到达列车的检查准备工作,进口货物列车到达后,铁路部门会同海关接车,由双方铁路工作人员进行票据交接,并将车辆交接单及随车带交的货运票据呈交接所,交接所根据交接单办理货物和车辆的现场交接,海关则对货物列车执行实际监管。

我国进口国境站交接所通过内部联合办公,开展单据核放、货物报关和验关工作,并由铁路部门负责将货物调往换装线，进行换装作业，并按流向编组向国内发运。

2. 联运进口货物交接中的几个问题

（1）进口合同资料。进口合同资料是国境站核放货物的唯一依据，也是纠正并处理进口货物在运输中出现错乱的重要资料，口岸外运分公司在收到合同资料后，如发现内容不齐全、有错误、字迹不清，应迅速联系有关进出口公司修改、更正。

联运进口货物抵达国境站时，口岸外运分公司根据合同资料对各种货运单证进行审核，只有单、证、票、货完全相符，才可核放货物。通常联运进口货物货运事故大约有以下几类：合同资料与随车单证不符；单证与货物不符，包括有票无货，有货无票；货物错经国境口岸；货物混装、短装或超过合同规定的数量；货物不符合《国际货协》的规定，铁路拒收等。对上述情况，口岸外运分公司应本着以下原则处理：因铁路过失造成的，联系铁路处理；因发货人过失造成的，根据合同资料和有关规定认真、细致地查验货物，确有可靠依据的可予以纠正，否则联系有关公司处理。

（2）联运进口货物变更到站和变更收货人的工作。国际铁路联运货物，根据发货人和收货人的需要，可以提出运输变更。运输变更申请应由发货人或收货人提出。

联运进口货物变更到站、变更收货人时，首先应通过有关进出口公司向国外发货人提出。在国外发货人不同意办理变更时，可向国境站外贸运输机构申请，在国境站办理变更。

联运进口货物变更的受理，应在货物到达国境站前进行。如由收货人申请变更到站和收货人，则只可在货车开至运抵国的进口国境站且货物尚未从该站发出时提出变更。

（3）联运进口货物的分拨与分运。对于小额订货、合装货物和混装货物，通常以口岸外运分公司作为收货人，因此，在双方国境站办妥货物交接手续后，口岸外运分公司应及时向铁路提取货物，进行开箱分拨，并按照合同编制有关货运单证，并向铁路重新办理托运手续。在分运货物时，必须做到货物包装牢固，单证与货物相符，并办清海关申报手续。如发现货损、货差，属于铁路责任的，必须由铁路出具商务记录。如属发货人责任，由各有关进出口公司向发货人提出赔偿。

（五）运到逾期的计算

1. 运到期限

铁路承运货物后，应在最短期限内将货物运送至最终到站。货物从发站至到站所允许的最大限度的运送时间，即为货物运到期限。货物运到期限由发送期间、运送期间以及特殊作业时间三部分组成。

（1）发送期间。不论慢运、快运，随旅客列车挂运的整车或大吨位集装箱、由货物列车挂运的整车或大吨位集装箱以及零担，发送期间一律为一天（昼夜），由发送路和到达站平分。

（2）运送期间。运送期间按每一参加运送的铁路分别计算，其中，慢运指整车或大吨位集装箱每200运价公里为一天（昼夜），零担每150运价公里为一天（昼夜）；快运指整车或大吨位集装箱每320运价公里为一天（昼夜），零担每200运价公里为一天（昼夜）；挂旅客列车运送的整车或大吨位集装箱，每420运价公里为一天（昼夜）。

（3）特殊作业时间。在国境站每次换装或更换轮对，或用轮渡运送车辆，不论慢运、快运、整车或大吨位集装箱、零担以及随旅客列车挂运的整车或大吨位集装箱，一律延长两天（昼夜）。运送超限货物时，运到期限按算出的整天数延长100%。

以上货物运到期限，应从承运货物的次日零时起开始计算，不足一天按一天计算。如承运的货物在发送前需预先保管，运到期限则从货物指定装车的次日零时起开始计算。

在计算运到期限时，下列时间不计算在内：为履行海关规定和其他规章所需要的滞留时间；非因铁路过失而造成的暂时中断运输的时间；因变更运送契约而发生的滞留时间；因检查而发生的滞留时间（即检查货物同运单记载是否相符，或检查按特定条件运送的货物是否采取了预防措施，而在检查中确实发现不符时）；因牲畜饮水、遛放或兽医检查而造成的站内滞留时间；由于发货人的过失而造成多出重量的卸车，货物或其容器、包装的修整以及倒装或整理货物的装载所需的滞留时间；由于发货人或收货的过失而发生的其他滞留时间。

2. 货物运到逾期

货物实际运到天数超过规定的运到期限天数，即为该批货物运到逾期。如果货物运到逾期，造成逾期的铁路则应按该路收取运费的一定比例向收货人支付逾期罚款。

逾期罚款的规定及计算方法为

$$逾期罚款 = 运费 \times 罚款率 \tag{8-4}$$

$$逾期百分率 = (实际运到天数 - 规定的运到期限天数) \div 规定的运到期限天数 \times 100\% \tag{8-5}$$

按《国际货协》规定，罚款率为：逾期不超过总运到期限1/10时，为运费的6%；逾期超过总运到期限1/10，但不超过2/10时，为运费的12%；逾期超过总运到期限2/10，但不超过3/10时，为运费的18%；逾期超过总运到期限3/10，但不超过4/10时，为运费的24%；逾期超过总运到期限4/10时，为运费的30%。

自铁路通知货物到达和可以将货物移交给收货人处理时起，一昼夜内如收货人未将货物领出，即失去领取运到逾期罚款的权利。

（六）货运事故的处理与赔偿

1. 铁路对承运货物的责任范围

（1）铁路的责任。按国际货协运单承运货物的铁路，应负责完成货物的全程运送，直至在到站交付货物时为止。如向非《国际货协》参加路的国家办理货物转发送时，则直到按另一种国际协定的运单办完运送手续时为止。因此，发送路和每一继续运送的铁路，自接收附有运单的货物时起，即认为参加了这项运送契约，并由此承担义务。

参加运送国际联运货物的铁路，从承运货物时起至到站交付货物时为止，对货物运到逾期以及因铁路过失导致货物全部或部分灭失、重量不足、毁损、腐坏或其他原因降低质量而产生的损失负责。如由于铁路过失而使发货人或海关在运单上已做记载的添附文件遗失，以及由于铁路过失未能执行运送契约变更申请书，则铁路应对其后果负责。

（2）不属于铁路的责任。如承运的货物发生全部或部分灭失、重量不足、毁损、腐坏或由于其他原因降低质量属以下情况产生的后果，则铁路不负责任，这些后果可具体表述为：由于铁路不能预防和不能消除的情况而造成的后果；由于货物在发站承运时质量不符合要求或由于货物的特殊自然性质，以致引起自燃、损坏、生锈、内部腐坏和类似的后果；由于发货人或收货人的过失或由于其要求而造成的后果；由于发货人或收货人装车或卸车失误而造成的后果；

由于发送路规章允许使用敞车类货车运送货物而造成的后果；由于发货人或收货人或他们委派的货物押运人未采取保证货物完整的必要措施而造成的后果；由于容器或包装的缺陷，在承运货物时无法从其外表发现造成的后果；由于发货人用不正确、不确切或不完全的名称托运不准运送的物品而造成的后果；由于发货人在托运应按特定条件承运的货物时，使用不正确、不确切或不完全的名称，或未遵守《国际货协》的规定而造成的后果；由于《国际货协》规定的标准范围内的货物自然减量，以及由于运送中水分减少，或货物的其他自然性质，以致货物减量超过规定标准。

在下列情况下，对未履行货物运到期限，铁路也不负责任：发生雪（沙）害、水灾、崩塌和其他自然灾害，按有关铁路中央机关的指示，期限在 15 天以内；发生其他致使行车中断或限制的情况，可按有关国家政府的指示执行。

2. 货运事故的赔偿

（1）赔偿请求的提出与受理。发货人和收货人有权根据运送合同提出赔偿请求，赔偿请求应附有相应根据并注明款额，按每批货物，以书面形式由发货人向发送路或收货人向到达路提出。

从《国际货协》参加路所属国，按《统一货价》的规定，向非《国际货协》参加路所属国运送货物，而发送路又未参加货物到达国所参加的国际联运协定，在这种情况下，如货物毁损发生在非《国际货协》参加路时，则应由收货人直接向未参加《国际货协》的到达路或其他路提出赔偿请求。

从非《国际货协》参加路所属国，向《国际货协》参加路所属国运送货物时，应由收货人直接向到达铁路提出赔偿请求。铁路在审查属于《国际货协》参加路责任的赔偿请求后，应将结果通知赔偿请求人，如发现赔偿请求部分或全部属于非《国际货协》参加路的责任，则应部分或全部予以拒绝，同时应将赔偿请求书随附的文件退还赔偿请求人，以便请求人向未参加《国际货协》的责任路直接提出。

由全权代理人代表发货人或收货人提出赔偿请求时，应有发货人或收货人的委托书证明这种赔偿请求权，委托书应符合受理赔偿请求铁路所属国的法令和规章。

自赔偿请求提出之日（以发信邮局戳记或铁路在收到直接提出的请求书时出具的收据为凭）起，铁路必须在 180 天内审查这项请求，并给赔偿请求人以答复，在全部或部分承认赔偿请求时，支付应付的款额。

（2）提出赔偿的依据及随附文件。赔偿请求人在向铁路提出赔偿请求时，必须同时提出下列文件：

1）货物全部灭失时，由发货人提出，同时需提交运单副本；或由收货人提出，同时需提交运单副本或运单正本和货物到达通知单。

2）货物部分灭失、毁损、腐坏或由于其他原因降低质量时，由发货人或收货人提出，同时需提交运单正本和货物到达通知单以及铁路在到站交给收货人的商务记录。

3）货物运到逾期时，由收货人提出，同时需提交运单正本和货物到达通知单以及货物运到逾期赔偿请求书一式两份。

4）多收运送费用时，由发货人按其已交付的款额提出，同时需提交运单副本或发送路国内规章规定的其他文件；或由收货人按其所交付的运费提出，同时需提交运单正本和货物到达通知单。我国铁路承运的联运进出口货物，如多收了运送费用，可由发货人或收货人提交正式函件，注明运单号码、发站、到站、货物名称、件数、重量、承运日期、已付款额和要求退还款额等。此时，发货人可不提交运单副本，但收货人仍需提交运单正本和货物到达通知单。

5) 发货人或收货人提出赔偿请求时，除需提交运单正本和货物到达通知单或运单副本外，有时还应添附商务记录、证明货物灭失或毁损价格的文件，以及能作为赔偿请求依据的其他文件。

(3) 赔偿请求的时效。发货人或收货人根据运输合同向铁路提出赔偿请求，以及铁路对发货人或收货人关于支付运送费用、罚款和赔偿损失的要求，可在九个月期间内提出；货物运到逾期的赔偿请求，应在两个月期间内提出。上述期限按如下方法计算：关于货物部分灭失、毁损、重量不足、腐坏或由于其他原因降低质量以及运到逾期的赔偿请求，自货物交付之日起算；关于货物全部灭失的赔偿请求，自货物运到期限期满后 30 天起算；关于补充支付运费、杂费、罚款的赔偿请求，或关于退还上述款额的赔偿请求，或由于运价适用不当以及费用计算错误所发生订正清算的赔偿请求，自付款之日起算，如未付款，则从货物交付之日起算；关于支付变卖货物余款的赔偿请求，自变卖货物之日起算。

(4) 赔偿金额的确定与支付。

1) 关于货物全部或部分灭失的赔偿额。铁路对货物全部或部分灭失的损失赔偿应按外国售货者账单中所列的价格，或按从该账单中摘录的价格计算，如不能按上述办法确定全部或部分灭失货物的价格，则货物的价格应由国家鉴定机关确定；声明价格的货物全部或部分灭失时，铁路应按声明价格，或相当于货物灭失部分声明价格的款额给予赔偿，除货物灭失的赔偿外，灭失货物或其灭失部分的运送费用、海关费用以及与运输有关的其他费用，如未纳入货物价格内，则均应予以偿还。但同运输合同无关的费用和损失则不予赔偿。

2) 关于货物毁损、腐坏或由于其他原因降低质量的赔偿额。货物毁损、腐坏或由于其他原因降低质量时，铁路应支付相当于货物价格减低额的款额，但不赔偿其他损失。声明价格的货物毁损、腐坏或由于其他原因降低质量时，铁路应按照相当于货物由于毁损、腐坏或由于其他原因降低质量而减低价格的百分数，支付声明价格的部分赔偿。

3) 关于货物运到逾期的赔偿额。货物运到逾期时，铁路应按照造成逾期铁路的运费，向收货人支付罚款（参见货物运到期限的计算方法）。

以上各项赔偿额，均以支付这些款项铁路所属国的货币支付。如用某一国货币表示的款额，在另一国支付，则该项款额应按付款地、付款当日的牌价，折合为支付路国家的货币支付。如从接到赔偿请求之日起，经过 180 天后，才对赔偿请求给予答复，则铁路对应付的款额加算年利率 4% 的利息。

3. 诉讼与司法管理

(1) 诉讼的提出。凡有权向铁路提出赔偿请求的人，即有权根据运输合同提起诉讼。但诉讼的提出仅限于特定的情况：①铁路自赔偿请求提出之日（以发信邮局戳记或铁路在收到直接提出的赔偿请求书时出具的收据为凭）起 180 天内未给予答复；②铁路在 180 天内已将全部或部分拒绝赔偿请求一事通知请求人。只有在这两种情况下，有起诉权的人才可对受理赔偿请求的铁路提起诉讼。

(2) 诉讼时效。发货人或收货人根据运输合同向铁路提出诉讼，与赔偿请求时效一样，可在九个月期间内提出；但货物运到逾期的诉讼，应在两个月期间内提出。

从发货人或收货人向铁路提出赔偿请求书之时起，时效期间即行中止。但从铁路将关于全部或部分拒绝赔偿请求一事已通知请求人之日（发信邮局戳记上注明的日期或赔偿请求人收到拒绝赔偿通知书的日期）起，时效期间仍然继续。时效期间已过的赔偿请求和要求，不得以诉讼形式提出。

（3）受理诉讼的法院。请求人只能在受理赔偿请求铁路国家的适当法院提出诉讼。

四、国际铁路联运出口运输业务

国际铁路货物联运出口货物运输组织工作主要包括铁路联运出口货物运输计划的编制、货物托运和承运、出口货物在国境站的交接和出口货物的交付等。国际铁路联运出口货物运输流程如图 8-3 所示。

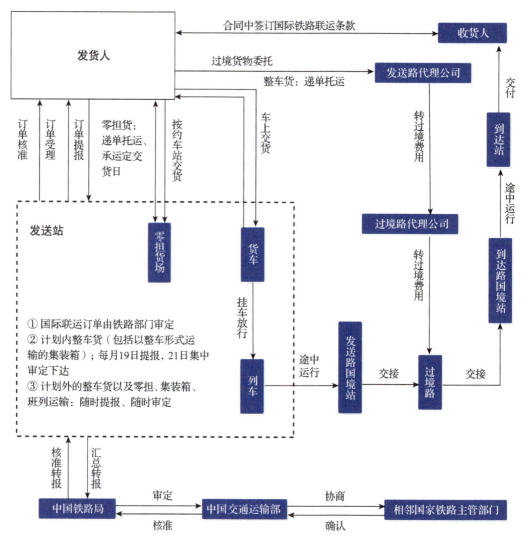

图 8-3 国际铁路联运出口货物运输流程图

（一）国际铁路货物联运出口货物运输计划的编制

国际铁路货物联运出口货物运输计划一般是指月度要车计划，它是对外贸易运输计划的组成部分，体现对外贸易国际铁路货物联运的具体任务，也是日常铁路联运工作的重要依据。

国际铁路货物联运月度要车计划采用"双轨（铁路、外贸）上报、双轨下达"的方法，其编制程序如下：

（1）各省、市、自治区发货单位应按当地铁路部门的规定，填制"国际铁路联运"月度要车计划表，向国家铁路局（分局、车站）提出下月的要车计划，并在规定的时间内，分别报送当地商务厅（局）和各进出口总公司。

（2）各地方铁路局汇总发货单位的要车计划后，上报国家铁路局；各省、市、自治区商务厅（局）和各进出口总公司在审核汇总所属单位的计划后，报送商务部。

（3）商务部汇总审核计划后，与交通运输部平衡核定。

（4）月度要车计划经"两部"平衡核定，并经有关国家的铁道部门确认后，由商务部将核准的结果通知各地商务厅（局）和各进出口总公司，各地商务厅（局）和各进出口总公司再分别转告所属发货单位；各地方铁路局（分局、车站）将国家铁路局批准的月度要车计划分别通知发货单位。

凡发送整车货物，均需具备铁路部门批准的月度要车计划和旬度要车计划；零担货物则不必向铁路部门编报月度要车计划，但发货人必须事先向发站办理托运手续。

（二）国际铁路货物联运的托运和承运

货物的托运是发货人组织货物运输的一个重要环节，发货人在托运货物时，应向车站提出货物运单，以此作为货物托运的书面申请。车站接到运单后，应进行认真审核。

1. 托运前的工作

在托运前货物的包装和标记必须严格按照合同中有关条款、《国际货协》和其他有关议定书的规定办理：

（1）货物包装应能充分防止货物在运输中灭失和腐坏，保证货物多次装卸不致毁坏。

（2）货物标记、标志牌及运输标记、货签，内容主要包括商品的记号和号码、件数、站名、收货人名称等，字迹均应清晰，不易擦掉，保证多次换装中不致脱落。

2. 货物托运和承运的一般程序

发货人在托运货物时，应向车站提交货物运单和运单副本，以此作为货物托运的书面申请。车站接到运单后，应进行认真审核，对整车货物的托运，车站应检查是否有批准的月度、旬度货物运输计划和要车计划，检查运单上的各项内容是否正确。如确认可以承运，应予签证。运单上的签证，表示货物应进入车站的日期或装车日期，表示铁路已受理托运。发货人应按签证指定的日期将货物搬入车站或指定的货位，铁路根据运单上的记载查对实货，认为符合《国际货协》和有关规章制度的规定，车站方可接受货物，并开始负保管责任。整车货物一般在装车完毕后，发站应在运单上加盖承运日期戳，即为承运。

发运零担货物与整车货物不同，发货人在托运时，不需要编制月度、旬度要车计划，凭运单直接向车站申请托运。车站受理托运后，发货人应按签证指定的日期将货物搬进货场，送到指定的货位上，经查验、过磅后，即交由铁路部门保管。当车站将发货人托运的货物，连同货物运单一同接受完毕，在货物运单上加盖承运日期戳时，即表示货物业已承运。铁路对承运后的零担货物负保管、装车和发运的责任。

托运、承运完毕，铁路运单作为运输合同即开始生效。铁路按《国际货协》的规定对货物负保管、装车并运送到指定目的地的一切责任。

3．货运单据

（1）国际铁路联运运单（International Through Railway Bill）。它是发货人与铁路之间缔结的运输契约，规定了铁路与发、收货人在货物运送中的权利、义务和责任，对铁路和发、收货人都具有法律效力。

（2）添附文件。我国出口货物必须添附"出口货物明细单""出口货物报关单"以及"出口外汇核销单"。另外，根据规定和合同的要求还要添附出口许可证书、品质证明书、商检证书、卫生检疫证、动植物检疫证书、装箱单、磅码单、化验单、产地证以及发运清单等有关单证。

4．出口货物交接的一般程序

（1）联运出口货物实际交接是在接收路国境站进行。口岸外运公司接到铁路交接所传递的运送票据后，依据联运运单审核其附带的各种单证份数是否齐全，内容是否正确，若遇有矛盾不符等缺陷，则根据有关单证或函电通知订正或补充。

（2）报关报验。运送单证经审核无误后，将出口货物明细单截留三份（易腐货物截留两份），然后将有关运送单证送各联检单位审核放行。

（3）货物的交接。单证手续齐备的列车出境后，交付路在邻国国境站的工作人员会同接收路工作人员共同进行票据和货物交接，依据交接单进行对照检查。交接分为一般货物铁路方交接和易腐货物贸易双方交接。

（三）国际铁路货物联运出口货物在国境站的交接

1．国境站有关机构

在相邻国家铁路的终点，从一国铁路向另一国铁路办理移交或接收货物和车辆的车站称为国境站。我国国境站除设有一般车站应设的机构外，还设有国际联运交接所、海关、国家出入境检验检疫机构、边防检查站及中国对外贸易运输（集团）总公司所属的分支机构等单位。

（1）国际联运交接所。国际联运交接所简称交接所，它是国境站的下属机构。交接所执行下列任务：办理货物、车辆、运送用具的交接和换装；办理各种单据的交接，负责运送票据、商务记录的编制、翻译和交接工作；计算国际铁路联运进口货物运到期限、过境铁路运费和国内各项运杂费用；对货物和票据进行检查，处理和解决货物交接以及车、货、票、证等方面存在的问题。

（2）海关。海关代表国家贯彻执行进出口政策、法律、法令，是口岸行使监督管理职权的机关，海关对进出口货物履行报关手续。只有在按规定交验有关单据和证件后，海关才凭以放行。

(3) 国家出入境检验检疫机构。它是负责进出口商品检验检疫工作的国家行政管理机关。

(4) 边防检查站。它是公安部下属的国家公安部队，其职责是执行安全保卫，负责查验出入国境的列车、机车及列车服务人员和随乘人员的进出境证件。

2. 国际联运出口货物交接的一般程序

国境站除办理一般车站的事务外，还办理国际铁路联运货物、车辆和列车与邻国铁路的交接，货物的换装或更换轮对，运送票据、文件的翻译及货物运送费用的计算与复核等项工作。出口货物在国境站交接的一般程序是：

(1) 出口国境站货运调度根据国内前方站列车到达预报，通知交接所和海关做好接车准备。

(2) 出口货物列车进站后，铁路部门会同海关接车，并将列车随带的运送票据送交接所处理，货物及列车接受海关的监管和检查。

(3) 交接所实行联合办公，由铁路、海关、外运等单位参加，并按照业务分工开展流水作业，协同工作。铁路部门主要负责整理、翻译运送票据，编制货物和车辆交接单，以此作为向邻国铁路办理货物和车辆交接的原始凭证。外运公司主要负责审核货运单证，纠正出口货物单证差错，处理错发、错运事故。海关则根据申报，经查验单、证、货相符，符合国家法令及政策规定，即准予解除监督，验关放行。最后由双方铁路具体办理货物和车辆的交接手续，并签署交接证件。

以上仅是一般货物的交接过程。对于特殊货物的交接，如鲜活商品、易腐、超重、超限、危险品等货物，则按合同和有关协议规定，由贸易双方商定具体的交接方法和手续。属贸易双方自行交接的货物，国境站外运公司则以货运代理人的身份参加双方交接。如果在换装交接过程中需要鉴定货物品质和数量，应由国内发货单位或委托国境站检验检疫机构进行检质、检量，必要时邀请双方检验代表复验。外运分公司则按检验检疫机构提供的检验结果，对外签署交接证件。属于需要随车押运的货物，国境站外运分公司应负责两国国境站间的押运工作，并按双方实际交接结果对外签署交接证件，作为货物交接凭证和货款结算的依据。

(四) 出口货物的交付

到站在货物到达后，应通知运单中所记载的收货人领取货物。在收货人付清运单中所载的一切应付运送费用后，铁路须将货物连同运单正本和货物到达通知单交付收货人。收货人须支付运送费用并领取货物。

第二节　国际公路联运业务

一、国际公路联运

公路运输（Road Transportation）是现代运输主要方式之一，同时，也是构成陆上运输的两个基本运输方式之一，它在整个运输领域中占有重要的地位，并发挥着愈来愈重要的作用。

1. 概述

公路运费均以"吨/里"为计算单位，一般有两种计算标准：①按货物等级规定基本运费费率；②以路面等级规定基本运价。凡是一条运输路线包含两种或两种以上的等级公路时，则以实际行驶里程分别计算运价。特殊道路，如山岭、河床、原野地段，则由承托双方另议商定。

公路运费费率分为整车（FCL）和零担（LCL）两种，后者一般比前者高30%~50%，按我国公路运输部门规定，一次托运货物在2.5t以上的为整车运输，适用整车费率；不满2.5t的为零担运输，适用零担费率。凡1kg重的货物，体积超过4m³的为轻泡货物或尺码货物（Measurement Cargo）。整车轻泡货物的运费按装载车辆核定吨位计算；零担轻泡货物，按其长、宽、高计算体积，每4m³折合1kg，以千克为计费单位。此外，尚有包车费率（Lump Sum Rate），即按车辆使用时间（小时或天）计算。

2. 国际公路货物运输公约和协定

为了统一公路运输所使用的单证和承运人的责任，联合国所属欧洲经济委员会负责草拟了《国际公路货物运输合同公约》，简称CMR，并于1956年5月19日在日内瓦欧洲17个国家参加的会议上一致通过签订。

此外，为了有利于开展集装箱联合运输，使集装箱能够原封不动地通过经由国，联合国所属欧洲经济委员会成员国之间于1956年缔结了《国际公路车辆运输规定》（Transport International Router，TIR）和《根据TIR手册进行国际货物运输的有关关税协定》（Customs Convention on the International Transport of Goods under Cover of TIR Carnets）。该协定已从1960年开始实施。参加该协定的签字国有欧洲21个国家和欧洲以外的7个国家。协定的宗旨是相互间允许集装箱免税过境，根据规则规定，对集装箱的公路运输承运人，如持有TIR手册，允许由发运地到达目的地，在海关签封下，中途可不受检查、不支付关税，也可不提供押金。这种TIR手册是由有关国家政府批准的运输团体发行的，这些团体大都是参加国际公路联合会的成员，它们必须保证监督其所属运输企业遵守海关法规和其他规则。尽管《国际公路货物运输合同公约》和协定有地区性限制，但它们仍不失为当前国家公路运输的重要国际公约和协定，并对今后国际公路运输的发展具有一定影响。

二、国际公路运费计算与核收

1. 陆运价格计费重量

（1）计量单位。

1）整批货物运输以吨为单位。

2）零担货物运输以千克为单位。

3）集装箱运输以标准箱为单位。

（2）重量确定。

1）一般货物：无论整批、零担货物计费重量均按毛量计算。整批货物吨以下计至100kg，尾数不足100kg的，四舍五入。零担货物起码计费重量为1kg，重量在1kg以上，尾数不足1kg的，四舍五入。

2）轻泡货物：《汽车运价规则》规定的轻泡货物是指每立方米重量不足333kg的货物。装运整批轻泡货物的高度、长度、宽度，以不超过有关道路交通安全规定为限度，按车辆核定载重量计算。零担运输轻泡货物以货物包装最长、最宽、最高部位尺寸计算体积，按每立方米折合333kg计算重量。此外，轻泡货物也可按照立方米作为计量单位收取运费。

3）包车运输按车辆的核定质量或者车辆容积计算。

4）货物重量一般以起运地过磅为准。

5）散装货物，如砖、瓦、砂、石、矿石、木材等，按重量计算或者按体积折算。

（3）里程确定。在计算公路运费时，除了计费重量，还有计费里程。计费里程，按装货地点至卸货地点的营运里程计算，计费里程以千米为单位，尾数不足1km的，进整为1km。在确定计费里程时，国内的货运里程，按照交通部和各地交通行政主管部门核定颁发的《中国公路营运里程图集》执行，《中国公路营运里程图集》未核定的，由承、托运双方共同测定或者经协商按车辆实际运行里程计算；城市市区里程按照实际里程计算，或者按照当地人民政府交通运输主管部门确定的市区平均营运里程计算，具体由各省、自治区、直辖市人民政府交通运输主管部门确定；国际道路货物运输属于境内的计费里程以交通运输主管部门核定的里程为准，境外的里程按有关国家（地区）交通运输主管部门或者有权认定部门核定的里程确定。

2. 陆运价格计算和费用种类

（1）公路运费计算。公路运费的计算方法一般有如下四种：

1）整批货物的运费 = 整批货物运价 × 计费重量 × 计费里程 + 车辆通行费 + 其他法定收费

$$(8-6)$$

2）零担货物的运费 = 零担货物运价 × 计费重量 × 计费里程 + 车辆通行费 + 其他法定收费

$$(8-7)$$

3）重（空）集装箱运费 = 重（空）箱运价 × 计费箱数 × 计费里程 + 车辆通行费 + 其他法定收费

$$(8-8)$$

4）包车运费 = 包车运价 × 包用车辆吨位 × 计费时间 + 车辆通行费 + 其他法定收费　　$(8-9)$

（2）公路运费的种类。公路运费按使用车辆的不同、货物属性的不同、集装箱的不同及数量的不同分别计费。

1）载货汽车按其用途不同，分为普通货车、专用货车两种，专用货车包括罐车、冷藏车及其他具有特殊构造的专门用途的车辆。

2）货物按其性质分为普通货物和特种货物两种，特种货物分为大型特型笨重物件、危险货物、贵重货物、鲜活货物四类。

3）集装箱按箱型分为国内标准集装箱、国际标准集装箱和非标准集装箱三类，其中国内标准集装箱分为1t箱、6t箱、10t箱三种，国际标准集装箱分为20ft、40ft箱两种。

4）道路货物运输根据营运形式分为道路货物整批运输、零担运输和集装箱运输。其中整批货物运价指整批普通货物在等级公路上运输的每吨千米运价；零担货物运价指零担普通货物在等级公路上运输的每千克千米运价；集装箱运价指各类标准集装箱重箱在等级公路上运输的每箱千米运价。

此外，公路货物运输还包括调车费、延滞费、装货落空损失费、排障费、车辆处置费、装卸费、通行费、保管费、公路货物运输的运杂费等其他费用。

3. 起码运费

起码运费是指国际货运代理公司办理一批货物所能接受的最低运费，不论货物的重量或体积大小，在两点之间运输一批货物应收取的最低金额，不同的地区有不同的起码运费。

4. 有关陆运价格计算的其他规定

各种不同的陆运价格和费用都有下列共同点：
（1）运价是针对从一站点到另一站点的范围，而且只适用于单一方向。
（2）运价不包括其他额外费用，如提货、报关、接交和仓储费用等。
（3）运价通常使用当地货币公布。
（4）运价一般以千克或磅为计算单位。
（5）货运单中的运价是按出具运单之日所适用的运价。

三、公路运输责任范围

1. 承运人责任

公路运输承运人的责任期限从接受货物时起至交付货物时止。在此期限内，承运人对货物的灭失损坏负赔偿责任。但不是由于承运人的责任所造成的货物灭失损坏，承运人不予负责。根据我国公路运输规定，由于下列原因而造成的货物灭失损坏，承运人不负责赔偿：
（1）由于人力不可抗拒的自然灾害或货物本身性质的变化以及货物在运送途中的自然消耗。
（2）包装完好无损，而内部短损变质者。
（3）违反国家法令或规定，被有关部门查扣、弃置或做其他处理者。
（4）收货人逾期提取或拒不提取货物而造成霉烂变质者。
（5）有随车押运人员负责途中保管照料者。

对货物赔偿价格，按实际损失价值赔偿。如货物部分损坏，按损坏货物所减低的金额或按修理费用赔偿。要求赔偿有效期限，从货物开票之日起，不得超过六个月。从提出赔偿要求之日起，责任方应在两个月内做出处理。

2. 托运人责任

公路运输托运人应负的责任与铁路、海上运输基本相同，主要包括：按时提供规定数量的货载；提供准确的货物详细说明；货物唛头标志清楚；包装完整，适于运输；按规定支付运费。一般均规定有：如因托运人的责任所造成的车辆滞留、空载，托运人须负延滞费和空载费等损失。

四、国际公路运输操作流程

国际公路运输操作流程如图 8-4 所示。

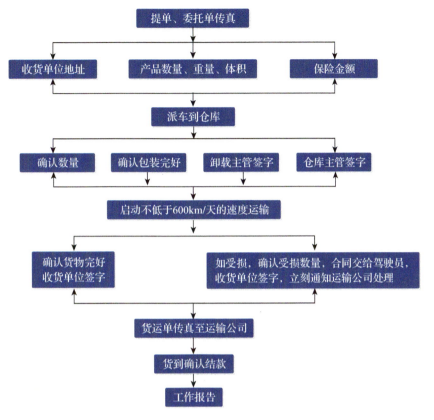

图 8-4 国际公路运输操作流程

（1）接单。公路运输主管从客户处接受（传真）运输发送计划；公路运输调度从客户处接受出库提货单证，核对单证。

（2）登记。运输调度在登记表上分送货目的地、分收货客户标定提货号码；驾驶员（指定人员及车辆）到运输调度中心领取提货单，并在运输登记表上确认签收。

（3）调用安排。填写运输计划；填写运输在途、送到情况，追踪反馈表；计算机输单。

（4）车队交接。根据送货方向、重量、体积，统筹安排车辆；报运输计划给客户处，并确认前来提货时间。

（5）提货发运。按时到达客户提货仓库；检查车辆情况；办理提货手续；提货，盖好车棚，锁好箱门，办好交接手续；电话通知收货客户货物预达时间。

（6）在途追踪。建立收货客户档案；驾驶员及时反馈途中信息；与收货客户电话联系送货情况；填写跟踪记录；有异常情况及时与客户联系。

（7）到达签收。按时准确到达指定卸货地点；货物交接并全部签收，保证运输产品的数量和质量与客户出库单一致；签收运输单。

（8）回单。电话或传真确认到达时间；司机将回单寄回或传真回运输公司；按时将回单送至客户处。

（9）运输结算。整理好收费票据；编制收费汇总表并交至客户，确认后交回结算中心；结算中心开具发票，向客户收取运费。

课后练习题

1. 某货主有一批货物要通过国际铁路联运从天津运到平壤。
（1）国际铁路联运的运单一共有几联？名称分别是什么？
（2）运单的流转是如何的？

2. 保加利亚瓦尔纳港口站于 2017 年 9 月 10 日以慢运整车承运一批机器 30t，途经罗马尼亚、俄罗斯两国后自满洲里站运至我国境内，2017 年 11 月 18 日到达北京东。问该批货物是否运到逾期？逾期铁路应向收货人支付多少逾期罚款？已知逾期铁路所收运费为 10 000 瑞士法郎。

3. 我国公路集装箱运价的种类有哪些？

4. 简述公路整车运输与零担运输业务的区别。

5. 简述道路危险货物运输的操作流程。

6. 简述过境道路出口货运操作流程。

扫一扫参加本章测试

第九章 国际多式联运

▶▶ **知识目标** ◀◀

- 了解多式联运的概念、特点及优势；
- 了解多式联运业务流程及使用的单据和合同；
- 理解多式联运的责任划分和有关法律法规。

▶▶ **能力目标** ◀◀

- 能够根据客户的要求设计国际多式联运方案；
- 能够正确填写并审核多式联运单证。

第一节 国际多式联运基础

一、国际多式联运概述

1. 概念

国际多式联运（International Multimodal Transport）简称多式联运，是在集装箱运输的基础上产生和发展起来的。1980年《联合国国际货物多式联运公约》（以下简称《多式联运公约》）对国际多式联运所下的定义是：按照多式联运合同，以至少两种不同的运输方式，由多式联运经营人将货物从一国境内接管货物的地点运至另一国境内指定交付货物的地点。

国际多式联运适用于水路、公路、铁路和航空多种运输方式。多式联运利用各种运输方式各自的特点，在最低的成本条件下提供综合性服务，这种设法把不同的运输方式综合起来的方式，也称作"一站式"的运输。最早的多式联运是铁路与公路相结合的运输方式，通常称作"驮背式"运输服务。人们愈来愈强烈地意识到多式联运将成为提供高效运输服务的重要手段之一。

从技术上讲，在所有基本的运输方式之间都能够安排协调运输或多式联运。一些术语，如驮背式运输、卡车渡运、火车渡船和运货飞机等，已成为标准的运输业行话，对于每一种多式联运的组合，其目的都是要综合各种运输方式的优点，以实现最优化的绩效。例如，一种常见的多式联运组合是公铁联运，能够将汽车短距离运输的灵活性与铁路长距离运输的低成本结合起来，而实现更长距离的运输。

2. 特点

（1）国际多式联运是根据多式联运合同进行的。国际多式联运合同是多式联运经营人与发货人订立的、符合多式联运条件的运输合同，该合同是以多式联运经营人签发的多式联运单据证明的、有偿、承揽和不要式的合同。

（2）国际多式联运的货物主要是集装箱货物以及其他集装化的货物。在运输过程中一般以集装箱作为运输的基本单元。货物集装箱化促进了国际多式联运的发展，而现代集装箱运输自产生时起就与多式联运紧密地联系在一起，使得国际多式联运具有集装箱运输的高效率、高质量、高技术、高投入和系统性的特点。

（3）国际多式联运全程运输中至少使用两种或两种以上不同的运输方式。

（4）国际多式联运是实行一票到底，即全程单一费率的运输。发货人只办理一次托运、一次计付运费、一次保险，通过一张运输单据，可以实现从起运地到目的地的全程连贯运输。因此，它具有简单化和统一化的特点。

（5）国际多式联运是不同运输方式的综合组织。在运输过程中，无论涉及何种运输方式，分为多少个区段，国际多式联运都是由多式联运经营人完成或组织完成的，国际多式联运经营人要对全程运输负责。从起运地接管货物，在最终目的地交付货物及全程运输中各区段的衔接工作和有关服务业务，均由国际多式联运经营人在不同国家或地区的分支机构或委托代理人完成。

（6）国际多式联运经营人可以通过货物运输路线、运输方式的选择，运输区段的划分和对各区段实际承运人的选择达到降低运输成本、提高运输速度、实现合理运输的目的。

3. 国际多式联运的基本构成条件

根据《多式联运公约》以及我国《国际集装箱多式联运管理规则》的定义，结合国际上的实际做法，可以得出，构成国际多式联运必须具备以下基本条件：

（1）必须具有一份多式联运合同。该运输合同是多式联运经营人与托运人之间权利、义务、责任与豁免的合同关系和运输性质的确定，也是区别多式联运与一般货物运输方式的主要依据。

（2）必须使用一份全程多式联运单证。该单证应满足不同运输方式的需要，并按单一运费率计收全程运费。

（3）必须是至少两种不同运输方式的连续运输。

（4）必须是国际货物运输。这不单是区别于国内货物运输，更主要是涉及国际运输法规的适用问题。

（5）必须由一个多式联运经营人对货物运输的全程负责。该多式联运经营人不仅是订立多式联运合同的当事人，也是多式联运单证的签发人。当然，在多式联运经营人履行多式联运合同所规定的运输责任的同时，可将全部或部分运输委托他人（分承运人）完成，并订立分运合同，但分运合同的分承运人与托运人之间不存在任何合同关系。

可见，国际多式联运的主要特点是由多式联运经营人对托运人签订一个运输合同，统一组织全程运输，实行运输全程一次托运、一单到底、一次收费、统一理赔并对全程负责。它是一种以方便托运人和货主为目的的先进的货物运输组织形式。

4. 国际多式联运的优越性

国际多式联运是一种比区段运输高级的运输组织形式。20世纪60年代末，美国首先试办多式联运业务,受到众多货主的欢迎。随后,国际多式联运在北美、欧洲和远东地区开始采用,20世纪80年代,国际多式联运已逐步在发展中国家实行。国际多式联运已成为一种新型的、重要的国际集装箱运输方式,受到国际航运界的普遍重视。1980年5月,在日内瓦召开的联合国国际联运会议上产生了《联合国国际货物多式联运公约》,该公约对国际多式联运的发展产生了积极的影响。

国际多式联运是国际运输发展的方向,这是因为,开展国际集装箱多式联运具有许多优越性,主要表现在以下几个方面:

(1) 简化托运、结算及理赔手续,节省人力、物力和有关费用。在国际多式联运方式下,无论货物运输距离有多远,由几种运输方式共同完成,且不论运输途中货物经过多少次转换,所有一切运输事项均由多式联运经营人负责办理。而托运人只需订立一份运输合同,办理一次托运、一次支付费用、一次保险,从而省去托运人办理托运手续的许多不便。同时,由于多式联运采用一份货运单证,统一计费,因而也可简化制单和结算手续,节省人力和物力,此外,一旦运输过程中发生货损货差,由多式联运经营人对全程运输负责,从而也可简化理赔手续,减少理赔费用。

(2) 缩短货物运输时间,减少库存,降低货损货差事故,提高货运质量。在国际多式联运方式下,各个运输环节和各种运输工具之间配合密切,衔接紧凑,货物所到之处中转迅速及时,大大减少货物的在途停留时间,从而从根本上保证了货物安全、迅速、准确、及时地运抵目的地,因而也相应地降低了货物的库存量和库存成本。同时,多式联运通过集装箱为运输单元进行直达运输,尽管货运途中须经多次转换,但由于使用专业机械装卸,且不涉及箱内货物,因而货损货差事故大为减少,从而在很大程度上提高了货物的运输质量。

(3) 降低运输成本,节省各种支出。由于多式联运可实行门到门运输,因此对货主来说,在货物交由第一承运人以后即可取得货运单证,并据以结汇,从而提前了结汇时间。这不仅有助于加速货物占用资金的周转,而且可以减少利息的支出。此外,由于货物是在集装箱内进行运输的,因此从某种意义上来看,可以相应地节省货物的包装、理货和保险等费用的支出。

(4) 提高运输管理水平,实现运输合理化。对于区段运输而言,由于各种运输方式的经营人各自为政,自成体系,因而其经营业务范围受到限制,货运量也相对有限。而一旦由不同的运输经营人共同参与多式联运,经营的范围可以大大扩展,同时可以最大限度地发挥其现有设备的作用,选择最佳运输线路组织合理化运输。

(5) 其他作用。从政府的角度来看,发展国际多式联运具有以下重要意义:有利于加强政府部门对整个货物运输链的监督与管理,保证本国在整个货物运输过程中获得较大的运费收入分配比例;有助于引进新的先进运输技术,减少外汇支出,改善本国基础设施的利用状况;有利于通过国家的宏观调控与指导职能保证使用对环境破坏最小的运输方式,从而达到保护本国生态环境的目的。

5. 多式联运的发展趋势

多式联运作为一种现代运输先进的组织方式,在世界范围内发展十分迅速,综观当今世界多式联运的发展,呈现以下趋势:

(1) 多式联运经营人向多元化方向发展。作为多式联运经营人,其前身大多是大型国际货代或大型船公司,为了扩大服务范围,提高服务质量,已开始从单一的货代或海运业务向多元化方向发展。

（2）多式联运的业务范围不断扩大。为了开展多式联运，多式联运经营人不断把业务向海外扩张，在世界各地物资集散地，建立分支机构或代理网点，扩充并完善其服务网络，为货主提供更大的服务空间。在当今全球经济一体化的形势下，尤其是跨国公司在世界范围内资源优化配置的需求下，多式联运已从发达国家向发展中国家渗透，其业务范围呈现不断扩大的趋势。

（3）多式联运向现代物流领域拓展。运输是现代物流结构体系中不可缺少的一个重要环节，以集装箱运输为基础的多式联运，在现代物流中已越来越呈现其独特的优势。其不仅是现代物流不可缺少的多式联运方式之一，而且许多多式联运经营人已充分认识到现代物流在当今世界经济中的重要性，纷纷经营现代物流业。

二、国际多式联运的运输组织形式

国际多式联运是采用两种或两种以上不同运输方式进行联运的运输组织形式，这里所指的至少两种运输方式可以是海陆、陆空、海空等，其组织形式包括以下几种。

1. 海陆联运

海陆联运是国际多式联运的主要组织形式，也是远东/欧洲多式联运的主要组织形式之一。组织和经营远东/欧洲海陆联运业务的主要有丹麦的马士基国际航运公司和中国远洋海运集团等。这种组织形式以航运公司为主体，签发联运提单，与航线两端的内陆运输部门开展联运业务，与大陆桥运输展开竞争。

2. 陆桥运输

在国际多式联运中，陆桥运输（Land Bridge Service）起着非常重要的作用。陆桥运输是指采用集装箱专用列车或卡车，把横贯大陆的铁路或公路作为中间"桥梁"，使大陆两端的集装箱海运航线与专用列车或卡车连接起来的一种连贯运输方式。严格地讲，陆桥运输也是一种海陆联运形式，只是因为其在国际多式联运中的独特地位，故在此将其单独作为一种运输组织形式。国际上的陆桥运输线路有欧亚大陆桥运输和北美大陆桥运输。

（1）亚欧大陆桥（Eurasian Landbridge）运输。第一亚欧大陆桥是由日本和苏联联合于1967年建造的，该大陆桥以哈巴罗夫斯克（伯力）和符拉迪沃斯托克（海参崴）为起点，经由西伯利亚大铁路及波兰、比利时、德国等国的铁路最后到达荷兰的鹿特丹港，又被称为西伯利亚大陆桥（Siberian Land Bridge，SLB），共经过俄罗斯、中国、哈萨克斯坦、白俄罗斯、波兰、德国、荷兰七个国家，全长约13 000km。第二亚欧大陆桥路线东起中国江苏省连云港市，西至荷兰的鹿特丹港，全长10 800km，1992年正式投入运营，由于所经路线很大一部分是古代丝绸之路，所以第二亚欧大陆桥又被称为现代丝绸之路。第二亚欧大陆桥的贯通使从连云港到鹿特丹的陆上距离比海上距离缩短了大约9 000km，而与第一亚欧大陆桥相比，它是太平洋至大西洋之间最短的路上通道，且由于途径中国沿海和大西洋、北海、地中海沿岸多个不冻港，使其辐射面积达30多个国家和地区，它比北线大陆桥减少行程3 000km，比海路运输费用节约20%，时间减少一半。两条亚欧大陆桥的路线如图9-1所示。

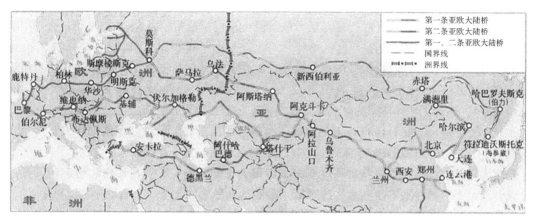

图 9-1 亚欧大陆桥示意图

(2) 北美大陆桥（North American Landbridge）运输。北美大陆桥运输是指利用北美的大铁路从远东到欧洲的"海陆海"联运，该陆桥运输包括美国大陆桥运输和加拿大大陆桥运输。美国大陆桥有两条运输线路：一条是从西部太平洋沿岸至东部大西洋沿岸的铁路和公路运输线；另一条是从西部太平洋沿岸至东南部墨西哥湾沿岸的铁路和公路运输线。美国大陆桥于1971年底由经营远东/欧洲航线的船公司和铁路承运人联合开办"海陆海"多式联运线，后来美国几家班轮公司也投入营运。这些公司以经营人的身份，签发多式联运单证，对全程运输负责。加拿大大陆桥与美国大陆桥相似，由船公司将货物海运至温哥华，经铁路运到蒙特利尔或哈利法克斯，再与大西洋海运相接。北美大陆桥是历史悠久、影响很大、服务范围很广的陆桥运输线。采用这种陆桥运输方式比采用全程水运方式通常要快1~2周。例如，集装箱货从日本东京到欧

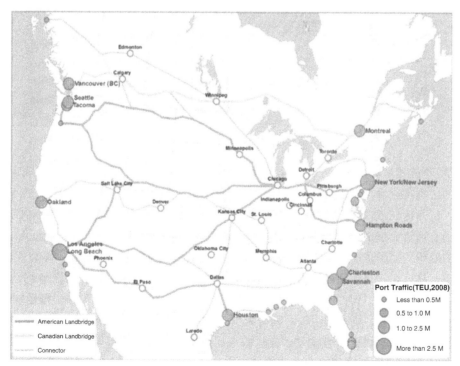

图 9-2 北美大陆桥

说明：American Landbridge—美国陆桥　Canadian Landbridge—加拿大陆桥

洲鹿特丹港，采用全程水运（经巴拿马运河或苏伊士运河）通常约需 5～6 周时间，而采用北美陆桥运输仅需三周左右的时间。

随着美国和加拿大大陆桥运输的成功营运，北美其他地区也开展了大陆桥运输。墨西哥大陆桥（Mexican Land Bridge）就是其中之一，该大陆桥横跨特万特佩克地峡（Isthmus Tehuantepec），连接太平洋沿岸的萨利纳克鲁斯港和墨西哥湾沿岸的夸察夸尔科斯港，陆上距离 182 mile[⊖]。墨西哥大陆桥于 1982 年开始营运，其服务范围很有限，对其他港口和大陆桥运输的影响很小。

北美大陆桥强大的优势对巴拿马运河产生了很大影响。随着北美西海岸陆桥运输服务的开展，众多承运人开始建造不受巴拿马运河尺寸限制的超巴拿马型船（Post-Panamax Ship），而放弃使用巴拿马运河。超巴拿马型船增加了单艘船舶的载运量，使国际海上运输的效率进一步提高。

（3）其他陆桥运输形式。北美地区的陆桥运输不仅包括上述大陆桥运输，还包括小陆桥运输（Minibridge）和微陆桥运输（Microbridge）等运输组织形式。如图 9-3 所示。

图 9-3　北美陆桥运输系统图

1）北美小陆桥运输。北美小陆桥运输是指日本经美国太平洋沿岸各港的海铁联运，它与大陆桥运输的区别是运输终点为美国东海岸，而不再下海。采用这样的运输方式，使海运和陆运结合起来，从而达到了提高运输效率、降低运输成本的目的。北美小陆桥运输大大缩短了日本、远东到美国、加拿大东部地区与中部地区的运输距离，节省了运输时间。实践证明，从远东、日本经北美陆桥到美国东岸的海陆联运，比采用全水路的集装箱船直达运输，可节省 10 天左右的运输时间。从远东、日本到美国内陆地区，若以西海岸港口为门户港，则在节约运输时间方面效果更为显著，以日本到美国芝加哥的海陆联运为例，若在纽约港中转，全程运输时间为 32 天，若在西雅图港中转，则全程运输时间可减少 13 天。小陆桥运输刺激美国铁路发展了双层集装箱列车与超长列车，以提高运输效率、降低运输成本。据报道，美国总统轮船公司的双层集

⊖　1 mile = 1 609.344 m

装箱列车，每标准箱成本比单层列车节省1/3。

2）北美微陆桥运输。微陆桥运输是指利用陆桥铁路的部分段落进行运输，与小陆桥运输的主要区别，仅在于其内陆交货不通过整条陆桥，所以又称为"半陆桥运输"。北美微陆桥运输是指经北美东、西海岸及墨西哥湾沿岸港口，到美国、加拿大内陆地区的联运服务。微陆桥运输是在小陆桥运输发展的基础上产生的，微陆桥运输将国际集装箱直达列车与集装箱班轮航线紧密结合，使内陆货物直接运至出海口，从而达到运输距离最短、运输速度最快和运输费用最省的目的。美国的微陆桥运输，对避免迂回和绕道运输，使集装箱运输路线更加合理起到了重要作用。在开展微陆桥运输前，从远东到美国中部和东部城市的货物，均由远东装船直接运到美国东部口岸，再转换内陆运输，运至目的地；运往美国南部内陆城市的货物，均由远东装船运至墨西哥，再转换内陆运输，运至目的地。其造成不合理的运输流向，延长了运输时间，增加了运输费用。而采用微陆桥运输后，远东的集装箱货物通过班轮航线，运至太平洋口岸，再换装铁路集装箱直达列车，直接运至美国内陆城市，大幅节省了运输的时间和费用。

3. 海空联运

海空联运又被称为空桥运输（Air Bridge Service）。在运输组织方式上，空桥运输与陆桥运输有所不同：陆桥运输在整个货运过程中使用的是同一个集装箱，不用换装，而空桥运输的货物通常要在航空港换入航空集装箱。但两者的目标是一致的，即以低费率提供快捷、可靠的运输服务。

海空联运方式始于20世纪60年代，但到80年代才得以较大的发展。采用这种运输方式，运输时间比全程海运少，运输费用比全程空运便宜。20世纪60年代，承运人将远东船至美国西海岸的货物，再通过航空运至美国内陆地区或美国东海岸，从而出现了海空联运。当然，这种联运组织形式是以海运为主，只是最终交货运输区段由空运承担。1960年，苏联航空公司开辟了经由西伯利亚至欧洲航空线；1968年，加拿大航空公司参加了国际多式联运；20世纪80年代，出现了经由中国香港、新加坡、泰国等至欧洲的航空线。国际海空联运线主要有：

（1）远东—欧洲。远东与欧洲间的航线有以温哥华、西雅图、洛杉矶为中转地，也有以中国香港、曼谷、符拉迪沃斯托克为中转地，此外还有以旧金山、新加坡为中转地。

（2）远东—中南美。远东至中南美的海空联运发展较快，因为此处港口和内陆运输不稳定，所以对海空运输的需求很大。该联运线以迈阿密、洛杉矶、温哥华为中转地。

（3）远东—中近东、非洲、澳洲。这是以中国香港、曼谷为中转地至中近东、非洲的运输服务。在特殊情况下，还有经马赛至非洲、经曼谷至印度、经中国香港至澳洲等联运线，但这些线路货运量较小。

总体来讲，运输距离越远，采用海空联运的优越性就越大，因为同完全采用海运相比，其运输时间更短；同直接采用空运相比，其费率更低。因此，从远东出发将欧洲、中南美以及非洲作为海空联运的主要市场是合适的。

4. 陆空联运

陆空联运是指火车、飞机和卡车的联合运输方式，简称TAT（Train-Air-Truck）；或火车、飞机的联合运输方式，简称TA（Train-Air）。

我国空运出口货物通常采用陆空联运方式，因为我国幅员辽阔，而国际航空港口岸主要有北京、上海、广州等地。虽然省会城市和一些主要城市每天都有班机飞往上海、北京、广州，但班机所带货量有限，费用比较高，如果采用国内包机，则费用更贵。因此在货量较大的情况下，往往采用陆运至航空口岸，再与国际航班衔接。由于汽车具有机动灵活的特点，在运送时间上更可掌握主动，因此一般都采用"TAT"方式组织出运。

我国长江以南的外运分公司办理陆空联运的具体做法是通过火车、货车或船将货物运至我国香港地区，再利用其航班多，到欧洲、美国运价较低的条件（普通货物），将货物从我国香港地区运到目的地，或运到中转地，再通过当地代理，用卡车送到目的地。长江以北的公司则多采用火车或卡车将货物送至北京、上海航空口岸出运。陆空联运货物在我国香港地区的收转人为某空运有限公司。发运前，需要事前与他们联系，满足他们对单证的要求，便于提前订舱。各地发货时，可使用外运公司的航空分运单，也可使用"承运货物收据"。有关单据上要注明是转口货，要加盖"陆空联运"字样的标记，以加速周转和避免我国香港地区有关部门征税。

第二节　国际多式联运业务流程及单证

一、国际多式联运业务流程

多式联运经营人是全程运输的组织者。在国际多式联运中，其主要业务及程序有以下几个环节：

1. 接受托运申请，订立多式联运合同

多式联运经营人根据货主提出的托运申请和自己的运输线路等情况，判决是否接受该托运申请，发货人或其代理人双方就货物的交接方式、时间、地点、付费方式等达成协议并填写场站收据，并将其送交多式联运经营人进行编号，多式联运经营人编号后留下货物托运联，将其他联交还给发货人或其代理人。

2. 空箱的发放、提取及运送

多式联运中使用的集装箱一般由多式联运经营人提供，这些集装箱的来源可能有三种情况：①多式联运经营人自己购置使用的集装箱；②向集装箱公司租用的集装箱；③由全程运输中的某一分运人提供。如果双方协议由发货人自行装箱，则多式联运经营人应签发提箱单，或由租箱公司或分运人签发提箱单交给发货人或其代理人，由他们在规定日期到指定的堆场提箱并自行将空箱托运到货物装箱地点，准备装货。

3. 出口报关

若多式联运从港口开始，则在港口报关；若从内陆地区开始，则应在附近内陆地海关办理出口报关事宜。报关一般由发货人或其代理人办理，也可委托多式联运经营人代为办理，报关时应提供场站收据、装箱单、出口许可证等有关单据和文件。

4. 货物装箱及接收货物

若是发货人自行装箱，发货人或其代理人提取空箱后在自己的工厂和仓库组织装箱。装箱工作一般要在报关后进行，并请海关派员到装箱地点监装和办理加封事宜。如需理货，还应请理货人员现场理货并与其共同制作装箱单。

对于由货主自行装箱的整箱货物，发货人应负责将货物运至双方协议规定的地点，多式联运经营人或其代表在指定地点接受货物；如果是拼箱货物，则由多式联运经营人在指定的货运站接收货物，验收货物后，代表多式联运经营人接收货物的人应在场站收据正本上签章确认并将其交给发货人或其代理人。

5. 订舱及安排货物运送

多式联运经营人在合同订立后，应立即制订该合同涉及的集装箱货物运输计划，该计划应包括货物的运输路线、区段的划分、各区段实际承运人的选择及确定各区间衔接地点的到达、起运时间等内容。

这里所说的订舱泛指多式联运经营人要按照运输计划安排洽定各区段的运输工具，与选定的各实际承运人订立各区段的分运合同，这些合同的订立由多式联运经营人本人或委托的代理人办理，也可请前一区段的实际承运人向后一区段的实际承运人订舱。

货物运输计划的安排必须科学并留有余地，工作中应相互联系，根据实际情况调整计划，避免彼此脱节。

6. 办理保险

在发货人方面，应投保货物运输保险，该保险由发货人自行办理，或由发货人承担费用而由多式联运经营人代为办理。货物运输保险可以是全程投保，也可以为分段投保。在多式联运经营人方面，应投保货物责任险和集装箱保险，由多式联运经营人或其代理人向保险公司或以其他形式办理。

7. 签发多式联运提单，组织完成货物的全程运输

多式联运经营人收取货物后，应向发货人签发多式联运提单。在将提单交给发货人之前，应注意按双方议定的付费方式及内容、数量向发货人收取全部应付费用。

多式联运经营人有完成和组织完成全程运输的责任和义务，在接受货物后，要组织各区段实际承运人、各派出机构及代表人共同协调工作，完成全程中各区段的运输及各区段之间的衔接工作，并做好运输过程中所涉及的各种服务性工作和运输单据、文件及有关信息的组织和协调工作。

8. 运输过程中的海关业务

按惯例，国际多式联运的全程运输均应视为国际货物运输，因此，该环节工作主要包括货物及集装箱进口国的通关手续、进口国内陆段保税运输手续及结关等内容。如果陆上运输需要通过其他国家海关和内陆运输线路时，还应包括这些国家海关的通关及保税运输手续。

如果货物在目的地港交付，则结关应在港口所在地海关进行；如果在内陆地交货，则应在口岸办理保税运输手续，海关加封后方可运往内陆目的地，并在内陆海关办理结关手续。

9. 货物交付

当货物运往目的地后,由目的地代理通知收货人提货,收货人需凭多式联运提单提货。多式联运经营人或其代理人需按合同规定,收取收货人应付的全部费用,收回提单签发提货单,提货人凭提货单到指定堆场和地点提取货物。

如果是整箱提货,则收货人需要负责货物至掏箱地点的运输,并在货物掏出后将集装箱运回指定的堆场,此时,运输合同终止。

10. 货运事故处理

如果全程运输中发生了货物灭失、损害或运输延误,无论能否确定损害发生的区段,发(收)货人均可向多式联运经营人提出索赔,多式联运经营人根据提单条款及双方协议确定责任并做出赔偿。如能确定事故发生的区段和实际责任者,可向其进一步索赔;如不能确定事故发生的区段,则一般按在海运段发生处理;如果已对货物及责任投保,则存在要求保险公司赔偿和向保险公司进一步追索的问题;如果受损人和责任人之间不能达成一致,则需要通过在诉讼时效内提起诉讼和仲裁来解决。

二、国际多式联运合同

1. 国际多式联运合同的定义及其特点

国际多式联运合同是指"多式联运经营人凭以收取运费、负责完成或组织完成国际多式联运的合同"。该合同由多式联运经营人与发货人协议订立,多式联运合同具有如下特点:

(1)多式联运合同是双方合同。合同双方均负有义务和享有权利。

(2)多式联运合同是有偿合同。

(3)多式联运合同是不要式的合同。尽管可用多式联运提单证明,但提单不是运输合同,没有具体体现形式。

(4)有约束第三者性质,收货人不参加合同订立,但可直接获得合同规定的利益并自动受合同约束。

(5)有时包括接受委托、提供服务等内容,这些内容由双方议定。

2. 国际多式联运合同的订立

国际多式联运合同是处于平等法律地位的国际多式联运经营人与发货人双方的民事法律行为,只有在双方表示一致时才能成立。国际多式联运合同与其他合同一样是双方的协议,其订立过程是双方协商的过程。

国际多式联运经营人为了揽取货物运输,要对自己的企业(包括办事机构地点等)、经营范围(包括联运线路、交接货物地域范围、运价、双方责任、权利、义务)等做广告宣传,并用运价本、提单条款等形式公开说明。发货人或其代理人向经营多式联运的公司或其营业所或代理机构申请货物运输时,通常需要提出货物(一般是集装箱货物)运输申请(或填写订舱单),说明货物的品种、数量、起运地、目的地、运输期限要求等内容,多式联运经营人根据申请的内容,并结合自己的营运路线、所能使用的运输工具及其班期等情况,决定是否接受托运。如果认为可以接受,则在双方商定运费及支付形式、货物交接方式及交接形态、货物交付地点及时间、集装箱提取地点及时间等情况后，由多式联运经营人在交给发货人（或代理）的场站收据的副本联上签章，以证明接受委托。这时多式联运合同即告成立，发货人与经营人的合同关系即已确定并开始执行。

多式联运中使用的集装箱一般是由经营人提供的，在表示接受委托之后，经营人签发提单给发货人或其代理人以保证其在商定的时间、地点提取空箱使用。发货人或其代理人按双方商定的内容及托运货物的实际情况填写场站收据，并在经营人对其进行编号、办理货物报关及货物装箱后，负责将重箱托运至双方商定的地点，将货物交给多式联运经营人或其指定的代理人（堆场或货运站），取得场站收据正本后到经营人处换取多式联运提单。

多式联运提单是证明多式联运合同的运输单据，具有法律效力，同时也是经营人与发货人之间达成协议（即合同）的条款和实体内容的证明，是双方基本义务、责任和权利的说明。提单填写的条款和内容是双方达成合同的内容（除事先另有协议外）。多式联运经营人签发提单是履行合同的一个环节，证明他已按合同接受货物并开始对货物负责。对于发货人来讲，接受经营人签发的提单意味着已同意接受提单的内容与条款，即已同意以这些内容和条款说明的合同。

因此，发货人（或其代理人）在订立多式联运合同时，应认真了解多式联运经营人的提单条款（应是事先印制而且公开的），如有不能接受之处，应与经营人达成书面协议解决，否则将被认为是接受所有条款，接受其关于双方责任、权利和义务的说明。

三、国际多式联运单据

（一）多式联运单据的定义与主要内容

1. 多式联运单据的定义

在多式联运方式下，多式联运经营人在接管货物时，应由本人或其代理人签发多式联运单据。在多式联运中，虽然一票货物由多种不同运输方式、多个实际区段承运人共同完成运输，但从接货地至交货地使用一张货运单证——多式联运单据。

我国自1997年10月1日起实施的《国际集装箱多式联运管理规则》对多式联运单据的定义是：多式联运单据是指证明多式联运合同以及证明多式联运经营人接管货物并负责按合同条款交付货物的单据。从上述定义可知，多式联运单据与海运提单作用相似，它是多式联运合同的证明；它是多式联运经营人收到货物的收据；它是收货人据以提货的物权凭证。

2. 多式联运单据的主要内容

多式联运单据是发货人、多式联运经营人、收货人等当事人货物交接的凭证，多式联运单据的内容应准确、完整，其主要内容有：

（1）货物的名称、种类、件数、重量、尺寸、包装等。
（2）多式联运经营人的名称和主要经营场所。
（3）发货人、收货人的名称。
（4）多式联运经营人接管货物的地点、日期。
（5）多式联运经营人交付货物的地点和约定的时间或期限。
（6）表示多式联运为可转让或不可转让的声明。

（7）多式联运经营人或其授权人的签字。

（8）有关运费支付的说明。

（9）有关运输方式和运输线路的说明。

（10）在不违反多式联运单据签发国法律的前提下，双方同意列入的其他事项。

多式联运单据一般都列入上述内容，但如果缺少其中一项或几项，只要所缺少的内容不影响货物运输和当事人的利益，多式联运单据仍具有法律效力。

3．相关单证

国际多式联运中使用的单证较多，但根据其用途可以分为两大类：一类是进出口运输所需要的和办理运输有关业务的单证，如多式联运提单、各区段的运单、提单、提箱单、设备交接单、装箱单、场站收据、交货记录等；另一类是向各口岸监管部门申报所使用的单证，如商业发票、进出口许可证、商检证书、卫生检疫证明、合同副本、信用证副本等。其中，主要单证有以下几种：

（1）集装箱运输相关单证。

1）设备交接单。设备交接单是集装箱进出港区、场站时，用箱人、运箱人与管箱人或其代理人之间交接集装箱及设备的凭证，兼有管箱人发放集装箱凭证的作用，分进场和出场两种。

2）装箱单。装箱单是集装箱货物运输条件下，记载箱内所装货物详细情况的唯一单证，该单证由负责装箱的人填写并签字。如需理货时，由装箱人和理货员共同制作、签字，每箱一份。

3）场站收据。场站收据是多式联运经营人或其代理人签发的，证明已经收到托运货物并对货物开始负有责任的凭证，发货人可据此向多式联运经营人或代理人换取多式联运提单，该单证是一份复合单证，是集装箱货物托运的主要单证。

4）交货记录。交货记录是承运人将箱、货交付给收货人，双方共同签署，以证明货物已经交付，承运人对货物责任已告终止的单证。该单证也是复合单证，一式五联，是集装箱在目的地交付时的主要单证。

（2）多式联运提单。《多式联运公约》对多式联运单证的定义为："多式联运单据是指证明多式联运合同及证明多式联运经营人接管货物并负责按合同条款交付货物的单据。"在实践中使用的多式联运单据一般称为多式联运提单，它是发货人与多式联运经营人订立国际货物多式联运合同的证明；是多式联运经营人接管货物的证明和收据；是收货人提取货物和多式联运经营人交付货物的凭证；是货物所有权的证明，可以用来结汇、流通和抵押等。

（二）多式联运提单的种类

多式联运提单可分为两大类：可转让提单（指示提单、不记名提单）和不可转让提单（记名提单）。

1．指示提单

指示提单（Order Bill of Lading）是指提单上收货人一栏内载明"凭某人指示（To order）"或"凭指示（To the order of）"字样的提单。前者称为不记名指示提单，承运人应按记名指示人的指示交付货物；后者称为记名指示提单，承运人按托运人的指示交付货物。

提单背面的内容主要有：法律诉讼条款；承运人责任条款；免责条款；有关改航、换装、改卸目的港、甲板货物、危险货物、冷藏货物、装货、卸货、交货、共同海损等条款；赔偿条款；运费条款；留置权条款等。国际上规定提单背面条款的公约包括《海牙规则》（最为重要）、《维斯比规则》和《汉堡规则》。

指示提单背书交付后产生两个效力：①对内，除非另有约定，背书人（提单出让人）背书交付提单的行为是转让提单所证明的运输合同项下的权利与义务（包括对承运人的提单项下货损索赔权）的初步证据；②对外，承运人此后只需也只能向提单受让人履行提单项下的合同义务并承担义务不履行的责任，包括货损赔偿责任，而不再向提单出让人履行义务或承担责任。

实务中常见的可转让提单是指示提单。指示提单必须经过背书转让，可以是空白背书，也可以是记名背书。

指示提单有四种抬头：

(1) 凭银行指示，即提单收货人栏填写为"To the order of ××Bank"。

(2) 凭收货人指示，即提单收货人栏填写为"To the order of ×××Co., Ltd."。

(3) 凭发货人指示，即提单收货人栏填写为"To the order of shipper"，并由托运人在提单背面空白背书。这种提单亦可根据信用证的规定而做成记名背书。托收人也可不做背书，在这种情况下则只有托运人可以提货，即卖方保留货物所有权。

(4) 不记名指示，即提单收货人栏填写为"To the order"，并由托运人在提单背面做空白背书。此种提单亦可根据信用证的规定做成记名背书。

指示提单又可分为两种类型：记名指示提单和空白抬头提单。上述(1)、(2)两种提单是记名指示提单。第(1)种提单称为银行指示提单，当开证银行为了防止进口商无力偿还贷款时，就会在信用证中规定提单抬头做成凭银行指示。对于这种银行指示提单，从理论上说，托运人本可以不加背书，但因为提单是一种可以转让的凭证，在实务中，议付行往往都要求托运人先做空白背书。如规定以议付行的指定人为抬头，则应由议付行背书转让给开证行，才能凭以向承运人提货。如规定以开证行的指定人为抬头，则还应由开证行背书。银行指示提单，应按银行指示交货。一般在进口商付款后，银行在提单上背书，然后将提单转交给进口商。这种提单可作为向银行贷款的抵押。第(2)种提单称为收货人指示提单，被指示公司作为收货人，可以收单后自行提货，也可以背书转让。收货人指示提单对银行不利，因为若开证银行遇买方拒绝付款，想自行提货处理，需先请收货人背书转让提单，这对银行是一种风险，所以开证行一般不愿意把信用证规定提单做成这种收货人指示抬头。

(3)、(4)两种是空白抬头提单。空白抬头提单在托运人（即卖方）未指定收货人或受让人之前，货物所有权仍属于卖方。一般卖方都在空白抬头提单背面做空白背书（Blank endorsed），将提单转让给银行，银行即取得货物所有权。若信用证规定是"Endorsed in blank"或"Blank endorsed"，都是空白背书的意思，发货人只需在提单背面签章，不做任何记载。实务中最常用的就是这种空白抬头和空白背书的提单。空白抬头提单也可以根据信用证要求而做记名背书，如果信用证规定是"Endorsed to…Co., Ltd."或"Endorsed on favor of…Co., Ltd."都表示背书给某公司。发货人须在提单背书注明"Please deliver to…Co., Ltd."或"Please deliver to…Bank"或类似文字再签章。对于托运人指示提单，托运人还可以不背书，在这种情况下则只有托运人可以提货，即卖方保留货物所有权。

2. 不记名提单

不记名提单（Blank B/L or Open B/L）又称"来人抬头提单"，是指提单上的收货人栏内不写明具体收货人的名称，只写明货交提单持有人，或不填写任何内容的提单。这种提单不需要任何背书手续，仅凭交付即可转让。承运人交付货物只凭提单，不凭收货人身份。

不记名提单无须背书即可转让，任何人持有提单便可要求承运人放货，但当提单丢失或被窃后，极易引起纠纷，故有些班轮公会规定，凡使用不记名提单，必须在给大副的提单副本中注明卸货港通知人的名称和地址。

3. 记名提单

记名提单（Straight B/L）是指在提单上收货人（Consignee）一栏内具体填写某一特定的人或公司名称的提单。根据这种提单，承运人只能将货物交给提单上已指定的收货人。托运人原则上不得将已记名提单背书转让，但提单指定的收货人有时可通过办理类似财产转让手续进行转让。一些国家准许记名提单的收货人可凭担保提货，从而使银行及托运人都失去安全收汇的保障。因此，银行一般不愿意接受这种提单。

记名提单项下货物只能由提单上载明的收货人提取，失去了代表货物可转让流通的作用。如果承运人将货物交给提单指定以外的人，即使该人持有提单，承运人也应负责赔偿。

虽然记名提单不可以转让，依据我国的法律规定，承运人仍需凭正本提单才可将货物交付给收货人。而在美国，承运人只需将货物交付给收货人即可，无须凭单交付。因此，在中美贸易中，货方须注意法律的适用，以免货物被对方提走后，追不回货款。依据《2000年国际贸易术语解释通则》的规定，除合同有另外约定外，记名提单不适用于CIF交易方式。由于海运单（Sea Waybill）的出现，记名提单已很少使用。

我国《海商法》第七十九条规定："记名提单不得转让；指示提单经过记名背书或者空白背书转让；不记名提单无须背书，即可转让。"记名提单虽然安全，不可转让，但对贸易各方的交易不便，用得不多。一般认为由于记名提单不能通过背书转让，因此从国际贸易的角度看，记名提单不具有物权凭证的性质。不记名提单无须背书即可转让，任何人持有提单便可要求承运人放货，对贸易各方不够安全，风险较大，很少采用。指示提单可以通过背书转让，适应了正常贸易的需要，所以在实践中被广泛应用。背书分为记名背书（Special Endorsement）和空白背书（Endorsement in Blank）。前者是指背书人（指示人）在提单背面写上被背书人的名称，并由背书人签名；后者是指背书人在提单背面不写明被背书人的名称。在记名背书的场合，承运人应将货物交给被背书人。反之，则只需将货物交给提单持有人。

（三）多式联运提单的签发

多式联运经营人在收到货物后，凭发货人提交的收货收据（在集装箱运输时一般是场站收据正本）签发多式联运提单，根据发货人的要求，可签发可转让或不可转让提单中的任何一种。签发提单前应向发货人收取合同规定和应由其负责的全部费用。

多式联运经营人在签发多式联运提单时，应注意以下事项：

（1）如签发可转让多式联运提单，应在收货人栏列明按指示交付或向持票人交付。如签发不可转让提单，应列明收货人的名称。

(2) 提单上的通知人一般是在目的港或最终交货地点，由收货人指定的代理人。

(3) 对签发正本提单的数量一般没有规定，但如应发货人要求签发一份以上的正本提单时，在每份正本提单上应注明正本份数。

(4) 如签发任何副本提单（应发货人要求），每份副本均应注明"不可转让副本"字样，副本提单不具有提单的法律效力。

(5) 签发一套一份以上的正本可转让提单时，各正本提单具有同样的法律效力。但多式联运经营人或其代理人如已按其中的一份正本交货，便已履行交货责任，其他提单自动失效。

(6) 多式联运提单应由多式联运经营人或其他授权人签字。如不违背所在国法律，签字可以是手签、手签笔迹的印、盖章、符号等。

(7) 如果多式联运经营人或其代表在接受货物时，对货物的实际情况和提单中所注明的货物的种类、标志、数量或重量、包件数等有怀疑，但又无适当方法进行核对、检查时，可以在提单中做出保留，注明不符之处和怀疑根据。但为了保证提单的清洁，也可按习惯做法处理。

(8) 经发货人同意，可以用任何机械或其他方式保存《多式联运公约》规定的多式联运提单应列明的事项，签发不可转让提单。在这种情况下多式联运经营人在接管货物后，应交给发货人一份可以阅读的单据，该单据应载有此种方式记录的所有事项。根据《多式联运公约》规定这份单据应视为多式联运单据，《多式联运公约》中的这项规定主要是为适应电子单证的使用而设置的。

多式联运提单一般在经营人收到货物后签发。由于联运的货物主要是集装箱货物，因而经营人接受货物的地点可能是集装箱码头或内陆堆场、集装箱货运站和发货人的工厂或仓库。由于接受货物地点不同，提单签发的时间、地点及联运经营人承担的责任也有较大区别。在各处签发提单的日期，一般应是提单签发时的日期。如果应发货人要求填写其他日期（如提前则称为倒签提单），则多式联运经营人要承担较大风险。

(四) 多式联运单据的内容

根据《多式联运公约》，多式联运单据一般包括以下 15 项内容：

(1) 货物品类、标志、危险特征的声明、包数或者件数、重量。
(2) 货物的外表状况。
(3) 多式联运经营人的名称与主要营业地。
(4) 托运人名称。
(5) 收货人的名称。
(6) 多式联运经营人接管货物的时间、地点。
(7) 交货地点。
(8) 交货日期或者期间。
(9) 多式联运单据可转让或者不可转让的声明。
(10) 多式联运单据签发的时间、地点。
(11) 多式联运经营人或其授权人的签字。
(12) 每种运输方式的运费、用于支付的货币、运费由收货人支付的声明等。
(13) 航线、运输方式和转运地点。

(14) 关于多式联运遵守《多式联运公约》规定的声明。
(15) 双方商定的其他事项。

但是，以上一项或者多项内容的缺乏，不影响单据作为多式联运单据的性质及其法律效力。

（五）多式联运单据的证据效力与保留

多式联运单据一经签发，除非多式联运经营人在单据上做出了保留的批注，否则：

(1) 已签发的多式联运单据即是多式联运经营人收到货物的初步证据。
(2) 多式联运经营人对货物的责任已经开始。
(3) 可转让的多式联运单据对善意的第三方是最终证据，多式联运经营人提出的相反证据无效。

但如果多式联运经营人或其代表在接收货物时，对于货物的品种、数量、包装、重量等内容有合理的怀疑，而又无合适方法进行核对或检查，多式联运经营人或其代表应在多式联运单据上做出保留的批注，注明不符的地方、怀疑的根据等。反之，如果多式联运经营人或其代表在接收货物时未在多式联运单据上做出任何批注，则应视为其所接收的货物外表状况良好，并应在同样状态下将货物交付收货人。

（六）多式联运单据分类

国际多式联运单据的分类如图9-4所示。

图9-4 国际多式联运单据分类

第三节 国际多式联运方案设计

国际多式联运方案设计主要包括运输方式、运输工具与设备、运输路线、自营与分包四个方面的决策，如图9-5所示。

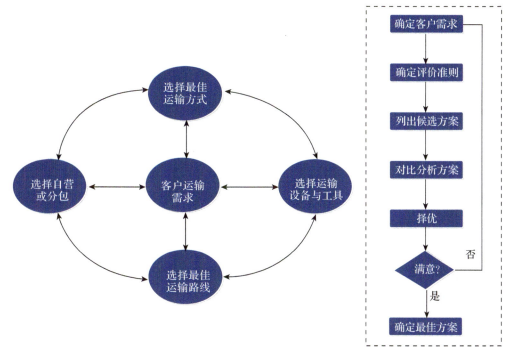

图 9-5 国际多式联运方案设计的内容与程序流程图

国际多式联运方案设计的步骤如下：

1. 客户运输需求分析

对客户运输需求的分析应考虑以下方面的特性：

（1）时效性。即由于生产和销售的需要，要求运输过程在一定的时限内完成，并保证在货主要求的时限内交付。

（2）安全性。即保证整个运输过程中货物的完好无损且无差错。

（3）方便性。即保证货主能够方便地进行货物订舱、交运、查询运输状态和提取货物，同时能够按货主指定的地点收货和交付。

（4）经济性。即对运输价格、各种服务性收费要求和提供增值服务的需求。

2. 运输方式的选择

表 9-1 显示了铁路、公路、水路、航空、管道五种基本运输方式的优缺点及适用范围。

表 9-1 各运输方式的优缺点及适用范围

运输方式	优点	缺点	主要运输对象
铁路	① 大批量货物能一次性有效运送 ② 运费负担小 ③ 轨道运输，事故相对少、安全 ④ 铁路运输网完善，可运达各地 ⑤ 受自然和天气影响小，运输准时性较高	① 近距离运输费用高 ② 不适合紧急运输要求 ③ 由于需要配车编组，中途停留时间较长 ④ 非沿线目的地需汽车转运 ⑤ 装卸次数多，货损率较高	长途、大量、低价、高密度商品，例如，采掘工业产品、重工业产品及原料、制造业产品及原料、农产品等

(续)

运输方式	优点	缺点	主要运输对象
公路	① 可以进行门到门运输 ② 适合于近距离运输，比较经济 ③ 使用灵活，可以满足多种需要 ④ 输送时包装简单、经济	① 装载量小，不适合大量运输 ② 长距离运输运费较高 ③ 环境污染较严重 ④ 燃料消耗大	短距离具有高价值的加工制造产品和日用消费品，例如，纺织和皮革制品、橡胶和塑料制品、润滑金属产品、通信产品、零部件、影像设备等
水运	① 运量大 ② 成本低 ③ 适于超长、超宽、笨重的货物运输	① 运输速度慢 ② 港口装卸费用较高 ③ 航行受天气影响较大 ④ 运输正确性和安全性较差	主要是长途的低价值、高密度大宗货物，例如，矿产品、大宗散装货、化工产品、远洋集装箱等
航空	① 运输速度快 ② 安全性高	① 运费高 ② 重量和体积受限制 ③ 可达性差 ④ 受气候条件限制	通常适用于高价、易腐烂或急需的商品
管道	① 运量大 ② 运输安全可靠 ③ 连续性强	① 灵活性差 ② 仅适用特定货物	石油、天然气、煤浆

3．运输工具与设备的选择

（1）运输工具的选择。

（2）装卸搬运设备的选择。

（3）集装箱的选择。

（4）运输包装的设计。

4．运输路线的选择

运输线路的选择应注意以下三点：

（1）运输路线选择与运输方式选择的协同。

（2）注重装卸地点的选择。

（3）注重不同装货量的拼装，以实现集运、拼装模式，而影响运输路线的选择。

▶▶ 多式联运实训：出口业务 ◀◀

【实训目标】

通过让学生模拟办理国际货代多式联运出口业务，达到以下目的：

（1）使学生了解国际货代多式联运出口业务的流程与单证。

（2）使学生能够完成国际货代多式联运出口业务方案设计及费用核算。

【背景介绍】

2017年5月，客户广州美丽人外贸有限公司（单位代码：440195××××）经理李青准备从佛山某工厂装运300t瓷砖运往比利时安特卫普，客户要求必须于6月20日前运到，否则不但拒收而且会索赔，李青准备委托广州羊城国际货运代理有限公司办理此项业务。

【角色说明】

A：广州羊城国际货运代理有限公司（Guangzhou Yangcheng International Freight Forwarding Co., Ltd.）业务经理王成。

B：广州美丽人外贸有限公司（Guangzhou Beauty People Foreign Trade Co., Ltd.）经理李青。

【实训步骤】

考核一：让学生描述多式联运出口业务流程及办理本项业务需注意的事项，分数值20分。

场景一：2017年5月4日9时，广州美丽人外贸有限公司经理李青打电话给广州羊城国际货运代理有限公司业务经理王成，说明公司准备从佛山一个工厂装运300t瓷砖运往比利时安特卫普，并要求必须于6月20日前运到，否则不但拒收而且会索赔，询问王成能否办理此项业务以及具体的费用情况。

考核二：（1）多式联运出口方案设计（至少设计2个方案），分数值40分。

（2）计算各方案的费用及运输时间，分数值各占20分，共40分。

场景二：2017年5月6日，王成将设计好的方案送到李青处，李青查阅方案认为可以满足公司的要求，双方签署合同。

第四节 国际多式联运法律责任划分

一、国际多式联运责任制概述

（一）国际多式联运责任制的类型

对多式联运经营人赔偿责任的分析，首先必须确定责任制（Liability Regime），即其应承担的责任范围。在国际集装箱多式联运中，经营人所负的责任范围主要有以下两种类型：

1. 统一责任制

统一责任制（Uniform Liability System）又称同一责任制，是指多式联运经营人对货主负有不分区段的统一原则责任，即经营人在整个运输中都使用同一责任向货主负责，经营人对全程运输中货物的灭失、损坏或延期交付负全部责任，无论事故责任是明显的还是隐蔽的，是发生在海运段还是发生在内陆运输段，均按一个统一原则由多式联运经营人统一按约定的限额进行赔偿。但如果多式联运经营人已尽了最大努力仍无法避免的或确实证明是货主的故意行为过失等原因所造成的灭失或损坏，经营人则可免责。统一责任制是一种科学、合理、手续简化的责任制度，但这种责任制对联运经营人来说责任负担较重，因此在世界范围内采用并不广泛。

2. 网状责任制

网状责任制（Network Liability System）又称混合责任制，是指多式联运经营人对货主承担的全部责任局限在各个运输部门规定的责任范围内，即由经营人对集装箱的全程运输负责，而对货物的灭失、损坏或延期交付的赔偿，则根据各运输方式所适用的法律规定进行处理，如海上区段按《海牙规则》处理，铁路区段按《国际铁路货物运输合同公约》处理，公路区段按《国际公路货物运输合同公约》处理，航空区段按《华沙公约》处理。在不适用上述国际法时，则按相应的国内法规定处理。同时，赔偿限额也按各区段的国际法或国内法的规定进行赔偿，对不明区段的货物隐蔽损失，或作为海上区段按《海牙规则》处理，或按双方约定的原则处理。

网状责任制是介于统一责任制和责任分担制这两种责任制之间的一种责任制，故又称混合责任制。也就是说，该责任制在责任范围方面与统一责任制相同，而在赔偿限额方面则与区段运输形式下的责任分担制相同。

国际上大多采用的是网状责任制。我国自"国际集装箱运输系统（多式联运）工业性试验"项目以来发展建立的多式联运责任制采用的也是网状责任制。

我国发展和采用网状责任制有以下有利之处：

（1）与国际商会1975年修订的《联合运输单证统一规则》有关精神相一致，也与大多数航运发达国家采用的责任形式相同。

（2）我国各运输区段，如海上、公路、铁路等，均有成熟的运输管理法规可以遵循，采用网状责任制，各运输区段所适用的法规可保持不变。

（3）相对于统一责任制而言，网状责任制减轻了多式联运经营人的风险责任，对保护刚刚起步的我国多式联运经营人的积极性，保证我国多式联运业务顺利、健康地发展具有积极意义。

但是从国际多式联运发展来考虑，网状责任制并不理想，易在责任轻重、赔偿限额高低等方面产生分歧。因此，随着我国国际多式联运的不断发展与完善，统一责任制应更为符合多式联运的要求。

3. 修正性的统一责任制

修正性的统一责任制（Modified Uniform Liability System）也被一些学者称为"可变性的统一责任制"，是以联合国《多式联运公约》所确立的以统一责任制为基础，以责任限额为例外的一种责任制度。根据这一制度，不管是否能够确定货运事故发生的实际运输区段，都适用该公约的规定。但是，若货运事故发生的区段适用的某项国际公约或强制性国家法律规定的赔偿责任限额高于《多式联运公约》规定的赔偿责任限额，则多式联运经营人应该按照该国际公约或国内法的规定限额进行赔偿。所以，修正性的统一责任制下，统一责任制是多式联运经营人承担责任的总体规则，但对责任限额，则适用网状责任制形式。

很明显，《多式联运公约》确立的责任制度有利于货主而不利于多式联运经营人。而且这种责任制还产生了双层赔偿责任关系问题，即多式联运经营人与货主之间的赔偿责任关系，受该公约约束；而多式联运经营人与其分包人（即各区段承运人）之间的赔偿责任关系，《多式联运公约》则未做规定，这导致多式联运经营人和分包人之间责任承担可能不一致，很容易产生纠纷。如海运方面至今采用的是"不完全过失责任制"，航空方面则采用"完全过失责任制"，而陆路运输方面无论是公路还是铁路均采用"严格责任制"。在上述几种责任制中，海上承运人的责任最轻。

由于《多式联运公约》采用了统一责任制，下列情况将不适用于该公约的规定：

（1）凡属于单一运输方式下合同的货物接送业务。

（2）对于公约缔约国与非缔约国之间所发生的有关多式联运的诉讼，如两国均受同一其他公约的制约，该缔约国法院则适用该其他公约的规定。

（3）《国际公路货物运输合同公约》和《国际铁路货物运输公约》第二条规定的货物运输，不能视为国际多式联运。

由于《多式联运公约》尚未生效，所以实践中适用该责任制的情况也较少。

4. 责任分担制

责任分担制是指多式联运经营人和各区段承运人在合同中事先划分运输区段，并按各区段所应适用的法律来确定各区段承运人责任的一种制度。这种责任制实际上是单一运输方式的简单组合，并没有真正发挥多式联运的优越性，故很少被采用。

实践中，究竟采用哪种责任制度，归根结底取决于运输市场上的供求关系，即货主和多式联运经营人之间的力量对比。

（二）国际多式联运经营人的责任期间

责任期间（Period of Responsibility）是指行为人履行义务、承担责任在时间上的范围。不言而喻，承运人责任期间的长短，也在一定程度上体现了承运人承担义务的多少和责任的轻重。

1. 单一运输公约下承运人的责任期间

对于海上承运人的责任期间，根据《海牙规则》的规定，承运人的责任期间是"自货物装上船时起至卸下船时止"这一段时间。也就是说，货物的灭失或损坏是在该期间产生的，才适用《海牙规则》。然而，由于人们对装上船和卸下船的理解存在差异，因而《海牙规则》的这一规定不是很明确的。例如，在使用船上起重机的情况下，货物装上船至少可以有以下四种理解：货物被吊离地面、货物被吊过船舷、货物被吊至甲板上或与舱口周围垂直的舱底、货物被放妥在预定的积载位置上。从中可以发现，根据每一种理解，承运人责任期间开始的时间是不同的。至于卸货，也不同程度地存在一些不同的理解。

基于上述情况，提单条款必须定出一个精确的时间，作为承运人责任期间的开始与结束，而大多数船公司的提单，都以"钩到钩"作为承运人的责任期间。

"钩到钩"原则规定，在使用装运船舶起重机起吊货物时，对于货物的风险，承运人只在货物被吊离地面时起至货物被吊离船落地时止这一段时间内负责。由于"钩到钩"原则所表示的责任期间在《海牙规则》规定的范围内，因此这样的规定是有效的。当然，在不使用船上起重机时，则可不以此原则来确定承运人的责任期间。一般规定，在使用岸上起重机的情况下，承运人的责任期间为船舷至船舷；在使用驳船装卸时，承运人的责任期间为货物被吊上钩起至全部货物被卸至驳船上止；石油和散货运输如使用管道和输送带，承运人的责任期间为货物被输送至管道或输送带的入舱口起至货物被送到船舶与管道或输送带的最后一个接点止。

对于责任期间以外发生的货损货差，可由承托双方在合同上自由约定。因此，《海牙规则》又进一步规定："对货物没有装上船或货物已从船上卸下后，承运人的权利、义务不受本规则的限制，承托双方自由协商，即使其责任或权利大于本规则，也为法律所许可"。

值得注意的是，《海牙规则》中所规定的承运人的责任期间并非绝对的，还要受有些国家国内法的规定和港口惯例的约束。这是因为《海牙规则》于承运人责任期间的规定是较为有利于承运人的，因而有些国家为了保护货主的利益，以法律、港口规章或惯例的形式，要求承运人负更多的责任。鉴于港口所在国法律对提单的强制适用，承运人就不得不承担这种责任。当然，承运人可以与港口、仓储经营人订立合同，对于因他们的过失造成的货物损失保留追偿的权利。

1978年通过的《汉堡规则》则延长了承运人的责任期间，《汉堡规则》规定："承运人对货物的负责时间包括货物在装船港、运输途中和卸船港承运人掌握的整个期间。"即从收到货物时起到交付货物时止。当然，收货和交货都有区域限制，在港口以外收交货物的，就不能以此收交为责任期间的开始和结束。《汉堡规则》的这一规定，突破了《海牙规则》对承运人的最低责任期间，向装卸前后两个方向发展，在一定程度上加重了承运人的责任。

对于承运人接受和交付货物的方式，《汉堡规则》规定，承运人可以按通常的方式从托运人或其代表处接受货物，也可依照法律或规章，从海关或港口有关部门处接受货物；在交付货物方面，承运人可以将货物交给收货人，也可依照法律或规章，将货物交给有关部门或第三人。如果收货人提货延迟，承运人将货物置于收货人的支配之下便无责任。通常，在将货物交给港口有关部门并向收货人发出通知后，货物即可被认为已处于收货人的支配之下。

根据《汉堡规则》的规定，无论货物的灭失或损坏发生在哪一区域，只要是在承运人掌管期间发生的，收货人均可向承运人提出赔偿要求，即使实际上的货物灭失或损坏并非属于承运人的责任。当然，这并不排除承运人向有关责任人行使追偿的权利。

至于其他国际货物运输公约，如《国际公路货物运输合同公约》（CMR）、《国际铁路货物运输公约》（CIM）、《华沙公约》等，对承运人责任期间的规定，与《汉堡规则》的规定大体相同，即承运人的责任期间为：从承运人接管货物时起至交付货物后止，差别主要在于接管和交付货物的方式与地点。由于在货物运输实务中，接管和交付货物的方式涉及实际责任期间的长短和风险的大小，因此各货运公司通常都在其章程、运输条件中予以明确。

2. 国际多式联运公约对承运人责任期间的规定

《多式联运公约》根据集装箱运输下，货物在货主仓库、工厂以及集装箱货运站、码头堆场进行交接的特点，仿照《汉堡规则》，对多式联运经营人规定的责任期间是："多式联运经营人对于货物的责任期间，自其接管货物之时起至交付货物时止。"

依照该公约的规定，多式联运经营人接管货物有两种形式：①从托运人或其代表处接管货物，这是最常用、最普遍的规定方式；②根据接管货物地点适用的法律或规章，货物必须交其运输的管理相关部门或其他第三方，这是一种特殊的规定。

在第②种接管货物的方式中，有一点应予以注意，即：虽然多式联运公约规定多式联运经营人的责任从接管货物时开始，但在从港口相关部门手中接受货物的情况下，如货物的灭失或损坏系在相关部门保管期间发生的，多式联运经营人可以不负责任。

《多式联运公约》规定的交付货物的形式有三种：①将货物交给收货人；②如果收货人不向多式联运经营人提取货物，则按多式联运的合同或按照交货地点适用的法律或特定行业惯例，将货物置于收货人支配之下；③将货物交给根据交货地点适用法律或规章必须向其交付的相关部门或其他第三方。

在收货人不向多式联运经营人提取货物的情况下，多式联运经营人可按上述第②、③种交货形式交货，责任即告终止。在实践中，经常会发生这种情况，例如，收货人并不急需该批货物，为了节省仓储费用；又如，市场价格下跌，在运费到付的情况下，都有可能造成收货人延迟提货。因此，该公约的这种规定不仅是必要的，也是合理的。

二、多式联运经营人的赔偿责任

1. 多式联运经营人的赔偿责任基础

多式联运经营人的赔偿责任基础是指关于多式联运经营人承担赔偿责任的原则，作用相当于民法责任制度中的归责原则，在确定多式联运经营人责任方面起着重要作用。

对承运人赔偿责任的基础，各单一运输公约的规定不一，但大致可分为过失责任制和严格责任制两种。严格责任制是指排除了不可抗力等有限的免责事由外，不论有无过失，承运人对于货物的灭失或损坏均负责赔偿。《国际铁路货物运输公约》《国际公路货物运输合同公约》等都采用了该种责任制。过失责任制是指当承运人和其受雇人在有过失时负赔偿责任。这种责任制为《海牙规则》和《华沙公约》所采用。但海运的过失责任制并不是完全过失，它附有一部分除外规定，如航行过失（船舶碰撞、触礁、搁浅），1978年通过的《汉堡规则》则实行过失推定原则，这才实现了较完整的过失责任制。

《多式联运公约》对多式联运经营人规定的赔偿责任基础包括：①多式联运经营人对于货物的灭失、损坏和延迟交付所引起的损失，如果造成灭失、损坏或延迟交付的事故发生于货物由其掌管期间，应负赔偿责任，除非多式联运经营人证明其本人、受雇人或代理人或其他人为避免事故的发生及其后果已采取一切符合要求的措施；②如果货物未在明确议定的时间交付，或者如无此种协议，未在按照具体情况对一个勤奋的多式联运经营人所能合理要求的时间内交付，即为延迟交付；③如果货物未在按照上述条款确定的交货日期届满后连续90日内交付，索赔人即可认为这批货物业已灭失。

从上述规定可以看出，《多式联运公约》在赔偿责任基础上仿照了《汉堡规则》实行的推定过失责任制。

此外，如果货物的灭失、损坏或延迟交付是由多式联运经营人、其受雇人、代理人或有关其他人的过失或疏忽与另一原因结合而产生的，根据《多式联运公约》规定，多式联运经营人仅对灭失、损坏或延迟交货可以归之于此种过失或疏忽的限度内负赔偿责任。但该公约同时指出：多式联运经营人必须证明不属于此种过失或疏忽的灭失、损坏或延迟交货的部分。

在国际货物运输中，一般的国际货运公约对延迟交货均有相应的规定。如《国际铁路货物运输公约》《国际公路货物运输合同公约》《华沙公约》等，对延迟交货的规定较明确。但有的对此则无明确规定。如海上运输，由于影响海上运输的因素很多，较难确定在什么情况下构成延迟交货，因而，《海牙规则》对延迟交货未做任何规定。相比之下，《多式联运公约》的规定是明确的。

在运输实务中，延迟交货的情况一旦发生，收货人通常会采取以下处理办法：①接受货物，再提出由于延迟交货而引起的损失赔偿；②拒收货物，并提出全部赔偿要求。

在上述第①种情况下，收货人提出的仅是由于运输延误而引起的损失赔偿。如由于延误造成工厂停工、停产、市场价格下跌等引起的损失以及由于延迟交货使收货人积压资金而产生的损失。

第②种情况的发生通常是指延迟交货超过《多式联运公约》规定的期限，即超过"确定的交货日期届满后连续90日"仍未交货，收货人则视该货物已经灭失。对此，收货人必须以书面形式通知多式联运经营人，否则，多式联运经营人对延迟交货造成的损失不予赔偿。

2. 多式联运经营人的赔偿责任限制

在现有的国际货运公约中，对于承运人的赔偿责任限制（Limitation of Liability）采用的赔偿标准都不尽相同。《海牙规则》采用的是单一标准的赔偿方法，即只对每一件或每一货运单位负责，而不对毛重每千克负责。这种规定方法在实际应用中存在较大缺陷，不符合国际贸易和运输业发展的需要。为此，1968 年制定的《维斯比规则》将双重标准的赔偿方法列入公约，既对每一件或每一货运单位负责，又对毛重每千克货物负责。同时，对集装箱、托盘或类似的成组工具在集装或成组时的赔偿也做了规定，1978 年制定的《汉堡规则》也采用了这种赔偿方法。

《多式联运公约》仿照了《汉堡规则》的规定，也将这种双重赔偿标准列入了公约中。不同的是，《多式联运公约》不仅规定了双重标准的赔偿方法，同时也规定了单一标准的赔偿方法。

多式联运公约按国际惯例规定多式联运经营人和托运人之间可订立协议，制定高于公约规定的经营人赔偿限额。在没有这种协议的情况下，多式联运经营人按下列赔偿标准赔偿：

（1）如在国际多式联运中包括了海上或内河运输，也就是在构成海陆、海空等运输方式时，多式联运经营人对每一件或每一货运单位的赔偿限额为 920SDR（特别提款权），或毛重每千克 2.75SDR，两者以较高者为准。

关于对集装箱货物的赔偿，《多式联运公约》基本上采用了《维斯比规则》规定的办法。因此，当根据上述赔偿标准计算集装箱货物的较高限额时，该公约规定应适用以下规则：

1）如果货物是采用集装箱、托盘或类似的装运工具集装，经多式联运单证列明装在这种装运工具中的件数或货运单位数应视为计算限额的件数或货运单位数。否则，这种装运工具中的货物视为一个货运单位。

2）如果装运工具本身灭失或损坏，而该装运工具并非为多式联运经营人所有或提供，则应视为一个单独的货运单位。

《多式联运公约》的这一赔偿标准中还包括了延迟交付赔偿限额的计算方法。根据公约的规定，不管多式联运是否包括海上或内河运输，经营人对延迟交货造成损失所负的赔偿责任限额，相当于被延迟交付货物应付运费的 2.5 倍，但不得超过多式联运合同规定的应付运费总额。同时，延迟赔偿或延迟与损失综合赔偿的限额，不能超过货物全损时经营人赔偿的最高限额。

（2）如在国际多式联运中根据合同不包括海上或内河运输，即构成陆空、铁公等运输方式时，多式联运经营人的赔偿责任限制，按毛重每千克 8.33SDR 计算。

《多式联运公约》采用不包括海运或内河运输在内时的单一标准赔偿方法，实际上是对其所奉行的统一责任制做出一种例外，这是非常必要的。因为多式联运如果不包括海上或内河运输，其风险就比较小，经营人收取的运费也比较高，所以采用高限额赔偿是理所当然的。但实际上，《多式联运公约》确定的限额并不高，8.33SDR 的单位毛重赔偿限额与《国际公路货物运输合同公约》下承运人的单位毛重赔偿限额 25 金法郎相等。这说明对不包括水运的多式联运，经营人是按最低限额施行赔偿的，因为事实上多式联运不可能只由公路运输组成，它必须与铁路运输或航空运输一起组成，否则就称不上多式联运。而《国际铁路货物运输公约》和《华沙公约》下的承运人赔偿责任限额均高于《国际公路货物运输合同公约》。

此外，《多式联运公约》采用这一赔偿标准，显然也是为了有利于与除海上或内河运输外的其他运输方式下承运人的赔偿责任制保持一致，以避免问题的复杂化。因为，《华沙公约》《国际铁路货物运输公约》及《国际公路货物运输合同公约》都采用的是毛重每千克单一标准的赔偿方法。

(3) 如果货物的灭失或损坏已确定发生在多式联运的某特定区段，而这一区段所适用的国际公约或强制性国家法律规定的赔偿限额高于上述两个标准，则经营人的赔偿应以该国际公约或强制性国家法律予以确定。

公约之所以如此规定，主要是考虑到：首先，采取第（1）种赔偿标准时，赔偿限额有时会很低，如海空联运时，空运赔偿限额按《华沙公约》是很高的，但采用联合国《多式联运公约》的标准赔偿却较低，所以按区段赔偿实际上可以弥补第（1）种赔偿标准的不足。其次，如前所述，多式联运经营人实际是按最低限额进行赔偿，对货主不利。所以第（3）种赔偿标准的采用无疑是对多式联运经营人和货主的利益起了一种平衡作用。表9-2列出了各国际公约对每一件或每一货运单位及毛重每千克赔偿限额的规定。

表 9 - 2 国际货运公约有关赔偿责任限额的规定

公约名称	每件或每货运单位		毛重每千克		备 注
	责任限额（SDR）	联合国多式联运公约责任限额所占其比例（%）	责任限额（SDR）	联合国多式联运公约责任限额所占其比例（%）	
多式联运公约	920		2.75		包括海上或内河运输
海牙规则	161	570			
维斯比规则	680	135	2.04	135.0	
汉堡规则	835	110	2.50	110.0	
华沙公约（空运）			17.00	16.0	
CMR（公路）			8.33	33.0	
CIM（铁路）			16.67	16.5	
多式联运公约					不包括海上或内河运输
华沙公约（空运）			17.00	47.9	
CMR（公路）			8.33	100.0	
CIM（铁路）			16.67	49.9	

注：1. 表中责任限额均用特别提款权（SDR）表示，原公约中所用英镑和各种金法郎已折算为特别提款权。

2. 表中百分比亦可用倍数来表示，如570%即意味着《多式联运公约》的责任限额是《海牙规则》所规定责任限额的5.7倍。

3. 《国际公路货物运输合同公约》（Convention on the Contract for the International Carriage of Good by Road, CMR）。

4. 《国际铁路货物运输公约》（Convention Concerning International Carriage of Good by Rail, CIM）。

另外，《多式联运公约》对延迟交付赔偿限额的计算方法也做了规定。并且，不管国际多式联运是否包括海上或内河运输，都适用这一计算方法。该计算方法是建立在运费基础上的，与运费基数成正比。根据该公约的规定，如果延迟交付货物的运费没有超过运费总额的40%，则赔偿限额相当于该票被延误货物运费的2.5倍；如果超过了运费总额的40%，则不再适用2.5倍的赔偿标准，而是规定最高运输延误赔偿不超过多式联运规定的应付运费总额。关于货物延迟交付的赔偿限额，各国的货运公约有不同的规定，具体见表9-3。

表 9-3 各国际公约关于货物延迟交付赔偿责任限额的规定

国际公约	赔偿责任限额	赔偿责任总额
海牙规则	无限额规定	无限额规定
维斯比规则	无限额规定	无限额规定
汉堡规则	应付运费的 2.5 倍	不超过合同应付的运费总额
华沙公约	无限额规定	无限额规定
CMR（公路）	延迟交付货物的运费总额	无限额规定
CIM（铁路）	应付运费的 2 倍	无限额规定
联合国多式联运公约	应付运费的 2.5 倍	不超过合同应付的运费总额
1991 年国际商会规则	无规定	不超过合同应付的运费总额

注：表中所称之"合同"，在《汉堡规则》中是指海上货物运输合同，在联合国《多式联运公约》和 1991 年国际商会《多式联运单证规则》中指多式联运合同。

3. 非合同赔偿责任与赔偿责任限制权利的丧失

（1）非合同赔偿责任。《多式联运公约》的第二十条是对非合同赔偿责任（Non-Contractual Liability）的规定。该条的第（1）款规定："本公约规定的辩护理由和赔偿责任限制，应适用于因货物灭失、损坏或延迟交付造成损失而对多式联运经营人提起的任何诉讼，不论这种诉讼是根据合同、侵权行为或其他。"

在一些国家的法律规定中，允许受损方享有双重诉讼请求权，即受损方既可根据合同提出诉讼，也可根据侵权行为提起诉讼。在这种情况下，多式联运经营人将受到双重诉讼，而这两种不同的诉讼，将使多式联运经营人不能享受该公约中其应享受的责任限制，随之诉讼时效也不能适用。如果是这样，将使该公约的制定失去实际意义。根据《多式联运公约》第二十条第（1）款的规定，无论是根据违约行为提起诉讼，还是根据侵权行为或其他理由提起诉讼，都将适用该公约的规定，而且，必须按该公约规定的责任限制、诉讼时效执行。

《多式联运公约》第二十条第（2）款是关于多式联运经营人的受雇人或代理人是否有权援用本公约的辩护理由和赔偿责任限制的规定。该规定指出，如果由于货物灭失、损坏或延迟交付造成损失而对多式联运经营人的受雇人或代理人，或为履行多式联运合同而使用其服务的其他人提起诉讼，该受雇人或代理人如能证明他是在受雇范围内行事，或该其他人如能证明他是在履行合同的范围内行事，则该受雇人、代理人或其他人应有权援用多式联运经营人按本公约有权援用的辩护理由和赔偿责任限制。可以看出，该规定实质上是"喜马拉雅条款"的适用。

（2）多式联运经营人赔偿责任限制权利的丧失。为了防止多式联运经营人利用赔偿责任限制的规定，对货物的运输安全掉以轻心，使货主遭受不必要的损失，影响国际贸易和国际运输业的发展，《多式联运公约》第二十一条明确规定，在下列情况下，多式联运经营人将丧失赔偿责任限制：

1）如经证明，货物的灭失、损坏或延迟交付是由于多式联运经营人有意造成或明知可能造成而毫不在意的行为或不行为所引起，则多式联运经营人无权享受该公约所规定的赔偿责任限制的利益。

2）虽有第二十条第（2）款的规定，但是，如经证明，货物的灭失、损坏或延迟交付是由于多式联运经营人的受雇人或代理人或为履行多式联运合同而使用其服务的其他人有意造成或明知可能造成而毫不在意的行为或不行为所引起,则该受雇人、代理人或其他人无权享受本公约所规定的赔偿责任限制的利益。

第五节 国际多式联运案例分析

案例一:多式联运经营人对全程运输负责

【案情】我国香港某出口商委托一多式联运经营人作为货运代理,将一批半成品的服装经孟买转运至印度的新德里。货物由多式联运经营人在其货运站装入两个集装箱,且签发了清洁提单,表明货物处于良好状态。集装箱经海路从我国香港运至孟买,再由铁路运至新德里。在孟买卸船时发现其中一个集装箱外表损坏。多式联运经营人在该地的代理将此情况于铁路运输前通知了铁路承运人。当集装箱在新德里开启后发现,外表损坏的集装箱所装货物严重受损;另一个集装箱虽然外表完好,铅封也无损,但内装货物已受损。我国香港出口商要求多式联运经营人赔偿其损失。

【评析】本案的问题在于多式联运经营人对两箱货损是否负责,如负责,其赔偿责任如何,可否享受责任限制?多式联运经营人对全程运输负责。作为当事人,国际多式联运经营人收到货物后,如货物是处于多式联运过程中产生的损失,则首先应由多式联运经营人承担责任,然后再向实际责任人追偿。况且在本案中,集装箱是多式联运经营人自己装箱,并已承认收货时货物外表状况良好,因而对于两箱货物的损失多式联运经营人都要负责。其中,第一个集装箱是在我国香港至孟买的海运途中损坏的,很明显,货物也是此时受损的。多式联运经营人在赔付出口商时,可根据《海牙规则》或《维斯比规则》享受责任限制,且有权向海上承运人索赔。对于第二箱货损,应看作隐藏损害,因为货损发生在哪一阶段无从查明。此时,多式联运经营人的责任可以按照国际商会对于"统一联运单证"的规定限制在2SDR/kg。

案例二:收取全程运费的货运代理须对全程负责

【案情】印度孟买某电视机进口商与日本东京一厂家签订了货物买卖合同。合同规定采用集装箱进行"门至门"的运输。负责运输的货运代理向卖方计收了全程运费,并签发了FIATA的联运提单,承担合同承运人的义务。货物是拼箱货,货运代理在其东京货运站装箱后,用卡车运至神户装船发运孟买。买方不愿意承担交货前的风险,卖方不愿意承担海运和在孟买的风险。此时,买卖双方选择何种价格条款为好?货运代理的风险应如何转移?

【评析】(1)货运代理从事的是"门至门"的多式联运,向卖方收取了全程运费,当然要对全程运输负责。至于货运代理对运费的划分,除非其能正确划分出海运部分的运费,否则在买卖双方之间只能无根据地划分各自的运费。

(2)待运单证不能作为已装船证明。由于货物是在货运代理的东京货运站接管,因而货运代理签发的运输单证(包括FIATA联运提单)属收货待运单证,并非货物已装船的证明。当货物装船后,此类待运单证换为承运人所签发的海运提单方为已装船证明。不过,货运代理签发了 FIATA 的联运提单即表明签单者对全程负责，因为它符合国际商会关于多式联运单证的要求。

（3）买卖双方适合使用的价格条款。本案中，使用 FCA 并注明"集装箱货运站——东京"作为交货地是合适的。因为 FCA 条款即货交承运人，是指卖方在清关后，于指定地点将货物置于买方指定承运人的控制之下，即履行义务。如果买方未指定具体地点，卖方有权在规定地点或范围内选择承运人接管货物的地点。如果按商业习惯，卖方被要求协助买方与承运人订立合同，则卖方可以按照买方的费用和风险来行事。由于在卖方申请托运和交付运输期间运费上涨的可能性很小，因而当把货物交给货运代理运输时，风险即已由卖方转移给买方。

另外，也可使用 CPT 或 CIP 条款，因为货运代理在 FCA、CPT、CIP 条款下均满足承运人的条件。CPT 条款即运费付至（……指定目的地），是指卖方除负责将货物运至指定目的地的运费，在货物已交承运人掌管时，货物灭失或损坏的风险及货物交给承运人后发生的额外费用从卖方转移到买方。CTP 条款即运费、保险费付至（……指定目的地），是指卖方除承担与在 CPT 术语下一样的义务之外，还要为买方货物在运输中的灭失或损坏的风险取得保险。卖方负责订立保险合同并支付保险费。但使用 FOB、CFR 或 CIF 条款则不合适。

（4）货运代理投保责任险。货运代理作为第一承运人（又称总承运人）与客户订立了运输合同，收取了全程运费，就要对全程负责。上述 FCA、CPT、CIP 三种条款对买卖双方来说都可以采用，全程运输手续简便，责任人清楚，一旦货物发生损坏向总承运人——货运代理索赔即可；对货运代理来说，一方面通过延伸服务可创增值效益，另一方面增加了责任风险。不过，就其责任而言，作为承运人承担承运人的责任，但同时可享有承运人的责任限制。此外，货运代理还可以通过投保承运人责任险事先转移其风险，发达国家的一些货运代理通常都采用这种做法。

案例三：多式联运经营人对其国外代理失误承担责任

【案情】1991 年 1 月，陕西某多式联运经营人从南斯拉夫通过大陆桥运输进口家具，家具装载于八个 20ft 的集装箱内，第一批货为四个集装箱，于 2 月 21 日抵达集装箱站，而另外四个集装箱却迟迟不见。后经多次查找方知，由于国外代理制单时错填到站名，将货错发至上海。当时上海正遭遇洪水灾害。7 月 25 日收到货后，打开集装箱后发现大部分家具已被水浸泡、破损，不能使用。

【评析】造成货损货差甚至灭失的原因在于国外代理（多式联运被委托人）工作失误，是人为造成的损失，将家具错发。若代理未将运单到站名写错，则不会造成货物破损。但是，根据《多式联运公约》的规定，多式联运经营人应对货物运输的全过程负责，理应赔偿由此给收货人带来的损失。同时，由于发生货损及灭失的原因在国外代理一方，多式联运经营人也应向国外代理进行追偿。

课后练习题

1. 简述国际多式联运经营人与区段承运人之间的法律关系。
2. 简述现有公约和惯例对多式联运经营人责任制度的规定。
3. 国际多式联运组织模式设计时应注意的事项有哪些？
4. 简述国际多式联运的发展趋势。

扫一扫参加本章测试

第十章 国际货运代理操作指南

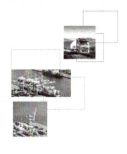

▶▶ 知识目标 ◀◀

● 掌握相关国际货运代理企业操作规范和操作程序。

第一节 操作规范

一、空运部门操作规范

（一）操作规范

1. 订舱

传真空白托运书给客户，接到客人托运书时先检查托运书内容是否完整，包括发货人、收货人、付款方式、货物件数、包装、重量、体积、客户签字、盖章等，如不完整请客户补齐。将检查过的托运书给部门经理签字后再订舱，若部门经理暂时不在可先订舱后再补签或由助理签字确认。

国泰航空公司用 Ezycargo 系统订舱。虽然已经订过舱，但是货没有发出的，再次使用该单号时则无法在 Ezycargo 系统订舱，需以书面形式传真订舱。南方航空公司使用南航自己的订舱系统，其他航空公司以书面传真形式订舱。长荣航空公司的订舱单需注明运费、燃油和战争险。对于有申请价格的要在货物运走之前传给航空公司审批并确保航空公司有回传，给同行的订舱单要将运价、提单费等写在订舱单上以便日后对账。

2. 确认舱位

订舱后要及时跟对方确认舱位状况并在半小时内主动回复客户头程舱位状况，半个工作日内主动回复二程舱位状况并将预排的头程、二程情况以书面形式（注明是预排）发给客户。若无法在该时间内确认舱位也要主动通知客户舱位状况大概在何时可确认。

3. 准备工作

确认舱位后要及时跟踪货物状况，有异常状况需要取消的要提早，不要在航班起飞前一天才临时通知。委托报关的，要请客户事先将报关资料传给货代，并要求客户提供原产地、海关商品编码等信息。提早通知外勤有哪一家货到，数量多少，安排何航班，有何注意事项，特别是当同一家客户同时有到不同地点的货物需要分货时要提醒外勤注意,由外勤亲自去分货而不是交给他人处理。需要外勤提货的要事先同客户确认好时间。

4. 安排进舱报关

货物进舱后发现重量或体积与订舱数据相差较大时,要及时通知客户并请客户确认。打印完整的正本提单给客户报关,如需外勤补提单资料,要以书面形式通知外勤打印提单。重量确认后及时将提单在航班起飞前传给客户确认。若客户需要更改原产地、海关商品编码及价值等,要请客户书面传真给货运代理以免日后发生争议。每票货要同客户确认是否有随机文件。货物报关过程有任何问题要及时通知客户,遇到验货要事先通知客户,确认货物是否有问题。

5. 账单

最晚在航班起飞的第二天将账单传真给客户。在航班起飞的第二日内向客户(月结客户除外)催款,确认金额、开票及付款方式等。如果客户不能立即付款,则请客户签字确认账单上的金额并回传。

6. 发预告(Pre-Alert)

中转货最晚在货物起飞当日用 e-mail 发送 Pre-Alert 给代理,直达的航班务必在航班起飞前发送,并请代理回复确认收到。若代理未回复,则要重新发送或打电话给代理直至对方确认收到。

7. 货物跟踪

每日填写二程跟踪表,需提早一日完成报关的货物,要在航班起飞前一天填写。其他货物最晚在航班起飞当日填写。在确认代理收到 Pre-Alert 后,还要与代理继续联络了解货物是否已清关、已送货等并通知客户。

(二)外勤操作规范

(1)取报关资料时当场检查资料是否正确、完整。让客户将原产地、海关商品编码等比较重要的信息标注在资料上面。

(2)货物进仓后及时将过磅数据通知操作人员。需要分货时要亲自去分,特别是当同一客户有到不同地点的货时要更加谨慎。

(3)报关过程中有任何问题要及时通知操作人员,以便操作人员通知客户。例如,验货要让操作人员事先同客户确认货物是否有问题。

(4)额外的费用。如有叉车费,加底板产生的费用,报关票数超过一票产生的费用,续单、商检换单等额外费用时要事先通知操作人员,并最晚在货走当天输进计算机。

(三)收运操作规范

1. 一般规定

(1)根据中国民航各有关航空公司的规定,托运人所交运的货物必须符合有关始发、中转和到达国家的法令和规定以及中国民航各有关航空公司的一切运输规章。

(2)凡中国及有关国际政府和空运企业规定禁运和不承运的货物,不得接受。

(3) 托运人必须自行办妥始发海关、检疫等出境手续。中国民航各空运企业暂不办理"货款到付（COD）"业务。

(4) 货物的包装、重量和体积必须符合空运条件。

2. 价值限制

每批货物（即每份货运单）的声明价值不得超过 10 万美元或其等值货币（未声明价值的，按毛重每千克 20 美元计算）。超过时，应分批交运（即分两份或多份货运单）；如货物不宜分开，必须经有关航空公司批准后方可收运。

3. 付款要求

(1) 货物的运费可以预付，也可以到付，但需注意：货物的运费和声明价值费，必须全部预付或全部到付；在运输始发站发生的其他费用，必须全部预付或全部到付；在运输途中发生的费用应到付，但某些费用，如政府所规定的固定费用和机场相关部门的一些税收，当始发站知道时，也可以预付；在目的地发生的其他费用只能全部到付。

(2) 托运人可用下列付款方式向承运人或其代理人支付运费：人民币现金（或中国人民银行国内支票）。需要注意的是，代理人不得接受托运人使用旅费证（MCO）或预付票款通知单（PTA）作为付款方式。

（四）收运程序

托运人在交运货物时，应填写"国际货物托运书"，提供与运输有关的文件，托运人应对托运书上所填内容及所提供有关运输文件的正确性和完备性负责。

代理人在收运国际货物时，应认真完成下列程序：

(1) 着重检查。

1) 货物内容。了解托运人所交运的货物是否属于特定条件下运输的货物，特别应注意交运的货物是否属于危险品，或货物中可能含有危险品。如属于或含有危险品，应按承运人与代理人的有关协议及国际航协危险物品规定中的有关规定办理。

2) 货物的目的地。代理人应了解托运人所交货物是否有通航地点，如目的地无航站，可建议托运人将货物到达站改为离目的地最近的一个通航地点，但收货人栏内仍须填写货物的目的地。

3) 货物的包装和体积。代理人在收运货物时，应检查货物的包装情况和货物的尺寸。对于包装不牢、过于简陋以及带有旧标志的包装，应要求托运人重新包装。另外，应检查货物的体积是否符合所装载机型的要求，对于联程货物，则应考虑其中转航站所使用的机型。

4) 海关手续。检查货物的报关手续是否齐备。

(2) 上述四点均符合要求时，请托运人填写托运书，代理人应着重检查托运书上有关各栏的填写情况。

1) 货物品名栏（包括体积及尺寸）。检查货物品名栏内的品名是否填写得过于笼统，如"鱼罐头"不应笼统地填写为"食品"。另外，应检查托运人所填写的货物尺寸是否注明计量单位，对于危险物品，则应要求注明其专用名称和包装级别。

2) 收货人姓名和地址栏。代理人应了解收货人所在城市名称是否属于不同国家中的重名城市，遇有此种情况时，必须要求加上国名，运往美国的货物则还应加上州名。本栏不得出现"to order"字样，因为航空货运单不能转让。

3）托运人签字栏。检查托运人签字栏内是否有托运人的签字。

(3) 对货物进行称重和测量尺寸。代理人对货物应进行称重和测量尺寸，以便计算出计费重量。如托运人自己已经将货物重量填入栏内，代理人必须进行复核。

(4) 计算运费。在计算运费前，必须准确地确定费率，计算完运费后，必须进行复核。

(5) 填制航空货运单。填开货运单应按照现行的《航空货物运价手册（TACT）》规则部分第六章中货运单的填写要求填写。

(6) 粘贴和拴挂货物标签。对于需要加贴货物有关标贴的货物，应予加贴或拴挂。

(7) 对货物、货运单和标签进行三方核对，以避免发生差错。

(8) 预订吨位。对于需要预订吨位的货物，应事先订妥。对于特种货物、运输中需特别照料的货物，应事先安排妥当。

(9) 填写货物的交接单，并将货物安全地送交到承运人处。

(10) 编制销售日报，根据有关航空公司的要求，按时交付运费。

（五）其他运输有关文件

根据货物的不同种类，托运人应提供以下有关文件：进、出口过境海关所需文件；货物的内容清单（作为货物运送的行李应提供内容清单）；托运危险品、动物证明；在国际航协三区和一区之间（IATA Area3—1）托运指定商品时，必须提供商业发票。

二、海运出口操作部调度操作规范及岗位职责

（一）操作规范

(1) 客户服务人员制作装箱单一定要正确，并尽量填写全面，如数据不明确，应在装箱单上注明大约吨位，以便安排车辆。

(2) 如客户有特殊要求，请客户服务人员在装箱单上注明；反之，如发生额外费用由客户承担。

(3) 如有更改，请客户服务人员用书面形式确认，调度不接受口头通知，并及时对计算机数据做相应调整。

(4) 门到门集卡运费原则上以操作部公布的运价为准，如有特殊情况要求协商运价的，请客户服务人员出具工作联系单，待确认后在装箱单上注明。装箱单上未注明运价的，以操作部公布运价为准。

(5) 门到门装箱以客户服务人员出具的装箱单上规定的时间到达（正常计划），如迟到，则按运价协议规定在运费内扣除；因客户原因产生的待时，按运价协议规定确认待时费。

(6) 如由于客户原因而造成额外费用的，应在两个工作日内与客户服务确认，便于客户服务人员及时向客户收取。

(7) 若需提前做箱（如监装、熏蒸等特殊情况），客户服务人员必须及时以书面形式通知调度。

（8）对于申请退关的箱子，请客户服务人员在流程卡上注明箱号，以便调度在下达计划时及时通知仓库、车队，避免造成重复提箱及用错箱子。

（9）客户服务人员在输入资料时必须确保输入齐全（如必须选择陆运服务或仓储服务，若两者都不选择则视作自理；落箱港区需在备注栏注明；自拼箱；订舱员等），对退关、重托等事项需在计算机中及时调整。

（10）门到门计划。调度在接到客户服务人员提供的装箱单后再安排计划，装箱单需在装箱前一天13:00之前交于调度，调度在客户服务人员留底装箱单上确认；13:00之后的装箱计划属于加急计划，原则上由调度联系车队并根据放箱情况决定装箱时间。

（11）内装。调度根据船期提前4~5天安排提箱计划，客户服务人员应在装箱前一天15:00前将装箱单交于调度安排装箱计划。若遇退关的箱子，以书面退关单为准。

（12）对于要求改配的箱子，客户服务人员应在截关前提供装箱单、联系单，便于操作部现场及时改配。周六、周日两天无改配。

（二）岗位职责

（1）认真审核上道环节移交的单证，发现问题及时指出，并要求更正。

（2）对下道环节所指出的不规范操作积极整改。

（3）每天根据船期做好出仓计划，门到门调度凭装箱单安排计划。保持与仓库、车队的联系，并及时把仓库、车队反馈的信息通知客户服务等有关人员。

（4）掌握船舶动态和货源情况，及时调整计划。

（5）协调操作过程中产生的各类问题，力争使各种问题迎刃而解。

（6）调度及时把进港箱号以书面形式通知报关部，使报关工作能够顺利完成。

（7）遇到箱子冲关、退关、更改等情况时，及时与现场、仓库、车队有关人员联系，重箱进港后，及时与现场联系。

（8）根据公司的收费标准，仔细审核账单，并登记在"调度工作大表"上备查。

（9）若发现有非正常费用，及时与客户服务人员或有关人员联系，待确认后，通知财务补收。

（10）根据"调度工作大表"按船公司、仓库、车队、销售部门进行分类统计每月的箱量及报关票数。

（11）对每月归档工作做到及时完整，有案可查。

三、某货代公司客户服务指南

1. 订舱注意事项

（1）如需查询船期或订舱，客户可参阅船务周刊，也可致电我公司查询船期，或以传真方式索取最新船期表或空白订舱单。

（2）请客户完整、清晰地填写订舱单，以便我公司了解客户需求，并提供相应的服务。

（3）经查无误，我公司会将订舱单回传客户以示接受订舱。客户在收到订舱单后，请确认船名、航次及目的港等是否正确。如有错误，请及时提出，以便更正。

（4）如果订舱单内容不详或因其他原因无法接受订舱，我公司会在收到传真后尽快通知客户。

（5）客户如有任何疑问，无论是关于拖车报关、提单条款、运费支付，还是其他售后服务，都欢迎客户随时致电我公司。

（6）我公司工作时间为，周一至周五上午9:00~12:00，下午2:00~6:00，周六上午9:00~下午1:00。非办公时间如有紧急事件，请致电：××××××。

2. 提柜还柜注意事项

（1）客户收到我公司订舱确认后，即可凭此传真件前往码头办事处领取提柜纸。

（2）请客户以及拖车公司核对提柜纸和订舱单的有关内容，确认后方可前往码头提柜。

（3）如发现提取的货柜有损，应在离开码头前提出。在运送及装柜过程中，应保持货柜状况良好。如因装柜造成箱体破损，不适宜装货或运输，也应及时告知我公司，以便安排换柜，以免在运输途中对货物造成损害。

（4）如客户在领提柜纸、提柜和还柜过程中有任何问题，请尽快与我公司联系，以便尽早解决。

3. 补提单资料及对单事项

（1）为了让客户在开船后可以及时领取提单，请客户在装货后及时提供完整、清晰的提单资料。

（2）提单资料必须具备的内容如下：

1）订舱号。

2）发货人、收货人和通知人名称、地址、电话号码及传真号码。

3）船名、航次、起运港及目的港名称。

4）货物名称、描述，每柜的件数、毛重、体积及唛头。

5）取单及付款方式、地点、联络人。

6）提单种类（Ocean Bill, Sea Waybill or House B/L）

如提单内容确认无误，请客户在回传提单确认件上注明"确认此单，请出正本"的字样，以便安排正本提单打印；如果需要传真发票和账号，也可在对单过程中告知我公司。在确认提单和有关费用后，我公司便会给客户传真所需资料。

4. 改单注意事项

（1）一般改单是指船公司的舱单仍未传送，而客户又未领取正本提单时进行的更改。此时任何提单内容更改均不予收费。只需传真注明更改内容，我公司便会传真给客户改后的提单样本。

（2）若客户领取正本提单之后欲更改提单，可直接在原提单上更改（不超过三处）；也可要求重出提单，但需交付相应的提单费。

（3）如果在舱单传送之后，仍有更改及重出提单的情况，我公司先在系统中更新内容，与客户重新确认，收回全套原提单，然后重出提单。因此，除收取重出提单费外，还将收取更改舱单费。

（4）因装港舱单将成为卸港船公司或代理向当地海关做进口申报的重要资料，所以改单的时间是十分关键的。如果客户在船到港前一周至十天提出改单要求，我公司必须先向目的港查询同意后（有些目的港海关会收取罚款），并经客户确认支付所有费用后，收回全套原提单，才能更改或重出提单。

5. 取单注意事项

（1）为了确保客户的利益，避免误放提单而导致不必要的风险，请客户在领取提单时务必携带盖有订舱人公司有效印章的提单确认件。

（2）如订舱人委托其他公司或个人取单，请事先传真"取单委托书"，注明提单号码、取单人公司、姓名、电话，并加盖委托人公司有效印章。

（3）如果客户无法前往我公司取单，请传真"寄单委托书"给我公司，注明寄单详细地址、收件人姓名、电话及传真，我公司会在收到传真后以寄费到付形式寄出。

6. 付款注意事项

确认提单及费用后，我公司会将相关的付款通知书（Debit Note）和银行账号按客户的要求传真。

7. 改港注意事项

（1）如果需要更改中转港或目的地，客户需以书面形式通知我公司。

（2）如船未开，而码头操作时间允许，我公司会立即回复是否接受改港及所需费用。客户一旦书面确认改港要求并支付有关费用，改港即时生效。

（3）如提出改港要求时船已离港（或已出提单），我公司会立即提出申请，一般情况在收到通知48h内会有回复，回复内容包括确认接受改港、所需费用、大致到港时间，客户需以书面确认后，交回正本提单，并支付有关费用，以便我公司安排改港及重出提单。

（4）如需取消改港，也请书面通知我公司。

8. 放货注意事项

（1）按照国际惯例，船离港后，承运人或其代理需按客户要求出具全套正本提单。而收货人只凭背书后的全套或任意一张正本提单即可提货。

（2）如因故未能将正本提单及时交收货人提货，客户也可将背书后的全套正本提单交还我公司，要求办理电放。

（3）办理电放时，客户只需填写一份"电放委托书"，书面确认收货人公司名称、地址、电话、传真及被放货物的有关资料，并交付电放费。

（4）请注意，并非所有港口及地区都接受电放。非洲和南美部分地区，因当地缘故必须凭正本提单放货，其他航线或区域原则上可以办理电放。

9. 遗失提单注意事项

（1）如提单遗失，客户需立即书面通知我公司遗失提单的单号及具体情况，表明要求重出提单或是电放，并注明收货人名称及详细地址。

（2）我公司会在收到客户传真24h内与客户联系，并传真我公司非正本提单提货所要求客户办理的银行保函空白表。保函分两种，一种为重出单，另一种为电放。

（3）如果客户可以办理银行保函，并及时提供以下所需材料，我公司将立即向公司有关部门申请，一般审批需时约三个工作日。

1）如因邮寄遗失，请传真快递公司或当地邮局证明。

2）同时传真遗失提单货物的商业发票。

3）为了确保货物安全，还请客户立即在报纸上连续三天刊登遗失作废声明，并将当日报纸复印件传真我公司。

（4）如果客户无法提供上述银行保函，请客户至少以银行保函格式先提供一份公司保函。我公司会根据具体情况，在双方同意的情况下，请客户书面确认要求以遗失提单货物价值的150%～300%作为现金担保，担保期限为一年。当然，具体程序或担保金额因船公司及目的地的不同而有所不同。

（5）我公司客户服务部将以公司保函、现金担保及第（3）项中所需1）、2）、3）材料，立即为您向公司（船公司）有关部门申请，并尽量在三个工作日内回复。

（6）申请被批准后，请客户将上述所有材料的正本交给我公司，此时便可领取重出的提单或电放文件。

第二节　操作程序

一、空运出口撤货操作程序

（一）出口直航货物的撤货

1. 刷卡后主单未放行的撤货

（1）调度部向报关部提供"撤货申请"及对应主单。

（2）报关部删单。

（3）报关部将经海关确认可以撤货的主单退调度部。

（4）仓储部人员持经确认的主单到现场撤货。

2. 主单已放行的撤货

（1）调度部向报关部提供"退关申请"及对应主单。

（2）报关部退关。

（3）报关部将已盖"退关"章的主单退调度部。

（4）仓储部人员持"退关主单"现场撤货。

3. 主单放行后需更换主单发运的撤货

（1）调度部向报关部提供"撤货申请"及原放行主单。

（2）报关部删单（重报）。

（3）报关部将已盖"退关"章的原已放行主单退调度部。

（4）仓储部人员持"退关主单"现场撤货。

（二）出口转关货物的撤货

1. 刷卡后未放行推迟发运的撤货

（1）调度部向报关部提供"撤货申请"。
（2）报关部删单（重报）。
（3）报关部将经海关确认可以撤货的"入货主单"退调度部。
（4）仓储部人员持经海关确认的"入货主单"现场撤货。

2. 已放行推迟发运的撤货

（1）调度部向报关部提供"撤货申请"。
（2）报关部删单。
（3）报关部将经海关确认可以撤货的"入货主单"退调度部。
（4）仓储部人员持经海关确认的"入货主单"现场撤货。

3. 已放行不发运的撤货

（1）货主提供"退关申请"。
（2）报关部退关。
（3）报关部将经海关确认可以退关的"入货主单"退调度部。
（4）仓储部人员持经确认的"入货主单"现场撤货。

4. 货物抵达出境地后的撤货

（1）货主、调度向报关部各提供申请。
（2）报关部持申请向海关提交三级审批。
（3）经审批同意，货回机场海关监管仓库。
（4）调度部向报关部提供关封及有武警签字的车本。
（5）报关部退关。
（6）报关部向调度部提供"异常情况表"。
（7）仓储部人员持"异常情况表"现场撤货。
（8）退关手续完毕，报关部将车本退调度部。

二、国际铁路联运操作程序

（一）运输范围

从中国运往中国周边国家和地区包括蒙古、俄罗斯、越南、朝鲜和中亚五国（哈萨克斯坦、乌兹别克斯坦、土库曼斯坦、塔吉克斯坦、吉尔吉斯斯坦），以及以上国家和地区运往中国相反方向的运输。

（二）运输方式

运输方式包括整车和集装箱运输。

(1) 集装箱运输可以租用中国铁路集装箱，租用手续由货运公司国际部统一办理。
(2) 朝鲜的货物必须使用自备箱。
(3) 在国际联运运输中，必须是双箱方可办理国际联运。

（三）国际联运计划

根据货物运输的具体要求，提前在发站提报国际联运计划，并通知国际部以便协调国际联运计划的批复工作。

（四）运输程序

1．接受客户询价

整车、集装箱运输中如有客户询问运往上述国家的业务时，应向客户了解如下问题：
(1) 运输方式。
(2) 发送站和运往的国家及到站。
(3) 货物的品名和数量。
(4) 预计运输的时间。
(5) 客户单位名称、电话、联系人等。
(6) 其他信息。

2．接受委托

客户一旦确认报价，同意由货运公司代理运输，需要客户以书面形式委托货运公司。委托书的主要内容包括上述第1项中的（1）~（6）项。

3．运输单证

要求客户提供以下单证：运输委托书、报关委托书、报检委托书、报关单、报检单（加盖委托单位的专用章）、合同、装箱单、发票、商检证书、核销单。

4．填写铁路国际联运大票

在当地购买铁路国际联运大票，由国际部填写好样单后传真给当地公司，由当地公司的相关人员填写正式国际联运大票，或由国际部制单后快递给当地公司。

5．报关

客户可以自理报关，也可以委托某些货运公司报关，如果在发货地报关不方便，可以将上述单证备齐在口岸报关。在国际联运报关中，海关要求一车一份核销单，同时客户需要在相应出口口岸的海关、检验检疫机构办理注册备案手续。

6．发车

根据运输计划安排通知，客户送货发运时，在发货当地报关的货物需将报关单、合同、装箱单、发票、关封等单据与国际联运单一同随车带到口岸。

在口岸报关的，需将合同、装箱单、发票、报关单、商检证书等单据快递给货运公司的口岸代理公司。货物发运后将运单第三联交给发货人。

7. 口岸交接

货物到达口岸后需要办理转关换装手续，待货物换到外方车发运后，货运公司将口岸货物的换装时间、外方换装的车号等信息通知发货人。

8. 退客户单据

货物换装交接后，海关将核销单、报关核销联退给货运公司，由货运公司根据运费的支付情况再退给客户。

9. 收费

国际联运的运费以美元报价，客户需向货运公司支付美元运费，如客户要求以人民币支付需经国际部同意。运费应在发车后的10天内支付完毕。在运费没有收到前，货运公司不能将报关单核销联、核销单退给客户。

（五）代办进出口手续

对于没有进出口经营权的单位，有些货运公司可以代办进出口手续，详情可向各货运公司咨询。

三、国际铁路过境货物操作程序

（一）运输范围

从世界各主要港口海运到中国港口（如：上海、大连、青岛、天津新港、连云港等）换铁路运输，经中国铁路口岸站（二连浩特、满洲里、丹东、凭祥、阿拉山口等口岸）到蒙古、俄罗斯、朝鲜、越南、中亚五国（哈萨克斯坦、乌兹别克斯坦、土库曼斯坦、吉尔吉斯斯坦、塔吉克斯坦）的运输，以及从中国香港地区经内地各铁路口岸站到中国周边国家的运输（包括相反方向的运输）。

（二）运输方式

散杂货、集装箱运输。

（三）国际联运计划

根据过境货物在国外港口起运的时间，提前在中国港口提报到相应国家的国联运输计划，并通知国际物流部，以便协调。

（四）运输程序

1. 接受客户询价

如有客户询问从国外运往上述国家或地区过境运输业务时，应了解如下信息：
（1）货物品名和数量。
（2）运输的方式，即是散杂货运输还是集装箱运输。
（3）起运港及所到国家和目的地车站。

(4) 预计运输时间。
(5) 单位名称、电话、传真、联系人。
(6) 货运方接货地点，即是从起运港接货还是从中国的港口接货。

2. 报价

将上述情况尽快告知国际物流部，待测算好运价后，即可向货主报价。

(1) 如果是运往蒙古的集装箱，需告知货主最好在国外港口装运由货运公司指定船公司的集装箱，从而使货物到达中国港口后不用换箱，原箱可以运到蒙古。如果货主不同意用货运公司指定船公司的集装箱，则需告知货主货物到达中国港口后船公司的集装箱租用问题由货主自行解决或同意拆箱改用中铁集装箱。

(2) 运往俄罗斯和中亚五国的集装箱到达中国港口后，除非船公司特许，否则其集装箱需换成货主自备箱或中国铁路集装箱发运，船公司箱不能继续使用。

3. 承运货物

货主接受货运公司的价格后应由货主向货运公司以书面形式提交正式委托，其主要内容同上述第1项中的(1)~(6)项。

按接货地点可分境外接货和中国港口接货。

(1) 境外接货。按货主委托，货运公司会在起运港为货主订舱，根据船期通知货主将货送到港口指定堆场，装船到中国港口后，由货运公司负责安排在港口的转关、装车工作。货物到中国铁路口岸站后，安排报关、报检、换装等工作，直到将货物运到目的地并通知收货人提货。

(2) 中国港口接货。货主在国外港口装船后，将提单、装箱单、发票等文件先传给货运公司，并将正本快递给货运公司，如果是近洋的起运港，货主应通知船东采取"电放"形式在中国港口提货。

4. 单证

海运提单的收货人一栏需填写"××联合物流有限公司"字样，不能写实际的收货人；否则需要收货人在提单背面签章背书后，方可在港口提货。

5. 信息反馈

货运公司应在各运输环节向货主提供如下信息：货物到港时间、港口发车时间、车号、集装箱号（换中铁箱）、运单号、在口岸的换装及安排时间、外方换装车号及预计到达目的地时间等。如货主有进一步的要求，应向国际部询问。

(五) 收取运费

国际货物过境运输是以美元计价收费，要求货主在货物到达中国港口的10日内，向货运公司支付全程运输包干费，除非有特殊约定，一般不接受运费到付的方式。

(六) 返箱

如果是货主自行与船公司商定的集装箱使用协议，货运公司负责将空集装箱返回其指定的还箱站。

参 考 文 献

[1] 范泽剑. 国际货运代理 [M]. 北京：机械工业出版社，2012.
[2] 中国国际货运代理协会. 国际货物运输代理概论 [M]. 北京：中国商务出版社，2010.
[3] 中国国际货运代理协会. 国际海上货运代理理论与实务 [M]. 北京：中国商务出版社，2010.
[4] 中国国际货运代理协会. 国际航空货运代理理论与实务 [M]. 北京：中国商务出版社，2010.
[5] 中国国际货运代理协会. 国际陆路货运代理理论与多式联运理论与实务 [M]. 北京：中国商务出版社，2010.
[6] 赵家平. 国际货运代理操作实务 [M]. 北京：中国海关出版社，2011.
[7] 广州海事法院，http://www.gzhsfy.gov.cn.
[8] 上海海事法院，http://shhsfy.gov.cn.
[9] 锦程物流网，http://www.jc56.com/.
[10] 福步外贸论坛，http://bbs.fobshanghai.com/.